A NOVA EXECUÇÃO

Comentários à Lei nº 11.232, de 22 de dezembro de 2005

N.º 0116

Coordenador:
Carlos Alberto Alvaro de Oliveira

Colaboradores:

- Carlos Alberto Alvaro de Oliveira
- Daisson Flach
- Daniel Mitidiero
- Danilo Knijnik
- Guilherme Rizzo Amaral
- Hermes Zaneti Júnior
- Pedro Luiz Pozza
- Rodrigo Mazzei
- Sérgio Luís Wetzel de Mattos

A NOVA EXECUÇÃO

Comentários à Lei nº 11.232, de 22 de dezembro de 2005

EDITORA FORENSE

Rio de Janeiro
2006

1ª edição – 2006
1ª edição – 2006 – 2ª tiragem

© Copyright
Carlos Alberto Alvaro de Oliveira e outros

CIP-Brasil. Catalogação-na-fonte.
Sindicato Nacional dos Editores de Livros, RJ.

N811
    A nova execução: comentários à Lei nº 11.232, de 22 de dezembro de 2005 / Carlos Alberto Alvaro de Oliveira (Coordenador)... [et al.]. Rio de Janeiro: Forense, 2006.

    Inclui bibliografia
    ISBN 85-309-2432-0

    1. Brasil. (Lei nº 11.232, de 22 de dezembro de 2005). 2. Execuções (Direito) – Brasil. 3. Processo civil – Brasil.
    I. Oliveira, Carlos Alberto Alvaro de.

06-1394   CDU 347.95(81)(094.5)

    O titular cuja obra seja fraudulentamente reproduzida, divulgada ou de qualquer forma utilizada poderá requerer a apreensão dos exemplares reproduzidos ou a suspensão da divulgação, sem prejuízo da indenização cabível (art. 102 da Lei nº 9.610, de 19.02.1998).

    Quem vender, expuser à venda, ocultar, adquirir, distribuir, tiver em depósito ou utilizar obra ou fonograma reproduzidos com fraude, com a finalidade de vender, obter ganho, vantagem, proveito, lucro direto ou indireto, para si ou para outrem, será solidariamente responsável com o contrafator, nos termos dos artigos precedentes, respondendo como contrafatores o importador e o distribuidor em caso de reprodução no exterior (art. 104 da Lei nº 9.610/98).

    A EDITORA FORENSE se responsabiliza pelos vícios do produto no que concerne à sua edição, aí compreendidas a impressão e a apresentação, a fim de possibilitar ao consumidor bem manuseá-lo e lê-lo. Os vícios relacionados à atualização da obra, aos conceitos doutrinários, às concepções ideológicas e às referências indevidas são de responsabilidade do autor e/ou atualizador.

    As reclamações devem ser feitas até noventa dias a partir da compra e venda com nota fiscal (interpretação do art. 26 da Lei nº 8.078, de 11.09.1990).

Reservados os direitos de propriedade desta edição pela
COMPANHIA EDITORA FORENSE
Endereço na Internet: http://www.forense.com.br – *e-mail*: forense@forense.com.br
Av. Erasmo Braga, 299 – 1º e 2º andares – 20020-000 – Rio de Janeiro – RJ
Tel.: (0XX21) 3380-6650 – Fax: (0XX21) 3380-6667

Impresso no Brasil
Printed in Brazil

*Os autores dedicam este livro
ao Professor Athos Gusmão Carneiro,
o grande reformador do processo civil brasileiro,
aliando-se às comemorações de seu octogésimo aniversário.*

ÍNDICE SISTEMÁTICO

Nota Prévia do Coordenador	XIII
Lei nº 11.232, de 22 de dezembro de 2005	1
1. Objeto da legislação de reforma	1
Art. 1º	3
2. Adaptação do Código à nova sistemática	3
Art. 162	4
3. Conceito de sentença	5
Art. 267	9
4. Adaptação terminológica	11
Art. 269	11
5. Resolução de mérito	12
Art. 463	13
6. Adaptação sistemática	13
Art. 2º	15
7. Adaptação topológica	15
Art. 466-A	16
8. Emissão de declaração de vontade	16
9. Conseqüências da sentença e nova situação	21
Art. 466-B	22
10. Pré-contrato e contrato definitivo	22
11. Conseqüências da sentença e contrato definitivo	25
Art. 466-C	25
12. Tutela do sinalagma	25
13. Sentença de improcedência	28
Art. 3º	29
14. Introdução	29
15. Breve histórico da disciplina da liquidação: do Código de 1939 à recente reforma	29
16. A quebra da autonomia do procedimento liquidatório na recente reforma	32
17. Casos em que está preservada a autonomia procedimental da liquidação	33
18. Liquidações incidentes na ação executiva e os casos de não-incidência das normas do Título VIII, Capítulo IX, do Livro I do CPC	34
19. Do incidente de concentração das obrigações para entrega de coisa	36
Art. 475-A	39
20. Alcance do dispositivo	40
21. Inaplicabilidade aos títulos extrajudiciais	40

22. Liquidez e condenação genérica	40
23. Breves considerações sobre direito comparado: a condenação genérica e a sentença de liquidação como sentenças parciais de mérito	41
24. A eficácia preponderante da sentença de liquidação	45
25. Efeitos civis de sentenças penais e sua liquidação	46
26. A intimação do devedor do pedido de liquidação	48
27. A liquidação da sentença na pendência de recurso	48
28. A vedação à sentença genérica nas hipóteses do art. 275, II, *d* e *e*	49
Art. 475-B	51
29. A evolução da liquidação por simples cálculo na reforma do CPC	52
30. Memória discriminada e atualizada do cálculo	54
31. Requisição de dados e conseqüências do descumprimento	55
32. Remessa ao contador por aparente excesso na conta e em razão da gratuidade da justiça. Perseverança do credor e suas conseqüências na extensão dos atos constritivos	57
Art. 475-C	58
33. Liquidação por arbitramento	59
Art. 475-D	60
34. Procedimento da liquidação por artigos	60
Art. 475-E	61
35. Liquidação por artigos	61
Art. 475-F	61
36. Procedimento comum e liquidação por artigos	61
Art. 475-G	62
37. Autoridade da sentença	62
Art. 475-H	63
38. A disciplina recursal anterior e o novo conceito de sentença	64
39. A natureza jurídica da decisão que julga a liquidação	66
40. Do cabimento de agravo de instrumento	68
41. Dos desdobramentos da nova disciplina dos recursos na liquidação	68
42. Sucumbência	73
Art. 4º	74
43. Introdução	74
Art. 475-I	75
44. Duas sistemáticas para o cumprimento das sentenças. Artigos 461 e 461-A do CPC – obrigações de fazer, não fazer e entrega de coisa; artigos 475-J, 475-L e 475-M – obrigações de pagar quantia	76
45. Da tutela dos deveres de fazer, não fazer e entrega de coisa: breve resumo	81
45.1. Da tutela dos deveres de fazer, não fazer e entrega de coisa: uso da técnica de tutela mandamental (multa periódica: *astreintes*)	82
45.2. Da tutela dos deveres de fazer, não fazer e entrega de coisa: uso da técnica de tutela executiva (medidas de sub-rogação)	89
46. Execução provisória e execução definitiva	90
46.1. Transmudação da natureza da execução	92
47. *Cumprimento* provisório e *execução* provisória	92
47.1. Da forma de intimação do devedor	94

48. Cumprimento provisório e multa de 10%   96
49. Simultaneidade da liquidação e execução   98
    Art. 475-J   99
50. A eliminação do *processo de execução autônomo* para as sentenças que
    "condenam" ao pagamento de quantia certa 100
51. Eficácia da sentença, técnicas de tutela e a natureza da sentença do art. 475-J . 102
52. Do *procedimento* de cumprimento e do *procedimento* de execução 110
53. Procedimento de *cumprimento* da sentença: desnecessidade de requerimento
    do credor 110
54. Condenação do devedor, trânsito em julgado e início do prazo para cumprimento
    voluntário da sentença 111
55. Da liquidez ou possibilidade de imediata liquidação como requisito para o início
    da contagem do prazo de 15 dias 115
56. Do prazo de 15 dias: possibilidade de adequação, redução ou majoração. . . . 116
57. Término do prazo de 15 dias: conseqüências para o arquivamento do processo
    e para a contagem de prazo prescricional (prescrição intercorrente) 117
58. Da multa de 10%. Impossibilidade de ampliação ou de substituição pela multa
    periódica. 121
59. Da não-aplicação da multa na hipótese de devedor destituído de patrimônio . . 124
60. Do procedimento executivo 126
60.1. Do *requerimento* do credor nos termos do artigo 614, II, do CPC 126
60.2. Do mandado de penhora e avaliação. 131
61. Comunicação do devedor 132
62. Da avaliação dos bens penhorados. 133
63. Da eliminação da nomeação de bens à penhora e da indicação de bens pelo
    credor 135
64. Da aplicabilidade da sistemática de cumprimento e execução instituída pela
    Lei nº 11.232/05 às decisões antecipatórias da tutela 138
65. A inadequação da adoção exclusiva da técnica de tutela condenatória para os
    deveres de pagar quantia 139
    Art. 475-L 144
66. Impugnação e embargos 145
67. Requisitos da impugnação do devedor. 147
68. Impugnação antes de formalizada a penhora 149
69. Falta ou nulidade da citação 151
70. Exigibilidade do título e ilegitimidade das partes 153
71. Penhora incorreta ou avaliação errônea 153
72. Excesso de execução. Ônus de impugnação específico 155
73. Causas impeditivas, modificativas ou extintivas supervenientes à sentença . . 157
    Art. 475-M 158
74. Efeitos da impugnação do devedor 159
75. Suspensão da execução 161
76. Suspensão *ex officio* 164
77. Afastamento do efeito suspensivo 165
78. Recursos cabíveis 165
79. Taxa judiciária, custas processuais e honorários advocatícios na impugnação . 166

80. Provas no incidente de impugnação 166
    Art. 475-N. 167
81. Generalidades 167
82. Sentença proferida no processo civil que reconheça a existência de obrigação
    de fazer, não fazer, entregar coisa ou pagar quantia 168
83. Sentença penal condenatória. 173
84. Sentença homologatória de conciliação ou de transação 175
85. Sentença arbitral 176
86. Acordo extrajudicial 178
87. Sentença estrangeira 179
88. Formal e certidão de partilha. 182
89. Preceito do parágrafo único 183
    Art. 475-O. 186
90. Cabimento da execução provisória 186
91. Exceções ao cabimento da execução provisória 190
92. Execução provisória na pendência de apelação em execução fiscal. 193
93. Atos que podem ser praticados na execução provisória 193
    Art. 475-O, I. 196
94. Iniciativa e responsabilidade na execução provisória. Honorários advocatícios
    e despesas 196
95. Reparação dos danos na execução provisória 197
    Art. 475-O, II 198
96. Volta ao estado anterior na execução provisória. 198
97. Terceiro arrematante e volta ao estado anterior 200
98. Arbitramento dos danos 200
    Art. 475-O, III. 201
99. Momento em que deverá ser prestada a caução na execução provisória 201
100. Idoneidade e suficiência da caução. 202
101. Espécies de caução 203
102. Escolha da caução 203
103. Arbitramento do valor da caução. 203
    Art. 475-O, § 1º 204
104. Reforma parcial da decisão exeqüenda. 204
    Art. 475-O, § 2º, I 204
105. Dispensa da caução em crédito decorrente de ato ilícito 204
106. Outras hipóteses de dispensa da caução 205
    Art. 475-O, § 2º, II 206
107. Dispensa da caução na pendência de agravo de instrumento destinado à
    admissão de recurso especial ou extraordinário. 207
    Art. 475-O, § 3º, I a V. 208
108. Extinção da carta de sentença para a execução provisória 208
109. Peças que deverão ser copiadas. 209
110. Forma de autenticação das cópias 209
111. Decisão de habilitação 210
112. Autos suplementares 210
113. Execução provisória nos autos principais 210

114. Reminiscências da carta de sentença no Código 210
115. Carta de sentença para averbação de atos registrais 211
    Art. 475-P 212
116. Competência para cumprimento da sentença 212
117. Causas de competência originária dos tribunais 213
118. Competência na causa iniciada no primeiro grau de jurisdição 214
119. Competência no caso de sentença penal condenatória, sentença arbitral e
    sentença estrangeira 214
120. Opção do exeqüente pelo juízo onde se encontram bens passíveis de expropriação ou do atual domicílio do executado 216
    Art. 475-Q 224
121. Constituição de capital na indenização por ato ilícito compreensiva de
    alimentos 224
    Art. 475-Q, § 1º 225
122. Elementos da constituição do capital 225
123. Impenhorabilidade e inalienabilidade do capital 226
124. Vigência das restrições de poder 226
    Art. 475-Q, § 2º 226
125. Substituição do capital por fiança ou garantia real suficiente 227
126. Procedimento da substituição do capital por fiança ou garantia real suficiente . . 227
127. Substituição do capital por inclusão em folha de pagamento 227
    Art. 475-Q, § 3º 228
128. Alteração do montante da prestação alimentar 228
    Art. 475-Q, § 4º 229
129. Fixação da pensão alimentícia com base em salário mínimo 229
    Art. 475-Q, § 5º 230
130. Cessação da obrigação de prestar alimentos 230
    Art. 475-R 231
131. Aplicação subsidiária ao cumprimento da sentença das normas que regem o
    processo de execução de título extrajudicial 231
132. Aplicação do dispositivo 232
    Art. 5º 237
133. Inadaptação do capítulo à nova sistemática do Código 237
    Art. 741 239
133.1. O art. 741 como norma voltada *ao micromodelo processual do Estado* . . . 240
133.2. Comparativo entre a nova e a pretérita redação do art. 741 242
134. Mudanças estruturais e apresentação das perplexidades geradas 243
134.1. Honorários advocatícios nas execuções contra a Fazenda Pública 244
135. Lei ou ato normativo declarados inconstitucionais ou interpretados pelo STF
    como incompatíveis com a norma constitucional 246
135.1. Hipóteses de incidência dos embargos previstos no parágrafo único
    do art. 741 247
135.2. O problema dos limites da eficácia temporal (*tempus regit actum*), determinação expressa da "solução constitucional" e necessidade de iniciativa processual . 250
135.3. Fundamento da decisão de controle de constitucionalidade 253
135.4. Procedência da impugnação 255

135.5. Expressa menção da questão constitucional no julgamento anterior..... 256
135.6. Outras eficácias sentenciais: impossibilidade de aplicação extensiva da revisão do título constitucional 256
135.7. Enfraquecimento da coisa julgada: da ampliação das prerrogativas do poder público em juízo e o micromodelo processual do Estado............ 261
135.8. O problema da convalidação de ato normativo formalmente inconstitucional 269
136. Breve exame dos incisos do art. 741 (confronto com o art. 475-L) 272
    136.1. Da cognição horizontal limitada 275
    136.2. Inteligência do rol do art. 741 275
    136.3. Do inciso I do art. 741 277
    136.4. Do inciso II do art. 741 277
    136.5. Do inciso III do art. 741 277
    136.6. Do inciso IV do art. 741 277
    136.7. Do inciso V do art. 741 278
    136.8. Do inciso VI do art. 741 279
    136.9. Do inciso VII do art. 741 280
    Art. 6º................................... 281
    Art. 1.102-C................................. 281
137. A Ação monitória e a Lei nº 9.079/95 282
138. Alterações introduzidas pela Lei nº 11.232/05 283
139. Apego ao Livro I, Título VIII, Capítulo X do (reformado) do Código de Processo Civil.................................. 284
140. A impugnação e os embargos na fase executiva 284
141. Do art. 475-I e a ação monitória 285
141.1. O título executivo formado na ação monitória não é uma sentença 286
141.2. Cabimento de execução provisória do mandado monitório 286
142. Da execução contra a Fazenda Pública com base em título judicial obtido em ação monitória................................. 288
    Art. 7º................................... 291
143. Republicação de partes do Código de Processo Civil 291
    Art. 8º................................... 291
144. Vigência da lei 292
145. Eventuais problemas de direito intertemporal decorrentes da aplicação do novo diploma legal 292
    Art. 9º................................... 295
146. Revogação de dispositivos e de capítulos do CPC 295

Bibliografia 299

NOTA PRÉVIA DO COORDENADOR

Este livro procura examinar, em profundidade, as recentes alterações introduzidas pela Lei nº 11.232, de 2005, que entrará em vigor em 26 de junho de 2006.

Na essência, trata-se de profunda reforma do processo de execução, de modo a simplificar formalmente o seu procedimento, na busca de maior agilização. É claro que o legislador não é onipotente. Não decorre de sua simples vontade a solução dos difíceis problemas causados pela crise da sociedade brasileira, com conhecidos desdobramentos na atuação do Poder Judiciário. O equacionamento do *over load* depende de outras medidas, principalmente de caráter legislativo e constitucional, dirigidas às causas do problema, e não aos seus efeitos, a exemplo da substituição do sistema de precatórios, a contribuir para a irresponsabilidade total do Estado brasileiro, e leis mais justas de direito material, assim como a atribuição de um papel mais incisivo às agências reguladoras sobre os serviços concedidos, com imposição de multas administrativas capazes de impedir o constante desrespeito aos direitos dos usuários.

No processo de execução, cuja consecução depende essencialmente de atos materiais, que fogem ao controle do juiz e do legislador, alcançar-se a desejável efetividade constitui, não há dúvida, tarefa ainda mais difícil. Todavia, dentro de suas possibilidades, pode-se dizer que o legislador inovou de forma feliz, nada obstante possam ser feitas críticas a esse ou aquele dispositivo, como é natural, pois a perfeição não é deste mundo.

Os autores dos comentários procuraram fazer obra útil à prática, não esquecendo, porém, o lado teórico, numa saudável dialética entre os dois campos, abordando eventuais questões de difícil solução, colaborando para a tarefa fundamental da aplicação do direito, por obra da jurisprudência.

Professor Carlos Alberto Alvaro de Oliveira
Titular de Direito Processual Civil da Faculdade de Direito
da Universidade Federal do Rio Grande do Sul

Lei nº 11.232, de 22 de dezembro de 2005

Altera a Lei nº 5.869, de 11 de janeiro de 1973 – Código de Processo Civil, para estabelecer a fase de cumprimento das sentenças no processo de conhecimento e revogar dispositivos relativos à execução fundada em título judicial, e dá outras providências.

O Presidente da República. Faço saber que o Congresso Nacional decreta e eu sanciono a seguinte Lei:

DANIEL MITIDIERO

Doutorando em Direito Processual Civil pela Universidade Federal do Rio Grande do Sul (UFRGS). Professor Convidado dos Cursos de Especialização em Direito Processual Civil da Universidade Federal do Rio Grande do Sul (UFRGS), da Universidade do Vale do Rio dos Sinos (UNISINOS), do Instituto Meridional de Ensino (IMED), da Universidade do Sul de Santa Catarina (UNISUL/SC) e da Faculdade Metropolitana (FAMETRO/AM). Professor de Direito Processual Civil da Escola Superior da Magistratura Federal do Rio Grande do Sul (ESMAFE/RS), da Fundação Escola Magistratura do Trabalho do Rio Grande do Sul (FEMARGS), da Escola Superior do Ministério Público do Estado do Rio Grande do Sul (ESMP/RS), do Centro de Estudos Jurídicos (CEJUR) e do Verbo Jurídico. Advogado em Porto Alegre.

COMENTÁRIO

1. Objeto da legislação de reforma – Dando prosseguimento à sanha reformadora, a Lei nº 11.232, de 22 de dezembro de 2005, altera o Código de Processo Civil de maneira significativa. A proposta de legislação fora elaborada pelo Instituto Brasileiro de Direito Processual e submetida a debate perante Comissão de Juristas nomeada pelo Ministério da Justiça, a qual fora composta por juristas de monta, entre eles, Athos Gusmão Carneiro, principal artífice do anteprojeto, Cândido Rangel Dinamarco, Carlos Alberto Alvaro de Oliveira, Humberto Theodoro Júnior, José Carlos Barbosa Moreira, José Ignácio Botelho de Mesquita e Ovídio Araújo Baptista da Silva.

A Lei nº 11.232, de 2005, cuida, principalmente, da fase de cumprimento da sentença que condena ao pagamento de quantia. Observe-se o ponto: não trata de estabelecer de um modo geral, tal como está acima explicitado, "fase de cumprimento das sentenças no processo de conhecimento", cuidando antes e tão-somente do formalismo a ser observado para o cumprimento da sentença que condena ao pagamento de quantia.[1] Vale dizer: as sentenças declaratórias e constitutivas e, bem assim, as mandamentais e executivas, escapam, nesse passo, da atenção do legislador. Não se submetem, portanto, quer por desnecessidade, quer por inadequação, ao rito delineado pela legislação em comento. O teor do art. 475-I, *caput*, CPC, confirma o predito.

Ademais, a instituição da fase de cumprimento da sentença dentro do mesmo processo em que se condenou o demandado ao pagamento de quantia coloca ainda mais a desnudo o acerto da clássica advertência de Pontes de Miranda no sentido de que "o valor da dicotomia 'procedimento de cognição, procedimento de execução', no plano teórico e no prático, é quase nenhum"[2] (salvo, evidentemente, o de revelar a ideologia a que serve esse ou aquele modelo legislativo).[3] Com efeito, apenas em homenagem à ar-

---

1   O termo "formalismo", no texto, está sendo utilizado na sua acepção de forma em sentido amplo, implicando "a totalidade formal do processo, compreendendo não só a forma, ou as formalidades, mas especialmente a delimitação dos poderes, faculdades e deveres dos sujeitos processuais, coordenação de sua atividade, ordenação do procedimento e organização do processo, com vistas a que sejam atingidas as suas finalidades primordiais" (conforme Carlos Alberto Alvaro de Oliveira, *Do Formalismo no Processo Civil*, 2ª ed. São Paulo: Saraiva, 2003, pp. 6-7), não se confundindo, pois, com a forma em sentido estrito, que é o simples "invólucro do ato processual, a maneira como deve este se exteriorizar" (Carlos Alberto Alvaro de Oliveira, *Do Formalismo no Processo Civil*, 2ª ed. São Paulo: Saraiva, 2003, p. 5), o seu "*modo di apparire nella realtà*" (Elio Fazzalari, *Istituzioni di Diritto Processuale*. Padova: Cedam, 1975, p. 157).
2   *Comentários ao Código de Processo Civil*, 5ª ed. Rio de Janeiro: Forense, 1997, tomo I. p. 71.
3   Sobre a ideologia que anima a dicotomia Processo de Conhecimento, Processo de Execução, consulte-se Ovídio Araújo Baptista da Silva, *Jurisdição e Execução na Tradição Romano-Canônica*, 2ª ed. São Paulo: *Revista dos Tribunais*, 1997, e *Processo e Ideologia – O Paradigma Racionalista*. Rio de Janeiro: Forense, 2004; Daniel Francisco Mitidiero, *Comentários ao Código de Processo Civil*. São Paulo: Memória Jurídica Editora, 2004, tomo I, pp. 21-23 e pp. 26-53. Sobre o valor da ideologia no processo, de um modo geral, consulte-se, na doutrina brasileira, entre outros, Carlos Alberto Alvaro de Oliveira, "Procedimento e Ideologia no Direito Brasileiro Atual". *In: Revista da Ajuris*. Porto Alegre: s/ed., nº 33, pp. 79-85, 1985; Luiz Guilherme Marinoni, *Novas Linhas do Processo Civil*, 4ª ed. São Paulo: Malheiros, 2000, p. 20 e seguintes; Hermes Zaneti Júnior, "Processo Constitucional: Relações entre Processo e Constituição". *In: Introdução ao Estudo do Processo Civil – Primeiras Linhas de um Paradigma Emergente*. Porto Alegre: Sérgio Antônio Fabris Editor, 2004, p. 35 e seguintes, em co-autoria com Daniel Francisco Mitidiero; na doutrina italiana, entre

quitetura inicial do Código de Processo Civil se mostra possível, ainda, aludir a "processo de conhecimento". A rigor, a Lei nº 11.232, de 2005, dá lugar a um processo misto, sincrético, em que se encontra junto à cognição a efetivação ou a execução do julgado, espécies do gênero "cumprimento da sentença", consoante a nova terminologia legal. Efetiva-se a ordem (art. 461, CPC); executa-se o preceito (arts. 461-A e 475-I, CPC), com o que se logra cumprir a decisão jurisdicional.[4]

Ao lado dessa alteração, adiante comentada (art. 4º, que acrescenta os arts. 475-I a 475-R), a legislação de reforma deu nova redação aos arts. 162, 267, 269 e 463 (art. 1º), acrescentou os arts. 466-A, 466-B e 466-C (art. 2º), os arts. 475-A a 475-H (art. 3º), alterando, ainda, o art. 741 (art. 5º) e o art. 1.102-C (art. 6º), além de dar outras providências (arts. 7º a 9º).

Art. 1º Os arts. 162, 267, 269 e 463 da Lei nº 5.869, de 11 de janeiro de 1973 – Código de Processo Civil, passam a vigorar com a seguinte redação:

COMENTÁRIO

2. Adaptação do Código à nova sistemática – Qualquer sistema, como observa Claus-Wilhelm Canaris, tem de conter duas características básicas: ordenação e unidade.[5] Visando a outorgar unidade ao sistema do

---

outros, Giovanni Tarello, "Il Problema della Riforma Processuale in Italia nel Primo Quarto del Secolo. Per uno Studio della Genesi Dottrinale e Ideologica del Vigente Codice Italiano di Procedura Civile". *In: Dottrine del Processo Civile – Studi Storici sulla Formazione del Diritto Processuale Civile.* Bologna: Il Mulino, 1989, pp. 9-107; Mauro Cappelletti, "Libertà Individuale e Giustizia Sociale nel Processo Civile Italiano". *In: Giustizia e Società.* Milano: Edizioni di Comunità, 1977, pp. 23-47; Vittorio Denti, "Il Processo di Cognizione nella Storia delle Riforme". *In: Rivista Trimestrale di Diritto e Procedure Civile.* Milano: Giuffrè, 1993, pp. 805-816.

---

4 "Tudo aconselha", adverte Pontes de Miranda, "que se evite a palavra 'executar' ou 'execução' para se nomear o atendimento ao 'cumpra-se', à ordem; *a fortiori*, a aplicação da lei. 'Executar' mandado, ordem, ou lei, é termo impróprio, porque não atende a que a ciência do direito exige terminologia exata e precisa" (*Comentários ao Código de Processo Civil*, 2ª ed. Rio de Janeiro: Forense, 2001, tomo IX, p. 4).

5 *Pensamento Sistemático e Conceito de Sistema na Ciência do Direito*, tradução de Antônio Menezes Cordeiro, 3ª ed. Lisboa: Fundação Calouste Gulbenkian, 2002, p. 12.

Código de Processo Civil, nosso legislador tomou por bem redefinir o conceito de sentença, além de proceder aos demais ajustes que esse redimensionamento sugere. Fê-lo de chofre, logo no art. 1º da Lei em comento.

Aliás, bem antes do advento da Lei nº 11.232, de 2005, o conceito de sentença já se mostrava fora do compasso do Código.[6] A uma, porque demasiado estreito, deixando ao largo de sua normatividade vários atos judiciais que o próprio Código denominava e denomina como sentença, consoante pondera Adroaldo Furtado Fabrício,[7] a duas, porquanto já em face dos arts. 461 e 461-A se poderia colocar em dúvida o acerto de determinadas disposições, especialmente a dos arts. 162, § 1º, e 463, *caput*, CPC.[8] A Lei nº 11.232, de 2005, nessa vertente, está aí para encerrar um ciclo.

> *Art. 162. Os atos do juiz consistirão em sentenças, decisões interlocutórias e despachos.*
>
> *§ 1º Sentença é o ato do juiz que implica alguma das situações previstas nos arts. 267 e 269 desta Lei.*
>
> *§ 2º Decisão interlocutória é o ato pelo qual o juiz, no curso do processo, resolve questão incidente.*
>
> *§ 3º São despachos todos os demais atos do juiz praticados no processo, de ofício ou a requerimento da parte, a cujo respeito a lei não estabelece outra forma.*
>
> *§ 4º Os atos meramente ordinatórios, como a juntada e a vista obrigatória, independem de despacho, devendo ser praticados de ofício pelo servidor e revistos pelo juiz quando necessários.*

Direito anterior. Art. 162. Os atos do juiz consistirão em sentenças, decisões interlocutórias e despachos. § 1º Sentença é o ato pelo qual o juiz põe termo ao processo, decidindo ou não o mérito da causa. § 2º Decisão interlocutória é o ato pelo qual o juiz, no curso do processo, resolve questão incidente. § 3º São despachos todos os demais atos do juiz praticados no processo, de ofício ou a requerimento da parte, a cujo respeito a lei não estabelece outra forma.

---

6 Sobre o assunto, Daniel Francisco Mitidiero, *Comentários ao Código de Processo Civil*. São Paulo: Memória Jurídica Editora, 2005, tomo II, pp. 52-58.

7 *Comentários ao Código de Processo Civil*, 8ª ed. Rio de Janeiro: Forense, 2001, vol. VIII, tomo III, p. 345.

8 Nesse sentido, igualmente, Luiz Rodrigues Wambier, Flávio Renato Correia de Almeida e Eduardo Talamini, *Curso Avançado de Processo Civil*, 6ª ed. São Paulo: Revista dos Tribunais, 2003, vol. I, p. 528.

§ 4º Os atos meramente ordinatórios, como a juntada e a vista obrigatória, independem de despacho, devendo ser praticados de ofício pelo servidor e revistos pelo juiz quando necessários.

COMENTÁRIO

3. Conceito de sentença – A legislação de reforma cingiu-se a alterar o § 1º do artigo em comento, que trata do conceito de sentença, motivo pelo qual as demais questões que se colocam a propósito da interpretação do art. 162, CPC, desbordam do âmbito desses *Comentários*.[9] Fiquemos, pois, tão-somente com o conceito de sentença trabalhado nesse passo pelo legislador.

Nossa doutrina costumava sustentar que a distinção entre as sentenças e as decisões interlocutórias, em face do antigo teor do art. 162, CPC, estava pautada pelo critério topológico, herdado do direito de nossas Ordenações[10] (por exemplo, Ordenações Afonsinas, Livro III, Título LXVII, pr.): sentença como o ato do juiz que extinguia o processo; interlocutória como o ato do juiz que resolvia questões incidentes.[11] Relevava o momento do procedimento em que se prolatava a decisão. Sustentava-se, ainda, que essas definições concretizavam um intento puramente pragmático do legislador: tornar mais facilmente identificável o recurso cabível dessa ou daquela decisão.[12]

---

9   Para um comentário geral do art. 162, CPC, consulte-se, com as devidas indicações bibliográficas, Daniel Francisco Mitidiero, *Comentários ao Código de Processo Civil*. São Paulo: Memória Jurídica Editora, 2005, tomo II, pp. 51-61.
10 Sobre o assunto, Ovídio Araújo Baptista da Silva, "Decisões Interlocutórias e Sentenças Liminares". *In: Da Sentença Liminar à Nulidade da Sentença*. Rio de Janeiro: Forense, 2001, pp. 4-5; Alfredo Buzaid, *Do Agravo de Petição no Sistema do Código de Processo Civil*, 2ª ed. São Paulo: Saraiva, 1956, p. 71; Daniel Francisco Mitidiero, *Comentários ao Código de Processo Civil*. São Paulo: Memória Jurídica Editora, 2005, tomo II, p. 54.
11 Conforme José Carlos Barbosa Moreira, *Comentários ao Código de Processo Civil*, 12ª ed. Rio de Janeiro: Forense, 2005, vol. V, p. 241, cuja lição penetrou vigorosamente na doutrina, conforme, entre outros, Cândido Rangel Dinamarco, *Instituições de Direito Processual Civil*, 3ª ed. São Paulo: Malheiros, 2003, vol. II, p. 496.
12 Conforme Alfredo Buzaid, *Exposição de Motivos*. Brasília, 1972, n°s 29 e 33. No entanto, sobre o significado subjacente desse anunciado pragmatismo, consulte-se Ovídio Araújo Baptista da Silva, "Decisões Interlocutórias e Sentenças Liminares". *In: Da Sentença Liminar à Nulidade da Sentença*. Rio de Janeiro: Forense, 2001, pp. 3-24;

O critério topológico veio de substituir o critério material, haurido no direito romano,[13] empregado pelo Código de 1939, motivo de sérias inquietações e tergiversações na doutrina e na jurisprudência de então. A sentença deixava de se ligar ao mérito da causa para abarcar toda e qualquer hipótese de extinção do processo. Afastava-se o nosso direito da definição da sentença pelo seu conteúdo, comum entre os juristas de outrora.[14]

Já ao tempo da redação anterior do art. 162, CPC, todavia, o critério topológico não servia, à perfeição, para moldar todos os atos do juiz que o próprio Código se encarregava de tomar como sentença. Assim é que José Carlos Barbosa Moreira tomava como de "temerária ambição" a definição que constava do § 1º do art. 162, CPC.[15] De seu turno, Adroaldo Furtado Fabrício assinalava a estreiteza desse mesmo conceito.[16] Tome-se como exemplo dessa inadequação a sentença a que alude o art. 915, § 2º, CPC, que era e é uma sentença, sem, no entanto, encontrar-se vocacionada à extinção do processo.

A bem da verdade, temos que, na esteira de Ovídio Araújo Baptista da Silva,[17] o critério utilizado pelo legislador para definir o que é uma sentença, marcando os lindes entre esse tipo de pronunciamento e as decisões interlocutórias, é o da definitividade da apreciação jurisdicional da matéria posta em juízo.[18] A propósito, antes de ter abandonado o critério topo-

---

"Conteúdo da Sentença e Mérito da Causa". *In: Sentença e Coisa Julgada*, 4ª ed. Rio de Janeiro: Forense, 2003, pp. 231-244, especialmente p. 240; *Jurisdição e Execução na Tradição Romano-Canônica*, 2ª ed. São Paulo: Revista dos Tribunais, 1997, p. 36.

---

13 Consoante atesta, por todos, Giuseppe Chiovenda, "Cosa Giudicata e Preclusione". *In: Saggi di Diritto Processuale Civile* (1894-1937). Milano: Giuffrè, 1993, vol. III, pp. 238 e seguintes.
14 Por todos, Alfredo Rocco, *La Sentenza Civile – Studi*. Milano: Giuffrè, 1962, p. 53 e seguintes, especialmente p. 65.
15 *Comentários ao Código de Processo Civil*, 12ª ed. Rio de Janeiro: Forense, 2005, vol. V, p. 109.
16 *Comentários ao Código de Processo Civil*, 8ª ed. Rio de Janeiro: Forense, 2001, vol. VIII, p. 345, tomo III.
17 "Decisões Interlocutórias e Sentenças Liminares". *In: Da Sentença Liminar à Nulidade da Sentença*. Rio de Janeiro: Forense, 2001, p. 20.
18 Consoante, alias, já havíamos observado noutros lugares, conforme Daniel Francisco Mitidiero, "Sentenças Parciais de Mérito e Resolução Definitiva-Fracionada da Causa (Lendo um Ensaio de Fredie Didier Júnior)". *In: Introdução ao Estudo do Processo*

lógico, como pareceu a Araken de Assis,[19] o legislador da reforma apenas explicitou a marca da definitividade como elemento suficiente à caracterização da sentença no sistema do Código de Processo Civil.

Dessarte, diante da atual redação do § 1º do art. 162, CPC, temos explicitado que sentença é o ato do juiz que define uma controvérsia, nos termos dos arts. 267 e 269, CPC, superando-se, preclusivamente, determinada fase processual. É o ato que define de maneira irrevogável uma daquelas situações postas nos arts. 267 e 269, CPC,[20] salvaguardadas, à evidência, as possíveis e eventuais modificações de lei (art. 463, CPC). Nesse esgueirar, o critério evidenciado pelo legislador da reforma para separar as sentenças das decisões interlocutórias é o critério da definitividade da apreciação jurisdicional.

Não nos parece, portanto, que se possa definir a sentença apenas pelo seu conteúdo, como, aliás, já sustentava Teresa Arruda Alvim Wambier,[21] antes mesmo da reforma, e hoje defende Araken de Assis.[22] Evidentemente, o conteúdo do ato é um elemento convocado para caracterização (o artigo em comento é expresso nesse sentido: sentença é o ato do juiz que implica alguma das situações previstas nos arts. 267 e 269 desta Lei), com o que é de se dar razão, pois, a Teresa Arruda Alvim Wambier e Araken de Assis. Mas esse elemento não é o único. Além do conteúdo, é de rigor que se ajuste ao ato irrevogabilidade (art. 463, CPC). É da conjugação dos arts. 162, § 1º, 267, 269 e 463, CPC, que ressai o conceito de sentença na sistemática do Código de Processo Civil.

Civil – *Primeiras Linhas de um Paradigma Emergente*. Porto Alegre: Sérgio Antônio Fabris Editor, 2004, p. 171, em co-autoria com Hermes Zaneti Júnior, *Comentários ao Código de Processo Civil*. São Paulo: Memória Jurídica Editora, 2005, tomo II, pp. 57-58, ; nesse mesmo sentido, Felipe Camilo Dall'Alba, "Julgamento Antecipado ou Antecipação dos Efeitos da Tutela do Pedido Incontroverso?". In: *Revista de Processo*. São Paulo: Revista dos Tribunais, nº 128, pp. 214/219, 2005.

---

19 *Cumprimento da Sentença*. Rio de Janeiro: Forense, 2006, p. 20.
20 Também diante do direito italiano a irrevogabilidade da sentença por seu prolator é uma de suas características marcantes, elemento que permite, inclusive, extremá-la das "*ordinanze*", conforme, por todos, Andrea Proto Pisani, *Lezioni di Diritto Processuale Civile*, 4ª ed. Napoli: Jovene Editore, 2002, p. 117.
21 *Nulidades do Processo e da Sentença*, 5ª ed. São Paulo: Revista dos Tribunais, 2004, p. 31.
22 *Cumprimento da Sentença*. Rio de Janeiro: Forense, 2006, p. 20.

Essa circunstância possibilita que se concebam sentenças parciais de mérito ao longo do procedimento, já que a sentença não é mais, normativamente, o ato do juiz que extingue o processo. Pense-se, por exemplo, na decisão que define parcialmente o mérito da causa (art. 273, § 6°, CPC). Surge o problema: qual o recurso cabível na espécie?

Enquanto o direito brasileiro não prever uma hipótese de apelação incidente (ou parcial), por instrumento, o recurso contra a sentença parcial tem de ser o de agravo de instrumento.[23] Em substância, porém, trata-se de apelação, motivo pelo qual se pode admitir, por exemplo, embargos infringentes do julgamento desse peculiar agravo, desde que concorram os demais requisitos de cabimento desse recurso (art. 530, CPC). Admite-se, igualmente, sustentação oral (art. 554, CPC), sendo necessário revisor (art. 551, CPC). O mesmo se diga do regime aplicável aos recursos especial e extraordinário: desse agravo caberá tais recursos sem que esses restem retidos nos autos.[24] De resto, desse julgamento caberá, ainda e eventualmente, ação rescisória (art. 485, CPC).

A propósito, também deve ser classificada como uma sentença parcial a decisão que decide a liquidação de sentença. Também aí se decide de maneira irrevogável a respeito de uma questão atinente ao objeto litigioso, ao mérito da causa, encerrando-se com a sua prolação uma fase processual. No entanto, o recurso dessa decisão, conforme a legislação e em face da inexistência de uma apelação tal como a apontada acima, é o de agravo de instrumento (art. 475-H, CPC). Tal não desnatura, porém, a natureza sentencial desse provimento, suscetível inclusive, como todas as sentenças de mérito (ainda que parciais), de ação rescisória (art. 485, CPC). As observações despendidas acima, aliás, calham à perfeição.

A mesma solução é aplicável, de resto, a outras situações que podem gerar sentenças liminares, outra categoria hoje encontrável em nosso sistema. Pense-se, por exemplo, no indeferimento da petição inicial da reconvenção ou da ação declaratória incidental. Iniludivelmente, o indeferimento de petição inicial é uma das situações previstas nos arts. 267 e 269, CPC (nota-

---

23 Pugnando pelo cabimento de apelação por instrumento mesmo no sistema em vigor, vide José Tesheiner, *Execução de Sentença – Regime Introduzido pela Lei n° 11.232/2005*, ainda inédito, gentilmente cedido pelo autor.
24 Nesse sentido, embora com fundamentação diversa, Fredie Didier Júnior, "Inovações na Antecipação dos Efeitos da Tutela e Resolução Parcial do Mérito". In: *Gênesis – Revista de Direito Processual Civil*. Curitiba: Gênesis, 2002, n° 26, pp. 719-720.

damente, art. 267, I), dando azo, pois, à prolação de uma sentença. Todavia, por questões pragmáticas, tem-se de admitir ainda o cabimento do recurso de agravo contra esse tipo de decisão. A mesma lógica, aliás, sugere o cabimento do agravo contra as decisões, ainda que definitivas, nos demais processos cumulativos (por exemplo, processos com litisconsórcio facultativo, em que pode haver um indeferimento parcial por ilegitimidade de parte, art. 267, VI), salvo se, além de definitiva, colocarem fim de maneira total à fase preponderantemente de conhecimento, com o que o recurso será o de apelação.

Ademais, além de ser possível aludir a sentenças totais e parciais,[25] bem como a sentenças liminares e finais[26] na sistemática do Código de Processo Civil, persiste a possibilidade de falar-se em sentenças definitivas e terminativas igualmente na nova sistemática. Definitivas, quando houver resolução do mérito da causa; terminativas, quando a atuação jurisdicional não adentrar nessa seara.

Art. 267. Extingue-se o processo, sem resolução de mérito:
I – quando o juiz indeferir a petição inicial;
II – quando ficar parado durante mais de 1 (um) ano por negligência das partes;
III – quando, por não promover os atos e diligências que lhe competir, o autor abandonar a causa por mais de 30 (trinta) dias;

---

25 O mote dessa classificação está no objeto litigioso, isto é, no mérito da causa: se a apreciação do mérito é completa, então há uma sentença total; *aliter*, se incompleta, há sentença parcial, a que deve seguir, inexoravelmente, uma outra sentença sucessiva. Também o direito alemão (conforme Othmar Jauernig, *Direito Processual Civil*, tradução de F. Silveira Ramos. Coimbra: Almedina, 2002, p. 311) e o direito italiano (conforme Francesco Paolo Luiso, *Diritto Processuale Civile*, 2ª ed. Milano: Giuffrè, 1999, vol. II, p. 192) concebem essa classificação.

26 Classificação que leva em consideração o momento em que ocorre a prolação da sentença. Note-se, porém: mesmo as sentenças liminares, no sistema do Código, são definitivas. Infelizmente, não concebe o nosso Código, mesmo após a reforma, a categoria das sentenças provisórias, dado o paradigma racionalista que o aprisiona; sobre o assunto, consulte-se Ovídio Araújo Baptista da Silva, "Decisões Interlocutórias e Sentenças Liminares". In: *Da Sentença Liminar à Nulidade da Sentença*. Rio de Janeiro: Forense, 2001, pp. 3-24.

IV – quando se verificar a ausência de pressupostos de constituição e de desenvolvimento válido e regular do processo;
V – quando o juiz acolher a alegação de perempção, litispendência ou de coisa julgada;
VI – quando não concorrer qualquer das condições da ação, como a possibilidade jurídica do pedido, a legitimidade das partes e o interesse processual;
VII – pela convenção de arbitragem;
VIII – quando o autor desistir da ação;
IX – quando a ação for considerada intransmissível por disposição legal;
X – quando ocorrer confusão entre autor e réu;
XI – nos demais casos prescritos neste Código.

§ 1º O juiz ordenará, nos casos dos n°s II e III, o arquivamento dos autos, declarando a extinção do processo, se a parte, intimada pessoalmente, não suprir a falta em 48 (quarenta e oito) horas.

§ 2º No caso do parágrafo anterior, quanto ao nº II, as partes pagarão proporcionalmente as custas e, quanto ao nº III, o autor será condenado ao pagamento das despesas e honorários de advogado (art. 28).

§ 3º O juiz conhecerá de ofício, em qualquer tempo e grau de jurisdição, enquanto não proferida a sentença de mérito, da matéria constante dos n°s IV, V e VI; todavia, o réu que a não alegar, na primeira oportunidade em que lhe caiba falar nos autos, responderá pelas custas do retardamento.

§ 4º Depois de decorrido o prazo para a resposta, o autor não poderá, sem o consentimento do réu, desistir da ação.

Direito anterior. Art. 267. Extingue-se o processo, sem julgamento do mérito: I – quando o juiz indeferir a petição inicial; II – quando ficar parado durante mais de 1 (um) ano por negligência das partes; III – quando, por não promover os atos e diligências que lhe competir, o autor abandonar a causa por mais de 30 (trinta) dias; IV – quando se verificar a ausência de pressupostos de constituição e de desenvolvimento válido e regular do processo; V – quando o juiz acolher a alegação de perempção, litispendência ou de coisa julgada; VI – quando não concorrer qualquer das condições da ação, como a possibilidade jurídica do pedido, a legitimidade das partes e o interesse processual; VII – pela convenção de arbitragem; VIII – quando o autor desistir da ação; IX – quando a ação for considerada intransmissível por disposição legal;

X – quando ocorrer confusão entre autor e réu; XI – nos demais casos prescritos neste Código. § 1º O juiz ordenará, nos casos dos n°s II e III, o arquivamento dos autos, declarando a extinção do processo, se a parte, intimada pessoalmente, não suprir a falta em 48 (quarenta e oito) horas. § 2º No caso do parágrafo anterior, quanto o nº II, as partes pagarão proporcionalmente as custas e, quanto ao nº III, o autor será condenado ao pagamento das despesas e honorários de advogado (art. 28). § 3º O juiz conhecerá de ofício, em qualquer tempo e grau de jurisdição, enquanto não proferida a sentença de mérito, da matéria constante dos n°s IV, V e VI; todavia, o réu que a não alegar, na primeira oportunidade em que lhe caiba falar nos autos, responderá pelas custas do retardamento. § 4º Depois de decorrido o prazo para a resposta, o autor não poderá, sem o consentimento do réu, desistir da ação.

COMENTÁRIO

4. Adaptação terminológica – A Lei nº 11.232, de 2005, alterou apenas o cabeço do art. 267, CPC, fazendo nele constar "resolução de mérito" no lugar de "julgamento do mérito". Trata-se de mera adaptação terminológica, com vistas à mantença da uniformidade de linguagem entre os arts. 267 e 269, CPC, sem maiores repercussões teóricas ou pragmáticas.[27]

Art. 269. Haverá resolução de mérito:
I – quando o juiz acolher ou rejeitar o pedido do autor;
II – quando o réu reconhecer a procedência do pedido;
III – quando as partes transigirem;
IV – quando o juiz pronunciar a decadência ou a prescrição;
V – quando o autor renunciar ao direito sobre que se funda a ação.

Direito anterior. Art. 269. Extingue-se o processo com julgamento de mérito: I – quando o juiz acolher ou rejeitar o pedido do autor; II – quando o réu reconhecer a procedência do pedido; III – quando as partes transigirem; IV – quando o juiz pronunciar a decadência ou a prescrição; V – quando o autor renunciar ao direito sobre que se funda a ação.

---

27 Para uma análise do art. 267, CPC, consulte-se, com as devidas indicações bibliográficas, Daniel Francisco Mitidiero, *Comentários ao Código de Processo Civil*. São Paulo: Memória Jurídica, 2005, tomo II, pp. 517-546.

COMENTÁRIO

5. Resolução de mérito – Duas alterações no art. 269, CPC: uma de ordem sistemática e outra de ordem terminológica.

Na vertente sistemática, o legislador suprimiu do artigo em comento a idéia de que a sentença definitiva extingue o processo, em consonância com o que dispõe o art. 162, § 1º, CPC. Havendo mandamento (art. 461, CPC), provimento executivo *lato sensu* (art. 461-A, CPC)[28] ou condenação a pagamento de quantia (art. 475-I, CPC) abre-se, no mesmo processo, possibilidade de efetivação ou execução do julgado, na forma dos artigos dantes indicados.

No plano da terminologia, aproveitou o legislador para acatar antiga crítica de Adroaldo Furtado Fabrício no sentido de que nas hipóteses do art. 269, CPC, nem sempre há julgamento, no sentido de expressa valoração do pedido pelo juiz.[29] Deveras, rigorosamente, somente nas hipóteses dos incisos I e IV (esse último, a propósito, facilmente reconduzível àquele primeiro), há julgamento de mérito, na medida em que, nos demais, o Esta-

---

[28] Araken de Assis assevera que se trata de "modismo" designar as ações e as sentenças de executivas *lato sensu*, prática essa que estaria, inclusive, em desacordo com Pontes de Miranda, conforme *Cumprimento da Sentença*. Rio de Janeiro: Forense, 2006, p. 7, nota de rodapé nº 6. Antes dele, já José Carlos Barbosa Moreira havia chamado a atenção para o ponto ("Sentença Executiva?". *In: Revista de Processo*. São Paulo: Revista dos Tribunais, nº 114, 2004). Em realidade, porém, o uso do complemento *lato sensu* não está, de modo nenhum, em desacordo com Pontes de Miranda. Confira-se, por exemplo, *Comentários ao Código de Processo Civil*, 5ª ed. Rio de Janeiro: Forense, 1997, tomo I, p. 115; *Comentários ao Código de Processo Civil*, 2ª ed. Rio de Janeiro: Forense, 2002, tomo X, p. 109. Aliás, Pontes de Miranda seguidamente falava também em ações (e sentenças) executivas pessoais e reais para marcar a distinção no seio da executividade, conforme, por exemplo, *Tratado das Ações*. São Paulo: Revista dos Tribunais, 1970, tomo I, p. 212. A expressão "executiva *lato sensu*", de resto, tem trânsito livre na melhor doutrina (conforme, por exemplo, Ovídio Araújo Baptista da Silva, *Curso de Processo Civil*, 5ª ed. São Paulo: Revista dos Tribunais, 2002, vol. II, p. 183 e seguintes; Carlos Alberto Alvaro de Oliveira, "O Problema da Eficácia da Sentença". *In:* Carlos Alberto Alvaro de Oliveira (org.), *Eficácia e Coisa Julgada*. Rio de Janeiro: Forense, 2005, p. 43 e seguintes).

[29] "'Extinção do Processo' e Mérito da Causa". *In: Ensaios de Direito Processual*. Rio de Janeiro: Forense, 2003, p. 367. Crítica, aliás, por nós outrora já encampada (conforme Daniel Francisco Mitidiero, *Comentários ao Código de Processo Civil*. São Paulo: Memória Jurídica Editora, 2005, tomo II, pp. 550-551).

do-juiz limita-se a reconhecer que a lide cessou em função de ato das partes ou de alguma das partes, dando ensanchas, aliás, à conformação de alguns exemplos daquilo que Piero Calamandrei chamava de "sentenças subjetivamente complexas".[30]

> Art. 463. Publicada a sentença, o juiz só poderá alterá-la:
> I – para lhe corrigir, de ofício ou a requerimento da parte, inexatidões materiais, ou lhe retificar erros de cálculo;
> II – por meio de embargos de declaração.
>
> **Direito anterior**. Art. 463. Ao publicar a sentença de mérito, o juiz cumpre e acaba o ofício jurisdicional, só podendo alterá-la: I – para lhe corrigir, de ofício ou a requerimento da parte, inexatidões materiais, ou lhe retificar erros de cálculo; II – por meio de embargos de declaração.

COMENTÁRIO

6. Adaptação sistemática – Enfeixando as adaptações concernentes ao conceito de sentença, o legislador da reforma suprimiu do artigo em comento a idéia de que, "ao publicar a sentença de mérito, o juiz cumpre e acaba o ofício jurisdicional". Fê-lo bem.

Com efeito, ao publicar a sentença de mérito, salvo nos casos de sentenças preponderantemente declaratórias ou constitutivas, o juiz já não mais "cumpre e acaba o ofício jurisdicional". Tem de ir além: no mesmo processo, em se tratando de condenação, mandamento ou execução, tem o órgão jurisdicional de promover a satisfação do demandante, isto é, tem de realizar a situação jurídica de vantagem reconhecida na sentença. Somente aí findará o ofício jurisdicional, como bem observa Carlos Alberto Alvaro de Oliveira.[31]

A sistemática anterior à acomodação procedida pela Lei nº 11.232, de 2005, tinha como pressuposto a idéia de que, no processo de conhecimento, as sentenças só poderiam cobrar eficácia preponderantemente declaratória, constitutiva ou condenatória, entendimento cujas raízes ideológicas foram

---

30 "La Sentenza Soggettivamente Complessa". *In: Opere Giuridiche*. Napoli: Morano Editore, 1965, vol. I, pp. 106-144, principalmente pp. 133-135.
31 "O Problema da Eficácia da Sentença". *In*: Carlos Alberto Alvaro de Oliveira (org.), *Eficácia e Coisa Julgada*. Rio de Janeiro: Forense, 2006, p. 48.

bem demonstradas outrora por Ovídio Araújo Baptista da Silva.[32] Após esse provimento, toda e qualquer atividade material reclamada pela condenação (dada a "auto-suficiência" da declaração e da constituição, na expressão de Italo Andolina)[33] deveria ser buscada em um processo executivo autônomo.

A paulatina adoção da teoria quinária das ações e das sentenças de procedência pela doutrina brasileira, que devemos notoriamente ao gênio de Pontes de Miranda,[34] posteriormente trabalhada por Ovídio Araújo Baptista da Silva,[35] Carlos Alberto Alvaro de Oliveira[36] e Luiz Guilherme Marinoni,[37] provocou uma profunda alteração nesse esquema de trabalho. A incorporação das eficácias mandamental e executiva *lato sensu* ao Livro I do CPC[38] (respectivamente, por obra e graça das Leis n°s 8.952, de 1994, e 10.444, de 2002) e a derradeira colmatação do intervalo entre a condenação e a sua concretização prática cuidaram de evidenciar a inadequação da antiga redação do art. 463, CPC.

Dessarte, a leitura atual do art. 463, CPC, está em proibir-se ao juiz, em face da preclusão consumativa, tão-somente a alteração da própria sentença.[39] Não se lhe veda, portanto, que envide esforços para concretização

---

32 Confira-se: *Jurisdição e Execução na Tradição Romano-Canônica*, 2ª ed. São Paulo: Revista dos Tribunais, 1997.
33 *"Cognizione" ed "Esecuzione Forzata" nel Sistema della Tutela Giurisdizionale*. Milano: Giuffrè, 1983, pp. 3-6.
34 Confira-se, entre outras passagens de sua vasta obra, *Comentários ao Código de Processo Civil*, 5ª ed. Rio de Janeiro: Forense, 1997, tomo I, pp. 204-212; *Tratado das Ações*. São Paulo: Revista dos Tribunais, 1970, tomo I, pp. 122-135.
35 Entre outros trabalhos, confira-se "Eficácias da Sentença e Coisa Julgada". *In:* Sentença *e Coisa Julgada*, 4ª ed. Rio de Janeiro: Forense, 2003, pp. 71-102.
36 Entre outros trabalhos, "O Problema da Eficácia da Sentença". *In*: Carlos Alberto Alvaro de Oliveira (org.), *Eficácia e Coisa Julgada*. Rio de Janeiro: Forense, 2006, pp. 33-48.
37 Entre outros trabalhos, confira-se, *Técnica Processual e Tutela dos Direitos*. São Paulo: Revista dos Tribunais, 2004, p. 113 e seguintes.
38 Sem embargo da resistência ainda oposta por certa parte da doutrina a essas classes de eficácias, quer negando-as peremptoriamente (como é o caso de Marcelo Lima Guerra, *Direitos Fundamentais e a Proteção do Credor na Execução Civil*. São Paulo: Revista dos Tribunais, 2003, p. 44 e seguintes), quer reconhecendo-as como subclasses da condenação (como é o caso de Cândido Rangel Dinamarco, *Instituições de Direito Processual Civil*, 2ª ed. São Paulo: Malheiros, 2002, vol. III, p. 229 e seguintes).
39 Conforme, por todos, Carlos Alberto Alvaro de Oliveira, "O Problema da Eficácia da Sentença". *In:* Carlos Alberto Alvaro de Oliveira (org.), *Eficácia e Coisa Julgada*. Rio de Janeiro: Forense, 2006, p. 48.

de sua decisão dentro do mesmo processo, na conformidade e com as possibilidades e condicionantes da legislação vigente.

> Art. 2º A Seção I do Capítulo VIII do Título VIII do Livro I da Lei nº 5.869, de 11 de janeiro de 1973 – Código de Processo Civil, passa a vigorar acrescida dos seguintes arts. 466-A, 466-B, 466-C:

COMENTÁRIO

7. Adaptação topológica – Por força do art. 2º da Lei nº 11.232, de 2005, tem-se uma dupla adaptação topológica no Código de Processo Civil. A primeira está em deslocar-se para o capítulo referente à sentença e à coisa julgada, mais precisamente para a seção concernente aos requisitos e aos efeitos da sentença, matéria que dantes constava no Livro II (Processo de Execução), Título II (Das Diversas Espécies de Execução), Capítulo III (Da Execução das Obrigações de Fazer e de Não Fazer), Seção I (Da Obrigação de Fazer). A segunda, em alterar-se a ordem em que o assunto de que ora cuidam os arts. 466-A, 466-B e 466-C vinha tratado nos arts. 639, 640 e 641, CPC, hoje revogados (art. 9º, Lei nº 11.232, de 2005).

Acertadas as acomodações procedidas pelo legislador.

De um lado, a doutrina em peso criticava a localização dos arts. 639-641, CPC, porque tais disposições não se afeiçoavam mesmo ao modelo de Processo de Execução posto pelo legislador no Livro II do CPC. Censurando o alvitre adotado pelo Código, leciona com inteira razão Ovídio Araújo Baptista da Silva que, "ainda que se tenha como executivas as respectivas sentenças de procedência, é certo que o processo pelo qual se atinge a formação compulsória do contrato definitivo não tem a menor semelhança com os demais procedimentos executivos previstos pelo Livro II do Código, sejam eles referentes às execuções por quantia certa, ou para entrega de coisas, ou mesmo para cumprimento das obrigações de fazer. É que, tratando-se de obrigação de fazer consistente em emitir declaração de vontade, o obrigado não será condenado em processo prévio de conhecimento, destinado à formação do correspondente título executivo, e sim haverá de ser citado em processo de conhecimento, de que resultará, sendo procedente a ação, a execução imediata da pretensão posta em causa pelo autor. Vale dizer, nas hipóteses dos arts. 639 e 640 não se promove um processo de conhecimento e um processo de execução subseqüente, baseado na sentença condenatória emanada do primeiro processo: aqui, condena-se e executa-se na mesma relação processual".⁴⁰ Com a acomodação procedida, atende-se à sugestão de José Carlos Barbosa Moreira no sentido de que o local apropriado para o tema estaria, como de fato está, no atinente aos efeitos da sentença.⁴¹

De outro, a alteração na ordem dos arts. 639, 640 e 641, CPC, atende à boa apresentação da matéria. Natural que, havendo relação de gênero e espécie, venha em um primeiro momento à colação aquele dispositivo que cuida do geral para, posteriormente, tratar-se do específico. Nessa senda, dado o caráter mais abrangente da norma dantes posta no art. 641 (hoje, art. 466-A), que cuida da pretensão à emissão de declaração de vontade genericamente considerada, como observa Teori Albino Zavascki,⁴² curial que essa preceda àquela mais específica, antes art. 639 (agora, art. 466-B), cujo objeto se circunscreve apenas à pretensão à conclusão de contrato. Andou bem o legislador.

> *Art. 466-A. Condenado o devedor a emitir declaração de vontade, a sentença, uma vez transitada em julgado, produzirá todos os efeitos da declaração não emitida.*
>
> **Direito anterior.** Art. 641. Condenado o devedor a emitir declaração de vontade, a sentença, uma vez transitada em julgado, produzirá todos os efeitos da declaração não emitida.

COMENTÁRIO

8. Emissão de declaração de vontade – O artigo em comento acode àquelas situações em que alguém se vê obrigado a emitir declaração de vontade, quer por ato unilateral ou bilateral (o art. 466-B, nesse último caso, traz apenas uma particularização), quer por imposição legal, e não o faz.⁴³ O di-

---

40 *Curso de Processo Civil*, 5ª ed. São Paulo: Revista dos Tribunais, 2002, vol. II, pp. 139-140.
41 "Aspectos da 'Execução' em Matéria de Obrigação de Emitir Declaração de Vontade". *In: Temas de Direito Processual*. São Paulo: Saraiva, 1997, Sexta Série, p. 236.
42 *Comentários ao Código de Processo Civil*, 2ª ed. São Paulo: Revista dos Tribunais, 2003, vol. VIII, p. 462.
43 Nesse sentido, Pontes de Miranda, *Comentários ao Código de Processo Civil*, 2ª ed. Rio de Janeiro: Forense, 2002, tomo X, pp. 93-94; Teori Albino Zavascki, *Comentários ao Código de Processo Civil*, 2ª ed. São Paulo: Revista dos Tribunais, 2003, vol. VIII, p. 463. Ademais, como anota Zavascki, além de ser exigível a obrigação e oriunda

reito brasileiro não se cinge, tal como o direito português, a possibilitar esse resultado específico apenas à vista do pré-contrato, fato lamentado por João Calvão da Silva:[44] é mais amplo, apanhando toda e qualquer situação em que alguém tenha se comprometido ou esteja na obrigação de prestar declaração de vontade.

A sentença de que trata o art. 466-A, CPC, é executiva *lato sensu*.[45] Aliás, não lhe reconhecer essa eficácia pode causar embaraços consideráveis à doutrina. Por não o fazer, Enrico Tullio Liebman, por exemplo, teve de concebê-la como uma sentença condenatória com efeito secundário executivo, nada obstante tenha ele mesmo reconhecido que, na espécie, faltaria "o ato que se quer qualificar de executório".[46] Outra sorte não assiste a Giuseppe Chiovenda[47] e àqueloutros que o seguem, como Salvatore Satta[48] e Luigi Montesano,[49] que vislumbram aí eficácia constitutiva, sem atentar, todavia, para o fato de que direitos à prestação, notoriamente,

---

de ato de vontade ou de imposição legal, para que se exerça com proveito a ação executiva não tem de haver cláusula de arrependimento, caso se trate de obrigação oriunda de ato unilateral ou bilateral, porque aí não pode se dar execução específica (conforme *Comentários ao Código de Processo Civil*, 2ª ed. São Paulo: Revista dos Tribunais, 2003, vol. VIII, p. 463).

---

44 *Cumprimento e Sanção Pecuniária Compulsória*, 2ª ed. Coimbra: Almedina, 1997, p. 499.
45 Nesse sentido, Pontes de Miranda, *Comentários ao Código de Processo Civil*, 2ª ed. Rio de Janeiro: Forense, 2002, tomo X, p. 109; Ovídio Araújo Baptista da Silva, *Curso de Processo Civil*, 5ª ed. São Paulo: Revista dos Tribunais, 2002, vol. II, p. 144; Teori Albino Zavascki, *Comentários ao Código de Processo Civil*, 2ª ed. São Paulo: Revista dos Tribunais, 2003, vol. VIII, p. 462; José Carlos Barbosa Moreira, "Aspectos da 'Execução' em Matéria de Obrigação de Emitir Declaração de Vontade". *In: Temas de Direito Processual*. São Paulo: Saraiva, 1997, Sexta Série, p. 237; Araken de Assis, *Cumprimento da Sentença*. Rio de Janeiro: Forense, 2006, p. 82.
46 *Processo de Execução*, 2ª ed. São Paulo: Saraiva, 1963, p. 162.
47 "Dell'Azione Nascente dal Contratto Preliminare". *In: Saggi di Diritto Processuale Civile* (1894-1937)". Milano: Giuffrè, 1993, vol. I, p. 110.
48 *Diritto Processuale Civile*, 9ª ed. Padova: Cedam, 1981, p. 703.
49 *Condanna Civile e Tutela Esecutiva*, 2ª ed. Napoli: Jovene, 1965, p. 99 e seguintes; "Obbligo a Contrarre". *In: Enciclopedia del Diritto*. Milano: Giuffrè, 1979, vol. XXIX, p. 512.

não geram ações constitutivas.⁵⁰ Não basta, aliás, apontar a sujeição do demandado à sentença como argumento para demonstração do pretenso caráter constitutivo dessa, como insinua Adolfo di Majo:⁵¹ aí se está claramente a baralhar as coisas, porque a sujeição à sentença é inerente a toda e qualquer classe de eficácia, dada a imperatividade da jurisdição. Sem embargo, encampam a tese da constitutividade na doutrina brasileira, entre outros, Luís Eulálio de Bueno Vidigal,⁵² Cândido Rangel Dinamarco⁵³ e Flávio Luiz Yarshell.⁵⁴

Sendo em si executiva a sentença, dispensa-se processo autônomo de execução. Esse o traço marcante dessa sentença: a produção do resultado jurídico pretendido pelo demandante opera independentemente de uma execução subseqüente.⁵⁵ A decisão jurisdicional basta, porquanto ela mesma agrega algo à esfera jurídica do demandante.

Note-se o ponto: o que se quer, com a propositura da ação que dá origem à sentença do art. 466-A, CPC, é a produção de determinado resultado jurídico. Aí está, inclusive, a razão pela qual a obrigação de prestar declaração de vontade restou fora do âmbito de incidência do antigo brocardo *nemo praecise potest cogi ad factum*, cunhado por Favre no século XVI, a partir da glosa e dos comentários.⁵⁶ Como o resultado perseguido é jurídico,

---

50 Consoante registra Natalino Irti, a categoria dos direitos potestativos corresponde a uma mera sujeição, operando na esfera jurídica de outrem sem que esse tenha de desenvolver qualquer comportamento positivo (conforme *Introduzione allo Studio del Diritto Privato*, 3ª ed. Torino: G. Giappichelli, 1976, p. 86). Havendo, porém, direito à declaração de vontade de outrem, tem-se aí um direito à prestação, com o que de modo nenhum se pode afeiçoá-lo a um direito potestativo, apto a ensejar ação constitutiva.
51 *La Tutela Civile dei Diritti*, 2ª ed. Milano: Giuffrè, 1993, p. 283.
52 "Da Execução Direta das Obrigações de Prestar Declaração de Vontade". *In: Direito Processual Civil*. São Paulo: Saraiva, 1965, p. 173.
53 *Instituições de Direito Processual Civil*, 2ª ed. São Paulo: Malheiros, 2002, vol. III, p. 253.
54 *Tutela Jurisdicional Específica nas Obrigações de Declaração de Vontade*. São Paulo: Malheiros, 1993, p. 44 e seguintes.
55 Nesse sentido, entre outros, Sydney Sanches, *Execução Específica (das Obrigações de Contratar e de Prestar Declaração de Vontade)*. São Paulo: Revista dos Tribunais, 1978, p. 27.
56 Conforme João Calvão da Silva, *Cumprimento e Sanção Pecuniária Compulsória*, 2ª ed. Coimbra: Almedina, 1997, p. 218.

não se violenta ou coage a pessoa do devedor para sua obtenção, motivo pelo qual não se dá a incidência do *nemo praecise*, consoante bem apontado por João Calvão da Silva.[57]

Em decorrência dessa fungibilidade da prestação, que pode ser obtida sem o concurso da vontade do devedor, possibilitou-se desde logo ao credor a tutela específica da obrigação de prestar declaração de vontade. Ao direito luso-brasileiro, aliás, coube a primazia nessa solução, como anotam Pontes de Miranda[58] e José Carlos Barbosa Moreira[59] – o exame de nossas Ordenações não deixa dúvidas a respeito (confira-se, por exemplo, Ordenações Filipinas, Livro IV, Título XIX).

Na Alemanha e na Áustria, recorreu-se para obtenção da tutela específica da obrigação de prestar declaração de vontade a uma ficção: ter-se como se prestada a declaração à vista de sentença judicial (respectivamente, *Zivilprozessordnung*, 1877, § 894, 1, I, e *Exekutionsordnung*, 1896, art. 367, 1).[60] O Código de 1939, a propósito, adotou idêntico expediente ao referir que "condenado o devedor a emitir declaração de vontade, esta será havida por enunciada, tanto que passe em julgado a sentença" (art. 1.006, *caput*). Na Itália, embora Giuseppe Chiovenda, já em 1911, criticando julgado da Corte de Cassação de Roma, admitisse que o demandante conseguisse lograr o mesmo resultado sonegado pela omissão do demandado,[61] apenas em 1942 encontrou a tese guarida legal (art. 2.932, CC), com a vantagem de não recorrer a ficções para o alcance dessa tutela específica (no que, aliás, fora seguida, acertadamente, pelo

---

57 *Cumprimento e Sanção Pecuniária Compulsória*, 2ª ed. Coimbra: Almedina, 1997, p. 219.
58 *Comentários ao Código de Processo Civil*, 2ª ed. Rio de Janeiro: Forense, 2002, tomo X, p. 100.
59 "Aspectos da 'Execução' em Matéria de Obrigação de Emitir Declaração de Vontade". *In: Temas de Direito Processual*. São Paulo: Saraiva, 1997, Sexta Série, p. 229.
60 Conforme a notícia de José Carlos Barbosa Moreira, "Aspectos da 'Execução' em Matéria de Obrigação de Emitir Declaração de Vontade". *In: Temas de Direito Processual*. São Paulo: Saraiva, 1997, Sexta Série, p. 228.
61 Confira-se o clássico ensaio de Giuseppe Chiovenda, "Dell'Azione Nascente dal Contratto Preliminare". *In: Saggi di Diritto Processuale Civile* (1894-1937). Milano: Giuffrè, 1993, vol. I, pp. 101-119. Sobre o debate a respeito do assunto na doutrina de então, consulte-se Marco Mantello, "L'Inadempimento del Contratto Preliminare di Vendita". *In: Rivista del Diritto Commerciale e del Diritto Generale delle Obbligazioni*. Padova: Casa Editrice Francesco Vallardi, p. 545 e seguintes, 2002.

legislador de 1973, no que atendeu à crítica outrora formulada por Luís Eulálio de Bueno Vidigal).[62]

Com a prolação da sentença, os efeitos são produzidos normalmente. Vale dizer: quando a sentença atinge o seu "*normale grado di maturità*",[63] o que, no direito brasileiro, depende de essa estar ou não sujeita a recurso a que se liga efeito suspensivo, essa dimana toda a sua eficácia, independentemente do trânsito em julgado.

Precisamente aqui, por oportuno, há uma grave confusão a desfazer-se: diz o art. 466-A, CPC, copiando, nesse particular, o art. 1.006 do CPC de 1939, que de seu turno buscou inspiração no direito alemão, que a sentença só produzirá efeitos depois do trânsito em julgado. De modo nenhum. Aí há uma patente confusão entre eficácia da sentença e coisa julgada, confusão que de há muito já nos livrara Liebman.[64] O exame da fonte do art. 466-A, CPC, é altamente ilustrativo (nesse especial, § 894, *Zivilprozessordnung* alemã – o direito italiano, art. 2.932, *Codice Civile*, a propósito, não contém a mesma pseudo-exigência): como mostrou Liebman, a doutrina de então desconhecia a precisa diferença, hoje corrente, entre eficácia e autoridade da sentença, motivo pelo qual há essa indevida assimilação no artigo em comento.

Assim impostada a matéria, não há qualquer óbice para admissão de antecipação da tutela nas ações que visam à obtenção de declaração de vontade.[65] Antecipa-se, provisoriamente, o resultado jurídico pretendido via execução *lato sensu*. Os requisitos para tanto são os de lei (arts. 273 e 461, § 3°, CPC). Aliás, mesmo aqueles que atribuem eficácia constitutiva ao provimento do art. 466-A, CPC, não descartam a possibilidade de antecipação de tutela na espécie, como acertadamente o faz Flávio Luiz

---

62 "Da Execução Direta das Obrigações de Prestar Declaração de Vontade". *In: Direito Processual Civil*. São Paulo: Saraiva, 1965, p. 168. No sistema brasileiro atual, há pura equiparação de efeitos, conforme observa José Carlos Barbosa Moreira, "Aspectos da 'Execução' em Matéria de Obrigação de Emitir Declaração de Vontade". *In: Temas de Direito Processual*. São Paulo: Saraiva, 1997, Sexta Série, p. 231.
63 A expressão é de Federico Carpi, *La Provvisoria Esecutorietà della Sentenza*. Milano: Giuffrè, 1979, p. 83.
64 *Efficacia ed Autorità della Sentenza (ed Altri Scritti sulla Cosa Giudicata)*, ristampa. Milano: Giuffrè, 1962, p. 25.
65 Contra, Araken de Assis, *Cumprimento da Sentença*. Rio de Janeiro: Forense, 2006, p. 85.

Yarshell,[66] nada obstante a notória polêmica existente na doutrina a respeito do momento de eficácia da sentença constitutiva, bem trabalhada outrora por Cândido Rangel Dinamarco.[67]

No mais, não há necessidade, no direito brasileiro atual, tal como havia no Código de 1939 (art. 1.006, § 2º) e ainda há, por exemplo, no direito espanhol (art. 708, *Ley de Enjuiciamiento Civil*), de fixar-se prazo para que o demandado preste a declaração de vontade. A sentença, por ser executiva, já coloca o demandante na situação perseguida desde que eficaz. Bem por isso, não há sentido em cominação de multa no quando da prolação da sentença do art. 466-A, CPC: o ato do próprio Estado é suficiente, sendo despicienda qualquer colaboração da parte vencida para produção do resultado jurídico almejado. Com razão, a propósito, Guilherme Rizzo Amaral[68] e Eduardo Talamini.[69] Eventuais formalidades complementares, como providências de corte registral, são aviadas à vista da própria decisão jurisdicional, por força de certidão do julgado ou por mandado judicial.[70]

9. Conseqüências da sentença e nova situação – Uma vez prolatada decisão com arrimo no art. 466-A, CPC, tendo essa eficácia, podem surgir direitos, deveres, pretensões, obrigações, ações e exceções oriundos da nova situação em que se encontram as partes. Daí decorre que têm essas de atender a tais posições subjetivas; não havendo, todavia, observância espontânea no plano do direito material, abrem-se as vias processuais adequadas para tutela dessa nova crise de cooperação, que é, rigorosamente, estranha ao mérito da causa de que trata o artigo em comento.[71]

---

66 "Antecipação de Tutela Específica nas Obrigações de Declaração de Vontade no Sistema do CPC". *In:* Teresa Arruda Alvim Wambier (coord.), *Aspectos Polêmicos da Antecipação de Tutela*. São Paulo: Revista dos Tribunais, 1997, p. 171 e seguintes.
67 "Momento de Eficácia da Sentença Constitutiva". *In: Fundamentos do Processo Civil Moderno*, 4ª ed. São Paulo: Malheiros, 2001, tomo II, p. 1.081 e seguintes.
68 *As Astreintes e o Processo Civil Brasileiro – Multa do Artigo 461 do CPC e Outras*. Porto Alegre: Livraria do Advogado, 2004, p. 89 e seguintes.
69 *Tutela Relativa aos Deveres de Fazer e de Não Fazer*. São Paulo: Revista dos Tribunais, 2001, p. 155.
70 Assim, José Carlos Barbosa Moreira, "Aspectos da 'Execução' em Matéria de Obrigação de Emitir Declaração de Vontade". *In: Temas de Direito Processual*. São Paulo: Saraiva, 1997, Sexta Série, p. 232.
71 Conforme, entre outros, José Carlos Barbosa Moreira, "Aspectos da 'Execução' em Matéria de Obrigação de Emitir Declaração de Vontade". *In: Temas de Direito Processual*. São Paulo: Saraiva, 1997, Sexta Série, p. 235; Teori Albino Zavascki, *Comen-*

Nada obsta, porém, que o demandante cumule os pedidos de emissão de declaração de vontade e aqueles eventualmente oriundos do estado posterior à decisão jurisdicional, evidentemente atendidos os requisitos legais.[72] Haverá, aí, cumulação eventual sucessiva de pedidos:[73] o primeiro, imediatamente, executivo *lato sensu*; o segundo, dependendo da situação posta conjuntamente em juízo, pode assumir feições condenatórias, mandamentais ou mesmo executivas *lato sensu*.

> *Art. 466-B. Se aquele que se comprometeu a concluir um contrato não cumprir a obrigação, a outra parte, sendo isso possível e não excluído pelo título, poderá obter uma sentença que produza o mesmo efeito do contrato a ser firmado.*
>
> **Direito anterior.** Art. 639. Se aquele que se comprometeu a concluir um contrato não cumprir a obrigação, a outra parte, sendo isso possível e não excluído pelo título, poderá obter uma sentença que produza o mesmo efeito do contrato a ser firmado.

COMENTÁRIO

10. Pré-contrato e contrato definitivo – Sendo o art. 466-B, CPC, apenas uma particularização do art. 466-A, CPC, específico para o campo dos contratos, tudo que se disse acima (*retro*, nº 9) atine igualmente ao artigo em comento. Nesse passo, trataremos apenas do que concerne aos problemas que ressaem exclusivamente desse dispositivo.

Aquele que, por pré-contrato, se obriga a celebrar contrato definitivo e não o faz pode ter contra si prolatada uma sentença que produza o mesmo

---

tários ao Código de Processo Civil, 2ª ed. São Paulo: Revista dos Tribunais, 2003, vol. VIII, p. 464; Araken de Assis, *Comentários ao Código de Processo Civil*, 2ª ed. Rio de Janeiro: Forense, 2004, vol. VI, pp. 438-439.

---

72 Conforme, por todos, Teori Albino Zavascki, *Comentários ao Código de Processo Civil*, 2ª ed. São Paulo: Revista dos Tribunais, 2003, vol. VIII, p. 464.
73 Cumulação eventual sucessiva, porque o segundo pedido só será examinado na eventualidade de procedência do primeiro; sobre cumulação de pedidos, com indicação bibliográfica, Daniel Francisco Mitidiero, *Comentários ao Código de Processo Civil*. São Paulo: Memória Jurídica Editora, 2005, tomo II, pp. 456-459.

efeito sonegado pela ausência de sua manifestação de vontade. Vale dizer: do pré-contrato nasce, em regra, direito ao contrato definitivo.[74]

Em regra, porquanto só haverá direito e pretensão à sentença que produza o mesmo efeito do contrato a ser firmado "sendo isso possível e não excluído pelo título". Nosso legislador reproduz fielmente, aqui, o disposto na primeira parte do art. 2.932 do *Codice Civile* italiano (*"se colui che è obbligato a concludere un contratto non adempie l'obbligazione, l'altra parte, qualora sia possibile e non sia escluso dal titolo, può ottenere una sentenza che produca gli effetti del contratto non concluso"*). O Código Civil fala, a propósito do tema, na possibilidade de obtenção de sentença executiva *lato sensu* dês que não exista cláusula de arrependimento (art. 463) e a isto não se oponha a "natureza da obrigação" (art. 464).

O "ser possível" e a não-oposição à "natureza da obrigação" estão aí para preencher idêntica função. Tem o juiz de analisar o caso concreto para determinação da possibilidade e da não-oposição à natureza da obrigação com o fito de alcançar a "ética da situação".[75] Tem-se sustentado, em síntese, que não se mostra possível lograr sentença substitutiva da vontade em desconformidade com o conteúdo do pré-contrato ou à vista da insuficiente normatização nele encerrada. Consoante observa José Carlos Barbosa Moreira, "ao juiz não é dado estipular cláusulas e condições, mas apenas fazer desnecessária, por meio da sentença, a declaração de vontade que, incidindo sobre cláusulas e condições já estipuladas, daria corpo ao negócio definitivo. Em outras palavras: a sentença não tem a virtude de criar, sequer em parte, o objeto ou o conteúdo do contrato que se deveria concluir; o que pode faltar, e ela torna supérflua, é a mera declaração de vontade, não emitida pelo devedor".[76]

Isso não quer dizer, porém, que não esteja autorizado o juiz, no mesmo processo em que se está a postular a celebração do contrato definitivo, a controlar o equilíbrio das prestações pactuadas. Os arts. 157 e 478, CC, são, por exemplo, invocáveis. Vale dizer: nada obstante a insuficiência do

---

74 Assim, por todos, Pontes de Miranda, *Comentários ao Código de Processo Civil*, 2ª ed. Rio de Janeiro: Forense, 2002, tomo X, p. 100.
75 Conforme, por todos, Judith Martins-Costa, *Comentários ao Novo Código Civil*, 2ª ed. Rio de Janeiro: Forense, 2005, vol. V, tomo I, pp. 10-11.
76 "Aspectos da 'Execução' em Matéria de Obrigação de Emitir Declaração de Vontade". *In: Temas de Direito Processual*. São Paulo: Saraiva, 1997, Sexta Série, pp. 233-234.

conteúdo do pré-contrato obste o nascimento da pretensão ao contrato definitivo, tendo a promessa de contrato conteúdo não-eqüitativo, pode haver a sentença a que alude o art. 466-B, CPC, mas já aí suprindo a inexistência da declaração de vontade e controlando a justiça contratual (*aliter*, não estará o contrato a desempenhar o seu mister de "ponto de encontro de direitos fundamentais").[77] Doutrina e jurisprudência italianas confluem de há muito nesse sentido.[78]

Sustenta Araken de Assis, ainda, que há impossibilidade de obtenção da sentença do art. 466-B, CPC, sempre que o contrato definitivo implicar a adoção, pelo demandado, de atividades materiais infungíveis.[79] Pense-se, por exemplo, na impossibilidade de o provimento judicial substituir a vontade daquele que se obrigou a contrair núpcias.

Quanto à cláusula de não-exclusão pelo título, vem à lembrança a existência de cláusula expressa que vede a obtenção da tutela específica da obrigação. Essa exclusão pode estar, ademais, implícita, como se dá com a existência de cláusula de arrependimento (art. 463, CC), o que igualmente obsta a prolação de sentença de procedência com esteio no artigo em comento.

O pré-contrato, para dar lugar à ação executiva *lato sensu*, tem de ser válido e eficaz. Não se exige, porém, que preencha os mesmos requisitos de forma do contrato definitivo, porque dotado de "independência formal".[80] O Código de 1973, acertadamente, não repetiu o que constava a respeito do assunto no art. 1.006, § 2º, do Código de 1939, no que acatou a severa e certeira crítica de Pontes de Miranda à disciplina revogada.[81] Para que seja válido *inter partes*, igualmente não se exige registro; a exigência que consta do art. 463, parágrafo único, CC, opera tão-somente se se pretende outorgar oponibilidade *erga omnes* à obrigação.[82]

---

77 Conforme Cláudia Lima Marques, *Contratos no Código de Defesa do Consumidor – O Novo Regime das Relações Contratuais*, 4ª ed. São Paulo: Revista dos Tribunais, 2002, p. 210.
78 Por todos, Adolfo di Majo, *La Tutela Civile dei Diritti*, 2ª ed. Milano: Giuffrè, 1993, p. 283.
79 *Cumprimento da Sentença*. Rio de Janeiro: Forense, 2006, p. 78.
80 Conforme Teori Albino Zavascki, *Comentários ao Código de Processo Civil*, 2ª ed. São Paulo: Revista dos Tribunais, 2003, vol. VIII, p. 453.
81 *Comentários ao Código de Processo Civil*, 2ª ed. Rio de Janeiro: Revista Forense, 1961, tomo XIV, p. 38 e seguintes.
82 Conforme, por todos, Araken de Assis, *Cumprimento da Sentença*. Rio de Janeiro: Forense, 2006, p. 75.

De resto, exige a legislação que se assinale prazo para que o figurante faltoso cumpra a sua obrigação de concluir o contrato (art. 463, CC), sendo que é a partir dessa interpelação que se considerará em mora o obrigado (art. 397, parágrafo único, CC).[83] Consoante ensina Pontes de Miranda,[84] tal interpelação pode advir da citação, sendo despiciendo procedimento prévio à demanda, haja vista o caráter interpelativo que contém, em nosso direito, o ato citatório.

11. Conseqüências da sentença e contrato definitivo – O quanto se disse a propósito da situação posterior à sentença de suprimento da declaração de vontade, tendo em conta idêntica problemática, aqui tem total aplicação, de modo que se remete o leitor para o ponto correspondente (*retro*, nº 9), a fim de evitar-se a tautologia.

Art. 466-C. Tratando-se de contrato que tenha por objeto a transferência da propriedade de coisa determinada, ou de outro direito, a ação não será acolhida se a parte que a intentou não cumprir a sua prestação, nem a oferecer, nos casos e formas legais, salvo se ainda não exigível.

Direito anterior. Art. 640. Tratando-se de contrato que tenha por objeto a transferência da propriedade de coisa determinada, ou de outro direito, a ação não será acolhida se a parte que a intentou não cumprir a sua prestação, nem a oferecer, nos casos e formas legais, salvo se ainda não exigível.

COMENTÁRIO

12. Tutela do sinalagma – O artigo em comento reproduz o art. 640, CPC, cópia da segunda parte do art. 2.932, CC italiano (*"se si tratta di contratti che hanno per oggetto il trasferimento della proprietà di una cosa de-*

---

83 Conforme, por todos, Judith Martins-Costa, *Comentários ao Novo Código Civil*. Rio de Janeiro: Forense, 2003, vol. V, tomo II, p. 288.

84 *Comentários ao Código de Processo Civil*, 4ª ed. Rio de Janeiro: Forense, 1997, tomo III, p. 238. Aliás, já tivemos, noutro lugar, a oportunidade de apontar a vocação da citação para atender à exigência do parágrafo único do art. 397, CC (conforme Daniel Francisco Mitidiero, *Comentários ao Código de Processo Civil*. São Paulo: Memória Jurídica Editora, 2005, tomo II, pp. 296-297). Contra, exigindo interpelação prévia, Araken de Assis, *Cumprimento da Sentença*. Rio de Janeiro: Forense, 2006, pp. 71-72.

terminata o la costituzione o il trasferimento di un altro diritto, la domanda non può essere accolta, se la parte che l'ha proposta non esegue la sua prestazione o non ne fa offerta nei modi di legge, a meno che la prestazione non sia ancora esigibile"). Trata, como observa Adolfo di Majo,[85] de prestar tutela ao sinalagma contratual, tal como o faz o art. 476, CC, e mesmo, em outras passagens, o próprio Código de Processo Civil (arts. 582 e 615, IV).

A exceção de contrato não cumprido tem de ser levantada na contestação. Do contrário, há preclusão na espécie, porque toda matéria de defesa tem de ser levantada pelo réu nessa oportunidade (art. 300, CPC), não estando a *exceptio non adimpleti contractus* imune a esse preceito, dado que não atrai a incidência do art. 303, CPC.[86] A propósito, sendo uma exceção de direito material, não pode o juiz conhecê-la de ofício.[87]

Constatando o juiz a ausência da contraprestação, evidentemente quando exigível, tem de possibilitar ao demandante oportunidade para que esse a leve a efeito no mesmo processo. Não se pode dispensar, aí, o diálogo judicial, marca indelével do processo civil contemporâneo, de corte cooperativo, próprio do formalismo-valorativo.[88]

José Eduardo Carreira Alvim e Luciana Gontijo Carreira Alvim Cabral entendem "incompreensível a dicção" do art. 466-C, CPC, porquanto essa estaria a bater "de frente" com o art. 476, CC. Sustentam que "se o comprador não cumprir a sua prestação, deixando de efetuar o pagamento do preço, estará inadimplente, e, como tal, jamais poderá exigir do vende-

---

85 *La Tutela Civile dei Diritti*, 2ª ed. Milano: Giuffrè, 1993, p. 282.
86 Nesse sentido, Araken de Assis, *Cumprimento da Sentença*. Rio de Janeiro: Forense, 2006, pp. 51-52.
87 Só se mostra possível conhecer de ofício exceções de direito material havendo expressa autorização legal para tanto, o que não há na espécie, conforme, entre outros, Pontes de Miranda, *Tratado de Direito Privado*, 3ª ed. Rio de Janeiro: Borsoi, 1970, tomo VI, p. 11.
88 A expressão "formalismo-valorativo" representa, para além, um modelo histórico de processo civil, um verdadeiro método de pensamento, método esse que emerge naturalmente da obra *Do Formalismo no Processo Civil*, 2ª ed. São Paulo: Saraiva, 2003, de Carlos Alberto Alvaro de Oliveira. A expressão, de resto, fora cunhada mesmo por Carlos Alberto Alvaro de Oliveira, no ano de 2004, em seminários realizados no âmbito do programa de pós-graduação em direito (mestrado e doutorado) da Universidade Federal do Rio Grande do Sul. Sobre o assunto ver, ainda, Daniel Francisco Mitidiero, *Elementos para uma Teoria Contemporânea do Processo Civil Brasileiro*. Porto Alegre: Livraria do Advogado, 2005, p. 16 e seguintes.

dor a transferência da propriedade da coisa adquirida, por não ocorrer, no caso, uma das condições da ação, que é a 'possibilidade jurídica' do pedido (ou, mais exatamente, da causa de pedir)".[89] Afora o manifesto equívoco de apontar a espécie como de impossibilidade jurídica do pedido (porque o pedido é evidentemente possível, ainda que improcedente),[90] não vislumbramos a suposta colisão entre as normas dos arts. 466-C, CPC, e 476, CC, na medida em que ambas cuidam de emprestar tutela ao equilíbrio contratual, consoante, aliás, igualmente observa Araken de Assis.[91]

Mas não é só: referem, ainda, José Eduardo Carreira Alvim e Luciana Gontijo Carreira Alvim Cabral que, "anteriormente, tal não acontecia, porquanto o preceito revogado, art. 640 – cujo conteúdo era exatamente o mesmo do atual art. 466-C – inseria-se no processo de execução, e a essa altura, os direitos e deveres das partes já estavam definidos pela sentença condenatória, no processo de conhecimento, e a ação nele referida era a 'ação de execução'".[92] É notório, porém, que a ação de que tratava o art. 640, CPC, não era ação executiva em senso estrito, ação para execução forçada, sendo antes uma ação executiva *lato sensu*, em que se mistura cognição e execução no mesmo processo. Aliás, mesmo que se a considerasse ação constitutiva, como faz parte da doutrina, ao argumento de José Eduardo Carreira Alvim e Luciana Gontijo Carreira Alvim Cabral não sobraria melhor sorte. A alteração topológica encetada pelo legislador da reforma não alterou a eficácia preponderante das ações e das sentenças de procedência dos arts. 466-A, 466-B e 466-C, CPC.

---

89 *Cumprimento da Sentença*. Curitiba: Juruá, 2006, p. 27.
90 Sobre as condições da ação no sistema do Código de Processo Civil, entre outros, Enrico Tullio Liebman, "L'Azione nella Teoria del Processo Civile". In: *Problemi del Processo Civile*. Napoli: Morano Editore, 1962, p. 22 e seguintes, especialmente p. 46; *Manual de Direito Processual Civil*, tradução e notas de Cândido Rangel Dinamarco, 3ª ed. São Paulo: Malheiros, 2005, vol. I, p. 203 e seguintes; Fredie Didier Júnior, *Pressupostos Processuais e Condições da Ação – O Juízo de Admissibilidade do Processo*. São Paulo: Saraiva, 2005, p. 203 e seguintes; Rodrigo da Cunha Lima Freire, *Condições da Ação – Enfoque sobre o Interesse de Agir no Processo Civil Brasileiro*, 1ª ed., 2ª tiragem. São Paulo: Revista dos Tribunais, 2000, p. 64 e seguintes; Daniel Francisco Mitidiero, *Comentários ao Código de Processo Civil*. São Paulo: Memória Jurídica Editora, 2005, tomo II, p. 529 e seguintes.
91 *Cumprimento da Sentença*. Rio de Janeiro: Forense, 2006, p. 45 e seguintes.
92 *Cumprimento da Sentença*. Curitiba: Juruá, 2006, pp. 27-28.

13. Sentença de improcedência – No artigo em comento, diz-se que a "ação não será acolhida se a parte que a intentou não cumprir a sua prestação, nem a oferecer, nos casos e formas legais". Isto é: o pedido será julgado improcedente (art. 269, I, CPC). Descabe, portanto, suspender o processo até que se dê a contraprestação, solução encampada pelo Código de 1939 (art. 1.006, § 1º), como corretamente observa Pontes de Miranda.[93]

O juízo acerca do assunto toca o mérito da causa.[94] Ao estimar que o pedido não pode ser acolhido, está o juiz com os olhos fitos no direito material, valorando-o de maneira iniludível. Há formação de coisa julgada. Outra ação só será possível, portanto, uma vez implementada a contraprestação dantes faltante. E, note-se o ponto: será outra ação, porque, evidentemente, aí, os fatos mudaram (havendo mudança fática, não se tem a mesma ação, conforme art. 301, § 2º, CPC).

---

93 *Comentários ao Código de Processo Civil*, 2ª ed. Rio de Janeiro: Forense, 2002, tomo X, p. 98.
94 Conforme, por todos, Araken de Assis, *Cumprimento da Sentença*. Rio de Janeiro: Forense, 2006, p. 63.

Art. 3º O Título VIII do Livro I da Lei nº 5.869, de 11 de janeiro de 1973 – Código de Processo civil, passa a vigorar acrescido dos seguintes arts. 475-A, 475-B, 475-C, 475-D, 475-E, 475-F, 475-G, 475-H, compondo o Capítulo IX, "DA LIQUIDAÇÂO DE SENTENÇA":

Direito anterior. Sem correspondência.

DAISSON FLACH

Mestrando em Direito Processual Civil pela Universidade Federal do Rio Grande do Sul (UFRGS). Professor Substituto de Direito Processual Civil da Universidade Federal do Rio Grande do Sul (UFRGS). Professor de Direito Processual Civil no Centro Universitário Ritter dos Reis (UNIRITTER). Professor do Curso de Especialização em Direito Processual Civil do Instituto Meridional de Ensino (IMED). Professor Convidado do Curso de Especialização em Direito Processual Civil da Universidade Federal do Rio Grande do Sul (UFRGS) e do Curso de Especialização em Direito do Trabalho e Processo do Trabalho do Centro de Estudos do Trabalho do Rio Grande do Sul (CETRA-RS). Advogado no Rio Grande do Sul.

COMENTÁRIO

14. Introdução – Impõe-se, inicialmente, traçar as alterações de ordem topológica atinentes à liquidação de sentença introduzidas pela reforma.

O art. 9º da Lei nº 11.232/2005 revogou expressamente os arts. 603 a 611 do CPC, com isso suprimindo o Capítulo VI do Livro II (Processo de Execução), transpondo integralmente a disciplina da liquidação de sentença para o Livro I (do Processo de Conhecimento), Título VIII, compondo, conservado o nome (da Liquidação de Sentença), o Capítulo IX, formado pelos arts. 475-A, 475-B, 475-C, 475-D, 475-E, 475-F, 475-G e 475-H, conforme estabeleceu o art. 3º da lei em comento. Ao fazê-lo, a reforma promoveu importante alteração estrutural no Código de Processo Civil, não se cingindo apenas a realocar a matéria, como a seguir se terá a oportunidade de demonstrar.

15. Breve histórico da disciplina da liquidação: do Código de 1939 à recente reforma – A liquidação de sentença não apresentou evolução uniforme nas sucessivas leis processuais, ora constituindo fase inicial do processo executivo (CPC de 1939), ora constituindo, com ressalva de algumas hipóteses (ver, *infra*, nº 17), nova e autônoma relação processual (CPC de 1973).

Comentando o Código de 1973, Pontes de Miranda aplaudiu a solução trazida pelo novo diploma processual que, no art. 603, parágrafo único, exigia a citação do réu para a liquidação e permitia a execução apenas após a sentença que a julgava. A demanda por execução, a seu turno, inaugurava novo processo, com necessidade de nova citação (art. 611). O Código de 1939, seguindo a tradição do direito anterior, dava à liquidação tratamento de "processo incidente dentro do processo executivo",[1] deixando de reconhecer-lhe a dignidade de processo autônomo, com distinto objeto,[2] o que levou Pontes de Miranda a declarar que "aí, o Código de 1973 corrigiu o Código de 1939, art. 917, que erradamente fazia 'independente de nova citação pessoal' a ação executiva e falava de 'prosseguimento'", acrescentando que "o Código de 1973 atendeu à distinção inafastável das duas ações e frisou a dualidade de remédios jurídicos processuais".[3] Alcides Mendonça Lima, com arrimo na doutrina de Liebman, visualizava a liquidação como "processo preliminar ou preparatório", afirmando que "a liquidação serve de traço de união entre a sentença condenatória, que lhe será a fonte, e a execução, que será seu objetivo". Não via a liquidação como inci-

---

1 Francisco Cavalcani Pontes de Miranda. *Comentários ao Código de Processo Civil.* Rio de Janeiro: Forense, 1976, tomo IX, p. 511. Semelhante afirmação faz Ovídio Baptista da Silva, informando que na ordem do Código de 1939 a liquidação correspondia a "uma fase, ou um incidente inicial do processo de execução. *Curso de Processo Civil*, Porto Alegre: Sérgio Antônio Fabris Editor, 1990, vol. II, p. 39. Também Cândido Rangel Dinamarco, *Execução Civil*, 4ª ed. São Paulo: Malheiros, 1994, p. 618.
2 Comentando o Código anterior, criticava o eminente jurista a dicção do art. 906, que dispunha que "a execução terá início pela liquidação, quando a sentença exeqüenda não fixar o valor da condenação ou não lhe individuar o objeto". Manifestava sua convicção no sentido da necessidade de distinguir liquidação e execução, afirmando tratarem-se de "duas ações, fundadas em duas pretensões diferentes, uma a liquidar e outra a executar, dois processos metidos num só, o que explica a diferença de tratamento da liquidação pelas duas proposições do art. 917 (a execução independe de nova citação pessoal; é sentença a decisão judicial da liquidação). Duas ações, portanto; e um só veículo processual com separação no tempo". Francisco Cavalcanti Pontes de Miranda. *Comentários ao Código de Processo Civil*, 2ª ed. Rio de Janeiro: Forense, 1961, tomo XIII, pp. 165-166.
3 Francisco Cavalcanti Pontes de Miranda. *Comentários ao Código de Processo Civil*, Rio de Janeiro: Forense, 1976, tomo IX, pp. 500 e 513.

dente,[4] em oposição à doutrina de Pontes de Miranda, justamente porque não se dava no curso do processo executivo, mas sim antes de seu início, sendo mesmo inviável a tutela executiva em situação de iliquidez.

De qualquer sorte, quando da entrada em vigor do Código de 1973, embora inserta a disciplina da matéria no Livro II, não restou dúvida alguma quanto à autonomia da ação de liquidação[5] e à natureza sentencial da decisão que a julgava, em vista do que dispunha o art. 603, que ordenava a citação do devedor para a liquidação, em combinação com o art. 607, parágrafo único, que designava como sentença a decisão da liquidação.[6] Não se olvide, ainda, o revogado inciso III do art. 520, que outorgava efeito tão-somente devolutivo à apelação interposta contra a decisão que julgava a liquidação. No mesmo sentido, a exigência de que, julgada a liquidação, fosse realizada nova citação do devedor para a ação executiva, afastando definitivamente a liquidação do regime do CPC de 1939, em que constituía momento inicial do processo de execução.

Realçava a autonomia do processo de liquidação o conceito de sentença constante do art. 162, § 1º, do CPC, que a identificava como decisão que extinguia o processo, com ou sem julgamento de mérito, somado ao art. 463, que dispunha que, ao sentenciar, o juiz cumpria e acabava o ofício

---

4   Alcides Mendonça Lima. *Comentários ao Código de Processo Civil*, Rio de Janeiro: Forense, 1977, tomo II, vol VI, pp. 626-627. Liebman referia-se à liquidação, no regime de 1939, como "processo preparatório, incorporado na própria relação processual executória" (*Processo de Execução*. Notas de atualização de Joaquim Munhoz de Mello. São Paulo: Saraiva, 1980, p. 121). Impõe-se observar, entretanto, que o eminente processualista, em outro momento da obra (nº 26, p. 65), insere a liquidação entre os "processos incidentes de cognição" que "correm em plano diferente do da execução, isto é, fora do alcance da eficácia executória do título". Não parece, se não me equivoco, que Pontes de Miranda tenha insistido, ao comentar o CPC de 1973, na idéia de uma liquidação como incidente da execução, o que fora justamente objeto de crítica sua à ordem anterior, de forma que, quando da manifestação de Mendonça Lima, a questão já estava de todo superada, com amplo reconhecimento, pelo ilustre jurista de Alagoas, da autonomia da demanda liquidatória no Código de 1973.
5   Era tamanho o entusiasmo da doutrina com a autonomização procedimental da liquidação que Luiz Rodrigues Wambier chegou a pregar que o processo liquidatório passasse a constituir um livro próprio do CPC, a ela dedicado. Luiz Rodrigues Wambier. *Liquidação de Sentença*, 2ª ed. São Paulo: Revista dos Tribunais, 2000, p. 77.
6   Quanto à natureza sentencial da decisão que julga a liquidação, não inovou o CPC de 1973, como já referia Enrico Tulio Liebman. *Processo de Execução*. Notas de atualização de Joaquim Munhoz de Mello. São Paulo: Saraiva, 1980, p. 66.

jurisdicional. Da conjugação dos dispositivos derivava que a liquidação subseqüente só poderia ocorrer em outro processo, já que extinto pelo julgamento o processo que dera origem ao título ilíquido.

Cumpre ressaltar, para melhor compreensão da reforma e seus desdobramentos na liquidação, que todo este grupo de artigos ou teve sua redação alterada (art. 162, § 1º, e art. 463), ou foi objeto de revogação (art. 520, III).[7]

16. A quebra da autonomia do procedimento liquidatório na recente reforma – Antevendo os passos da reforma legislativa que ora se opera, Teori Zavascki já afirmava cientificamente adequado exaurir-se toda a atividade cognitiva em uma única relação processual, inclusive no que se refere aos contornos da prestação devida. Todavia, por razões de ordem prática, reconhecia que, em determinados casos, por ser a aferição do valor devido tarefa de grande complexidade, afigurava-se razoável definir primeiro o *an debeatur* e, sucessivamente, o *quantum debeatur*.[8] Com razão o autor quanto ao fato de estar a liquidação muito mais afeita, pela natureza dos atos a serem praticados, ao processo de conhecimento do que do processo de execução, contrariando a tradição legislativa anterior (CPC de 1939), que situava a liquidação como fase da ação executiva.

Algo semelhante ocorre no processo civil italiano, onde a liquidação não se dá em processo distinto, senão como natural prosseguimento da ação que dá origem ao débito a liquidar.[9] O sistema implantado pela reforma, diga-se, não é idêntico àquele adotado no processo italiano, tendo em vista que aqui, diferente do que lá ocorre, eliminou-se também a cisão, pelo menos do ponto de vista da autonomia procedimental, entre as atividades

---

7   Veja-se, a respeito, os comentários de Daniel Francisco Mitidiero ao art. 1º da Lei nº 11.232, em que analisa a nova redação dada aos arts. 162, § 1º, 269 e 463.
8   Teori Albino Zavascki. *Processo de Execução*, 3ª ed. São Paulo: Revista dos Tribunais, 2004, pp. 386-387.
9   O parágrafo primeiro do art. 278 do Código de Processo Civil italiano determina, em caso de sentença ilíquida (genérica), que o processo prossiga para liquidação. Trata-se, portanto, de mero prosseguimento, "*com ordinanza che il processo prosegua per la liquidazione*", não constituindo novo processo a liquidação. Sobre o tema ver Andrea Proto Pisani, informando ser a liquidação "fase" do processo destinada à liquidação do *quantum*. *Lezioni di Diritto Processuale Civile*. Napoli: Casa Editrice Dott. Eugenio Jovene, 2002, p. 169. Também Dinamarco, *Execução Civil*, 4ª ed. São Paulo: Malheiros, 1994, pp. 524-525.

cognitiva e executiva. É possível, entretanto, estabelecer um paralelo no sentido de que, embora mantida a ordem cronológica entre os dois momentos da constituição do título, a fixação do *an* e do *quantum debeatur* se operam sucessivamente, sem a necessidade de processos distintos.

Ainda que, com justiça, se possa afirmar que a reforma deixou de tocar pontos importantes de asfixia do sistema, tem ela o mérito, um tanto modesto, de oferecer maior fluidez ao procedimento, diante da desnecessidade de instaurar uma autônoma ação de liquidação, com todos os atos de comunicação próprios de um novo processo.[10] Embora a atividade liquidatória siga sendo um *prius* à atividade executiva, mantida a exigência de liquidez, certeza e exigibilidade dos arts. 586 e 618, a passagem de uma a outra ganha, potencialmente, maior agilidade, já que, na lógica da reforma, a necessária precedência da aferição do valor devido em relação à pratica de atos executivos não justifica a necessidade de que se constituam relações processuais autônomas. Na realidade, diluídas as fronteiras entre cognição e execução, andando a reforma rumo a um processo sincrético, o procedimento liquidatório trilhou idêntico caminho, passando a constituir uma *fase* do processo,[11] conservando sua feição essencialmente cognitiva[12] destinada à apuração do *quantum debeatur*, o que por si só justifica a sua inserção no Livro I.

17. Casos em que está preservada a autonomia procedimental da liquidação – Em que pese a nova disciplina da liquidação de sentença, resta preservada em algumas hipótese a autonomia da ação de liquidação, com todos os seus consectários. A teor do art. 475-N, parágrafo único, na hipótese de liquidação de sentença penal condenatória (475-N, II), permanece a necessidade de citação do réu para a ação de liquidação. A razão

---

10   Sendo desnecessária, por exemplo, nova citação, conforme dispõe o parágrafo primeiro do novo art. 475-A, bastando que se intime o devedor na pessoa de seu advogado. Também, a rigor, o pedido de liquidação não está submetido à estrutura formal do art. 282 do CPC.
11   Araken de Assis fala em "ação incidental, inserida no processo já pendente", a exemplo do que afirmava Pontes de Miranda acerca da liquidação em relação ao processo executivo no sistema do Código de 1939 (ver nota 2). *Cumprimento da Sentença*. São Paulo: Forense, 2006, p. 106,
12   Conforme, por todos, Ovídio Baptista. *Curso de Processo Civil*, Porto Alegre: Sergio Antonio Fabris Editor, 1990, vol. II, p. 39.

é evidente. Nesse caso, não há ação cível condenatória anterior, de modo que a pretensão à liquidação inaugura processo com a finalidade específica de apurar o valor devido, não se podendo cogitar de mero prosseguimento ou fase da demanda que deu origem ao título a liquidar. De outra banda, a considerar a lição de Teori Zavascki,[13] é forçoso concluir que a sentença arbitral (475-N, IV) e a sentença estrangeira homologada (475-N, VI), embora incluídas na redação do parágrafo único do art. 475-N, ensejam apenas a citação para a ação executiva e não para liquidação, pois, nesses casos, "a atividade jurisdicional entra em cena apenas para dar-lhes cumprimento forçado, ou, eventualmente, para anulá-las. Nunca para complementá-las. Elas se submetem, também para esse efeito, a regime idêntico ao dos títulos executivos extrajudiciais".[14]

Outro caso a considerar é o das liquidações individuais da sentença genérica proferida em ação coletiva para a qual são legitimados os indivíduos que tenham suportado danos vinculados ao fato que deu origem à sentença condenatória (art. 103, § 3º, do CDC). Não parece razoável entender que, nesses casos, a liquidação deva dar-se como mero prosseguimento da ação coletiva, na mesma relação jurídica processual, em razão da enorme dificuldade que traria à marcha do processo, seja pelo grande número de legitimados, seja pela própria discussão acerca da legitimação.[15] O tempo dirá também se, mesmo sendo coletiva a liquidação, é conveniente que se faça no mesmo processo, como, em princípio, parece emergir da nova disciplina.

18. Liquidações incidentes na ação executiva e os casos de não-incidência das normas do Título VIII, Capítulo IX, do Livro I do CPC – Não se pode esquecer, ao referir as hipóteses de liquidação insertas no sistema, daquelas outras que já se davam, e assim seguem, no curso do

---

13 *Processo de Execução*, 3ª ed. São Paulo: Revista dos Tribunais, 2004, p. 387.
14 Distinta é a apreciação de Araken de Assis, para quem "nada impede, a rigor, que a sentença arbitral (art. 475-N, IV) se mostre ilíquida, embora seja desejável que o pronunciamento condenatório (art. 31, *in fine*, da Lei nº 9.307/96) recaia em valor determinado" (*Cumprimento da Sentença*. São Paulo: Forense, 2006, pp. 103-104). Para ele, incide a regra do art. 475-N, parágrafo único, também na eventualidade de sentença arbitral ilíquida. Abstraindo o pontual dissenso, tem razão o autor ao dizer que, ao menos nas hipóteses do parágrafo único do art. 475-N, inaugura-se nova relação processual com a citação do réu para a liquidação, não inovando a lei a respeito.
15 Sobre o tema ver Patricia Miranda Pizzol, *Liquidação de Sentença nas Ações Coletivas*. Curitiba: Lejus, 1998, pp. 185-186.

processo executivo.[16] Tal é o caso, por exemplo, da transformação em perdas e danos das obrigações de fazer, não fazer e entregar coisa, quando derivadas de título extrajudicial (art. 627, §§ 1º e 2º, e art. 633, parágrafo único), ou quando derivadas de sentença (art. 461, §§ 1º e 2º, e art. 461-A, § 3º), da liquidação da indenização por benfeitorias (art. 628), da liquidação dos danos causados ao executado em execução provisória (art. 475-O, II).[17]

Pontes de Miranda com a costumeira precisão, ensina que, quando tratar-se de liquidação de obrigação fundada em documento público ou particular, tem-se ação de conhecimento autônoma, sem qualquer caráter de preparatividade, que não guarda nenhuma relação com a disciplina dos arts. 604 e seguintes (arts. 475-A e seguintes).[18] Nessas hipóteses, a exigência do crédito liquidado dependerá de sentença condenatória, já que a liquidação pura e simples não outorga ao documento eficácia executiva.

Não se pode olvidar, tampouco, a previsão contida no art. 744, com a redação que lhe foi dada pela Lei nº 10.444/2002, relativamente aos embargos de retenção por benfeitorias na execução fundada em título extrajudicial[19] que, em seu § 2º, consigna que "poderá o credor oferecer artigos de liquidação de frutos e danos, a fim de se compensarem com as benfeitorias". Os embargos de retenção, em realidade, têm como objeto justamente a apuração de benfeitorias indenizáveis, cujo valor deve desde logo ser informado pelo autor (744, § 1º), e a existência de eventuais frutos e danos a compensar, sem que guardem qualquer relação com a liquidação prevista no art. 475-A e seguintes.

---

16 Liebman já advertia que tais incidentes por vezes geram "questões duvidosas tão importantes que, para resolvê-las, se torne necessário recorrer aos meios e garantias do processo de cognição: abre-se, então, verdadeiro processo de cognição, em que se observam e respeitam regras e princípios próprios desta espécie de processo, ligado, todavia, à execução de tal maneira que forma com esta uma unidade..." Enrico Tullio Liebman. *Processo de Execução*. Notas de atualização de Joaquim Munhoz de Mello. São Paulo: Saraiva, 1980, p. 65.
17 Cuidando das liquidações incidentais, Teori Albino Zavascki, *Processo de Execução*, 3ª ed. São Paulo: Revista dos Tribunais, 2004, p. 389.
18 Francisco Cavalcanti Pontes de Miranda. *Comentários ao Código de Processo Civil*. Rio de Janeiro: Forense, 1976, tomo IX, p. 402.
19 Consultar a respeito Marcelo Abelha Rodrigues, in Flávio Cheim Jorge; Fredie Didier Jr.; Marcelo Abelha Rodrigues. *A Nova Reforma Processual*, 2ª ed. São Paulo: Saraiva, 2003, pp. 236-238.

19. Do incidente de concentração das obrigações para entrega de coisa – Nem sempre a incerteza quanto ao objeto a ser prestado incide sobre valor em dinheiro,[20] havendo casos em que, consistindo a obrigação em entregar coisa, pode ocorrer que esteja ela definida apenas pelo gênero e quantidade (art. 243 do Código Civil) ou, ainda, que se esteja diante de obrigação alternativa (art. 252 do Código Civil), que de mais de um modo pode ser cumprida.[21] No primeiro caso, o art. 244 do Código Civil determina que "a escolha pertence ao devedor, se o contrário não resultar do título da obrigação; mas não poderá dar a coisa pior, nem será obrigado a prestar a melhor". Caso alternativa a obrigação, incide a regra do art. 252 do Código Civil, segundo a qual "a escolha cabe ao devedor, se outra coisa não se estipulou".

No plano processual, o incidente de concentração, individualização ou concreção busca justamente debelar dúvidas existentes quanto à titularidade do direito de escolha e a adequação do objeto prestado ao perfeito adimplemento da obrigação. No dizer de Pontes de Miranda, objetiva "tor-

---

20 Em mais de uma passagem de seu recente livro, (*Cumprimento da Sentença*. Rio de Janeiro: Forense, 2003, pp. 93-94), Araken de Assis dirige críticas à redação do art. 475-A, que reputa menos feliz que seu antecessor (art. 603) por ter referido apenas ao "valor devido", suprimindo a alusão à individuação do "objeto da condenação", o que, segundo ele, apequenou o sentido original da norma, relacionando-a apenas às obrigações pecuniárias, desatendendo às hipóteses de concentração das obrigações de dar. Não me parece que tenha razão. Carece de sentido manter a redação anterior quando, segundo o próprio autor admite, o incidente de concentração não se submete à disciplina dos arts. 475-A e seguintes, de forma que a referência se prestava mais a confundir do que a esclarecer.
21 Para a distinção entre obrigação genérica, "de prestar coisas ainda não determinadas no momento da existência do negócio jurídico, embora determináveis no desenvolvimento da relação obrigacional", e obrigação alternativa, que se caracteriza pela "categoria do ato de escolha e a circunstância de existirem *ab initio* pelo menos duas prestações possíveis", consulte-se Clóvis do Couto e Silva. *A Obrigação Como Processo*. São Paulo: José Buschatsky Editor, 1976, pp. 175-211. Para a necessária distinção entre "coisa incerta" e "coisa fungível", ver Araken de Assis, *Manual do Processo de Execução*, 4ª ed. São Paulo: Revista dos Tribunais, 1997, p. 372. A distinção é importante porque, sendo os bens fungíveis "os que podem substituir-se por outros da mesma espécie, qualidade e quantidade" (art. 85 do CC), não há, em realidade, incerteza quanto à prestação devida, que deve ser idêntica àquela a que se obrigou o devedor, sendo de todo irrelevante a individualização, descabendo o incidente, conforme argutamente observou Barbosa Moreira. *O Novo Processo Civil Brasileiro*. 21ª ed. Rio de Janeiro: Forense, 2000, pp. 201-202.

nar certa a coisa incerta".[22] A concentração trata de debelar uma crise de certeza, não propriamente de liquidez.[23]

Desde a edição da Lei nº 10.444/2002, o cumprimento da obrigação para entrega de coisa, quando derivada de sentença, encontra-se regrado pelo art. 461-A. Nos termos do § 1º do referido dispositivo, "tratando-se de entrega de coisa determinada pelo gênero e quantidade, o credor a individualizará na petição inicial, se lhe couber a escolha; cabendo ao devedor escolher, este a entregará individualizada, no prazo fixado pelo juiz".

O art. 629, por sua vez, tratando das obrigações para entrega de coisa incerta fundada em título extrajudicial (art. 631 c/c art. 621), traz semelhante disposição, impondo ao autor a individualização da coisa na petição inicial, quando lhe couber a escolha, ou o requerimento de citação do devedor para entrega da coisa individualizada, caso seja-lhe facultado escolher. Esta última consubstancia a regra geral, aplicável na falta de disposição contratual ou sentencial, conforme art. 244 do Código Civil. Embora não haja referência específica na lei, atribuída a escolha terceiro, o mesmo deverá ser convocado a fazê-lo, em prazo a ser fixado judicialmente.[24]

Duas são as questões que habitualmente se colocam, gerando o incidente prévio à execução: a) a qual das partes cabe a escolha, ou, ainda, se compete a terceiro escolher; b) feita a escolha por quem de direito, pode ser discutida a idoneidade do bem entregue em adimplemento.

Analisemos, primeiramente, a questão relativa ao exercício do direito de escolha, lembrando que o art. 475-R remete subsidiariamente às normas que regem o processo de execução de título extrajudicial, o que, no ponto, é de grande incidência.

---

22 Francisco Cavalcanti Pontes de Miranda. *Tratado de Direito Privado*. São Paulo: Revista dos Tribunais, tomo XXII, p. 110.
23 Cf. Cândido Rangel Dinamarco. *Instituições de Direito Processual Civil*. São Paulo: Malheiros, 2004, vol. IV, p. 635.
24 Conf. Teori Albino Zavascki. *Processo de Execução*. São Paulo: Revista dos Tribunais, 2004, p. 354.

Cabendo a escolha ao exeqüente e não sendo realizada na petição inicial,[25] entende Teori Zavascki[26] que o juiz deve intimá-lo para que em 10 dias emende a inicial (art. 616). Araken de Assis e Barbosa Moreira discordam, entendendo operar-se a preclusão, passando a faculdade ao executado.[27] Inversamente, realizando o credor a escolha na inicial, quando cabia ao executado fazê-lo, parece razoável aplicar analogicamente o disposto no art. 288, parágrafo único, determinando o juiz a citação do demandado a entrega da coisa individualizada, facultando-lhe a escolha. Caso o demandado não cumpra a obrigação no prazo legal de 10 dias (art. 621), ou em outro que lhe seja deferido (art. 461-A, § 1º), deverá o juiz dar seguimento ao feito, determinando o cumprimento conforme escolha previamente realizada pelo credor.[28]

Na eventualidade de não exercer o devedor o direito à escolha que lhe caiba, transfere-se ao credor esta possibilidade, em aplicação do art. 571, § 1º, que incide também, por analogia, nas obrigações de entregar coisa incerta, conforme orientação firmada doutrinária e jurisprudencialmente. Caso o credor não o faça, ainda que intimado, será extinto o processo sem julgamento de mérito (art. 267, III, § 1º).

---

25 Pondera Luiz Guilherme Marinoni que não haveria porque deixar de admitir que a individualização fosse feita pelo autor após a sentença, antes do cumprimento da obrigação. Restaria, na hipótese, prejudicada apenas a possibilidade de obtenção de antecipação de tutela. Atribui a disciplina dada pelo art. 461-A, § 1º, a uma questão de política legislativa, que optou por definir a coisa antes da sentença, evitando incidentes posteriores que fatalmente retardariam a marcha do processo. *Técnica Processual e Tutela dos Direitos*. São Paulo: Revista dos Tribunais, 2004, p. 503.

26 Teori Albino Zavascki. *Processo de Execução*. São Paulo: Revista dos Tribunais, 2004, p. 354. Não chega o autor a esclarecer se, inocorrendo a emenda, será caso de indeferimento ou simplesmente de considerar preclusa a oportunidade, repassando ao devedor o direito de escolha. Pelo indeferimento da inicial Nelson Nery Júnior e Rosa Maria Andrade Nery. *Código de Processo Civil Comentado*, 3ª ed. São Paulo: Revista dos Tribunais, 1997, p. 812.

27 Araken de Assis. *Cumprimento da Sentença*. Rio de Janeiro: Forense, 2003, p. 95; José Carlos Barbosa Moreira. *O Novo Processo Civil Brasileiro*, 21ª ed. Rio de Janeiro: Forense, 2000, p. 203.

28 Parece-me contraproducente, salvo melhor juízo, determinar a emenda da inicial para que o autor retire a opção feita indevidamente, indeferindo-a caso não o faça, como aventou Araken de Assis (*Cumprimento da Sentença*. Rio de Janeiro: Forense, 2003, p. 95), ou, ainda, como sugere Barbosa Moreira, indeferir o pedido de citação do devedor para entregar a coisa escolhida pelo credor. *O Novo Processo Civil Brasileiro*, 21ª ed. Rio de Janeiro: Forense, 2000, p. 202.

Nas obrigações alternativas, se o título deferir a opção a terceiro e este não quiser ou puder escolher, caberá ao juiz a escolha, se não houver acordo entre as partes (art. 252, § 4º, do Código Civil).
A segunda questão a tratar diz respeito à impugnação da escolha realizada. O art. 630 confere a qualquer das partes, no diminuto prazo de 48 horas, a possibilidade de impugnar a escolha feita pela outra, decidindo o juiz de plano ou, sendo necessário, ouvindo antes perito de sua nomeação. Igual preceito não foi inserido no art. 461-A, § 1º, sendo caso de aplicação subsidiária do art. 630. Com precisão, salienta Barbosa Moreira que, feita a escolha pelo credor, "embora não o diga o texto, a impugnação tempestiva suspende o curso do decêndio para entrega, até que o incidente seja resolvido. Por outro lado, entregando o devedor a(s) coisa(s) no prazo de dez dias, faculta-se ao credor, também em 48 horas, e igualmente sob pena de preclusão, impugnar a escolha. Neste caso, a coisa permanecerá sob depósito até que se resolva o incidente."[29]
Julgado o incidente, decisão que desafia agravo de instrumento, prossegue a execução na forma do art. 631 c/c art. 621, ou do art. 461-A, § 2º, conforme se trate de execução de título extrajudicial ou de sentença, sem esquecer que também o provimento antecipatório (art. 461-A, § 3º, c/c art. 461, § 3º) autoriza demandar o imediato cumprimento.

> *Art. 475-A. Quando a sentença não determinar o valor devido, procede-se à sua liquidação.*
>
> *§ 1º Do requerimento de liquidação de sentença será a parte intimada, na pessoa de seu advogado.*
>
> *§ 2º A liquidação poderá ser requerida na pendência de recurso, processando-se em autos apartados, no juízo de origem, cumprindo ao liquidante instruir o pedido com cópias das peças processuais pertinentes.*
>
> *§ 3º Nos processos sob procedimento comum sumário, referidos no art. 275, inciso II, alíneas d e e, é defesa a sentença ilíquida, cumprindo ao juiz, se for o caso, fixar de plano, a seu prudente critério, o valor devido.*

Direito anterior. Art. 603. Procede-se à liquidação, quando a sentença não determinar o valor ou não individuar o objeto da condenação. Parágrafo

---

29 *O Novo Processo Civil Brasileiro*, 21ª ed. Rio de Janeiro: Forense, 2000, p. 202.

único. A citação do réu, na liquidação por arbitramento e na liquidação por artigos, far-se-á na pessoa de seu advogado, constituído nos autos.

COMENTÁRIO

20. Alcance do dispositivo – Como já se teve a oportunidade de frisar, a disciplina do art. 475-A se aplica tão-somente às obrigações pecuniárias ilíquidas derivadas de título executivo judicial que, dependendo do caso, instauram demanda liquidatória autônoma (*supra*, nº 17) ou implicam mero prosseguimento da demanda, com realização de atividade instrutória destinada à apuração do valor devido (*supra*, nº 16). As liquidações incidentes, assim também o incidente de concentração das obrigações de entregar coisa incerta e de individuação das obrigações alternativas, submetem-se a regramento próprio (*supra*, nºˢ 4 e 5).

21. Inaplicabilidade aos títulos extrajudiciais – Não se aplicam os dispositivos relativos à liquidação de sentença aos títulos executivos extrajudiciais, cuja liquidez é elemento essencial à sua eficácia executiva. Se não forem líquidos, títulos não são.

Patrícia Miranda Pizzol refere-se à possibilidade de que o termo de ajustamento de conduta (art. 5º, § 6º, da Lei da Ação Civil Pública), erigido à condição de título executivo extrajudicial, enseje liquidação, não havendo, em tese, empecilho para que isto ocorra. Em defesa do ponto de vista, salienta a peculiaridade das ações coletivas e a insuficiência dos critérios tradicionais para o enfrentamento da matéria.[30]

22. Liquidez e condenação genérica – Estabelecem os arts. 586 e 618 ser imprescindível que o título que dá base à execução seja líquido certo e exigível.[31] Como ensina Pontes de Miranda, "o crédito diz-se líquido (ou diz-se líquida a dívida) quando, além de ser claro e manifesto (= *eficere claram et manifestam probationem debiti*), dispensa qualquer elemento ex-

---

30 Patrícia Miranda Pizzol. *Liquidação de Sentença nas Ações Coletivas*. Curitiba: Lejus, 1998, pp. 209-211.
31 Dinamarco, aliás, critica a redação do art. 586, afirmando que "as qualidades da certeza liquidez e exigibilidade não se referem ao título em sentido formal, ao ato jurídico dotado de eficácia executiva, mas ao seu conteúdo, ou seja, ao direito subjetivo atestado". *Execução Civil*, 4ª ed. São Paulo: Malheiros, 1994, p. 484.

trínseco para lhe saber o importe (*non requiratur aliquod extrinsecus ad probandum*). Sabe-se *que é* e *o que é*".[32]

No direito brasileiro, a exemplo do que em outros ordenamentos ocorre,[33] existe a possibilidade de prolação de sentença condenatória genérica, nas hipóteses excepcionais em que se admite pedido igualmente genérico (art. 286, I, II e III), isto é, que não consigne, desde logo, o valor pretendido. Veja-se que, nos casos em que a lei faculta o pedido genérico, o faz justamente em razão de não ser possível, no momento da propositura da demanda, reunir suficientes elementos para atribuir valor à pretensão. Disso resulta que a sentença que condena ao pagamento de quantia sem indicar-lhe o montante, por faltar-lhe o atributo da liquidez, deve submeter-se a prévia liquidação.

23. Breves considerações sobre direito comparado: a condenação genérica e a sentença de liquidação como sentenças parciais de mérito – Do amplo debate doutrinário travado na Itália sobre a condenação genérica, pode-se colher importantes lições a fim de melhor compreender algumas implicações da reforma que ora se opera em nosso processo. De modo similar ao que aqui ocorre, principalmente após a reforma, o Código de Processo Civil italiano, no art. 278, primeira parte, admite, excepcionalmente, condenação genérica que declare a *potencialidade* danosa do fato e também sua antijuridicidade, prosseguindo o processo para liquidação do dano, de modo a determinar se a lesão jurídica declarada é efetivamente produtora de dano e qual o seu importe.[34] Também significativa a disposição do art. 2.818 do Código Civil italiano, que autoriza, em caso de condenação genérica, a inscrição da hipoteca judiciária, ainda antes da liquidação.[35]

Andrea Proto Pisani afirma que, no plano estrutural, a condenação genérica não tem por objeto o cumprimento de uma obrigação, deixando de

---

32 Francisco Cavalcanti Pontes de Miranda. *Comentários ao Código de Processo Civil*. Rio de Janeiro: Forense, 1976, p. 503.
33 Para colher as lições de direito comparado, consultar Luiz Rodrigues Wambier. *Liquidação de Sentença*, 2ª ed. São Paulo: Revista dos Tribunais, 2000, pp. 61-73.
34 Cf. Frederico Carpi. *La Provisória Esecutorietà della Sentenza*. Milano: Dott. A. Giuffrè Editore, 1979, p. 92.
35 Também em nosso sistema, a condenação genérica autoriza a hipoteca judiciária, à vista do que dispõe o art. 466, parágrafo único, I, do CPC.

determinar a prestação devida, limitando-se simplesmente a *resolver um segmento da situação jurídica existente entre as partes*,[36] assentando a ilegitimidade do ato potencialmente danoso e facultando, desde logo, a hipoteca judiciária. A produção da hipoteca judiciária, segundo o autor, é escopo *lato sensu* cautelar que se agrega à condenação genérica. Segundo Luigi Montesano,[37] a hipoteca judiciária é facultada porque a condenação genérica encerra implicitamente a *probabilidade de uma ação de expropriação forçada*, vislumbrando na condenação genérica *uma sentença declaratória à qual se agrega um provimento cautelar*. Aduz que o interesse de demandar condenação genérica está estritamente vinculado à possibilidade de inscrição da hipoteca judiciária que, segundo ele, não é mero efeito secundário, mas algo inerente à própria função da sentença. Nesse aspecto, dissente de Satta[38] e Carpi,[39] para quem a condenação genérica é verdadeira condenação, já que a imediatidade (a possibilidade de pronta execução) não é condição da condenação. A liquidação do crédito, para eles, é um requisito do título executivo, não da condenação. Dão relevo ao fato de que a inscrição da hipoteca judiciária deriva da eficácia condenatória da decisão, que encerra já o juízo sancionatório, prosseguindo-se apenas em busca do *quantum*. Carpi oferece como exemplos a apoiar o ponto de vista a condenação para o futuro, a condenação ao pagamento de prestações periódicas e mesmo a condenação a uma obrigação de fazer continuativa, acentuando que, também nestas hipóteses, está ausente a possibilidade de imediata execução, sem que se lhes possa negar a eficácia condenatória já contida no preceito.[40] Essa também a opinião de Liebman, para quem "a condenação é absolutamente necessária para que a execução seja possível e não pressupõe de fato um estado de incerteza (que é a condição *sine qua non* do processo de mera declaração), sua função não é de declarar um estado de coi-

---

36 Andrea Proto Pisani. *Lezioni di Drritto Processuale Cvile*, 4ª ed. Napoli: Casa Editrice Dott. Eugenio Jovene, 2002, pp. 168-169.
37 Luigi Montesano. *Condanna Civile e Tutela Esecutiva*, 2ª ed. Napoli: Casa Editrice Dott. Eugenio Jovene, 1965, p. 45.
38 Salvatore Satta. *Diritto Processuale Civile*. Padova: Cedam, 1981, p. 368.
39 Federico Carpi. *La Provisória Esecutorietà della Sentenza*. Milano: Dott. A. Giuffrè Editore, 1979, p. 93.
40 Federico Carpi. *La Provisória Esecutorietà della Sentenza*. Milano: Dott. A. Giuffrè Editore, 1979, p. 93.

sas preexistente, mas de constituir uma nova situação jurídica, suscetível, finalmente, de levar à execução forçada".[41]

Seja qual for a natureza (verdadeiramente condenatória – o que se entende mais correto – ou declaratória) da sentença genérica, se faz necessário obter posteriormente, a fim de atender a exigência de liquidez imposta pelo art. 474 do CPC italiano, uma *sentença sucessiva* que disponha sobre a quantificação do dano indenizável, como condição à prática de atos executivos. Tal juízo de liquidação da prestação devida é, no dizer de Montesano, "integrativo"[42] do título previsto no art. 474 do CPC italiano, justamente por atribuir-lhe a necessária liquidez.[43]

A definição do *quantum*, portanto, desafia nova sentença com função integrativa do julgado anterior, condição indispensável à sua execução. Não se trata, como é fácil perceber, do acertamento de mero elemento secundário. Ao contrário, determina a possibilidade de realização concreta do direito cuja tutela está a parte a buscar, constituindo parcela do próprio mérito da causa. Ao permitir o sistema italiano, como também o faz o brasileiro, a prolação de um juízo genérico, submetido a posterior liquidação, o que está a fazer não é outra coisa senão autorizar o julgamento fracionado da causa com recurso a sentenças parciais e sucessivas de mérito. Ao tratar da classificação das sentenças, atentando à relação entre a sentença e o momento do processo em que é pronunciada, Alfredo Rocco ensina que "quando o magistrado decide um único ponto do mérito, que está maduro para decisão, tem-se uma *sentença interlocutória de mérito*; esta sentença no direito comum se chamava *interlocutiones vim definitivam habentes*."[44] Utilizando distinto critério de classificação, relativo à aptidão da sentença para por fim ao processo, escreveu Liebman que *sentenças não definitivas*, no processo italiano, são aquelas em que "o juiz decide uma

---

41 Enrico Tullio Liebman. "Il Ttitolo Esecutivo Riguardo ai Terzi" *In*: *Problemi del Processo Civile*. Napoli: Morano Editore, 1962, p. 363.
42 No que, aliás, coincide com a expressão utilizada por Liebman quando afirma que "a sentença de liquidação virá, pois, *integrar* o título executório, fixando o montante da dívida". *Processo de Execução*. São Paulo: Saraiva, 1980, p. 70. A referência à integração do julgado se colhe também em Pontes de Miranda, quando afirma ser a sentença "constitutiva *integrativa*". Ressalte-se a discordância de Liebman, para quem a sentença da liquidação tem eficácia predominantemente declaratória.
43 Luigi Montesano, *Condanna Civile e Tutela Esecutiva*, 2ª ed. Napoli: Casa Editrice Dott. Eugenio Jovene, 1965, p. 61.
44 Alfredo Rocco. *La Sentenza Civile*. Milano: Giuffrè, 1962, pp. 145-146.

parte da matéria controvertida, que pode dizer respeito tanto ao mérito quanto às questões preliminares".[45]

No direito alemão, conforme informa Luiz Rodrigues Wambier,[46] com base na doutrina de Leo Rosenberg, em obra de referência sobre a matéria,

> "o provimento definitivo só acontecerá depois que já se tiver fixado o *quantum* da obrigação".
>
> Mais adiante: "o que pode ocorrer, com base no permissivo legal constante do § 304 da ZPO, é que o procedimento se desdobre em dois momentos consecutivos, um relativo à determinação do fundamento do pedido e outro concernente à fixação do seu aspecto quantitativo. Segundo esse dispositivo, sempre que a ação contenha discussão quanto ao fundamento e o valor do pedido, o Juiz poderá se pronunciar primeiramente a respeito do fundamento. Nessa hipótese, há uma primeira decisão, que se pode denominar de sentença incidental, ou sentença interlocutória, e que se torna definitiva quanto ao fundamento do pedido. Regra geral, tais sentenças interlocutórias se limitam a resolver questões incidentais de natureza processual, de modo que, no dizer de Leo Rosemberg, preparam e facilitam a sentença definitiva. Nesses casos do § 304, todavia, as sentenças interlocutórias como que assumem características diferenciadas e especiais, pois efetivamente decidem sobre o fundamento do pedido".

As sentenças parciais de mérito, que adquirem a estabilidade da coisa julgada, atesta Daniel Mitidiero (*supra*, nº 3), amparado em Ovídio Baptista,[47] não são de todo estranhas a nosso ordenamento processual. Bem ilus-

---

45 Enrico Tullio Liebman. *Manual de Direito Processual Civil*. Tradução de Cândido Rangel Dinamarco. Rio de Janeiro: Forense, 1984, vol I, p. 243.
46 Luiz Rodrigues Wambier. *Liquidação de Sentença*, 2ª ed. São Paulo: Revista dos Tribunais, 2000, p. 66.
47 Para uma ampla análise da questão, imprescindível consultar Ovídio Baptista da Silva, decisões Interlocutórias e Sentenças Liminares". *In: Da Sentença Liminar à Nulidade da Sentença*. Rio de Janeiro: Forense, 2001, pp. 3 e seguintes. Também Daniel Mitidiero, com ampla bibliografia, "Sentenças Parciais de Mérito e Resolução Definitiva-Fracionada da Causa (Lendo um Ensaio de Fredie Didier Júnior)". *In: Introdução ao Estudo do Processo Civil, Promeiras Linhas de um Paradigma Emergente*. Porto Alegre: Fabris Editor, 2004, pp. 165 e seguintes.

tram a assertiva as sucessivas sentenças que julgam as fases da ação prestação de contas (art. 915, §§ 1º e 2º). Com razão, o autor identifica como sentença parcial de mérito também a decisão prevista no art. 273, § 6º.[48] Dinamarco, por sua vez, em comentário à obra de Liebman, chegou a referir que "outra crítica que o nosso Código merece é a de haver sido infiel à sua própria definição (art. 162, § 1º), contemplando sentenças que trazem o julgamento do mérito, mas não põe termo ao processo (ex.: ações possessórias; ação de prestação de contas, primeira fase; v. também ação de despejo; ação de desapropriação)". Por idênticas razões, agregam-se também ao rol das sentenças parciais de mérito a condenação genérica e a sucessiva sentença que julga a liquidação.

O reconhecimento da decisão acerca da liquidação como sentença parcial de mérito, como se verá, apresenta enorme relevância prática, mormente no que respeita ao tratamento dado à forma de impugnação cabível, evidenciando as substanciais dificuldades ensejadas na interpretação e aplicação do novo art. 475-H (*infra*, n°s 38 e seguintes).

24. A eficácia preponderante da sentença de liquidação – Afirmava Liebman a natureza declaratória da sentença que julga a liquidação,[49] com o que concordou Dinamarco, aduzindo ser a sentença na liquidação "desenganadamente declaratória", já que a condenação genérica "contém declaração incompleta", além do preceito sancionatório, por omitir a declaração de seu valor pecuniário, sendo a função precípua da sentença de liquidação a complementação da declaração, com o que se faz possível atuar executivamente o preceito.[50]

Em sentido contrário, entendendo corretamente tratar-se de provimento preponderantemente constitutivo integrativo, situa-se a doutrina de

---

48 Contra, entendendo tratar-se de "decisão interlocutória apta à produção de coisa julgada", Fredie Didier Júnior, "Inovações na Antecipação de Tutela e a Resolução Parcial do Mérito". *In*: *Gênesis – Revista de Direito Processual Civil*. Curitiba: Gênesis, nº 26, p. 719, 2002.
49 Enrico Tullio Liebman. *Processo de Execução*, 4ª ed. São Paulo: Saraiva, 1980, p. 70.
50 Cândido Rangel Dinamarco. *Execução civil*, 4ª ed. São Paulo: Malheiros, 1994, pp. 556-557. Subscreve idêntica opinião Teresa Arruda Alvim (Coord.). *Atualidades sobre a Liquidação de Sentença*. São Paulo: Revista dos Tribunais, p. 7.

Pontes de Miranda,[51] no que mereceu a adesão de Mendonça Lima, Ovídio Baptista e Araken de Assis.[52] Com efeito, a sentença condenatória genérica carrega em si a carga declarativa que lhe é inerente mas não autoriza a pronta execução justamente por não determinar o *quantum*, o que só é possível mediante atividade cognitiva complementar. Isso porque o esforço de liquidação tem o escopo de atribuir liquidez à sentença, justamente o que lhe falta para que seja viável a execução. Não se trata, pois, a liquidação, de atividade destinada a revelar algo que já carregue a sentença, mas de atribuir-lhe o que faltava, depois de desenvolvida atividade cognitiva distinta daquela exercida quando da prolação da sentença genérica.

25. Efeitos civis de sentenças penais e sua liquidação – O art. 475-N, II, outorga eficácia de título executivo à sentença penal condenatória. É possível, portanto, à vítima de ilícito penal, obter reparação civil sem a necessidade de submeter-se a processo cível de conhecimento, em razão de oferecer a sentença penal transitada em julgado a possibilidade de obter reparação pelos danos sofridos, mediante prévia liquidação. Os efeitos da

---

51 Francisco Cavalcanti Pontes de Miranda, *Comentários ao Código de Processo Civil*. Rio de Janeiro: Forense, 1976, tomo IX, p. 506. "A ação de liquidação é constitutiva porque se faz líquido o que líquido não era." Mais adiante: "a constitutividade provém de se tratar de promessa do Estado, de que proveio a pretensão à tutela jurídica". Em passagem anterior, impõe-se referir, utiliza formulação menos decidida ao afirmar que "a qualidade e a quantidade dependem tanto da certeza que a ação de liquidação só se há de conceber como mescla de ações declarativa e constitutiva. Declara-se o crédito, como é, e constitui-se-lhe a liquidez" (p. 503). Conhecida a valiosa lição de Pontes de Miranda acerca da multiplicidade de eficácias potencialmente contidas na sentença, não se vislumbra verdadeira contradição entre as afirmações, ficando assentado que, para ele, predomina a eficácia constitutiva. Digna de nota também a proposta conciliatória de Teori Zavascki, para quem, "embora *funcionalmente* constitutiva integrativa, a sentença que julga a ação de liquidação tem, *substancialmente*, natureza declaratória" (grifo no original). *Processo de Execução*, 3ª ed. São Paulo: Revista dos Tribunais, 2004, p. 409.
52 Alcides Mendonça Lima. *Comentários ao Código de Processo Civil*, Rio de Janeiro: Forense, 1977, vol. VI, tomo II, p. 665. Ovídio Baptista da Silva. *Curso de Processo Civil*, Porto Alegre: Sérgio Antônio Fabris Editor, 1990, vol. II, pp. 40-41, detendo-se na crítica à doutrina de Dinamarco; Araken de Assis, *Manual do Processo de Execução*, 4ª ed. São Paulo: Revista dos Tribunais, 1997, p. 268, consignando esse último as posições isoladas de Buzaid, para quem se tratava de sentença "determinativa", e de José Frederico Marques, que reputava condenatória a decisão que julga a liquidação.

condenação criminal, a teor do art. 91, I, do CP, tornam certa a obrigação de indenizar o dano causado pelo crime, projetando sua eficácia para a esfera civil, no que se harmoniza, no plano processual penal, com o art. 63 do CPP. Trata-se, segundo informa Araken De Assis, de efeito condenatório anexo da sentença penal. Justamente por ser anexo (derivado de lei), dispensa expressa menção na decisão.[53] Montesano vislumbrou na sentença condenatória penal a função de verdadeira condenação genérica,[54] tanto assim que, independentemente de inaugurado o juízo cível liquidatório, já autoriza a hipoteca legal dos bens do réu condenado.

Bem adverte Luiz Rodrigues Wambier que a sentença penal condenatória autoriza apenas a execução contra o réu condenado. Eventuais co-responsáveis que não tenham sido condenados penalmente, embora possam ser demandados civilmente, não poderão ser executados; pois contra eles não se produziu título executivo, o que só será possível mediante ajuizamento de ação condenatória cível.[55]

Não apenas a sentença penal condenatória é dotada de eficácia executiva, tampouco é a única que deve submeter-se à prévia liquidação. Também a decisão (nesse caso, acórdão) que julga procedente a revisão criminal cassando a sentença condenatória poderá deferir indenização pelos prejuízos causados a serem liquidados no juízo cível (art. 630, *caput* e § 1º, do CPP), sendo decisão que mescla também efeitos penais e civis.[56] Vale lembrar que tanto a sentença penal condenatória quanto a que defere reparação em revisão criminal ensejam processo de liquidação que exige a convocação do réu por citação, dada inexistência de demanda cível que lhe seja anterior, constituindo nova relação jurídica processual (art. 475-N, parágrafo único), sem relação direta com a atividade processual realizada no juízo criminal, resguardada a separação das esferas.

---

53 Araken de Assis. *Eficácia civil da Sentença Penal*. São Paulo: Revista dos Tribunais, 1993, p. 95.
54 Luigi Montesano, *Condanna Civile e Tutela Esecutiva*, 2ª ed. Napoli: Casa Diretrice Dott. Eugenio Jovene, 1965, pp. 72-75.
55 Luiz Rodrigues Wambier. *Liquidação de Sentença*, 2ª ed. São Paulo: Revista dos Tribunais, 2000, pp. 155-156.
56 Sobre as sentenças proferidas no juízo penal com eficácia civil passíveis de liquidação, ver Teori Albino Zavascki. *Processo de Execução*, 3ª ed. São Paulo: Revista dos Tribunais, 2004, pp. 291e 307.

É comum ver-se, na doutrina, a referência à modalidade de liquidação por artigos, como aquela aplicável à liquidação da sentença penal condenatória, mas há casos em que se faz necessário apenas o arbitramento judicial, como, por exemplo, a condenação pelo crime de injúria que, sendo dano *in re ipsa*, de natureza extrapatrimonial, não desafia prova de "fato novo" (art. 475-E).

26. A intimação do devedor do pedido de liquidação – O revogado art. 603 determinava, em seu parágrafo único, a citação do devedor para a liquidação por arbitramento e por artigos, facultando que fosse feita ao advogado constituído nos autos. A clara razão do dispositivo era a autonomia do processo de liquidação de sentença. Não mais existindo a divisão, não persiste razão para a realização de citação, ato convocatório do réu para defender-se em ação contra ele movida. Sendo mero prosseguimento da demanda condenatória, mais apropriada a intimação como ato de comunicação processual. A exemplo do que ocorre na reconvenção (art. 316), a lei faculta que a intimação seja feita diretamente ao advogado, na forma do art. 236, dispensando a comunicação pessoal ao demandado. A adoção de tal sistemática pressupõe, como é evidente, que o réu tenha advogado já habilitado nos autos, devendo, caso contrário, ser pessoal a intimação.

Distinto é o caso das liquidações que são autonomamente processadas, nos casos do art. 475-N, parágrafo único, em que é obrigatória a citação do demandado, podendo ser realizadas na forma do art. 222, sem a reserva da alínea *d*, por não se tratar de demanda executiva e sim de processo de conhecimento.

27. A liquidação da sentença na pendência de recurso – Inovando em relação à disciplina anterior, o art. 575-A, § 2º, permite que a liquidação se realize na pendência de recurso, ainda que dotado de efeito suspensivo, como é, de regra, o recurso de apelação (art. 520). A virtude da reforma está em encurtar, ao menos potencialmente, o tempo de tramitação do processo, permitindo a simultaneidade das atividades desenvolvidas no Tribunal para apreciação do recurso e aquelas desenvolvidas na instância original dirigidas à fixação do *quantum*. É bem verdade que o julgamento do recurso pode gerar efeitos bastante importantes sobre a liquidação, tendo em vista a provisoriedade da solução dada em primeira instância, longe ainda da certeza outorgada pela coisa julgada. Cabe ao autor avaliar a conveniência de realizar de pronto a liquidação, circunstância a ser aferida *in concreto*. Poder-se-ia dizer que, dada a evidente sobrecarga do sistema judiciário, a nova sistemática gera o grande inconveniente de, por vezes, implicar grande esforço processual que pode restar de todo inútil a depender do resultado do exame do recurso. De outro lado, a solução prestigia o interesse do jurisdicionado, mais propriamente o do autor que, com isso, pode reduzir substancialmente a espera pela realização concreta do direito posto em causa. Parece-me que o primeiro argumento não justifica eventual desaprovação à reforma realizada no ponto. Cabe ao Estado por à disposição do cidadão formas idôneas de tutela dos direitos que atendam ao comando constitucional de duração razoável do processo. Ademais, ressalvada a hipótese de desconstituição do título, eventuais alterações pontuais não implicam desperdício de toda a atividade realizada na liquidação, valendo a pena, ainda assim, adiantar o trabalho.

A suspensão do processo, portanto, impede a prática de atos executivos (desde que não tenha confirmado ou mesmo deferido na própria sentença a antecipação de tutela, conforme art. 520, VII) mas não trava a liquidação. Tendo em vista, entretanto, que a apelação leva os autos do processo ao Tribunal *ad quem*, a lei prevê a formação de autos apartados a partir de cópias fornecidas pelo liquidante. O dispositivo não refere as peças necessárias à formação dos autos de liquidação, sendo possível vislumbrar aplicação analógica do art. 475-O, § 3º, que trata da formação dos autos para execução provisória.

28. A vedação à sentença genérica nas hipóteses do art. 275, II, *d* e *e* – A exemplo do que já ocorria nos juizados especiais cíveis (art. 38, parágrafo único, Lei nº 9.099/95), restou proibida pela nova disposição a prolação de sentença genérica nos processos que tramitem pelo rito sumário, mais especificamente nas causas previstas no art. 275, inciso II, alíneas *d* e *e*, "qualquer que seja o valor".

Na falta de elementos que possam precisar, no momento da prolação da sentença, o valor efetivo do dano, deverá o juiz fazê-lo "a seu prudente critério".

Não é difícil, com efeito, aquilatar o valor dos danos materiais causados ao(s) veículo(s) acidentado(s), podendo as partes produzir orçamentos e avaliações privadas, ou mesmo formular já na petição inicial quesitos ao perito do juízo, compondo panorama probatório cuja análise não enseje grandes dificuldades. Tratando-se de rito de cognição plena e exauriente, implicando mera técnica de compactação do procedimento orientada pela concentração e oralidade, nada obsta que o juiz, no exercício de seus poderes instrutórios, lance mão dos meios de prova adequados à quantificação do dano.

Os danos pessoais, entretanto, como bem observa Araken de Assis,[57] já não oferecem essa facilidade. As causas a que se refere o art. 275, II, *e*, no que tange ao dano à pessoa, são vocacionadas à condenação genérica nos termos do art. 286, II. É justamente este aspecto que tem motivado o desuso crescente do rito, seja pela acentuada complexidade que envolve a aferição e quantificação do dano, seja porque, como sói ocorrer, as conseqüências do ato ilícito sequer se exauriram quando da prolação da sentença. Imagine-se um acidente de automóvel envolvendo atleta profissional que reste ferido gravemente, tendo de submeter-se a sucessivas cirurgias reparadoras, longo tempo de recuperação com permanente tratamento fisioterápico, ao que se pode acrescentar drástica redução do interesse de patrocinadores e mesmo dos clubes potencialmente interessados em seus serviços. Trata-se, como se vê, de situação a exigir grande esforço probatório de quantificação do dano, além de gerar prejuízos somente aquilatáveis a longo prazo. Atentando ao fato, com freqüência vem decidindo o STJ que não há nulidade causada pela adoção do rito ordinário, mais amplo e com maiores possibilidades de defesa, nas causas envolvendo acidentes de veículos terrestres.[58]

Visto isso, o alcance prático da norma é discutível. Se de um lado pode simplificar o procedimento nos casos em que apenas o dano material está em questão, ou ainda nas hipóteses em que se postula também dano extrapatrimonial passível de arbitramento judicial, de outro, a disposição expele do rito sumário as causas mais complexas, gerando tendência quase irresistível à ordinarização. Nenhum advogado minimamente experiente promoveria demanda de rito sumário, conhecendo a orientação do STJ, quando a causa encerrasse maior vulto econômico, arriscando-se a ver decidida "ao prudente critério do juiz" matéria de grande impacto econômico para o autor, sem qualquer possibilidade de criteriosa e apropriada

---

57 *Cumprimento da Sentença*. Rio de Janeiro: Forense, 2006, pp. 100 e seguintes.
58 "A jurisprudência do STJ acolhe entendimento no sentido de que, inexistindo prejuízo para a parte adversa, admissível é a conversão do rito sumário para o ordinário. Não há nulidade na adoção do rito ordinário ao invés do sumário, salvo se demonstrado prejuízo, notadamente porque o ordinário é mais amplo do que o sumário e propicia maior dilação probatória. – Não há inépcia da inicial pela adoção do rito ordinário para as ações previstas no art. 275 do Código de Processo Civil. Recurso especial conhecido, mas negado provimento." (REsp. nº 737.260/MG, Relª. Ministra Nancy Andrighi, Terceira Turma, julgado em 21.06.2005, *DJ* 01.07.2005, p. 533)

liquidação. Não se pode esconder também o manifesto *overload* do sistema, que gera certa tendência à irreflexão.

> *Art. 475-B. Quando a determinação do valor da condenação depender apenas de cálculo aritmético, o credor requererá o cumprimento da sentença, na forma do art. 475-J, instruindo o pedido com a memória discriminada e atualizada do cálculo.*
>
> *§ 1º Quando a elaboração da memória do cálculo depender de dados existentes em poder do devedor ou de terceiro, o juiz, a requerimento do credor, poderá requisitá-los, fixando prazo de até 30 (trinta) dias para o cumprimento da diligência;*
>
> *§ 2º Se os dados não forem, injustificadamente, apresentados pelo devedor, reputar-se-ão corretos os cálculos apresentados pelo credor, e, se não o forem pelo terceiro, será considerada desobediência.*
>
> *§ 3º Poderá o juiz valer-se do contador do juízo, quando a memória apresentada pelo credor aparentemente exceder os limites da decisão exeqüenda e, ainda, nos casos de assistência judiciária.*
>
> *§ 4º Se o credor não concordar com os cálculos feitos nos termos do § 3º deste artigo, far-se-á a execução pelo valor originariamente pretendido, mas a penhora terá por base o valor encontrado pelo contador.*

Direito anterior. Art. 604. Quando a determinação do valor da condenação depender apenas de cálculo aritmético, o credor procederá à sua execução na forma do arts. 652 e seguintes, instruindo o pedido com a memória discriminada e atualizada do cálculo. § 1º Quando a elaboração da memória do cálculo depender de dados existentes em poder do devedor ou de terceiro, o juiz, a requerimento do credor, poderá requisitá-los, fixando prazo de até 30 (trinta) dias para o cumprimento da diligência; se os dados não forem, injustificadamente, apresentados pelo devedor, reputar-se-ão corretos os cálculos apresentados pelo credor e a resistência do terceiro será considerada desobediência. § 2º Poderá o juiz, antes de determinar a citação, valer-se do contador do juízo quando a memória apresentada pelo credor aparentemente exceder os limites da decisão exeqüenda e, ainda, nos casos de assistência judiciária. Se o credor não concordar com esse demonstrativo, far-se-á a execução pelo valor originariamente pretendido, mas a penhora terá por base o valor encontrado pelo contador.

COMENTÁRIO

29. A evolução da liquidação por simples cálculo na reforma do CPC – Desde a reforma de 1994, a liquidação por cálculo do contador deixou de ser verdadeiro processo de liquidação, com citação e sentença homologatória, para tornar-se providência a cargo do credor que deveria apresentar, junto com a petição inicial da demanda executiva, memória atualizada do cálculo, quando a definição do valor dependesse apenas de cálculo aritmético (art. 604). A doutrina saudou, então, a alteração que eliminou "essa esdrúxula espécie de liquidação sem iliquidez e, pelo aspecto conceitual, deixou claro o repúdio à falsa idéia de que seriam ilíquidas as obrigações cujo *quantum* possa ser revelado mediante meras operações aritméticas".[59] Ao assim fazer, segundo Luiz Rodrigues Wambier, aproximou-nos do sistema do Código de Processo Civil português, em que a determinação do valor por cálculo não corresponde a verdadeiro processo de liquidação que exija a constituição de autônoma relação jurídica processual.[60]

Em momento posterior, a Lei nº 10.444/2002, inseriu dois novos parágrafos. O § 1º facultou ao juiz, sendo necessário à elaboração do cálculo, requisitar dados existentes em poder do devedor ou de terceiro, apenando o devedor que injustificadamente não os apresentasse com a presunção *juris tantum* de correção do cálculo oferecidos pelo credor, imputando ao ato de resistência o crime de desobediência. O § 2º autorizou o juiz a valer-se do contador do foro quando a memória do cálculo apresentada pelo credor aparentemente excedesse os limites da decisão exeqüenda, ou, ainda, no caso de litigar a parte autora sob amparo da assistência

---

59 Cândido Rangel Dinamarco. "As Três Figuras da Liquidação de Sentença". *In Atualidades Sobre a Liquidação de Sentença*. Tereza Arruda Alvim Wambier (Coord.). São Paulo: Revista dos Tribunais, 1997, p. 20. Dinamarco atribui às decisões homologatórias de conta de atualização, realizadas no curso do processo executivo, a pecha de "falsas liquidações incidentes" pois, dependendo apenas de cálculo aritmético a determinação do *quantum*, não padece de iliquidez o título. É de opinião que o mero cálculo de atualização sequer deveria ser objeto de homologação (*Instituições de Direito Processual Civil*. São Paulo: Malheiros, 2004, p. 631).
60 Luiz Rodrigues Wambier, *Liquidação de Sentença*, 2ª ed. São Paulo: Revista dos Tribunais, 2000, p. 66.

judiciária.[61] O mesmo dispositivo facultava ao credor, caso não concordasse com o cálculo do contador, requerer o prosseguimento da execução pelo valor do cálculo original, caso em que a penhora ficaria limitada pelo montante obtido pelo contador do juízo.

O novo art. 475-A não introduz mudança significativa relativamente ao seu antecessor, sendo realizada alteração de texto apenas com a finalidade de adequá-lo à nova forma de "cumprimento da sentença", fazendo referência ao art. 475-J, em substituição à anterior remissão ao art. 652 – agora aplicável apenas à execução de títulos extrajudiciais. Vale lembrar, entretanto, que também na execução de sentença condenatória prolatada contra a Fazenda Pública, embora submetida a sistemática distinta, já que preservada nesse caso a autonomia da demanda executiva, se faz obrigatória a apresentação de memória atualizada do cálculo, incidindo as regra do art. 475-A e seus parágrafos. Isso ocorre, de resto, também nas execuções de título extrajudicial cuja petição inicial, sob pena de indeferimento, deverá fazer-se acompanhar de memória discriminada e atualizada do cálculo. Mesmo nas hipóteses de título líquido, como são de regra os títulos

---

61 "A reforma do Código Processual Civil (art. 604, com a redação dada pela Lei n° 8.898/94) não excluiu a possibilidade de se efetuar cálculos através da Contadoria Judicial, órgão auxiliar do Juízo. Assim, aqueles que são hiposuficientes, beneficiários da Justiça Gratuita (Lei n° 1.060/50), apesar de terem o dever de apresentar a planilha quando iniciada a execução, podem se valer destes préstimos, porquanto não terão como, por fonte própria, arcar com tais recursos. O magistrado da execução deverá determinar o encaminhamento dos autos a tal setor, para que se proceda à elaboração dos cálculos (cf. REsps. n°s 140.574/SP e 163.443/SP). 4 – Todavia, no caso concreto, se a recorrente se valeu de profissionais particulares e não do setor competente (Contadoria Judicial) que estava à sua disposição, graciosamente, em razão de seu benefício legal, não o fez porque assim não quis. Mostra-se logicamente incoerente que o economicamente fraco tenha remunerado, antecipadamente, perito contratado (art. 33 do CPC), apesar de declarar em Juízo (art. 4°, LAJ) estar impossibilitado de tal pagamento, sem comprometimento de seu sustento ou de seus familiares, e venha, depois, com fundamento em outra norma processual (art. 20, § 2°, do CPC), requer seu ressarcimento, apesar de poder usufruir de tais préstimos sem qualquer ônus. Violação a norma legal afastada. Mantido o v. aresto recorrido, que determinou à contratante, ora recorrente, o gravame dos honorários do seu próprio perito. 5 – Recurso conhecido, nos termos acima explicitados e, neste aspecto, parcialmente provido para, reformando, em parte, o v. acórdão de origem, determinar a fixação, nos autos de execução, dos honorários advocatícios, nos termos do art. 20, § 4°, do CPC" (REsp. n° 442.129/RS, Rel. Ministro Jorge Scartezzini, Quinta Turma, julgado em 10.12.2002, *DJ* 24.02.2003, p. 280).

extrajudiciais, há a necessidade de atualização dos valores até a data do ajuizamento da ação executiva, aplicando-se as mesmas regras.

Agora, nesta última etapa da reforma, foram os dois parágrafos inseridos pela Lei nº 10.444/2002 desmembrados em quatro, sem que se tenha realizado alterações substanciais no texto, com exceção da supressão da alusão à "citação contida no § 1º", visto que não há mais a necessidade de citação do devedor para a prática de atos executivos lastreada em título judicial, bastando a intimação da sentença para que se oportunize o cumprimento (art. 475-J).[62]

30. Memória discriminada e atualizada do cálculo – Exige o *caput* do art. 475-A que a inicial seja instruída com memória discriminada e atualizada do cálculo. Assim o faz para que o juiz e também a parte contrária possam aferir a correção do cálculo e sua efetiva vinculação ao que contém o título, dada sua necessária obediência aos estritos limites da decisão cujo cumprimento se exige (ver, *infra*, o comentário ao art. 475-G). Consiste a discriminação em informar a evolução do débito até a data do requerimento de cumprimento, indicando precisamente os critérios que nortearam a elaboração da conta, tais como taxa de juros e a forma de seu cômputo, índices de correção monetária com as indicações de seus períodos de incidência.

Firmou-se o entendimento no STJ que eventuais despesas com a elaboração da planilha não poderão ser imputadas ao devedor, já que a lei exige do credor a providência como condição da prática de atos executivos.[63]

---

62 Como bem observa Guilherme Rizzo Amaral, quando a determinação do valor depender apenas de cálculo aritmético (475-B), "é evidente a imediata exigibilidade do cumprimento do devedor, pois este mesmo pode proceder ao referido cálculo", assim também na hipótese do art. 475-B, § 1º, quando a elaboração do cálculo depender de dados existentes em poder do devedor. Nesses casos, "se exige desde já, do devedor, o cumprimento da sentença, independentemente da apresentação de cálculo do credor". Conclui, com acerto, que o prazo de 15 dias para o cumprimento passa a correr da intimação da sentença (art. 475-J).

63 PROCESSUAL CIVIL. EXECUÇÃO. HONORÁRIOS DE PERITO. ART. 604 DO CPC. INTERPRETAÇÃO. 1 – A regra insculpida no art. 604 do CPC, determinando ao credor a apresentação de cálculos atualizados quando dependerem de simples cálculo aritmético, prefere aquela prevista no art. 20, § 2º, ou mesmo a do art. 33 do mesmo Estatuto Legal porque, além de posterior e específica, visando dar maior celeridade ao processo, atribui, com exclusividade, ao exeqüente a tarefa de apresentar

Digno de nota é também o entendimento de que a liquidação por cálculo contra a Fazenda Pública não está sujeita a reexame necessário.[64]

31. Requisição de dados e conseqüências do descumprimento – O §1º do art. 475-B autoriza que o juiz, a pedido do credor, requisite do devedor ou de terceiro dados que sejam necessários à elaboração do cálculo. O dispositivo foi originalmente introduzido pela Lei nº 10.444/2002 para solucionar dificuldade historicamente sentida na prática forense. Instaura-se verdadeiro incidente anterior ao cumprimento ao qual se referiu Fredie Didier Júnior, comentando a Lei nº 10.444/2002, como espécie de "ação exibitória embutida no processo de execução".[65] No atual regramento, não mais cabe referir a inserção do incidente no processo de execução, permanecendo, todavia, seu caráter incidental e essencialmente cognitivo. Embora procedimento direcionado à execução, não tem propriamente feição executiva.

A falta de elementos só existentes em poder do devedor ou de terceiros, circunstância bastante comum, por exemplo, nos pleitos envolvendo diferenças de vencimentos de servidor público em que a apresentação das fichas funcionais e financeiras do funcionário é condição inafastável da aferição do valor devido, gerava substanciais entraves à liquidação. Semelhante exemplo oferecem as famosas ações para obtenção de diferenças do FGTS. Tratando da matéria, em decisão relatada pelo Min. Teori Albino Zavascki, decidiu o STJ que o exercício do poder requisitório pelo juiz, a despeito da locução "a pedido da parte", pode ser exercido pelo juiz de

---

a conta, sendo descabido pretender debitar ao executado eventuais gastos efetuados com profissional habilitado para esse fim. Nesse caso a perícia realizada não é a do processo civil, sob o crivo do contraditório, mas, ao contrário, é de cunho eminentemente particular e, como tal, deve ser suportada pela pessoa que nela tem interesse. 2 – Embargos de divergência rejeitados (EREsp. nº 440.710/RS, Rel. Ministro Fernando Gonçalves, Corte Especial, julgado em 12.02.2004, *DJ* 03.05.2004, p. 86).

---

64 1 – A liqüidação de sentença por mero cálculo do contador não está sujeita ao duplo grau obrigatório, ao contrário da liqüidação por artigos ou por arbitramento. 2. Recurso especial improvido (REsp. nº 257.569/SP, Rel. Ministro João Otávio de Noronha, Segunda Turma, Julgado em 17.11.2005, *DJ* 19.12.2005, p. 296).
65 Flávio Chaim Jorge, Fredie Didier Jr., Marcelo Abelha Rodrigues. *A Nova Reforma Processual*, 2ª ed. São Paulo: Saraiva, 2003, p. 249.

ofício com base nos poderes instrutórios gerais de que desfruta o magistrado, a teor do art.130 do CPC.[66] Pode-se convocar, ainda, para a interpretação sistemática do dispositivo o regramento dos arts. 381 e 382, este último atribuindo poderes requisitórios exercíveis sem a necessidade de provocação da parte, e ainda os arts. 355 e seguintes e 361 e seguintes. Vale referir que o art. 475-B, § 2º, refere expressamente a aplicabilidade do art. 362, também esta uma novidade em relação ao texto que anteriormente a Lei nº 10.444/2002 dera ao dispositivo e que não fazia constar a remissão. Em defesa, ainda, da possibilidade de requisição de ofício, está o dever do juiz de exercer o controle da planilha, como determina o § 3º do mesmo art. 475-B, que o autoriza inclusive a recorrer ao auxílio do contador.

O prazo para a apresentação dos documentos ou informações é de 30 dias, findos os quais, desatendida injustificadamente a determinação, gera-se presunção *juris tantum* de correção dos cálculos que o autor venha a apresentar, sem prejuízo de controle jurisdicional nos moldes do § 3º do mesmo artigo. A lei refere, ainda, à desobediência, crime capitulado no art. 330 do Código Penal. Em desobediência, aliás, incorre não só o terceiro mas também o réu que não atenda ao comando exibitório, sujeitando-se, ademais, às sanções previstas no art. 14, parágrafo único, do CPC.

---

66 PROCESSO CIVIL. LIQUIDAÇÃO DE SENTENÇA. FGTS. REQUISIÇÃO DE EXTRATOS DAS CONTAS VINCULADAS. PERÍODOS ANTERIORES À CENTRALIZAÇÃO DO FGTS PELA CEF. 1. É obrigação da CEF atender às requisições para fornecimento dos extratos das contas vinculadas do FGTS, que estejam em seu poder, necessários à liquidação da sentença que a condenou a pagar ou creditar diferenças de correção monetária. 2. Ante a impossibilidade material de fornecimento dos extratos requisitados (impossibilidade que pode ser atestada, se for o caso, mediante perícia nos próprios registros da CEF), cumpre produzir a prova necessária à liquidação da sentença por outros meios, tais como (a) a requisição dos extratos junto ao banco originalmente depositário (Decreto nº 99.684/90, art. 23; LC nº 110/01, art. 10), (b) a requisição dos dados junto ao empregador (art. 17 da Lei nº 8.036/90), e (c) a requisição ou juntada de guias de recolhimento do FGTS, recibos de pagamento de salários ou anotações na carteira de trabalho. 3. A produção da prova necessária à liquidação da sentença pode ser determinada não apenas a requerimento da parte, mas também de ofício pelo juiz, se for o caso (art. 130 do CPC). 4. Recurso improvido (REsp. nº 783.452/MA, Rel. Ministro Teori Albino Zavascki, Primeira Turma, julgado em 17.11.2005, *DJ* 28.11.2005, p. 240).

Aplicada a presunção, não havendo impugnação pela via do agravo (ou exaurida a via recursal), se produz coisa julgada, não sendo possível suscitar a matéria na impugnação.[67]

Importante salientar, também, a revogação levada a efeito pela lei reformadora do (art. 9º da Lei nº 11.232/2005) art. 605, que ditava: "para os fins do art. 570, poderá o devedor proceder ao cálculo na forma do artigo anterior, depositando, de imediato, o valor apurado". Na mesma leva, também o art. 570 foi revogado. Nada justificava realmente a permanência dos dispositivos. Tratando-se de obrigação pecuniária líquida, ou cuja liquidação depende de meros cálculos, nada impede que o devedor intimado da decisão desde logo deposite o valor devido, com a conseqüente intimação do credor que, discordando do cálculo, poderá prosseguir na demanda pela diferença que entendesse devida, apresentando cálculo.[68]

32. Remessa ao contador por aparente excesso na conta e em razão da gratuidade da justiça. Perseverança do credor e suas conseqüências na extensão dos atos constritivos – Com o intuito de solucionar velha e tormentosa questão relativa ao excesso na conta apresentada pelo credor, a Lei nº 10.444 introduziu o dispositivo que vem agora praticamente reproduzido no § 3º do art. 475-B. Cumpre referir que o magistrado, em observância ao princípio da vinculação ao título, tem o dever de realizar aferição prévia da adequação do cálculo ao que restou decidido, sob pena de dar seguimento a execução que, ao menos em parte, não encontra suporte no título. Permite-se, assim, que, diante de uma planilha de cálculo aparentemente abusiva, poderá o magistrado, se necessá-

---

67 Esta a solução defendida por Fredie Didier Júnior, para quem tal decisão não poderia ser revista em embargos de devedor. *In* Flávio Chaim Jorge; Fredie Didier Jr., Marcelo Abelha Rodrigues. *A Nova Reforma Procesual*, 2ª ed. São Paulo: Saraiva, 2003, p. 250. Também Teori Zavascki. *Processo de Execução*, 3ª ed. São Paulo: Revista dos Tribunais, 2004, p. 432. Contra, entendendo que "convém não extrair efeito tão sério e radical quanto uma atribuição patrimonial indevida em proveito do exeqüente a partir da omissão do executado. Logo, a presunção é relativa, devendo o juiz julgar procedente a impugnação". Trata o autor da hipótese do réu apresentar os documentos ocultados apenas na impugnação. Acrescenta que, nesse caso, o devedor deveria arcar com as custas acrescidas. *Cumprimento da Sentença*. Rio de Janeiro: Forense, 2006, p. 121.
68 Nesse sentido, já decidiu o STJ: "O pagamento parcial do título não compromete a liquidez deste. Recurso especial não conhecido" (REsp. nº 120.198/MG, Rel. Ministro Ari Pargendler, Terceira Turma, julgado em 29.11.2002, *DJ* 24.03.2003, p. 213).

rio (nada impede que, verificando claramente o defeito do cálculo, determine ao credor a correção), enviar os autos ao contador para que este realize novo cálculo.

Feito o controle de ofício, vindo aos autos o cálculo da contadoria, será o credor intimado a manifestar-se, informando se acata o valor apontado ou se persiste na intenção de executar a quantia por ele apresentada originalmente. Ciente da nova conta, poderá o credor, como lhe faculta o dispositivo, requerer o prosseguimento da execução a partir de sua planilha. Quando isto ocorrer, ficará a penhora limitada ao valor encontrado pelo contador.

Haveria, portanto, algum interesse de insistir no cálculo original? A resposta é afirmativa. Pelo menos em tese, diante da inexistência de impugnação por parte do devedor, ainda que aparentemente exorbitem os cálculos do que ficou definido no título, em consideração à autonomia da vontade das partes, ensejar-se-ia a ampliação da penhora até os limites do cálculo original, procedendo-se os atos expropriativos até o pleno adimplemento do crédito.

Apresenta o dispositivo em comento, ainda, a possibilidade de envio dos autos à contadoria na circunstância de não possuir o credor condição financeira de suportar os custos da elaboração do cálculo. Embora em tempos informatizados a elaboração do cálculo não pressuponha grande dificuldade, esta não é a realidade de grande parcela da população, além do que é necessária alguma habilidade para operar os recursos necessários à confecção da planilha.

Atendendo a essa necessidade, é disponibilizado sem custo, a quem fizer jus ao benefício da assistência judiciária, o serviço da contadoria para a realização do cálculo.

> *Art. 475-C. Far-se-á a liquidação por arbitramento quando:*
> *I – determinado pela sentença ou convencionado pelas partes;*
> *II – o exigir a natureza do objeto da liquidação.*
>
> **Direito anterior.** Art. 606. Far-se-á a liquidação por arbitramento quando: I – determinado pela sentença ou convencionado pelas partes; II – o exigir a natureza do objeto da liquidação.

COMENTÁRIO

33. Liquidação por arbitramento – O presente dispositivo não alterou o texto do revogado art. 606. Nenhuma novidade há, portanto, na matéria. A lei estabelece as hipóteses em que será realizada a liquidação por artigos, a ver: a) quando determinado por sentença ou convencionado pelas partes; b) quando o exigir a natureza do objeto da liquidação.[69]

Será realizada a liquidação por esta modalidade quando a fixação do *quantum* depender de conhecimento técnico especial, de forma que consiste, fundamentalmente, na realização de prova pericial. "O arbitrador é perito" afirmava Pontes de Miranda, aduzindo que "o arbitrador não julga" e, portanto, não se confunde com o árbitro.[70] É, em realidade, auxiliar da justiça convocado para quantificar o valor devido, a partir dos elementos contidos na sentença, à luz de seus conhecimentos especiais.

Ao julgar o feito, poderá o juiz, desde logo, estabelecer a forma como será liquidada, elemento de observância obrigatória, sem que se possibilite, salvo concordância do juízo, alteração por iniciativa das partes. Pode, entretanto, o juiz, verificando, no curso do procedimento liquidatório, a sua

---

69 1. Decisão judicial que impôs a entrega de coisa certa inviabilizada por leilão realizado pela recorrente. Conversão de execução específica em execução genérica de quantia certa, apurável mediante liquidação por arbitramento, porquanto a única capaz de aferir o valor da res. 2. A forma de liquidação é exigível à luz da operação necessária à verificação do *quantum debeatur*, ainda que omissa a sentença. 3. No presente caso, o acórdão recorrido consignou que um desvio de procedimento – em razão da grande quantidade de feitos que tem outro contexto – fizeram com que a tramitação seguisse a linha da remessa à contadoria, quando na própria fase de execução já se consignara que a execução seguiria a forma dos artigos 606 e 607 do CPC. 4. O fato de os bens, objeto da execução, terem sido leiloados, não afasta a necessidade da liquidação por arbitramento, devendo ser repudiada a mera liquidação aritmética pelo cálculo do contador, porquanto não teria o condão de suprir o prejuízo vivenciado pela parte recorrida. 4. Assentando o aresto recorrido que "a conversão em pecúnia deve representar o valor mais aproximado da realidade possível, de modo que apenas a avaliação feita por profissional especializado seria capaz de garantir a completa satisfação do credor, ainda que os bens não estejam mais presentes", não se vislumbra violação dos artigos 604, 606 e 607 do CPC. 5. Recurso especial conhecido, mas desprovido (REsp. nº 693.475/RJ, Rel. Ministro Luiz Fux, Primeira Turma, julgado em 13.09.2005, *DJ* 26.09.2005 p. 229).

70 Francisco Cavalcanti Pontes de Miranda. *Comentários ao Código de Processo Civil.* Rio de Janeiro: Forense, 1976, tomo IX, p. 535.

inadequação, diante da necessidade de "provar fato novo", determinar dilação probatória em liquidação por artigos. A mera necessidade de subsídios para a elaboração de laudo pericial, entretanto, não muda a natureza da liquidação, estando facultado ao perito solicitar às partes e mesmo a terceiros e repartições públicas informações úteis ao seu mister.

Convém anotar que não só nas liquidações pecuniárias é comum a presença do árbitro, constatando-se a expressa referência a esta forma de liquidação nos casos de transformação das obrigações de fazer e entregar coisa (conforme, por exemplo, o disposto no art. 475-O, II).

Quando convencionado pelas partes, a opção pela forma de liquidação não é impositiva ao juiz que deverá verificar a adequação da via eleita. Trata-se daquelas hipóteses em que as partes, ainda no curso da demanda ou mesmo após a prolação da sentença, se põem de acordo quanto à forma de liquidar. Há também os casos em que o próprio negócio jurídico havido entre as partes, objeto do debate judicial, já tenha estabelecido o arbitramento como forma de fixação do valor devido.

Art. 475-D. Requerida a liquidação por arbitramento, o juiz nomeará o perito e fixará o prazo para a entrega do laudo.

Parágrafo único. Apresentado o laudo, sobre o qual poderão as partes manifestar-se no prazo de dez dias, o juiz proferirá decisão ou designará, se necessário, audiência.

Direito anterior. Art. 607. Requerida a liquidação por arbitramento, o juiz nomeará o perito e fixará o prazo para a entrega do laudo. Parágrafo único. Apresentado o laudo, sobre o qual poderão as partes manifestar-se no prazo de 10 (dez) dias, o juiz proferirá sentença ou designará audiência de instrução e julgamento, se necessário.

COMENTÁRIO

34. Procedimento da liquidação por artigos – A liquidação por arbitramento, atendidas as formalidades do art. 475-A, § 1º, ou, conforme o caso, do art. 475-N, rege-se pelos dispositivos aplicáveis à prova pericial (arts. 420 a 439), inclusive no que respeita à formulação de quesitos, atendimento aos prazos e realização de audiência instrutória, já que é esta, essencialmente, a natureza do ato.

Conforme disciplina dada pelo art. 475-H, a decisão que julga a liquidação por arbitramento é agravável, embora, como se verá, tenha natureza verdadeiramente sentencial por corresponder ao julgamento de parcela do mérito.

Art. 475-E. Far-se-á a liquidação por artigos, quando, para determinar o valor da condenação, houver necessidade de alegar e provar fato novo.

Direito anterior. Art. 608. Far-se-á a liquidação por artigos, quando, para determinar o valor da condenação, houver necessidade de alegar e provar fato novo.

COMENTÁRIO

35. Liquidação por artigos – Também aqui nenhuma alteração. Cabe a liquidação por artigos quando for necessário provar fato novo. Trata-se de autêntico processo de cognição em que, novamente utilizando as palavras de Pontes de Miranda "tem-se de articular o que se tem de liquidar".[71] Fato novo, como é lição corrente, não é apenas aquele ocorrido posteriormente à sentença, mas também aquele que, havido anteriormente à decisão, não foi objeto de apreciação judicial, justamente porque se relegou a apuração do *quantum* para momento posterior. Assim, necessário se faz enfrentar nova fase cognitiva com a finalidade específica de apuração do valor a executar. Alguns títulos, tipicamente, dão ensejo à liquidação por artigos, como é o caso da condenação criminal, cuja liquidação é obrigatória, já que, fazendo as vezes de condenação genérica no cível, não é provida de imediata executividade. As demandas coletivas dão azo, também com muita freqüência, à liquidação por artigos.

Art. 475-F. Na liquidação por artigos observar-se-á, no que couber, o procedimento comum (art. 272).

Direito anterior. Art. 609. Observar-se-á, na liquidação por artigos, o procedimento comum regulado no Livro I deste Código.

COMENTÁRIO

36. Procedimento comum e liquidação por artigos – O art. 475-F faz expressa referência à observância do procedimento comum. Havia, anteriormente, orientação doutrinária recomendando a adoção de rito idêntico àquele adotado na demanda que originou o título. Tal discussão hoje

---

71 Francisco Cavalcanti Pontes de Miranda. *Comentários ao Código de Processo Civil*. Rio de Janeiro: Forense, 1976, tomo IX, p. 540.

carece de sentido, diante da vedação à condenação genérica no procedimento sumário em causas envolvendo acidentes de veículos terrestres e cobrança de seguro (art. 475-A, § 3º).

O dispositivo em comento faz, entretanto, importante ressalva consubstanciada na expressão "no que couber". Com isso, salvo melhor juízo, compreende-se, nos procedimentos de liquidação não autônomos a adoção da intimação do devedor (ou do credor, se for o caso, dada a co-legitimação para a instauração do procedimento) em lugar da citação, possibilitando-se que seja feita na pessoa do advogado. Também a forma de impugnação merece tratamento diferenciado. Aplica-se, mesmo nas hipóteses do art. 475-N, parágrafo único, o que estabelece o art. 475-H[72] quanto ao cabimento do agravo.

> Art. 475-G. É defeso, na liquidação, discutir de novo a lide ou modificar a sentença que a julgou.
>
> **Direito Anterior.** Art. 610. É defeso, na liquidação, discutir de novo a lide ou modificar a sentença que a julgou.

37. Autoridade da sentença – Não há qualquer alteração de texto introduzida pela reforma no que tange à expressão legal do princípio da fidelidade ao título. A liquidação encontra baliza no título executivo. O princípio da fidelidade ao título executivo impõe que a atividade liquidatória se realize em estrita observância aos limites estabelecidos na sentença, não podendo inovar.[73] O princípio da fidelidade ao título estabelece um corte cognitivo no sentido horizontal, vedando a discussão de questões já decididas em sentença.

A inserção de qualquer verba não contemplada pelo título, seja na liquidação por cálculo, seja em procedimento liquidatório por arbitramento ou artigos, faculta-se, nos termos do art. 475-L, V, a sua impugnação, podendo-se cogitar mesmo do manejo de exceção de pré-executividade,

---

72 Sem embargo da posição de Araken de Assis, que reputa apelável a decisão. Araken de Assis. *Cumprimento da Sentença*. Rio de Janeiro: Forense, 2006. A matéria será melhor enfrentada em capítulo específico.
73 PROCESSO DE EXECUÇÃO. LIQUIDAÇÃO POR ARBITRAMENTO. É defeso, na liquidação, modificar a sentença que julgou a ação (CPC, art. 610). Agravo regimental provido. (AgRg. nos EDcl. no REsp. nº 410.537/PR, Rel. Ministro Ari Pargendler, Terceira Turma, julgado em 01.09.2005, *DJ* 17.10.2005, p. 289).

como já decidiu o STJ.[74] *A contrario sensu*, quando a liquidação não contemple em toda a sua extensão o alcance do título, porque tenha abrangido, por exemplo, apenas determinado período, não há de se falar em produção de coisa julgada acerca do que sequer foi objeto de decisão.[75]

Vale consignar que a Súmula nº 254 do STF fixou o entendimento de que "incluem-se os juros moratórios na liquidação, embora omissos o pedido inicial ou a condenação". Trata-se de efeito anexo da sentença determinado pelo art. 293 que independe de expressa menção na sentença. O mesmo ocorre com a correção monetária (Lei nº 6.899/81).[76] Relativamente aos honorários, entretanto, exige-se deliberação sentencial expressa, não sendo matéria que se possa transpor para a liquidação, até porque faltariam elementos para delimitar a fixação da verba honorária. Na falta de disposição sobre a matéria, não há título para executar honorários.

Art. 475-H. Da decisão de liquidação caberá agravo de instrumento.

Direito anterior. Sem correspondência.

---

74 "Identificando-se, de logo, que a capitalização dos juros não foi determinada na sentença transitada em julgado, de sorte que os cálculos de execução discrepam dos limites nela traçados, inovando-se na lide, possível podar-se o excesso mediante exceção de pré-executividade. II. Recurso especial conhecido e provido, para afastar a impropriedade da via eleita, determinando que o Tribunal *a quo* prossiga no exame do agravo de instrumento aviado contra a decisão monocrática que acolheu o mérito da exceção." (REsp. nº 545.568/MG, Rel. Ministro Aldir Passarinho Junior, Quarta Turma, julgado em 16.10.2003, *DJ* 24.11.2003, p. 325)

75 Tendo a sentença da ação de liquidação se limitado a homologar laudo pericial relativo a uma parcela do período da condenação imposta na ação de conhecimento, sem emitir qualquer juízo a respeito do período restante, não há cogitar, quanto ao lapso temporal não abrangido pelo laudo, da formação de coisa julgada. Assim, sob pena de desrespeito ao comando da sentença liquidanda, ao qual deve o processo liquidatório fiel observância (CPC, art. 610), deve ser admitido o ulterior pedido de liquidação da sentença relativo ao período faltante. 4. Recurso especial a que se nega provimento. (REsp. nº 529.265/RS, Rel. Ministro Teori Albino Zavascki, Primeira Turma, julgado em 20.10.2005, *DJ* 07.11.2005, p. 87)

76 Consolidou-se no Superior Tribunal de Justiça o entendimento de que não implica ofensa aos institutos da coisa julgada e da preclusão a inclusão dos expurgos inflacionários no cálculo da correção monetária, em conta de liquidação de sentença, antes de sua homologação. 2. Agravo regimental não provido. (AgRg. no REsp. nº 396.811/CE, Rel. Ministro João Otávio De Noronha, Segunda Turma, julgado em 03.11.2005, *DJ* 05.12.2005, p. 265)

COMENTÁRIO

38. A disciplina recursal anterior e o novo conceito de sentença – O art. 475-H inova ao estabelecer que da decisão de liquidação caberá agravo de instrumento, forma de impugnação destinada tradicionalmente às decisões interlocutórias.

Anteriormente, a liquidação por arbitramento, assim também a por artigos, era decidida por sentença, impugnável pela via da apelação (interpretação dos arts. 607, parágrafo único, 513 e 520, III). Dava-se, de outra banda, às decisões derivadas de procedimentos liquidatórios incidentais e às decisões homologatórias de atualização do cálculo[77] o tratamento recursal apropriado às interlocutórias (art. 522), critério que se impunha em razão do disposto na art. 161, § 1º, que vinculava o ato sentencial à extinção do processo, o que não ocorria nestes casos. Restou sumulado o entendimento de que "o agravo de instrumento é o recurso cabível da decisão que homologa a atualização do cálculo de liquidação" (STJ, Súmula nº 118).[78]

Esclarecedora, no ponto, é a lição de Dinamarco, escrevendo antes da recente reforma:

> "Como toda sentença de mérito, a que se produz no processo de liquidação é suscetível à autoridade da coisa julgada material, tornando-se imutável logo que contra ela não caiba nenhum recurso. Por força da coisa julgada, a declaração que ela contém fica imunizada a futuros questionamentos, de modo que nem na execução, nem nos embargos, nem em qualquer outra sede, poderá o credor postular mais do que houver sido declarado, nem o devedor sustentar que deve menos (ressalvada a ação rescisória)".[79]

Mais adiante, tratando das hipóteses de liquidação incidente:

> "O ato que julga essa liquidação, justamente porque ela é feita incidentemente, não é sentença, mas decisão interlocu-

---

77 O que a praxe forense insistiu sempre em fazer, mesmo após a reforma da "liquidação por cálculo".
78 A súmula é anterior à reforma de 1994, que extinguiu a liquidação por cálculo como procedimento autônomo. Na hipótese de mero cálculo aritmético, não há própria liquidação, já que não se pode afirmar ser de fato ilíquida a obrigação.
79 *Instituições de Direito Processual Civil*. São Paulo: Malheiros, 2004, pp. 630-631.

tória; ele põe fim a um incidente, não a um processo, comportando, pois, o recurso de agravo, não de apelação (arts. 162, §§ 1º e 2º, 513 e 522). Ainda assim, tendo por conteúdo o mesmo de uma sentença proferida em processo de liquidação, essa é uma decisão de mérito, que obtém a autoridade da coisa julgada material e só pode ser atacada pela via da ação rescisória".

O cotejo das afirmações permite concluir com tranqüilidade que a decisão, seja de liquidação incidental, seja de liquidação processada autonomamente, será sempre de mérito, produtora de coisa julgada material. Não é só. Com razão, sustenta o ilustre professor que, mesmo interlocutória a decisão, porque proferida em incidente, seu conteúdo é idêntico ao de uma sentença definitiva proferida em ação de liquidação autônoma, sendo ambas passíveis de rescisão, em que pese a expressa referência normativa à rescindibilidade das "sentenças" (art. 485), restando clara a ênfase dada ao conteúdo da decisão e sua aptidão para a produção de coisa julgada. Dinamarco, é bom lembrar, escreveu sob o peso da norma contida no art. 162, § 1º, que definia a sentença como "o ato do juiz que põe termo ao processo, decidindo ou não o mérito da causa", impondo a qualificação de interlocutória àquelas que não o fizessem (art.162, § 2º).

Tal definição legal de sentença, todavia, não mais permanece no ordenamento em vista das alterações introduzidas pela reforma no texto do mesmo art. 162, § 1º, e também nos arts. 269 e 463. Aí não mais reside o elemento distintivo entre o ato sentencial e a decisão interlocutória. Manter ouvidos moucos à iniludível mudança de perspectiva é fatal à compreensão da reforma.

Liberto o sistema do apertado critério topológico, dito essencialmente pragmático, desloca-se o foco da análise para o conteúdo da decisão e sua aptidão para produzir coisa julgada, como se pode depreender da expressa remissão aos arts. 267 e 269, inserta no art. 162, § 1º, na redação dada pela Lei nº 11.232/2005, em combinação com o art. 468.[80]

---

80 Sobre o ponto, ver, neste livro, os comentários de Daniel Mitidiero (*supra*, nº 3). Indispensável, para uma ampla análise profunda da questão, consultar Ovídio Baptista da Silva, "Decisões Interlocutórias e Sentenças Liminares". *In*: *Da Sentença Liminar à Nulidade da Sentença*. Rio de Janeiro: Forense, 2001. Também Daniel Mitidiero, com ampla bibliografia, "Sentenças Parciais de Mérito e resolução Definitiva-Fracionada da Causa (Lendo um Ensaio de Fredie Didier Júnior)". *In*: *Introdução ao Estudo do Processo Civil, Primeiras Linhas de um Paradigma Emergente*. Porto Alegre: Fabris Editor, 2004.

39. A natureza jurídica da decisão que julga a liquidação – A definição da natureza da decisão que julga a liquidação não se afigura singela diante da nova perspectiva que se abre com a reforma. De um lado afasta-se a vinculação do conceito de sentença com a extinção do processo (nova redação do art.162, § 1º), de outro, insere-se expressa referência ao agravo de instrumento[81] como forma de impugnação do ato que decide a liquidação.

O regime anterior não causava maiores dificuldades quanto à forma de impugnação da sentença que julgava a liquidação (por arbitramento e por artigos). A existência de sentenças sucessivas de mérito (a sentença condenatória genérica e a sentença de liquidação, atributiva da plena eficácia executiva do título) não gerava incompatibilidades sistemáticas porque eram elas prolatadas em processos autônomos e submetidas a idêntico tratamento recursal. Ambas desafiavam o recurso de apelação, historicamente destinado às sentenças. Agora não. Cabe agravo de instrumento da decisão que julga a liquidação. Uma pergunta se impõe: dizer agravável a decisão implica também dizer que, doravante, a decisão de mérito, produtora de coisa julgada material, elemento nuclear da pretensão da parte de ver tutelado o direito posto em causa, transmudou-se em decisão interlocutória?

Araken de Assis responde positivamente,[82] ressalvando o entendimento de que, a rigor, será agravável apenas a decisão que julga a liquidação por arbitramento, já que não há incidente antecedente na liquidação por cálculo. Afirma, ainda, caber apelação da decisão na liquidação por artigos processada autonomamente, conforme possibilidade inaugurada pelo art. 475-A, § 2º. Acrescenta que, como resultado da expressa revogação do

---

81 Em recente livro, ao comentar o art. 475-H da Lei nº 11.232/2005, J. E. Carreira Alvim e Luciana Gotijo Carreira Alvim Cabral afirmam, e esse é erigido o aspecto principal do comentário, que a impugnação da decisão proferida na liquidação "ficou engessada no agravo de instrumento", propondo que se admitisse o agravo retido, ainda que não haja posterior recurso de apelação (!?). Em amparo à equivocada proposta, argumenta que hoje os juízes "se mostram sensíveis à admissão de pedidos de reconsideração", de onde extraem utilidade no manejo do flagrantemente inviável agravo retido, dizendo, ainda, que se a parte prefere o agravo retido, "esse é um risco que lhe diz respeito". *Cumprimento da Sentença*. Curitiba: Juruá, 2006, pp. 56-57.

82 *Cumprimento da Sentença*. São Paulo: Forense, 2006, p. 135. Assim também Carreira Alvim e Luciana Gotijo Carreira Alvim Cabral, que aduzem sequer ser necessária a disposição do art. 475-H, já que o agravo é naturalmente o recurso cabível das interlocutórias. *Cumprimento da Sentença*. Curitiba: Juruá, 2006, p. 56.

art. 520, III, esta apelação será dotada de duplo efeito. Não escondendo, todavia, a perplexidade gerada pela nova disciplina, desde logo invoca o princípio da fungibilidade recursal diante da existência de dúvida objetiva quanto ao recurso cabível, remetendo, cautelosamente, a definição da melhor solução à natural acomodação da praxe forense. As liquidações incidentais, segundo o acatado processualista, serão impugnáveis por agravo.[83]

A questão suscitada pelo novo dispositivo, ao contrário do que em uma primeira mirada possa parecer, não é, de fato, de fácil solução. Qualquer análise da reforma, no que respeita ao regime recursal a que foi submetida a decisão da liquidação, deve passar necessariamente pela consideração da presumível *ratio* da alteração legislativa, o que só é possível alcançar colhendo os elementos que nos oferece o novo texto. Dito isso, observa-se que o legislador, no vão intento de eliminar o problema com mero artifício terminológico, fez desaparecer do art. 475-A toda e qualquer referência à "sentença" – como se podia encontrar no revogado art. 607, parágrafo único – substituindo-a pelo vocábulo "decisão", sem agregar nenhum outro elemento qualificador. Revogou, também, como já se disse, o art. 520, III, que tratava do efeito meramente devolutivo do apelo interposto contra a decisão da liquidação. Arrematando a obra, o art. 475-H estabeleceu que da decisão de liquidação caberá agravo de instrumento, modalidade de impugnação destinada tradicionalmente às interlocutórias. Não há na lei nenhum indicativo de que o novo regramento tenha sua incidência afastada em qualquer das modalidades de liquidação, com exceção, é óbvio, da dita liquidação por cálculo – justamente porque esta última não constitui incidente que antecede a execução, senão providência ínsita ao próprio requerimento de cumprimento da sentença (art. 475-B), remetendo-se sua impugnação às regras do art. 475-J, § 1°, e 475-L, V.

Pode-se concluir que, como orientação geral, abandonada a autonomia da ação de liquidação, correspondendo tal atividade agora a uma fase do processo, o legislador achou por bem atribuir o caráter interlocutório à

---

83 Araken de Assis. *Cumprimento da Sentença*. São Paulo: Forense, 2006, p. 129. Diz, entretanto, Teori Zavascki: "mas ela é decisão de mérito, de modo que, não atacada pelo recurso próprio, opera a preclusão, fazendo coisa julgada material, insuscetível de ser desfeita por embargos de devedor". *Título executivo e Liquidação*. São Paulo: RT, 1999, p. 172.

decisão, tendo-a como agravável. Subjaz à nova disciplina, e de maneira um tanto contraditória, a sombra de um conceito de sentença que a própria lei buscou eliminar. Pressupõe a reforma que, não mais pondo termo a um processo, deixou o provimento de ser sentença. Impõe-se observar, entretanto, que a mera circunstância de não mais corresponder a um ato final do processo não promove nenhuma alteração substancial no provimento que julga parcela do mérito da ação condenatória, "integrando" o título, tampouco interfere em sua aptidão para a produção de coisa julgada material, elementos que caracterizam o ato sentencial e determinam a observância das garantias e meios impugnativos que lhe são próprios.

40. Do cabimento do agravo de instrumento – A lei impõe o agravo de instrumento como forma de impugnação da decisão da liquidação, seja ela por arbitramento, seja por artigos. Mesmo na hipótese de liquidação por artigos, realizada em procedimento autônomo (475-I, § 2º), não se pode escapar à regra do art. 475-H sem afrontar-lhe diretamente. Ao estabelecer, no art. 475-F, que será observado o procedimento comum "no que couber", faz-se presente, iniludivelmente, a reserva quanto à forma de impugnação. Com efeito, criou o legislador dificuldade que não tem como resolver. Embora o propósito de simplificar tenha sido o motivo declarado da reforma e, em alguns aspectos, tenha avançado timidamente, não encontrou, no particular, a melhor solução, já que os desdobramentos da opção são substancialmente maiores do que em uma aproximação superficial se possa perceber.

41. Dos desdobramentos da nova disciplina dos recursos na liquidação – Percebe-se que, longe de significar mera substituição de um recurso por outro, se levado às últimas conseqüências, o plano da reforma esvazia grandemente o espectro de impugnabilidade da decisão que resolve a liquidação, dando tratamento recursal incompatível com o seu conteúdo e da sua aptidão para a formação da coisa julgada. Interessante notar que, no sistema do Código de 1939, a liquidação, ainda que incidente ou fase do processo executivo, era decidida por sentença apelável, embora não pusesse fim ao processo. Tinha-se apenas o cuidado de, como fazia o agora revogado art. 520, III, atribuir apenas efeito devolutivo ao apelo. A razão histórica é óbvia. O conceito de sentença era outro e não se atrelava à extinção do processo, como de resto ocorreu também agora com a reforma, suprimindo-se o tal "critério topológico".[84] Não é decorrência natural, tampouco necessária, da quebra de autonomia do procedimento de liquidação, que seja dado à decisão que a resolve o tratamento de mera decisão interlocutória. Como já se teve oportunidade de demonstrar, em ordenamentos como o italiano e o alemão, em que ocorre julgamento fracionado do mérito, a decisão é tida como *sentença interlocutória*. Algo idêntico ocorre agora com a liquidação na lei reformada. A *interlocutoriedade* nada diz com a substância do ato que julga a liquidação. *Interlocutória* é de fato a decisão, pois se dá no curso de um pleito, põe-se entre algo que a antecede e algo que irá sucedê-la; isto, entretanto, não impõe que tratamento idêntico ao conferido às decisões que, incidentalmente, resolvem meras questões processuais, como a produção de determinado meio de prova ou, ainda, um provimento antecipatório de cognição sumária. Singulariza essas decisões ou, tomando a liberdade, essas *sentenças parciais de mérito* – derivadas do julgamento fracionado da causa – justamente o fato de que não resolvem mera questão processual senão parcela do mérito, estando aptas à produção de coisa julgada material.

Como, então, harmonizar o teor do art. 475-H, que define o agravo como forma de impugnação da decisão que julga a liquidação de sentença, com o que se acaba de dizer acerca da verdadeira natureza desta decisão?

Primeiramente, cumpre constatar, pelo menos esta parece ser a justificativa alteração da disciplina recursal, que a solução se impôs em razão de não haver mais separação entre processo de conhecimento e processo de execução. Em assim sendo, pareceu correto, e talvez de fato o seja, atribuir, como forma de impugnação da decisão sobre a liquidação, o agravo de instrumento, justamente porque esta modalidade de recurso possibilita levar a

---

84 Interessante notar que, na exposição de motivos do CPC de 1973, Buzaid justifica a adoção do agravo de instrumento dizendo que "esta solução atende plenamente aos princípios fundamentais do código, sem sacrificar o andamento da causa e sem retardar injustificadamente a resolução de questões incidentes, muitas das quais são de importância decisiva para a apreciação do mérito". Pode-se dizer, *a contrario sensu* que não se destinava o agravo, no plano do Código, à decisão de questões de mérito, mas tão-somente de incidentes "de importância decisiva para a apreciação do mérito", dentro da lógica de um processo vocacionado à sentença como ato de fechamento da atividade cognitiva dirigida ao julgamento do mérito. Tanto assim é que o Código atribuiu à liquidação de sentença o *status* de processo autônomo, com mérito próprio, decidido por sentença, o que colheu entusiasmados aplausos da doutrina.

questão controvertida ao Tribunal sem com isso gerar embaraços ao prosseguimento do processo para a adoção das providências executivas. A formação do *instrumento* é, assim, o aspecto a recomendar a adoção do agravo, já que, tradicionalmente, a apelação determina a subida dos autos ao Tribunal *ad quem*. Vale lembrar também que este agravo não tem efeito suspensivo (ao menos como regra geral), como também não o tinha – desde o Código de 1939, orientação mantida no Código Buzaid, conforme ditava o revogado art. 520, III – a apelação interposta da decisão que julgava a liquidação, facultando a execução mediante extração de carta de sentença.

Mas não é assim tão simples. Embora seguramente assim não tenha desejado o legislador, questões de alta indagação se impõem diante da nova orientação.

A considerar, para todos os efeitos, decisão interlocutória a que resolve a liquidação, descortina-se um panorama inteiramente distinto do que até então se delineara, implicando severas restrições à amplitude dos meios impugnativos. Senão vejamos: a) a rigor, as decisões interlocutórias não são rescindíveis, possibilidade reservada às sentenças (art. 485), facultada a anulação na forma do art. 486; b) não se admite no agravo a sustentação oral (art. 554); c) não cabem embargos infringentes dos acórdãos prolatados em julgamento de agravo (art. 530); d) O recurso especial, quando interposto contra decisão interlocutória, fica retido nos autos (art. 543, § 3º).

Não se diga, para reduzir o impacto da mudança, que a liquidação é aspecto de menor importância e que, portanto, as restrições recursais não geram conseqüências que justifiquem eventual crítica. Não é o que ocorre. Quem demanda a condenação pecuniária não busca uma sentença, busca satisfazer, na maior medida possível, a pretensão de agredir o patrimônio do réu pela adoção das providências executivas que o provimento faculta. O réu, por sua vez, menos interessado está em eventual juízo de reprovação à conduta – ainda que em determinados casos, admite-se, isto seja de grande relevância – do que na determinação do valor a ser definido como sendo o devido e que irá balizar a extensão dos atos executivos sobre seu patrimônio. Em muitos casos, a definição do *quantum* é objeto de dissenso muito mais acirrado do que se dá em momento anterior à condenação genérica.

Imagine-se o caso de uma decisão prolatada em liquidação de sentença proferida em ação coletiva para defesa de direito individual homogêneo em razão de danos aos consumidores que, como esclarece Patrícia Miranda

Pizzol,[85] dá ensejo a uma condenação genérica, a teor do art. 95 do CDC, devendo ser liquidada em seguida (art. 97 c/c art. 90 do CDC). Veja-se que tal liquidação pode envolver imensa complexidade e, por vezes, enorme impacto econômico sobre o demandado. A julgar pela simplificadora afirmativa de que o provimento que a resolve é mera decisão interlocutória, porque o processo seguirá para as providências executivas, não haverá a possibilidade de manejar embargos infringentes, que só cabem de sentença, ainda que julgado o agravo por maioria de votos, com modificação da decisão monocrática de mérito (podendo, por exemplo, majorar substancialmente o *quantum*). Não poderá produzir sustentação oral na sessão de julgamento, bem como, em princípio, dela não caberia ação rescisória. Some-se a isso o problema quase intransponível do manejo de Recurso Especial, forçosamente retido, a teor do art. 543, § 3º, sem que haja oportunidade de remessa posterior ao STJ, justamente porque a essa decisão seguir-se-ia a execução, e não uma decisão definitiva de mérito que pudesse ser levada à apreciação do Tribunal.

Da mera formulação do exemplo já se observa que bem mais profundas do que parecem são as conseqüências da reforma, de maneira que, para evitar efeitos colaterais indesejáveis, um esforço exegético torna-se necessário.

A solução que se afigura mais viável, portanto, é a de atentar à substância do provimento, considerando sua aptidão para a produção de coisa julgada, dando à decisão do agravo tratamento semelhante ao que se daria em caso de apelo, quanto às formas de impugnação ulterior. Esta solução, de resto, não é estranha à praxe, como bem ilustra o tratamento dado em matéria de rescisão às ditas decisões interlocutórias de mérito. Já há bastante tempo, vem a doutrina e a jurisprudência veiculando o entendimento de que, em caso de *decisão interlocutória de mérito*, admite-se a rescisão, apesar da trava legal. É o que atesta Donaldo Armelin em acórdão que relatou no Tribunal de Justiça de São Paulo:

> "Não se pode interpretar literalmente o disposto no CPC 485, quanto à alusão à sentença de mérito, vinculando-a ao recurso normalmente cabível contra ela, ou seja, a apelação. Isto porque a despeito dos esforços do legislador processual para tornar hermético o sistema recursal, vinculando-o ao tipo espe-

---

85 Patrícia Miranda Pizzol. *Liquidação nas Ações Coletivas*. São Paulo: Lejus, 1998.

cífico de provimento jurisdicional nele engastado, tal inocorre. Basta lembrar que a sentença declaratória de falência é atacada por agravo de instrumento. Por isso mesmo, o que há de se assentar como interpretação razoável é a de abstrair-se da expressão 'mérito' que está no CPC 485. Ora, em face desse posicionamento, se o CPC 162, § 1°, conceitua a sentença como ato jurisdicional que põe fim ao processo, com ou sem julgamento de mérito, nada impede que, para fins de admissibilidade da ação rescisória, cuide a espécie de decisão sobre o mérito ainda que não julgada através de apelação".[86]

Idêntico raciocínio pode ser aplicado aos embargos infringentes, ao Recurso Especial – cuja interposição dependeria, no caso, também da formação de instrumento, já que não tem efeito suspensivo –, atentando à substância da decisão que julga a liquidação. A vantagem da exegese proposta está em obedecer ao comando contido no art. 475-H, manejando o agravo de instrumento em todas as hipóteses de decisão liquidatória, pelo que de virtuoso ele tem, sem com isso abdicar das demais possibilidades recursais ínsitas às decisões de mérito. Em relação àquela solução proposta por Araken de Assis, afigura-se esta mais vantajosa em termos de efetividade do processo, já que, conforme o próprio autor atesta, a revogação do art. 520, III, conduziria, caso admitida a apelação, à suspensão do processo, algo que jamais foi cogitado e implicaria flagrante retrocesso, ferindo a essência da reforma. A solução que ora se propõe, ademais, não é *de lege ferenda*. Não mais caracterizado o ato sentencial como decisão que extingue o processo, emerge naturalmente a possibilidade de sentenças parciais de mérito, às quais, por opção legislativa, atendendo a necessidades pragmáticas de operação do sistema, atribuiu-se o agravo de instrumento como forma de impugnação.

Imagina-se, de outro lado, que impor tamanha restrição não tenha sido a intenção do legislador, o que, acredita-se, possa conduzir a uma in-

---

86 TJSP, 1° Grupo de Câmaras Cíveis. Embargos Infringentes n° 134.388-1/0-02, Rel. Desembargador Donaldo Armelin, 16.08.1995, *RT* 712/131. Posição manifestada em acórdão recolhido por Nelson Nery Júnior e Rosa Maria Andrade Nery, à qual aderem, agregando ao comentário as posições confluentes de Barbosa Moreira e Mendonça Lima. *Código de Processo Civil Comentado*, 3ª ed. São Paulo: Revista dos Tribunais, 1997, p. 700.

terpretação flexibilizadora. A rigor, é preciso que se diga, tal flexibilização não significa concessão alguma senão o reconhecimento da existência em nosso sistema, tanto mais após a reforma, das sentenças parciais de mérito, a desafiar formas impugnativas compatíveis.

Mudou-se o recurso, é agravável a decisão, mas a natureza do provimento permanece intocada, merecendo adequado tratamento recursal a fim de não violentar a garantia da ampla defesa. Não se trata, como é óbvio, de absolutizá-la. Absoluta nenhuma garantia é, ainda que fundamental, não falta doutrina a atestar o fato, mas as restrições a elas impostas exigem fundamentos mais consistentes e declarados, não sendo possível introduzi-las a reboque de pontuais alterações do texto legal, como espécie de efeito colateral omitido na bula.

42. Sucumbência – As custas do processamento de liquidação serão adiantadas pelo credor (art.19, *caput* e § 2º) quando a requerer, invertendo-se a perspectiva no caso de o devedor desencadear a liquidação, legitimado que está para tanto. Ainda que sejam realizados os aportes pelo credor, serão inseridos na conta, operando-se a quitação integral do crédito apenas quando, além do principal, forem atendidas as custas. Não serão imputadas ao devedor as custas de elaboração da planilha quando deva ser apresentada pelo credor.

Quanto aos honorários, manifestou-se o STJ nos seguintes termos:

> "A liquidação de sentença é um procedimento preparatório da execução por título judicial, onde não se discute a qualidade da condenação, mas a quantidade. É um simples complemento da sentença condenatória, que visa tornar líquida a sentença. Visando a liquidação da sentença apurar o valor da condenação, não cabe novos honorários advocatícios. Precedentes" (AgRg. no REsp. nº 238.064/SC, Rel. Ministro Humberto Gomes de Barros, Terceira Turma, julgado em 18.08.2005, *DJ* 12.09.2005, p. 313).

Se assim já o era antes da reforma, a quebra da autonomia do procedimento liquidatório tende a recrudescer o entendimento.

À luz do princípio da causalidade, a orientação é equivocada, tanto mais quando submetido o procedimento liquidatório, sobretudo a liquidação por artigos, ao procedimento comum (art. 475-F).

Art. 4º O Título VIII do Livro I da Lei nº 5.869, de 11 de janeiro de 1973 – Código de Processo Civil, passa a vigorar acrescido dos seguintes arts. 475-I, 475-J, 475-L, 475-M, 475-N, 475-O, 475-P, 475-Q e 475-R, compondo o Capítulo X – "DO CUMPRIMENTO DA SENTENÇA":

Direito anterior. Sem correspondência.

GUILHERME RIZZO AMARAL

Mestre em Direito Processual Civil pela Pontifícia Universidade Católica do Rio Grande do Sul (PUC/RS). Doutorando em Direito Processual Civil pela Universidade Federal do Rio Grande do Sul. Advogado em Porto Alegre.

COMENTÁRIO

43. Introdução – Ao apresentar o projeto do atual Código de Processo Civil brasileiro, afirmou Alfredo Buzaid que *"o grande mal das reformas parciais é o de transformar o Código em mosaico, com coloridos diversos que traduzem as mais variadas direções. Dessas várias reformas tem experiência o país; mas, como observou LOPES DA COSTA, umas foram para melhor; mas em outras saiu a emenda pior que o soneto"*.[1]

Talvez pela veemência com que se tem sustentado a perfeição sistemática do Código de 1973,[2] tenham os seus reformadores deixado de lado o alerta de Buzaid, ao implementar mudanças tópicas, parciais, no texto original da lei processual, ainda que as mesmas tenham modificado *substancialmente* a estrutura processual concebida no referido diploma em sua redação original.

---

1 Exposição de Motivos do Código de Processo Civil de 1973.
2 Veja-se, neste particular, a opinião de Vicente Greco Filho: "Sob o aspecto técnico, o Código de 1973 é dos mais modernos e de melhor qualidade do mundo, inclusive segundo depoimento de eminentes processualistas estrangeiros, tendo causado, já, benéficas influências na ciência do processo e na prática forense" (*Direito Processual Civil Brasileiro*, 17ª ed., atualizada, Ed. Saraiva, 2003, 1º Volume, p. 69). No mesmo sentido, embora criticando a ausência de melhorias na efetividade e celeridade da prestação jurisdicional, Athos Gusmão Carneiro: "Como magnífica obra de arquitetura jurídica, o Código de 1973 pouco terá deixado a desejar". ("Sugestões para uma nova sistemática da execução". *In: Revista de Processo*, nº 102, p. 139.)

Outra razão, possivelmente, seja a provável demora a que seria submetida a tramitação de um novo Código de Processo Civil – veja-se o exemplo do Código Civil de 2002, cujo projeto tramitou por quase três décadas –, sendo mais fácil propor pequenas reformas que, conjuntamente, venham a atingir escopo desejado.

Assim, não sendo possível uma reforma global, tampouco a readequação numérica dos artigos, fez-se necessária a adoção de técnica legislativa consistente na utilização, em maior escala, da combinação "número-letra", como vinha ocorrendo desde o início da reforma processual (*vide* arts. 431-A, 431-B, 461-A, 557, §1º-A, 786-A, 1.102-A, 1.102-B, 1.102-C, 1.211-A, 1.211-B, 1.211-C).

Outro destaque é o título conferido ao Capítulo X do CPC. Ao se falar em "cumprimento" da sentença (e não em "execução" da sentença), desvia-se o foco para a figura do devedor, de quem se espera uma conduta apta a satisfazer o preceito contido na decisão judicial. É claro que, muito mais do que um nome, são precisos mecanismos que venham a possibilitar esta mudança de comportamento. Tais mecanismos, como demonstraremos a seguir, foram introduzidos de maneira muito tímida pela Lei nº 11.232/05.

LIVRO I

....

TÍTULO VIII

....

CAPÍTULO X

DO CUMPRIMENTO DA SENTENÇA

Art. 475-I. O cumprimento da sentença far-se-á conforme os arts. 461 e 461-A desta Lei ou, tratando-se de obrigação por quantia certa, por execução, nos termos dos demais artigos deste Capítulo.

§ 1º É definitiva a execução da sentença transitada em julgado e provisória quando se tratar de sentença impugnada mediante recurso ao qual não foi atribuído efeito suspensivo.

§ 2º Quando na sentença houver uma parte líquida e outra ilíquida, ao credor é lícito promover simultaneamente a execução daquela e, em autos apartados, a liquidação desta.

Direito anterior. Art. 587. A execução é definitiva, quando fundada em sentença transitada em julgado ou em título extrajudicial; é provisória, quando a sentença for impugnada mediante recurso, recebido só no efeito devolutivo. Art. 586. (...). § 2° Quando na sentença há uma parte líquida e outra ilíquida, ao credor é lícito promover simultaneamente a execução daquela e a liquidação desta. (Tais dispositivos não foram revogados, sendo ainda aplicáveis à execução de títulos executivos extrajudiciais.)

COMENTÁRIO

44. Duas sistemáticas para o cumprimento das sentenças. Artigos 461 e 461-A do CPC – obrigações de fazer, não fazer e entrega de coisa; Artigos 475-J, 475-L e 475-M – obrigações de pagar quantia – Dispõe o artigo 475-I, *caput*, introduzido pela Lei n° 11.232/05, que "*o cumprimento da sentença far-se-á conforme os arts. 461 e 461-A desta Lei ou, tratando-se de obrigação por quantia certa, por execução, nos termos dos demais artigos deste Capítulo*".

Os artigos 461 e 461-A do CPC permitem ao juiz a adoção de *técnicas de tutela* mandamental e executiva, nos casos em que o dever do demandado consiste num fazer, não fazer ou entrega de coisa.[3] A sentença, assim como as decisões que antecipam a tutela ao autor, podem combinar simultaneamente ou sucessivamente os efeitos mandamentais e executivos, independentemente de modificação formal das mesmas, e sem ter de se cogitar em afronta ao art. 463 do CPC. Trata-se de uma *instabilidade virtuosa*[4] da decisão judicial, eis que se reconhece a sua adaptabilidade, maleabilidade frente à eventual resistência ao seu cumprimento, verificada no plano real.

Assim, por hipótese, o juiz que determina a uma indústria que instale filtro para evitar a poluição do ar, sob pena de multa diária (técnica de tutela mandamental), pode, sucessivamente, caso não obedecida a ordem judicial, determinar atos de sub-rogação (técnica de tutela executiva), tais como o fe-

---

3 Guilherme Rizzo Amaral. *As astreintes e o processo civil brasileiro*. Porto Alegre: Livraria do Advogado, 2004. pp. 43 e seguintes.
4 Guilherme Rizzo Amaral. *Técnicas de tutela e o cumprimento da sentença no Projeto de Lei n° 3.253/04: uma análise crítica da reforma do Processo Civil Brasileiro. In:* Guilherme Rizzo Amaral e Márcio Louzada Carpena (coord.). *Visões críticas do processo civil brasileiro: uma homenagem ao Prof. Dr. José Maria Rosa Tesheiner*. Porto Alegre: Livraria do Advogado, 2005, p. 130.

chamento da indústria ou a instalação por terceiros do referido equipamento – exemplo de aplicação *sucessiva* das técnicas de tutela mandamental e executiva; ou, ainda, o magistrado que determina a entrega de coisa certa sob pena de multa diária, pode, simultaneamente, determinar a busca e apreensão do bem – exemplo de aplicação *simultânea* das técnicas ora apontadas.

Ocorre que esta *maleabilidade* não é, hoje, refletida na tutela das obrigações de pagar quantia. Não podendo considerá-las simplesmente como obrigação de dar, em função de sua extrema consumptibilidade,[5] e em razão da freqüente necessidade de agressão e transformação do patrimônio do devedor em pecúnia, sujeitam-se, na sistemática vigente do Código de Processo Civil – antes e depois da Lei nº 11.232/05 –, ao engessamento provocado pelo modelo da técnica de tutela condenatória (mero juízo de reprovação e autorização para o credor requerer a execução) – e posterior execução (ainda que, hoje, sem necessitar de um processo autônomo).

Entretanto, relutamos em aceitar que, somente pelas razões acima apontadas, a natureza das obrigações (ou deveres) submetidas, hoje, à técnica de tutela condenatória (obrigações de pagar quantia), seja incompatível com a técnica de tutela mandamental ou executiva. O que há, isto sim, é uma *incompatibilidade legislativa*, pois o Código de Processo Civil determinava, em sua redação anterior, que as sentenças que condenassem ao pagamento de quantia certa deveriam ser efetivadas através de processo autônomo de execução, deixando a tutela mandamental e executiva *lato sensu*[6] para o

---

5   Clóvis do Couto e Silva. *A obrigação como processo*. São Paulo: José Bushatsky, 1976, p. 183.
6   Uma crítica à expressão executiva *lato sensu* pode ser encontrada no artigo "Sentença Executiva?", de José Carlos Barbosa Moreira (*Revista de Processo*, nº 114, p. 140). O eminente processualista afirma: "Quem quer que se refira a 'sentença executiva *lato sensu*' deve, pois, esclarecer em que consiste a espécie 'sentença executiva *stricto sensu*' e indicar a diferença específica que a caracterizaria. Sem tal cuidado, aquela expressão soa inexpressiva, para não dizer carente de sentido". No presente trabalho, mencionamos tutela executiva *lato sensu* apenas para diferenciá-la, no que tange ao momento em que é prestada, da tutela executiva proporcionada pelo processo de execução autônomo. A primeira seria aquela prestada no curso do processo de conhecimento (ou, ainda, no curso do "processo que dê origem ao título executivo judicial", pois tal processo englobará não apenas atividade cognitiva, mas também executiva); a segunda, durante o processo de execução. Ambas, no entanto, guardam a mesma fundamental característica: importam, em nosso sentir, atos de sub-rogação ou praticados por auxiliares do Poder Judiciário, de modo a promover a satisfação do direito do autor sem a participação do demandado.

cumprimento dos deveres de fazer, não fazer e entrega de coisa. Agora, após a recente reforma, continua o juiz preso a sistemática bastante semelhante, pois somente procede à execução mediante requerimento do autor, e tem seus poderes limitados à incidência de multa de 10%,[7] *ex vi legis*, sobre o valor da condenação, não havendo nada semelhante ao § 5º do art. 461 do CPC, por exemplo, o que conferiria maior agilidade e efetividade à atividade jurisdicional.

Dizer que o legislador não pode alterar a carga de eficácia de determinadas decisões judiciais, ou, diríamos melhor, que não pode outorgar ao juiz, mediante mudança na lei instrumental, técnicas de tutela diferentes da mera condenação para determinadas situações, é ignorar que, até pouco tempo, as sentenças que *condenavam* à entrega de coisa eram, por mais óbvio que isto possa parecer, *condenatórias*, meros juízos de reprovação, demandando a iniciativa do autor e um novo e autônomo processo, de execução, para a satisfação do demandante. Hoje, em face única e exclusivamente das mudanças na legislação processual, proporcionadas pela Lei nº 10.444/02, as sentenças proferidas com base no art. 461-A podem ser classificadas como executivas, ou mesmo como mandamentais em alguns casos, mas, o que é certo, nunca ensejarão mera condenação,[8] juízo de reprovação, providência mediata e dependente, em sua definição tradicional,[9] de processo autônomo de execução.

De outra parte, a extremada preocupação com o réu "condenado" a pagar quantia, privilegiando-o em comparação àqueles a quem são impos-

---

7   A inclusão de dispositivo prevendo a incidência da multa de 10% sobre o valor da condenação, no projeto que deu origem à Lei nº 11.232/05, deveu-se à iniciativa de Luiz Guilherme Marinoni.
8   Afirmando a necessidade de admitir-se outras espécies de sentenças (além daquelas oferecidas pela classificação ternária), à luz do disposto nos artigos 84 do CDC e 461 do CPC, aduz Marinoni, "não é possível reunir sob o rótulo de 'condenação' provimentos que jamais tiveram alguma semelhança entre si". Luiz Guilherme Marinoni, *Tutela Específica: arts. 461, CPC e 84, CDC*. São Paulo: Editora Revista dos Tribunais, 2001, p. 41. Por sua vez, comentando o artigo 461-A, Antônio Carlos de Araújo Cintra afirma: "Ou seja, se se adotasse a classificação quinária de Pontes de Miranda, aparentemente não haveria mais, no processo civil brasileiro, sentenças condenatórias à entrega de coisa, uma vez que estas teriam sido substituídas pelas sentenças executivas em sentido *lato*." Antônio Carlos de Araújo Cintra. *Comentários ao Código de Processo Civil*. Rio de Janeiro. Ed. Forense, 2003, p. 296.
9   Veremos, adiante, que a *autonomia* do processo executivo subseqüente não chega a ser uma nota essencial da condenação, mas, sim, o caráter mediato desta.

tas ordens de fazer ou de abstenção, e mesmo àqueles que sofrem a busca e apreensão de coisa em seu poder, não se justifica sob nenhum argumento.

Em primeiro lugar, é necessário ressaltar, como bem o faz Cássio Scarpinella Bueno, que, mesmo no sistema atual, a tutela dos deveres de pagar quantia já se realiza na forma executiva e mandamental em diversos casos, como, por exemplo, naqueles envolvendo alimentos, alienação fiduciária em garantia, improbidade administrativa e, até mesmo, em mandado de segurança.[10] Pontes de Miranda já demonstrava tal particularidade – aliás, confirmando o ponto anteriormente exposto – ao afirmar que: *"No direito brasileiro, transformaram-se as ações de condenação, em matéria de alimentos, em ações mandamentais – particularidade técnica que revela a capacidade de invenção dos juristas brasileiros"*.[11] Leia-se: para Pontes de Miranda, os juristas brasileiros (ou, ainda, o *legislador* brasileiro) *transformaram* uma ação condenatória em mandamental.[12]

De outra banda, vale lembrar que, quando estamos diante de um dever de fazer ou não fazer, lidamos diretamente com o valor *liberdade*, mais especificamente, com a liberdade de conduta do demandado, valor este tão

---

10 Cassio Scarpinella Bueno. "Ensaio sobre o cumprimento das sentenças condenatórias". *In:* Revista de Processo, nº 113, pp. 40-50.

11 Francisco Cavalcanti Pontes de Miranda. *Tratado das Ações*, 2ª ed., São Paulo: Revista dos Tribunais, 1972, t. I, p. 210.

12 Estava Pontes de Miranda a se referir à *ação de direito material,* conceito que, em nosso entender, não explica corretamente o fenômeno da relação entre os planos do direito material e do processo. Não nos cabe desenvolver, aqui, esta idéia, sendo que remetemos o leitor aos recentes artigos publicados sobre o tema, dentre os quais destacam-se os trabalhos de Carlos Alberto Alvaro de Oliveira ("O problema da eficácia da sentença". *In: Revista de Processo,* nº 112, pp. 9-22, out./dez. 2003, e "Efetividade e Tutela Jurisdicional". *In: Revista Processo e Constituição –* Coleção Galeno Lacerda de Estudos de Direito Processual Constitucional. Porto Alegre: Faculdade de Direito, UFRGS, nº II, 2005.) de Ovídio Baptista da Silva ("Direito Material e Processo", publicado na *Revista Magister de Direito Civil e Processual Civil,* nº 1, pp. 5-29, jul.-ago./2004); Guilherme Rizzo Amaral, "A polêmica em torno da ação de direito material". *In: Revista de Direito Processual Civil* (Genesis), v. 33, pp. 533-547; e Daniel Francisco Mitidiero, "Polêmica sobre a Teoria Dualista da Ação (Ação de Direito Material – 'Ação' Processual): uma Resposta a Guilherme Rizzo Amaral". *In: Revista de Direito Processual Civil (Genesis),* v. 34. Estes e outros artigos sobre o tema foram reunidos em obra intitulada *Polêmica sobre a ação, a tutela jurisdicional na perspectiva das relações entre direito e processo* (Guilherme Rizzo Amaral e Fábio Cardoso Machado (organizadores). Porto Alegre: Livraria do Advogado, 2006).

caro aos modelos liberais surgidos após a Revolução Francesa que acabou extremado no Código de Napoleão.[13]

Aliás, chega a ser truísmo falar-se em primazia do direito à liberdade sobre o direito à propriedade.

Assim, não poderiam ter subsistido os receios antes apontados para a adoção, por exemplo, da técnica de tutela mandamental para os deveres de pagar quantia certa – atingindo indiretamente a esfera *patrimonial* do devedor – se tal técnica já se encontra disponível para os deveres de fazer e não fazer – influindo na vontade, na liberdade do réu.

Quem encampa esta idéia de forma contundente é Marinoni, sustentando que *"não há motivo para que a tutela que objetiva o pagamento de soma tenha que ser prestada unicamente através da execução forçada"*,[14] Repercutindo as idéias de Michele Taruffo, propõe o uso da multa (técnica de tutela mandamental) para "estimular" o cumprimento da sentença pelo devedor de quantia, evitando, assim, *"as complicações inerentes à execução por expropriação, com necessidade de avaliação, leilão etc."*[15]

O que almejamos, aqui, muito antes de afirmar que a utilização da técnica de tutela mandamental, nestes casos, seja a mais adequada, é manter a mente aberta para todas as alternativas possíveis no que se refere à tutela dos deveres de pagar quantia. Salvo a vedação constitucional de prisão por dívida (art. 5º, LXVII, da Constituição Federal), não há técnica de tutela que, *a priori*, possa ser descartada *pelo legislador* para os deveres de pagar quantia.

---

13 Como salientou José Maria Rosa Tesheiner: "Até pouco tempo, sob o paradigma do Código de Napoleão, havia certa relutância em admitir-se a exigência de cumprimento específico de deveres e obrigações, contentando-se, doutrina e legislação, com o sucedâneo das perdas e danos. Levava-se às últimas conseqüências um princípio de liberdade (*"nemo potest praecise cogi ad factum"*), com execução a recair exclusivamente sobre o patrimônio do devedor. Não eram idéias desprezíveis, porque se tratava, na essência, de resguardar a liberdade individual. Contudo, a sociedade moderna tomou novo rumo. Não mais se contentou com o sucedâneo das perdas e danos. Passou a exigir, não mais como exceção, mas como regra, o cumprimento específico das obrigações". (*In*: Guilherme Rizzo Amaral. *As astreintes e o processo civil brasileiro*. Porto Alegre: Livraria do Advogado, 2004. Prefácio s/ número de página.)

14 Luiz Guilherme Marinoni. *Tutela Específica: arts. 461, CPC e 84, CDC*. São Paulo: Editora Revista dos Tribunais, 2001, p. 194.

15 Luiz Guilherme Marinoni. *Tutela Específica: arts. 461, CPC e 84, CDC*. São Paulo: Editora Revista dos Tribunais, 2001, p. 195.

Não obstante, a sistemática escolhida e implementada pela Lei nº 11.232/05 ainda rende homenagem ao engessamento do binômio *condenação-execução*, ainda que com relevantes atenuantes do ponto de vista procedimental.[16]

45. Da tutela dos deveres de fazer, não fazer e entrega de coisa: breve resumo – Eliminou-se, por força da inclusão do art. 461-A ao CPC, bem como pela alteração no art. 621 (ambas modificações advindas da Lei nº 10.444/02), o processo de execução autônomo para títulos executivos *judiciais*, que contemplem deveres de entregar coisa certa ou incerta, restringindo-o, nestes casos, às execuções de títulos extrajudiciais.

Da mesma forma, a alteração no art. 644 do CPC fez com que a sentença que determina ao réu dever de fazer ou não fazer, em vez de ser *executada* de acordo com os procedimentos descritos no Livro II do CPC, seja *cumprida* na forma do art. 461 do mesmo diploma legal, aplicando-se, subsidiariamente, as regras do processo de execução.

Faça-se, aqui, uma importante ressalva. Como bem observado por Wambier, Correa de Almeida e Talamini, ainda sobrevivem hipóteses de execução (através de processo de execução autônomo) de obrigações de fazer, não fazer e, acrescentamos, de entrega de coisa, amparadas em título *judicial*.

> "Considerem-se os seguintes casos: transação realizada extrajudicialmente e apenas levada a homologação judicial; sentença estrangeira homologada pelo Supremo Tribunal Federal; sentença arbitral, quando o compromisso arbitral não houver previsto que a sentença teria a força do art. 461 (CPC, art. 584, III, IV e VI). Em todos esses casos, tais títulos executivos judiciais podem ser representativos de obrigação de fazer ou de não fazer, e continuarão ensejando o processo do art. 632 e seguintes. É que, nessas três hipóteses, a questão é trazida a Juízo depois que já está formado o título. Se a parte pretende apenas a efetivação concreta do comando contido no título, recorrerá ao

---

16 Dentre elas, destacamos a eliminação da necessidade de citação do devedor na execução, a eliminação da nomeação de bens à penhora pelo devedor e a ausência de efeito suspensivo como regra na impugnação, o oposto do que ocorria nos embargos do devedor.

processo do Livro II, e não ao processo para a aplicação do art. 461, que é (também) processo de conhecimento – destinado em princípio a casos em que ainda não há título executivo. (Fica, porém, a ressalva de que o detentor de título executivo *tem interesse processual* para recorrer ao processo do art. 461, na medida em que esse ir-lhe-á propiciar uma tutela mais eficiente. Todavia, em tal hipótese, o título executivo não valerá como tal, mas como mera prova.)"[17]

Salvo as hipóteses levantadas pelos referidos autores, seja para obrigações de entregar, seja para obrigações de fazer ou não fazer, o réu, "condenado"[18] em *sentença* transitada em julgado ou sujeita a recurso desprovido de efeito suspensivo (nas hipóteses de cumprimento provisório), será *intimado* para cumpri-la, podendo o juiz fixar multa (*astreinte*) para o caso de descumprimento (art. 461, § 4º) ou tomar as medidas necessárias para a efetivação da tutela específica ou a obtenção do resultado prático equivalente (art. 461, §5º), tais como busca e apreensão ou requisição de força policial (sendo o rol do § 5º meramente exemplificativo).

45.1. Da tutela dos deveres de fazer, não fazer e entrega de coisa: uso da técnica de tutela mandamental (multa periódica: *astreintes*). Dispõe o art. 461, §4º, do CPC poder o juiz, em antecipação da tutela ou em sentença, "impor multa diária ao réu, independentemente de pedido do autor, se for suficiente ou compatível com a obrigação, fixando-lhe prazo razoável para o cumprimento do preceito".

Esta multa deve ser fixada em valor suficiente para que o réu se sinta pressionado a cumprir a decisão judicial. Não há teto para a sua fixação e nem limite para a sua incidência, como há muito vem decidindo o STJ,[19]

---

17 Luiz Rodrigues Wambier e outros, *Curso avançado de processo civil*, 5ª ed. rev., atual e ampl., São Paulo: Editora Revista dos Tribu- nais, 2002, vol. 2 (processo de execução) p. 293.
18 A hipótese não é de condenação propriamente dita, pois a técnica de tutela predominante será a mandamental ou a executiva.
19 "Multa. Cláusula penal. Multa compensatória. Limitação do art. 920 do Código Civil. Precedente da Corte. 1. Há diferença nítida entre a cláusula penal, pouco importando seja a multa nela prevista moratória ou compensatória, e a multa cominatória, própria para garantir o processo por meio do qual pretende a parte a execução de uma obrigação de fazer ou não fazer. E a diferença é, exatamente, a incidência das regras jurídicas

não se confundido as *astreintes* com a cláusula penal ou com as perdas e danos a que porventura faça jus o autor.

Embora geralmente seja fixada "por dia" de atraso, a multa pode variar em sua periodicidade (hora, dia, semana etc.).

É importante precisar o momento no qual a multa passa a incidir, assim como aquele em que o crédito resultante de tal incidência pode passar a ser exigido.

Se a multa diária constitui instrumento de coerção, e não de punição, não podendo, por esta simples razão, retroagir para "castigar" o demandado, é por demais evidente que o termo inicial de sua incidência deve estar ligado à exigibilidade da obrigação contida no preceito ao qual a multa se vincula.[20] Como tivemos a oportunidade de demons-

---

específicas para cada qual. Se o Juiz condena a parte ré ao pagamento de multa prevista na cláusula penal avançada pelas partes, está presente a limitação contida no art. 920 do Código Civil. Se, ao contrário, cuida-se de multa cominatória em obrigação de fazer ou não fazer, decorrente de título judicial, para garantir a efetividade do processo, ou seja, o cumprimento da obrigação, está presente o art. 644 do Código de Processo Civil, com o que *não há teto para o valor da cominação*. 2. Recurso especial conhecido e provido" (Superior Tribunal de Justiça. Recurso Especial nº 196.262. Rel. Ministro Carlos Alberto Menezes Direito, j. em 06.02.1999. Unânime. Publicado no *DJU* 11.09.2000, p. 250. In: *Revista dos Tribunais*, nº 785, p. 197).

---

20 Luiz Rodrigues Wambier, de forma sintética, afirma que "a multa processual incide só a partir do decurso do prazo estabelecido para cumprir a ordem judicial" (Luis Rodrigues Wambier e outros, *Curso Avançado de Processo Civil*. 3ª ed. São Paulo, Revista dos Tribunais, 2000, vol. 2, p. 280). No mesmo sentido: "Em todo caso, os valores da multa passam a ser devidos desde o momento em que for constatado o não cumprimento do preceito judicial pelo réu, [...]" (Joaquim Felipe Spadoni. A multa na atuação das ordens judiciais. In: *Processo de Execução*. Coord. Sérgio Shimura, Teresa Arruda Alvim Wambier. São Paulo: Revista dos Tribunais, 2001, p. 499). "A multa vigora a partir do momento fixado pela decisão, o qual se dará quando expirar o prazo razoável assinado pelo juiz para o cumprimento voluntário da obrigação." (Humberto Theodoro Júnior. "Tutela Específica das Obrigações de Fazer e Não Fazer". In: *Revista de Processo*, nº 105, p. 27, janeiro-março 2002); "Por outro lado, não se afigura razoável a determinação de outra data que não a do transcurso do período que se concede ao devedor para adimplir." (Marcelo Lima Guerra. *Execução Indireta*. Ed. Revista dos Tribunais, 1998, p. 205). "Decorrido o prazo concedido para cumprimento do preceito – ou não havendo a pronta obediência, quando se exige cumprimento imediato –, passa a incidir a multa." (Eduardo Talamini. *Tutela relativa aos deveres de fazer e de não fazer: CPC, art. 461; CDC, art. 84*, 7ª ed. São Paulo: Revista dos Tribunais, 2001, p. 248).

trar,[21] o termo *a quo* da multa é o *instante* seguinte ao descumprimento do preceito judicial.

Por outro lado, é evidente a possibilidade de a multa incidir muito antes do trânsito em julgado de sentença. Basta, para tanto, imaginarmos a hipótese de cominação de multa em decisão que antecipa a tutela ao autor, ou mesmo em sentenças e acórdãos submetidos a recursos sem efeito suspensivo. Ora, postergar possibilidade de incidência da multa para depois do trânsito em julgado da sentença é o mesmo que tornar sem efeito a utilização das *astreintes*, despindo-se o processo da efetividade que deve caracterizá-lo. Evidentemente, naqueles casos em que a sentença estiver ainda submetida a recurso – desprovido do efeito suspensivo – caberá ao autor requerer o cumprimento da decisão pelo réu, no prazo que lhe foi fixado.

Quanto ao termo *ad quem* das *astreintes* (termo final de sua incidência), este poderá se dar quando: *a)* do cumprimento espontâneo do preceito judicial após o início da contagem da multa; *b)* da opção do autor pela execução através de sub-rogação em caráter exclusivo e execução do saldo resultante da incidência da multa diária; *c)* da opção do autor pela execução das perdas e danos; *d)* da verificação da impossibilidade de cumprimento da obrigação determinada pela decisão judicial, com ou sem culpa do réu (obrigado); e *e)* da perda de sua capacidade de pressão pela insolvência do réu.

Definidos os termos em que se dará a incidência da multa, resta saber *quando* o crédito resultante desta incidência poderá vir a ser executado, salientando-se que o procedimento executivo será aquele previsto no art. 475-J do CPC (procedimento de execução por quantia certa). O fato de uma determinada conduta (fazer, não fazer, entregar coisa) contida na decisão judicial ser exigível do réu não se confunde com a exigibilidade da *multa diária*.

Com efeito, questão que tem sido amplamente debatida na doutrina e jurisprudência diz com o momento em que o crédito resultante da incidência da multa – seja ela fixada em antecipação da tutela, seja em sentença ou acórdão – passa a ser *exigível*. Discute-se, principalmente, a possibilidade da execução das *astreintes* antes do trânsito em julgado de sentença de procedência[22] no processo no qual as mesmas foram fixadas, ou, ainda, antes da preclusão da decisão (antecipação da tutela) que as fixa. Nestas hipóteses, há ainda profunda divergência, também, quanto ao caráter de que se revestiria a execução da multa: se definitiva ou provisória.

21　Guilherme Rizzo Amaral. *As astreintes e o processo civil brasileiro*. Porto Alegre: Livraria do Advogado, 2004, p. 113.
22　Incluindo-se, nesta categoria, os acórdãos que julguem definitivamente a lide.

Doutrina[23] e jurisprudência[24] estão longe de pacificar-se em torno de um único entendimento, o que demonstra a insuficiência dos dispositivos existentes em nossa lei processual para regular a matéria.

---

23 Marinoni restringe por completo a possibilidade de se executar a multa – seja ela fixada em antecipação da tutela ou sentença – antes do trânsito em julgado de *sentença de procedência* do pedido do autor. O jurista paranaense centra sua argumentação, basicamente, em dois fundamentos: em primeiro lugar, "a função coercitiva da multa não tem relação com o momento da cobrança de seu valor, mas sim com a possibilidade desta cobrança". Em segundo lugar, o processo não pode beneficiar quem não tem razão e prejudicar quem a tem, razão pela qual a execução da multa, antes do trânsito em julgado de sentença de procedência, mostrar-se-ia potencialmente violadora de tal

24 Os Tribunais têm divergido sobre a matéria. Há, com efeito, diversos acórdãos determinando a execução provisória, por quantia certa, da multa, seja esta fixada em sentença ou mesmo em antecipação da tutela, conforme se denota das seguintes ementas oriundas do Tribunal de Justiça do Estado do Rio Grande do Sul:
 [...] Multa posta em antecipação de tutela. Via executiva. Há de se observar o procedimento da execução provisória, descabendo singela apropriação de patrimônio do devedor. Agravo de instrumento nº 70.000.979.070, Vigésima Câmara Cível, Tribunal de Justiça do RS, Rel. Desembargador Armínio José Abreu Lima da Rosa, julgado em 21.06.2000. *In:* http://www.tj.rs.gov.br. Acesso em 19 de março de 2002.
 [...] Execução provisória. O descumprimento da decisão proferida em sede de antecipação de tutela em que se prevê o pagamento de multa enseja a exigibilidade na forma da execução provisória, conforme disposto no art. 273, par. 3, CPC, sendo cabível o oferecimento de caução idônea. Agravo de instrumento nº 70.000.864.256, Décima Segunda Câmara Cível, Tribunal de Justiça do RS, Rel. Desembargador Cézar Tasso Gomes, julgado em 08.06.2000. *In:* http://www.tj.rs.gov.br. Acesso em 19 de março de 2002.
 Verifica-se, entretanto, no Tribunal de Justiça do Rio de Janeiro, decisões em sentido diametralmente oposto: "Direito Processual. Execução provisória de pena pecuniária cominada em antecipação de tutela de obrigação de fazer: impossibilidade sem a cognição definitiva da causa. Os poderes que a ordem jurídica concede ao Juiz para a antecipação de tutela nas obrigações de fazer ou não fazer não abrangem, nem fungem, os poderes admitidos para a execução provisória das obrigações de dar quantia certa. A multa na obrigação de fazer se destina a coagir o devedor da obrigação ao seu cumprimento, mas não se reveste de caráter perene para que não se transmude em fonte inesgotável de ganho sem causa justa, tanto mais quando não tem natureza reparatória. A decisão incidental provisória de condenação a pagar vultosa quantia implica, sem a cognição definitiva do mérito da causa, submeter o devedor aos efeitos devastadores do seu crédito na praça, bem como a imobilizar capital suficiente para garantir eventual penhora na antes mencionada execução provisória". (Tribunal de Justiça do Estado do Rio de Janeiro. Terceira Câmara Cível. Agravo de Instrumento nº 1998.002.08609; Data de Registro: 29.03.1999, fls. 7935/7944; j. em 01.12.1998, unânime. Rel. Desembargador Nagib Slaibi Filho. *In*: http://www.tj.rj.gov.br. Acesso em 19 de março de 2002.)

Continuação da nota 23

princípio. Cita ainda Marinoni o artigo 12, § 2°, da Lei da Ação Civil Pública, além do artigo 213, § 3°, do Estatuto da Criança e do Adolescente, que estabelecem que a multa só será exigível após o trânsito em julgado da decisão favorável ao autor. (Luiz Guilherme Marinoni. *Tutela Específica: arts. 461, CPC e 84, CDC.* São Paulo: Editora Revista dos Tribunais, 2001, pp. 110-111.) Vislumbra-se, assim, um posicionamento mais restritivo, considerando inviável a execução da multa em caráter provisório. Já para Dinamarco, as multas "só podem ser cobradas a partir da preclusão da sentença ou da decisão interlocutória que as concede: antes é sempre possível a supressão das *astreintes* ou do próprio preceito pelos órgãos superiores" (Cândido Rangel Dinamarco. *A reforma do CPC*, 2ª ed., São Paulo: Malheiros, 1995, p. 158. No mesmo sentido: Ada Pelegrini Grinover. "Tutela jurisdicional nas obrigações de fazer e não fazer". *In*: *Revista de Processo*, n° 79, p. 71, 1995.) Arenhart sustenta posicionamento semelhante, mas com uma peculiaridade. Ao mesmo tempo em que admite ser devida a multa independentemente do *resultado final do processo* (no que se opõe a Marinoni), aduz somente ser possível a cobrança das *astreintes* após a preclusão da decisão que as fixe (seja ela interlocutória ou sentença). Embora não refira expressamente, parece-nos que a execução defendida por Arenhart, *após* a preclusão da decisão relativa às *astreintes*, assumiria o caráter *definitivo* (caso fixada em decisão antecipatória da tutela preclusa, não haveria reversão de seu resultado, mesmo que o autor tivesse contra si sentença de improcedência) (Sérgio Cruz Arenhart. *A tutela inibitória da vida privada*. São Paulo: Revista dos Tribunais, 2000, p. 200). Clayton Maranhão, afirmando haver, no Direito brasileiro, multa *provisória* e multa *final*, sendo aquela fixada em sede liminar e esta em sentença de mérito, admite a execução imediata (antes do trânsito em julgado da sentença) das *astreintes* fixadas liminarmente (*astreintes provisórias*). (Clayton Maranhão. "Tutela Específica das obrigações de fazer e não fazer". *In*: Luiz Guilherme Marinoni (coord.). *A segunda etapa da reforma processual civil*. São Paulo: Malheiros, 2001, p. 130).) Talamini, por entender, como Marinoni, que a multa não será devida em caso de sentença final de improcedência, salienta que, "diante da eficácia imediata do provimento concessivo da antecipação, o crédito da multa é desde logo exigível. Contudo, em virtude do caráter provisório de sua imposição, a execução será igualmente 'provisória' (CPC, art. 558)". Eduardo Talamini. *Tutela relativa aos deveres de fazer e de não fazer: CPC, art. 461; CDC, art. 84*. São Paulo: Revista dos Tribunais, 2001, p. 254.) Acrescenta o jurista, em prol da execução provisória, que "a ameaça de pronta afetação do patrimônio do réu através de execução do crédito da multa é o mais forte fator de influência psicológica". (Eduardo Talamini. *Tutela relativa aos deveres de fazer e de não fazer: CPC, art. 461; CDC, art. 84*. São Paulo: Revista dos Tribunais, 2001, p. 254. Entendimento semelhante ao de Talamini expõem Flávio Cheim Jorge e Marcelo Abelha Rodrigues (*in* Flávio Cheim Jorge e Outro. "Tutela Específica do Art. 461 do CPC e o Processo de Execução". *Processo de Execução*. Coord. Sérgio Shimura, Teresa Arruda Alvim Wambier. São Paulo: Revista dos Tribunais, 2001, p. 372). Em sentido contrário, Luiz Guilherme Marinoni. *Tutela Específica: arts. 461, CPC e 84, CDC.* São Paulo: Editora Revista dos Tribunais, 2001, pp. 110-111.) Por fim,

Como procuramos demonstrar em obra específica sobre o tema,[25] a correta interpretação do art. 461 e seus parágrafos é a que permite a execução do crédito resultante da incidência da multa em caráter provisório a partir da sentença de *procedência* (e não antes dela) até o seu trânsito em julgado, após o que a execução passará a ter caráter definitivo, o que não significa afirmar que o valor em execução não possa vir a ser reduzido ou até mesmo suprimido, dado o caráter acessório das *astreintes* e o fato de as mesmas não ficarem cobertas pelo manto da coisa julgada material.[26]

Continuação da nota 23

> Joaquim Felipe Spadoni sustenta posição mais extrema. Para ele, "os valores da multa passam a ser devidos desde o momento em que for constatado o não cumprimento do preceito judicial pelo réu, podendo, desde logo, serem cobrados judicialmente, em *execução definitiva*, sem que haja a necessidade de se aguardar o trânsito em julgado da eventual sentença de procedência". Joaquim Felipe Spadoni. "A multa na atuação das ordens judiciais". *In: Processo de Execução*. Coord. Sérgio Shimura, Teresa Arruda Alvim Wambier. São Paulo: Revista dos Tribunais, 2001, p. 499). Em outras palavras, a execução definitiva da multa independeria da confirmação da própria decisão que fixou a mesma, quiçá de sentença final de procedência.

---

25 Guilherme Rizzo Amaral. *As astreintes e o processo civil brasileiro*. Porto Alegre: Livraria do Advogado, 2004, pp. 213 e seguintes.

26 Tal posicionamento foi expressamente acolhido pela 16ª Câmara Cível do Tribunal e Justiça do Estado do Rio Grande do Sul, que assim se manifestou: "Desse modo, uma vez verificado que a multa não cumpriu a sua função coercitiva, ou que o seu valor, além de guardar uma desproporção com o valor da lide principal, enseja um enriquecimento sem causa da parte contrária, mostra-se imperioso o seu redimensionamento, nos termos dos arts. 644 e 461, § 6º, do Código de Processo Civil, sem infringência ao instituto da coisa julgada, conforme adiante se verá. Nesse sentido leciona Luiz Guilherme Marinoni: *"Ora, se a multa já assumiu valor despropositado, e assim não se constituiu mais em meio de pressão sobre a vontade do réu, não há razão para não admitir a redução do seu valor, tornando-o compatível com a situação concreta posta em juízo. Reduzindo-se o valor da multa que se tornou despropositado, e dando-se ao inadimplente nova oportunidade de adimplir a sua obrigação, reafirma-se a função da multa, que é a de compelir o demandado a adimplir, e não de retirar patrimônio do demandado para – o que é pior – permitir o enriquecimento sem qualquer justificativa ao autor"*. Nesse mesmo sentido já decidiu este Eg. Tribunal de Justiça: *"Ora, não é a função da astreinte, em nosso sistema jurídico, o substituir-se às perdas e danos. Trata-se de simples meio para induzir o cumprimento. Na espécie, por razões bem conhecidas, revelou-se mecanismo inoperante. Logo, manter a condenação retroativa implicaria, sobretudo, transferir expressiva quantia de recursos públicos,*

Por fim, saliente-se que não se pode confundir as *astreintes* (coerção) com o *contempt of court* (punição), previsto no art. 14 do CPC. Este sim decorre do descumprimento objetivo da decisão judicial, enquanto a execução das *astreintes* demanda, ainda, a existência efetiva de um direito a ser tutelado através de técnica mandamental. Assim, a decisão final de improcedência do pedido do autor implica a extinção do crédito resultante da incidência das *astreintes*.[27] Nem por isso perde a multa o seu poder de coerção, dado que este decorre da *ameaça* decorrente da incidência da multa, e não da execução concreta da mesma. Citando Marinoni, vale lembrar que a possibilidade de execução da multa, que ocorre justamente quando a

---

afetados ao povo de Uruguaiana, para um fundo geral, em proveito ou benefício para os diretamente atingidos pelo ilícito. É preferível, nesta contigência, manter a condenação no capítulo principal – perdas e danos –, mas absolver o réu do pagamento da astreinte. De resto, semelhante mecanismo se destina, precipuamente, a assegurar o cumprimento e o prestígio das decisões judiciárias. Sua frustração e inconveniência, no caso concreto, bem revelam quão difícil é o primeiro e quão escasso é o segundo... Descumprida a liminar, sem qualquer iniciativa do autor para vê-la realizada, no plano prático, frustrou-se sua finalidade. E cabe ao órgão judiciário, conforme resulta do art. 644, parágrafo único, do Cód. de Proc. Civil, à semelhança do que ocorreu no sistema jurídico francês (René Savatier, Traité de la responsabilité civile en droit français, p. 173, 2ª ed., Paris, LGDJ, 1951, vol. 2, nº 598), diminuir e suprimir a multa. (Reexame Necessário nº 70.003.274.230, Tribunal de Justiça do Rio Grande do Sul, 4ª Câmara Cível, Rel. Des. Araken de Assis, j. em 14/11/2001). Portanto, perfeitamente possível, pelo juízo da execução, a modificação do valor da astreinte quando verificada a sua insuficiência ou excesso. Registre-se que, ao contrário do sustentado pelo apelante, a redução da multa não implica ofensa à coisa julgada. Por certo que nos termos do artigo 471 do Código de Processo Civil nenhum juiz decidirá novamente as questões decididas, relativas à mesma lide. Todavia, o crédito resultante das astreintes não integra a lide propriamente dita e, portanto, não faz parte das *"questões já decididas, relativas à mesma lide"*. Assim, conforme bem anotado por Guilherme Rizzo Amaral, *"a imutabilidade da coisa julgada recai sobre a pretensão que foi acolhida, e não sobre as técnicas de coerção utilizadas no decorrer da demanda ou sobre seus resultados. Por esta razão, admite-se a redução, e até a supressão, do valor da multa"*. No caso dos autos, é imprescindível a avaliação do conteúdo da demanda principal de onde se originaram as astreintes em exame. (Apelação Cível nº 70.013.433.461, Décima Sexta Câmara Cível, Tribunal de Justiça do RS, Relator: Claudir Fidelis Faccenda, julgado em 21.12.2005. Disponível em www.tj.rs.gov.br, acesso em 30.01.2006).

---

27 Guilherme Rizzo Amaral. *As astreintes e o processo civil brasileiro*. Porto Alegre: Livraria do Advogado, 2004. pp. 160-167.

mesma não alcançou seus objetivos, "é acidental em relação à sua verdadeira função e natureza".[28]

45.2. Da tutela dos deveres de fazer, não fazer e entrega de coisa: uso da técnica de tutela executiva (medidas de sub-rogação) – Ao lado da utilização da técnica de tutela mandamental, poderá o juiz valer-se da técnica executiva, com a tomada de atos de sub-rogação, por meio dos quais o Estado irá agir para a satisfação do direito do autor, independentemente da vontade do réu. Embora, de regra, a utilização da multa diária (*rectius, periódica*) possa ser utilizada de forma geral na tutela dos deveres de fazer, não fazer e entrega de coisa, haverá casos em que a mesma se revelará insuficiente ou ineficaz, podendo-se citar as hipóteses em que o réu for desprovido de patrimônio, ou em que esteja o mesmo, particularmente, impossibilitado de cumprir a determinação judicial, podendo o cumprimento se dar por terceiro.

Dentre as medidas previstas no rol meramente exemplificativo[29] do art. 461, § 5º, encontram-se a busca e apreensão, a remoção de pessoas e coisas, o desfazimento de obras e impedimento de atividade nociva, inclusive com a utilização de força policial.[30]

Analisando as particularidades do caso concreto, assim como o tipo da resistência oferecida pelo réu, poderá o juiz optar por alguma de tais medidas, ou outras de semelhante caráter, para que a tutela específica ou o resultado prático equivalente seja obtido para o autor.

Sendo assim, transitada em julgado a sentença, ou requerendo o credor a sua execução, ou, diríamos, sua *efetivação* provisória (apenas para frisar não se formar um *processo* de execução autônomo, não se tratando, também, de *cumprimento* pelo réu), o juiz determinará as medidas necessá-

---

28 Luiz Guilherme Marinoni. *Tutela Específica*: arts. 461, CPC e 84, CDC. São Paulo: Editora Revista dos Tribunais, 2001, p. 106.
29 "Tais normas permitem que o juiz, na própria sentença, determine a 'medida necessária' para a tutela do direito, valendo lembrar que as medidas enumeradas nos artigos mencionados são meramente exemplificativas, diante da significativa expressão 'tais como', neles contida." (Luiz Guilherme Marinoni. *Tutela específica: arts. 461, CPC e 84, CDC*, 2ª ed. rev., São Paulo: Revista dos Tribunais, 2001, p. 76.
30 Outros exemplos de medidas de sub-rogação, além daquelas previstas no art. 461, §5º: interdição de fábrica, fechamento de estabelecimento comercial, retirada de cartazes, recolhimento de obras de arte ou literárias, desligamento de energia elétrica, derrubada de muro etc.

rias para que o preceito contido na sentença se materialize no plano dos fatos, devendo tal ocorrer independentemente da vontade ou contribuição do devedor.

A) COMENTÁRIO AO § 1°

46. Execução provisória e execução definitiva – A redação do § 1° do art. 475-I do CPC não modificou substancialmente, no que toca à sentença, o conteúdo das disposições acerca da provisoriedade ou definitividade da sua execução. Enquanto o art. 587 estabelecia (e estabelece ainda, dado que não foi revogado) que "a execução é definitiva quando fundada em sentença transitada em julgado", o novo dispositivo informa exatamente o mesmo, só que em outras palavras: "É definitiva a execução da sentença transitada em julgado".

Já no que toca à execução provisória, enquanto o art. 587 dispunha que a execução "é provisória, quando a sentença for impugnada mediante recurso, recebido só no efeito devolutivo", o §1° do art. 475-I informa ser provisória a execução "quando se tratar de sentença impugnada mediante recurso ao qual não foi atribuído efeito suspensivo". Aqui, a modificação compatibiliza o dispositivo com a tese de que há outros efeitos além do devolutivo e suspensivo (ex., interruptivo, expansivo, translativo),[31] mas não traz uma conseqüência prática maior.

Há de se ressaltar, todavia, importante aspecto no tocante à oposição de embargos de declaração e suas conseqüências para a promoção da execução provisória do julgado. Cabível contra decisões interlocutórias,[32] sentenças e acórdãos, o referido recurso, por força do disposto no art. 538 do

---

31 "A doutrina tradicional identifica dois efeitos dos recursos: o devolutivo e o suspensivo. (...) Ocorre que outros fenômenos processuais atinentes à relação da interposição do recurso (com a eficácia da decisão recorrida; e com o julgamento do próprio recurso) não se subsumem àquela dicotomia, reclamando tratamento dogmático da doutrina do processo civil. Nominamos esses fenômenos como *efeito expansivo, efeito translativo* e *efeito substitutivo dos recursos*, (...)" (Nelson Nery Júnior. *Princípios fundamentais: teoria geral dos recursos*. São Paulo: 4ª ed., rev. e ampl., Revista dos Tribunais, 1997, p. 361).

32 Embora o art. 535 do CPC se refira apenas à sentença e acórdão, os embargos de declaração também são cabíveis contra as decisões interlocutórias. Neste sentido: Nelson Nery Júnior. *Código de Processo Civil Comentado e legislação processual civil extravagante em vigor*. 3ª ed. rev. e ampl., São Paulo: Revista dos Tribunais, 1997,

CPC, *interrompe* o prazo para a interposição de outros recursos, por qualquer das partes. Tal dispositivo leva a doutrina a admitir que os embargos de declaração são sempre recebidos no *duplo efeito*,[33] o que, comumente, se entende como a atribuição dos efeitos *devolutivo* e *suspensivo*.

Ocorre que, efeito suspensivo, segundo ensinamento de Pontes de Miranda, "é o que priva a sentença de sua eficácia".[34] Sendo assim, é por demais evidente que a mera interrupção de determinado prazo recursal não implica, necessariamente, a suspensão da eficácia da decisão embargada, ou a suspensão da exigibilidade de determinado dever prescrito naquela. Se assim o fosse, bastaria que o réu interpusesse embargos de declaração de decisões antecipatórias da tutela para obter sua imediata suspensão.[35]

---

p. 781); José Carlos Barbosa Moreira. *Comentários ao Código de Processo Civil*, 6ª ed., Rio de Janeiro: Forense, 1993. vol. V, pp. 221 e 498; e Sergio Bermudes, *A Reforma do Código de Processo Civil: observações às Leis n°s 8.950, 8.951, 8.952, 8.953, de 13.12.1994*. São Paulo: Saraiva, 1996, p. 66.

---

33   Nelson Nery Júnior. *Princípios fundamentais: teoria geral dos recursos*, 5ª ed. rev. e ampl. São Paulo: Revista dos Tribunais, 2000, p. 385.
34   *Apud* Araken de Assis. "Da natureza jurídica da sentença sujeita a recurso". In: *Revista Jurídica* nº 101, p. 16, set./out. 1983.
35   Isto porque, segundo entendimento doutrinário: "Efeito interruptivo dos embargos declaratórios sobre os prazos para outros recursos [...] decorre exclusivamente de sua interposição (art. 506, parágrafo único) e não de seu recebimento ou acolhimento". (*In:* Antônio da Costa Machado. *A Reforma do Processo Civil Interpretada*, 1ª ed., São Paulo: Saraiva, 1995. p. 52. *Apud* Orlando de Assis Corrêa, *Recursos no código de processo* civil. Rio de Janeiro: AIDE, 1996, p. 170). Este também tem sido o entendimento jurisprudencial: "Os embargos de declaração considerados 'incabíveis' interrompem o prazo para outros recursos" (STJ, 4ª Turma, REsp. nº 153.324-RS, Rel. Ministro César Rocha, j. 29.04.1998, deram provimento, v.u., *DJU* 22.06.1998, p. 94. *In:* Theotônio Negrão. *Código de Processo Civil e legislação processual em vigor*, 30ª ed., São Paulo: Saraiva, 1999, p. 569). Ressalva seja feita à interposição de embargos de declaração intempestivos, que não suspendem (*rectius*, não interrompem) prazo para interposição de outro recurso (STJ, 4ª Turma, REsp. nº 8051-3-RJ, Rel. Ministro Fontes de Alencar, v.u., j. 30.11.1993, *DJU* 21.02.1994, p. 2.194. *In:* Nelson Nery Júnior. *Código de Processo Civil Comentado e legislação processual civil extravagante em vigor*, 3ª ed., rev. e ampl. São Paulo: Revista dos Tribunais, 1997, p. 786).

Os embargos de declaração somente suspenderão a eficácia da decisão embargada se (i) estiverem a interromper o prazo de interposição de recurso que tenha, necessariamente, efeito suspensivo contra aquela decisão ou (ii) houver na decisão embargada contradição, obscuridade ou omissão que impeça a sua exata compreensão pelo embargante, a ponto de impedir o seu cumprimento. Em quaisquer outros casos, poderá o credor promover a execução provisória da sentença. Neste particular, a redação do § 1° do art. 475-I é mais adequada do que aquela do art. 587 do CPC.

46.1. Transmudação da Natureza da Execução – Outro importante aspecto diz com a transmudação da natureza da execução, de provisória para definitiva. Pode ocorrer, no curso da execução provisória, o trânsito em julgado da sentença *exeqüenda*. Evidentemente, dar-se-á a adaptação do procedimento, a partir daí, para que prossiga como execução definitiva.

O mesmo, todavia, não se passa no caso inverso. Se, no curso da execução definitiva, o devedor interpuser agravo de instrumento da decisão que julgar improcedente sua impugnação, evidentemente a execução prosseguirá definitiva. Este vinha sendo, de um modo geral,[36] o entendimento da doutrina e jurisprudência no que se referia à pendência de apelação contra sentença de improcedência de embargos do devedor, não havendo razão para se deixar de adotá-lo.

47. *Cumprimento* **provisório e** *execução* **provisória** – Há, ainda, outra questão a ser resolvida no que toca à execução provisória da sentença. Na nova sistemática, conforme será demonstrado nos comentários ao art. 475-J, há duas fases distintas após a sentença: a fase de *cumprimento* e a fase de *execução*, esta dependente do insucesso, total ou parcial, daquela. Na primeira, o devedor, tão logo transite em julgado[37] a sentença, e independentemente de requerimento do credor, terá contra si iniciado o prazo de 15

---

36 Embora reconhecendo a existência de controvérsia, salientou Teori Zavascki: "(...) a doutrina e a jurisprudência têm como assente, de um modo geral, que, mesmo pendente de recurso a sentença que julgou improcedentes os embargos do devedor, a execução prosseguirá como definitiva, se essa era sua natureza ao ser ajuizada". (Teori Albino Zavascki. *Comentários ao código de processo civil*, 2ª ed., São Paulo: Revista dos Tribunais, 2003, vol. 8, p. 235).

37 Ou, no caso de cumprimento provisório, tão logo *intimado o devedor para cumprimento da sentença*, como veremos adiante (itens 47 e 48).

dias para cumprir a sentença sob pena de incidir, *ex vi legis*, multa de 10% sobre o valor da condenação. Na segunda, uma vez descumprida a sentença, o credor deve requerer o prosseguimento do feito, com a tomada de atos expropriatórios em procedimento executivo.

A questão que se coloca é a seguinte: poderá o devedor ter de cumprir a sentença (ou acórdão) *antes* do trânsito em julgado desta última, ainda que possa a mesma sofrer reforma futuramente? Haveria uma fase de *cumprimento* provisório da sentença?

A resposta há de ser afirmativa. Mesmo antes de transitar em julgado a sentença ou acórdão, e desde que, nos termos do art. 475-I, §1°, a sentença ou acórdão sejam impugnados – ou impugnáveis[38] – mediante recurso ao qual não foi – ou não poderá, de regra, ser[39] – atribuído efeito

---

[38] Barbosa Moreira salienta, com precisão, que "seria errôneo pensar que, enquanto não interposto o recurso, a sentença produz efeitos, e só com a interposição deixa de produzi-los". (José Carlos Barbosa Moreira. "Eficácia da sentença e autoridade da coisa julgada". In: Revista da AJURIS, n° 28, p. 23.) Assim, *se a sentença for impugnável por apelação com efeito suspensivo* (regra geral, por força do artigo 520 do CPC), não há de se falar em exigibilidade do preceito nela contido. Neste sentido, veja-se também a lição de Nelson Nery Júnior: "Na verdade, a suspensividade diz mais de perto com a recorribilidade, do que propriamente com o recurso. (...) Dizemos que a suspensividade respeita mais propriamente à recorribilidade porque o efeito suspensivo, na prática, tem início com a publicação da sentença e perdura, no mínimo, até que se escoe o prazo para a parte ou interessado recorrer. Assim, durante o prazo para a interposição do recurso, já existe, em certa medida, o efeito suspensivo que se prolongará até o julgamento do recurso efetivamente interposto, ao qual a lei confirma efeito suspensivo. Olhando o fenômeno por outro ângulo, poder-se-ia dizer que o que ocorre durante o prazo que vai da publicação da decisão até o escoamento do termo para a interposição do recurso é a suspensão dos efeitos da sentença, não por incidência do efeito suspensivo do recurso, mas porque a eficácia imediata da decisão fica sob a condição suspensiva de não haver interposição de recurso que deva ser recebido no efeito suspensivo" (Nelson Nery Júnior, *Princípios fundamentais: teoria geral dos recursos*. 5ª ed. rev. e ampl. São Paulo: Revista dos Tribunais, 2000. pp. 383/384.).

[39] É claro que, interposto o recurso e obtido efeito suspensivo excepcional (ex. art. 558, parágrafo único, do CPC, ou, ainda, medida cautelar em sede de recurso especial ou extraordinário), obstar-se-á a execução provisória. Neste particular, é incompreensível o § 3° do art. 475-O, que exige, para o requerimento de execução provisória pelo credor, a juntada de cópia autenticada de *certidão de interposição do recurso não dotado de efeito suspensivo*". Ora, esta diligência mostrar-se-á ou inútil, ou impossível. Sabe-se, pelo princípio da unirrecorribilidade das decisões, antes mesmo da efetiva *interposição* do recurso, qual o recurso cabível e, por via de conseqüência, quais os efeitos que, *de regra*, possui o mesmo. Assim, ou a decisão já nasce com sua eficácia suspensa

suspensivo, poderá vir a ser intimado o devedor para cumprir voluntariamente a decisão.

Todavia, neste caso – diferentemente do que ocorrerá no cumprimento da sentença transitada em julgado – é imprescindível o requerimento do credor. Isto porque o cumprimento provisório, *mutatis mutandis*, sujeita-se às mesmas regras e princípios que a execução provisória, dentre os quais, forte no art. 475-O, incisos I e II, a iniciativa do credor, a responsabilidade deste em reparar os danos sofridos pelo devedor e a necessidade de retorno ao *status quo ante* nos casos em que ocorrer a reversão da decisão exeqüenda.

Assim, poderá o credor requerer, na forma do art. 475-O, § 3°, a *intimação* do devedor para que cumpra a sentença ou acórdão – ainda que em sede provisória – no prazo de 15 dias. Note-se que, aqui, diferentemente do que ocorrerá no cumprimento *definitivo* da sentença (onde só o trânsito em julgado é o que basta para que inicie a contagem do prazo para cumprimento), a intimação do devedor far-se-á necessária, por razões óbvias. É evidentemente necessário informar-se o devedor da intenção do credor de obter o cumprimento em sede provisória, a qual se dá por iniciativa, conta e risco deste último.

47.1. Da forma de intimação do devedor – Doutrina e jurisprudência têm se inclinado para exigir a intimação da parte, e não de seu advogado, no cumprimento das sentenças mandamentais, referentes aos artigos 461 e 461-A do CPC. Segundo Marinoni: "Em geral, para a prática de atos *personalíssimos* da parte, esta é a via adequada [intimação pessoal], dirigida, então, diretamente à parte, e não a seu advogado".[40] A Primeira Turma do Superior Tribunal de Justiça, em acórdão relatado pelo Ministro Luiz Fux, determinou que, nada obstante a desnecessidade de *citação* do deve-

---

(independentemente da efetiva *interposição* do recurso), ou recurso contra ela cabível só receberá efeito suspensivo quando analisado pelo órgão jurisdicional (ou fração deste) ao qual foi direcionado. Na primeira hipótese, desnecessária se faz a certidão de interposição, pois mesmo antes desta é inviável a execução provisória. Na segunda hipótese, é evidente que a certidão de *interposição* do recurso nada dirá quanto aos efeitos de que o mesmo futuramente poderá vir a ser dotado pelo relator ou pelo colegiado, sendo impossível obter-se certidão de *interposição* que disponha acerca dos efeitos que o recurso poderá vir a gerar.

---

40 Luiz Guilherme Marinoni e Sérgio Cruz Arenhart. *Manual do Processo de Conhecimento*, 2ª ed. rev., atual. e ampl. São Paulo: Revista dos Tribunais, 2003, p. 132.

dor para cumprir a obrigação de fazer, "o cumprimento da sentença pressupõe ordem para fazer, o que arrasta a necessidade de comunicação *faciem*, insubstituível pela publicação no Diário Oficial".[41]

Todavia, em relação ao cumprimento das sentenças que condenam o devedor a *pagar quantia*, cremos que a solução possa ser diversa. A intimação do devedor na hipótese de *cumprimento provisório* deverá se dar na pessoa de seu advogado, sendo desnecessária, neste particular, a intimação na pessoa da parte.

Seria atentar contra a simplificação do processo – obtida em especial com a eliminação da *citação* em processo de execução autônomo – exigir-se diligência específica para encontrar o devedor e informá-lo da sentença condenatória e do preceito que agora lhe é exigido em sede provisória. Aliás, poderia ter sido mais enfático o legislador neste ponto, muito embora a leitura dos arts. 236 e 237 do CPC autorize tal conclusão.[42]

A intimação dar-se-á "pela só publicação dos atos no órgão oficial" (art. 236) ou, não o havendo, aos "advogados das partes (...) pessoalmente, tendo domicílio na sede do juízo" (art. 237, *caput* e inciso I), ou "por carta registrada, com aviso de recebimento, quando domiciliado fora do juízo" (art. 237, inciso II).

Uma vez publicada a nota de expediente, constando necessariamente "os nomes das partes e de seus advogados, suficientes para sua identificação" (art. 236, §1°), ou, então, uma vez acostada aos autos a prova da intimação do advogado (nas hipóteses do art. 237 do CPC), se iniciará, no dia seguinte, a contagem do prazo de 15 dias para o cumprimento do preceito condenatório pelo réu.

---

41 REsp. n° 692.386-PB. Primeira Turma do Superior Tribunal de Justiça. Rel. Ministro Luiz Fux, j. em 11.10.2005, *DJ* 24.10.2005. Íntegra disponível no *site* www.stj.gov.br. Acesso em 23.01.2006.

42 O legislador italiano não incorreu nesta omissão, fazendo constar expressamente do Código de Processo Civil italiano disposição autorizando a intimação da parte através de seu advogado, nos casos em que o título executivo consubstancie-se em sentença: "*479. (...) [II]. La notificazione del titolo esecutivo deve essere fatta alla parte personalmente a norma degli articoli 137 e seguenti; ma, se esso è constituto da uma sentenza, la notificazione, entro l'anno dalla publicazione [133], può essere fatta a norma dell'articolo 170*".
"*170. (...) [I]. Dopo la constituizione in giudizio [165, 166] tutte le notificazione [137] e le comunicazioni [136] si fanno al procuratore constituito, salvo che la legge disponga altrimenti*".

Note-se que as conseqüências do não-atendimento do devedor à intimação de que trata o art. 475-J são bastante mais amenas do que aquelas previstas para aquele que descumpre *ordem* judicial, desaconselhando a adoção do rigorismo da orientação doutrinária e jurisprudencial para os casos de sentenças *mandamentais*, na hipótese de sentença *condenatória*.

O devedor de quantia certa submete-se apenas à multa de 10% sobre o valor da condenação, e à execução, *caso esta venha a ser requerida pelo credor*. Não há de se falar em incidência das *astreintes*, aplicação da multa por *contempt of court,* tampouco na possibilidade de o devedor incorrer em crime de desobediência. Tudo isto porque não há, contra ele, *ordem* da autoridade judicial. Descumprida a sentença, a iniciativa é devolvida ao credor, que deverá *requerer* a tomada de atos de execução. Já o devedor de obrigação de fazer, não fazer ou entrega de coisa, quando tem contra si *ordem* para cumprimento da decisão judicial, deve ser intimado pessoalmente, justamente pelas múltiplas e graves conseqüências de seu eventual desatendimento ao mandamento jurisdicional (como as *astreintes*, *contempt of court* ou a configuração de crime de desobediência).

Assim, bastará a expedição de nota de expediente, publicada em nome do procurador do devedor, ou sua intimação na forma do art. 237 do CPC, para satisfazer o requisito da intimação e proporcionar o início da contagem do prazo de 15 dias para cumprimento voluntário e provisório da condenação. Evidentemente, a intimação pessoal do próprio devedor, se vier a ocorrer, será reputada igualmente válida, muito embora seja necessário, neste caso, revestir-se o mandado intimatório de todos os pormenores (valor da condenação, prazo para pagamento, conseqüências do descumprimento) que permitiriam, mesmo a um leigo na área jurídica, compreender a intimação e efetuar o pagamento. No caso da intimação do advogado, o mero "cumpra-se" já é suficiente, pois o prazo e conseqüências do descumprimento estão previstos em lei ou na própria sentença, da qual já fora intimado o procurador da parte.

48. Cumprimento provisório e multa de 10% – Havendo justa expectativa do devedor no deslinde de seu recurso, haverá vozes sustentando ser contra o *telos* do art. 475-J a imposição da multa nele prevista nas hipóteses de descumprimento da sentença em sede provisória.

Entretanto, ao franquear ao credor a possibilidade de requerer não apenas o cumprimento provisório, mas também a execução provisória do julgado, a lei reconhece a mesma *exigibilidade* às sentenças e acórdãos com ou sem trânsito em julgado, modificando-se apenas as garantias necessárias para o desenvolvimento do procedimento expropriatório. O que distingue a sentença transitada em julgado e aquela pendente de recurso é a eficácia declaratória plena, a certeza jurídica[43] que só é conferida na primeira espécie. A exigibilidade do preceito nelas contido é idêntica, estando suspensa na segunda (sentença pendente de recurso) apenas nos casos em que, justamente, por ocasião de eventual efeito suspensivo atribuído ao recurso interposto, não se admite a execução provisória. Não estando suspensa a exigibilidade do *decisum*, admite-se a execução[44] (e, agora, o cumprimento) provisória com as mesmas ferramentas e mecanismos à disposição na execução definitiva (arresto, penhora etc.), mas com os cuidados e garantias inerentes à execução provisória (caução, iniciativa e responsabilidade do credor etc.).

Caso o devedor atenda à intimação para o cumprimento provisório da sentença, não há de se falar, em absoluto, em aceitação tácita da sentença, consubstanciada na prática de um ato incompatível com a vontade de recorrer. Semelhante consideração ignora a literal disposição do art. 503, parágrafo único, onde se lê que: "Considera-se aceitação tácita a prática, *sem reserva alguma*, de um ato incompatível com a vontade de recorrer" (grifamos). Evidentemente, ao cumprir a intimação sob a ameaça de incidência de multa, o devedor age com a reserva de estar ainda aguardando o resultado de seu recurso. Está cumprindo a sentença apenas e tão-somente para

---

43 "As sentenças declaratórias afirmam a existência ou inexistência de uma relação jurídica como objeto principal ou incidental de um processo. Com essa essência, as sentenças declaratórias conferem a *certeza jurídica* almejada pela parte através da decisão judicial" (Luiz Fux. *Curso de direito processual civil*. Rio de Janeiro: Forense, 2001, p. 687.)

44 Isto porque, como ensina Liebman, o que se exige é a sentença – e, acrescentaríamos hoje, a decisão que antecipa a tutela – "legalmente pronunciada" – e a insatisfação do crédito nela reconhecido, não necessariamente o trânsito em julgado daquela. "A existência de um crédito insatisfeito não é porém suficiente para que possa pedir-se a execução. É ainda necessária a existência de sentença legalmente pronunciada, verificando esse fato e condenando o devedor. Tal ato tem eficácia de título executório e funciona como condição necessária e suficiente da execução, segundo o princípio tradicional: *nulla executio sine titulo*". (Enrico Tullio Liebman. *Processo de Execução*. São Paulo: Saraiva, 1946, p. 23). Ora, se já é possível agredir diretamente o patrimônio do réu, mostra-se também possível exigir do mesmo o cumprimento voluntário da condenação, ato anterior, na sistemática atual, à execução propriamente dita.

evitar a incidência da multa, e por isso não há qualquer incompatibilidade entre o cumprimento provisório e a manutenção do pleito recursal.[45] Aguarda o devedor o provimento de seu recurso, para que venha a ser ressarcido pelo credor do que pagou indevidamente. Sustentar o contrário seria afirmar que o devedor está *obrigado* a sofrer atos expropriatórios sempre que o credor requerer a execução provisória da sentença, não havendo, sob hipótese alguma, a possibilidade de cumprimento provisório justamente para evitar os prejuízos decorrentes daqueles atos.

Daí por que a multa de 10%, constante do art. 475-J, aplica-se também caso o devedor desatenda à intimação para cumprir a sentença em sede de *cumprimento provisório*.[46]

B) COMENTÁRIO AO § 2°

49. Simultaneidade da liquidação e execução – Haverá casos em que a sentença conterá parte líquida e parte ilíquida, destacando-se, por exemplo, as hipóteses em que se condena o réu ao pagamento de danos morais ou materiais, desde já arbitrados pelo juiz, bem como lucros cessantes, cuja apuração se dará apenas no procedimento de liquidação.[47] O dispositivo ora comentado presta-se a regular tais situações.

A modificação em relação ao § 2° do art. 586 do CPC foi apenas a de incluir a expressão "em autos apartados", designando a forma com que se dará a liquidação de parte da sentença.

A inserção não traz nenhuma novidade ao que já vinha sendo praticado. Humberto Theodoro Júnior, explanando sobre a execução da parte líquida da sentença, concomitantemente com a liquidação da parte ilíquida, asseverou em seu *Curso*...:

> "São, no entanto, dois procedimentos distintos e de objetos totalmente diversos, que poderão, em suas marchas proces-

---

45 Aliás, para que seja sustentada tal incompatibilidade, é preciso explicar, então, como se pode exigir, em relação aos deveres de fazer, não fazer e entrega de coisa, o cumprimento diante da ameaça de incidência das *astreintes*, mesmo na pendência de recurso, sem que este perca o seu objeto.

46 Em sentido contrário, veja-se o comentário ao art. 475-O, de autoria de Carlos Alberto Alvaro de Oliveira, para quem a multa de 10% do art. 475-J é de caráter penitencial, só podendo ser exigida após o trânsito em julgado da sentença.

47 Teori Albino Zavascki. *Comentários ao Código de Processo Civil*, 2ª ed., rev. atual. e ampl. São Paulo: Revista dos Tribunais, 2003, vol. 8, p. 233.

suais, inclusive dar ensejo a provimentos e recursos diferentes e inconciliáveis. Deverão, por isso, correr em autos apartados: a execução nos autos principais, e a liquidação em carta de sentença ou em autos suplementares".[48]

Ressalte-se que, forte nas alterações proporcionadas pela Lei n° 11.232/05, resta abolida a sistemática da carta de sentença (art. 475-O, § 3°), ou, ao menos, foi substancialmente alterada para que passe a ser formada por conta exclusiva da parte, à semelhança do que se passou na reforma do agravo de instrumento.[49] Logo, mediante requerimento do credor, serão abertos novos autos para abrigar o procedimento de liquidação. É ônus do credor instruí-los com as cópias que se fizerem necessárias para a liquidação da sentença, nos termos do art. 475-A, § 2°.[50]

O fato de tramitar em autos apartados não faz da liquidação parcial da sentença um processo autônomo. Da decisão nela proferida caberá agravo de instrumento, nos termos do art. 475-H do CPC.

> *Art. 475-J. Caso o devedor, condenado ao pagamento de quantia certa ou já fixada em liquidação, não o efetue no prazo de quinze dias, o montante da condenação será acrescido de multa no percentual de dez por cento e, a requerimento do credor e observado o disposto no art. 614, inciso II, desta Lei, expedir-se-á mandado de penhora e avaliação.*
>
> *§ 1° Do auto de penhora e de avaliação será de imediato intimado o executado, na pessoa de seu advogado (arts. 236 e 237), ou, na falta deste, o seu representante legal, ou pessoal-*

---

48 Humberto Theodoro Júnior. *Curso de Direito Processual Civil*, 34ª ed., Rio de Janeiro: Forense, 2003, vol. II, p. 86.
49 A antiga redação do art. 523 previa, em seu inciso III, que a parte indicaria na petição recursal, as peças a serem trasladadas pelo escrivão. Com a reforma operada pela Lei n° 9.139/95, passou a parte a ficar encarregada da formação do instrumento, com a juntada das cópias obrigatórias e facultativas (art. 525, I e II).
50 "*Art. 475-A. Quando a sentença não determinar o valor devido, procede-se à sua liquidação.*
    (...)
    § 2° A liquidação poderá ser requerida na pendência de recurso, processando-se em autos apartados, no juízo de origem, cumprindo ao liquidante instruir o pedido com cópias das peças processuais pertinentes."

mente, por mandado ou pelo correio, podendo oferecer impugnação, querendo, no prazo de quinze dias.

§ 2° Caso o oficial de justiça não possa proceder à avaliação, por depender de conhecimentos especializados, o juiz, de imediato, nomeará avaliador, assinando-lhe breve prazo para a entrega do laudo.

§ 3° O exeqüente poderá, em seu requerimento, indicar desde logo os bens a serem penhorados.

§ 4° Efetuado o pagamento parcial no prazo previsto no caput *deste artigo, a multa de dez por cento incidirá sobre o restante.*

§ 5° Não sendo requerida a execução no prazo de seis meses, o juiz mandará arquivar os autos, sem prejuízo de seu desarquivamento a pedido da parte.

Direito anterior. Art. 570. O devedor pode requerer ao juiz que mande citar o credor a receber em juízo o que lhe cabe conforme o título executivo judicial; neste caso, o devedor assume, no processo, posição idêntica à do exeqüente. (Dispositivo revogado pela Lei n° 11.232/05.) Art. 652. O devedor será citado para, no prazo de 24 (vinte e quatro) horas, pagar ou nomear bens à penhora. (...) Art. 655. Incumbe ao devedor, ao fazer a nomeação de bens, observar a seguinte ordem: (...) § 1° Incumbe também ao devedor: (...) V – atribuir valor aos bens nomeados à penhora. Art. 669. Feita a penhora, intimar-se-á o devedor para embargar a execução no prazo de 10 (dez) dias. (...) Art. 680. Prosseguindo a execução, e não configurada qualquer das hipóteses do art. 684, o juiz nomeará perito para estimar os bens penhorados, se não houver, na comarca, avaliador oficial, ressalvada a existência de avaliação anterior (art. 655, § 1°, V). (Tais dispositivos não foram revogados, sendo ainda aplicáveis à execução de títulos executivos extrajudiciais.)

COMENTÁRIO

50. A eliminação do *processo de execução autônomo* **para as sentenças que "condenam" ao pagamento de quantia certa** – O art. 475-J, *caput,* reflete uma das principais mudanças proporcionadas pela Lei n° 11.232/05. Vislumbra-se, desde já, à semelhança do que se passou com as sentenças referentes a deveres de fazer[51] e entrega de coisa, a eliminação

---

51   Em relação aos deveres de não fazer, obviamente não havia de se falar em processo de execução autônomo. Processo autônomo ter-se-ia, somente, na execução de um *desfazer* (em nada diferente de um *facere*), decorrente do descumprimento dos deveres de abstenção.

por completo do processo de execução autônomo. Este ficará, agora, relegado apenas a títulos executivos extrajudiciais, quebrando-se, definitivamente, a *unidade do processo de execução*, tão propalada por Alfredo Buzaid, na exposição de motivos do CPC de 1973, como de supostas vantagens sob o ponto de vista prático.

Reúnem-se, assim, em apenas um processo (de conhecimento), o juízo de reprovação, a exortação ao pagamento e, a requerimento do credor, a tomada de atos executivos em caso de recalcitrância do devedor.

E, para que não haja dúvidas de que se trata, aqui, do mesmo *processo*, até o conceito de sentença foi alterado pela nova redação que se deu aos arts. 162, § 1º, e 269 (art. 1º da Lei nº 11.232/05). De *"ato pelo qual o juiz põe termo ao processo, decidindo ou não o mérito da causa"* (art. 162, § 1º, do CPC), passou a ser *"o ato do juiz que implica alguma das situações previstas nos arts. 267 e 269"*. E no artigo 269, em vez de constar *"extingue-se o processo com julgamento de mérito"*, passará a constar apenas *"haverá resolução de mérito"*. Ou seja, decidindo-se o mérito na sentença, prossegue o *mesmo* processo, com os atos necessários ao cumprimento do comando sentencial, sejam eles qual forem.

Aliás, mais sintomática ainda é a retirada da expressão *"o juiz cumpre e acaba o ofício jurisdicional"* do art. 463 do CPC.[52] Arriscamo-nos a dizer que, mais do que nunca, é aqui reconhecido que o grande desafio da jurisdição, qual seja, *"impor no mundo dos fatos os preceitos abstratamente formulados no mundo do direito"*,[53] inicia-se, e não *acaba*, quando da publicação da sentença. Tal idéia é consentânea com a inclusão da execução, ou da efetivação prática das decisões judiciais, no conceito moderno de jurisdição. Para Becerra Bautista, *"la jurisdicción implica la aplicación de los medios de coacción para poder restablecer la vigencia de la norma abstracta, violada o desconocida por la parte que ha sido condenada en el juicio"*.[54]

---

52   O *caput* do art. 463 estava assim redigido: *"Ao publicar a sentença de mérito, o juiz cumpre e acaba o ofício jurisdicional, só podendo alterá-la:"*. A Lei nº 11.232/05 determinou a mudança da redação do *caput* do art. 463 para *"Publicada a sentença, o juiz só poderá alterá-la"*.
53   Athos Gusmão Carneiro. "Sugestões para uma nova sistemática da execução". *In: Revista de Processo*, nº 102, p. 140.
54   Jose Becerra Bautista, *El Proceso Civil en Mexico*, 2ª ed., México: Porruá, 1965, pp. 286-287.

No entanto, é de se indagar se a mera transposição da atividade executiva para dentro do processo de conhecimento determinará, por si só, o reconhecimento de técnicas de tutela mandamental ou executiva, ou se a combalida técnica condenatória ainda encontra, no novo sistema de cumprimento da sentença, o seu espaço.

51. Eficácia da sentença, técnicas de tutela e a natureza da sentença do artigo 475-J – Não é nosso objetivo, aqui, desvendar um tema que tem sido objeto de grande discussão no meio jurídico, qual seja, o problema da eficácia da sentença, sobre o qual vários ensaios têm sido produzidos[55] há bastante tempo, sem que se tenha conquistado um consenso sobre a matéria. Tentaremos, apenas, descobrir o lugar da sentença referente ao dever de pagar quantia, dentro dos tradicionais modelos de classificação segundo a sua carga de eficácia.

Embora encontre, ainda, alguma resistência na doutrina processual atual,[56] a classificação quinária das sentenças segundo a sua eficácia, proposta por Pontes de Miranda,[57] parece melhor descrever as diferentes espécies de tutela jurisdicional (ou, com maior precisão terminológica, de técnica de tutela jurisdicional).[58] Temos, assim, ao lado das tradicionais eficácias declaratória, constitutiva e condenatória, as eficácias mandamental e executiva. Passaremos, assim, a descrevê-las brevemente, para, após,

---

55 Veja-se, por exemplo: José Maria Rosa Tesheiner. "O problema da classificação da sentença por seus efeitos". *In*: *Revista da Consultoria Geral do Estado*, Porto Alegre, (14): 41-80, 1976; Carlos Alberto Alvaro de Oliveira, "O problema da eficácia da sentença". *In*: *Revista de Processo*, nº 112, pp. 9-22.; José Carlos Barbosa Moreira, "Conteúdo e efeitos da sentença – variações sobre o tema". *In: Revista da AJURIS*, vol. 35, pp. 204-212; e "Questões velhas e novas em matéria de classificação das sentenças". *In: Revista Dialética de Direito Processual*, nº 7, pp. 26-38.

56 Cândido Rangel Dinamarco, na 4ª edição de sua obra-prima, *Instituições de Direito Processual Civil* (São Paulo: Malheiros, 2004, vol. III), não reconhece as sentenças mandamentais e executivas como categorias autônomas, inserindo-as dentro do gênero "tutela jurisdicional condenatória". pp. 229-246. O mesmo faz Humberto Theodoro Júnior, em seu *Curso de Direito Processual Civil* (41ª ed., Rio de Janeiro: Forense, 2004.p. 476).

57 Francisco Cavalcanti Pontes de Miranda. *Tratado das ações*, 2ª ed., São Paulo: Revista dos Tribunais, 1972, t. I.

58 Luiz Guilherme Marinoni. *Tutela Específica: arts. 461, CPC e 84, CDC*. São Paulo: Editora Revista dos Tribunais, 2001, p. 63.

definirmos qual a carga de eficácia preponderante da sentença prevista no novel art. 475-J do CPC.

Iniciando-se pela sentença declarativa, Pontes de Miranda afirmava ser a mesma "a prestação jurisdicional que se entrega a quem pediu a tutela jurídica sem querer 'exigir'. No fundo, protege-se o direito ou a pretensão somente, ou o interesse em que alguma relação jurídica não exista, [...]". A definição encontra-se presente em trabalhos recentes, como o de Luiz Fux, que acrescenta àquela, ainda, o elemento *certeza jurídica*: "As sentenças declaratórias afirmam a existência ou inexistência de uma relação jurídica como objeto principal ou incidental de um processo. Com essa essência, as sentenças declaratórias conferem a *certeza jurídica* almejada pela parte através da decisão judicial".[59]

A declaração basta por si mesma, e independe de atos complementares do réu ou do Juízo em face deste, quiçá de um processo complementar tal qual o executivo, para que a tutela final pretendida pelo autor seja alcançada.

Já a constitutividade, diferentemente da declaração, "muda em algum ponto, por mínimo que seja, o mundo jurídico".[60] Para Ovídio A. Baptista da Silva, "por meio das ações constitutivas,[61] busca-se a formação, a modificação ou a extinção de uma relação jurídica".[62] Não obstante as diferenças em relação ao efeito declarativo, também o efeito constitutivo satisfaz plenamente o autor, sendo que, para a mudança no *mundo jurídico*, não se mostram necessários atos complementares do Juízo ou do réu.

---

59 Luiz Fux. *Curso de direito processual civil*. Rio de Janeiro: Forense, 2001, p. 687.
60 Francisco Cavalcanti Pontes de Miranda. *Tratado das ações*. 2ª ed., São Paulo: Revista dos Tribunais, 1972, t. I, p. 203.
61 Note-se que é apenas aparente a controvérsia entre Ovídio Baptista da Silva e Pontes de Miranda. Ao afirmar que *tanto faz classificarem-se as sentenças (de procedência) quanto classificarem-se as ações de direito material* (ob. cit., p. 340), o mestre gaúcho aparentemente contradiz o alagoano, que nega relação necessária entre os pesos, eficácias da ação de direito material e da sentença (ob. cit., p. 126). Este aparente dissídio somente ocorre porque Pontes de Miranda trabalha com a hipótese de sentença de improcedência, o que, por Ovídio Baptista da Silva, foi descartado ao aduzir o termo *sentenças de procedência*. Para ambos, no entanto, se a sentença for de cognição completa e de procedência, a eficácia da mesma será equivalente à eficácia da ação, até mesmo pelo chamado princípio da congruência entre o pedido e a sentença.
62 Ovídio Araújo Baptista da Silva. *Curso de processo civil (processo de conhecimento)*, 2ª ed. Porto Alegre: Fabris, 1991, vol. 1, p. 140.

É possível, assim, descartar as eficácias declaratória e constitutiva para descrever os efeitos da sentença que, nos termos empregados no art. 475-J, "condena" o devedor ao pagamento de quantia certa. Ora, a satisfação do autor, longe de se dar com a mera prolação da sentença, dependerá, sim, de atos subseqüentes, sejam eles do próprio réu (pagamento) ou do Juízo (execução por sub-rogação).

Podemos, no entanto, qualificar a sentença de *condenatória*, pela simples menção que o art. 475-J faz a tal eficácia?

Condenar, na lição de Pontes de Miranda, é reprovar, é "ordenar que sofra. Entra, além do *enunciado de fato, o de valor*. [...] A eficácia executiva das sentenças de condenação é só *efeito*, não é *força*. Por isso não lhe é inerente, essencial".[63] Essa definição repercute até hoje, e Araken de Assis a reverbera, afirmando que, na condenação, "o juiz reprova o réu e ordena que sofra a execução".[64]

No entanto, bem percebendo as peculiaridades do fenômeno da *condenação*, Tesheiner critica a definição de Pontes de Miranda, afirmando, corretamente, que a condenação não constitui *ordem* para que o réu sofra a execução, mas, tão-somente, *autorização* para que o autor promova a execução.[65] Nem sequer há de se falar em exortação para o pagamento: "*Jamais me ensinaram, nem jamais ensinei, nem ensino, que a sentença condenatória contém exortação ao comandado. Ela constitui, sim, o título executivo; é constitutiva do poder de executar*".[66]

Afirma ainda que, pela definição de Araken de Assis, a sentença condenatória confundir-se-ia com a mandamental e com a executiva, eis que as duas primeiras autorizariam a execução, e as duas últimas possibilitariam a execução no mesmo processo em que foram proferidas.[67]

---

63 Pontes de Miranda, Francisco Cavalcanti. *Tratado das ações*, 2ª ed., São Paulo: Revista dos Tribunais, 1972, t. I., pp. 209-210.
64 Araken de Assis. "Sobre a execução civil (Réplica a Tesheiner)". *In: Revista de Processo*, vol. 102, p. 10.
65 José Maria Tesheiner. "Execução Civil (Um estudo fundado nos Comentários de Araken de Assis)". *In: Revista de Processo*, vol. 102, p. 30.
66 Comentário feito pelo professor José Maria Rosa Tesheiner em artigo publicado no seu *site*, intitulado "O ocaso da condenação". *In*: www.tex.pro.br, publicado em 12.07.2004.
67 José Maria Tesheiner. "Execução Civil (Um estudo fundado nos Comentários de Araken de Assis)". *In: Revista de Processo*, vol. 102, p. 31.

Assiste inteira razão a Tesheiner. A sentença condenatória é ato mediato, fica a meio caminho da satisfação do autor e, como lembra Carlos Alberto Alvaro de Oliveira, "não contém ordem de cumprimento da prestação, mas somente juízo de reprovação", sendo que "o descumprimento não está sujeito a qualquer sanção penal ou civil",[68] demandando, na sistemática atual, um processo autônomo de execução para a satisfação do autor.[69]

A sentença condenatória "é a que, além de afirmar devida pelo réu uma prestação (elemento declaratório da sentença), cria, para o autor, o poder de sujeitá-lo à execução".[70]

Na sentença condenatória, acrescentaríamos, há não apenas a declaração da existência de uma relação jurídica, como também um juízo de valor, colocando o autor em posição de vantagem em face do réu, decorrente do poder do primeiro em submeter este último à execução forçada por meio do órgão jurisdicional.

Já no que toca à sentença mandamental, é precisa a lição de Eduardo Talamini: "o provimento mandamental (...) é efetivado por meios de pressão psicológica, para que o próprio réu, por conduta própria, cumpra a or-

---

68 Carlos Alberto Alvaro de Oliveira, "O problema da eficácia da sentença". *In: Revista de Processo* nº 112, p. 22.
69 Digno de nota é o estudo de Ovídio Baptista da Silva, onde o mesmo nega a existência de uma ação condenatória, reafirmando, no entanto, a existência da sentença condenatória como categoria jurídica do Direito Processual Civil (Ovídio A. Baptista da Silva. "A ação condenatória como categoria processual". Ensaio publicado na obra do autor, *Da sentença liminar à nulidade da sentença*. Rio de Janeiro: Forense, 2001, pp. 233-251).
70 Ensina Tesheiner, inspirado nas idéias de Alfredo Rocco: "Enquanto a sentença declaratória não produz outro efeito que a determinação de uma relação jurídica concreta, a sentença condenatória, além desse efeito, produz outro: o de constituir um título para a execução forçada da relação declarada. A diferença entre as duas espécies de sentença está, pois, em que da simples declaração não pode jamais derivar execução forçada; ao passo que a possibilidade de sobrevir execução forçada caracteriza a sentença condenatória. Uma vez que a diferença prática substancial entre ambas se encontra em seu nexo com a execução, aí é que também se deve buscar a distinção conceitual entre elas. Se a sentença condenatória dá lugar à execução forçada e a declaratória não, isso significa que na primeira existe algum elemento que torna possível a execução e que falta na segunda. Esse elemento é a condenaçã". José Maria Rosa Tesheiner, *Elementos para uma teoria geral do processo*. Texto disponível em www.tex.pro.br, acesso em 21.07.2004).

dem que lhe foi dada".[71] Realmente, em se tratando de provimentos mandamentais, mesmo que o réu não cumpra a ordem imposta judicialmente, são inegáveis os efeitos que a mesma produz, sujeitando aquele, uma vez recalcitrante, a sanções cíveis, processuais e até criminais. Aliás, antes mesmo de ser verificada a recalcitrância do réu, este já está sob os efeitos de invasão em sua esfera jurídica, influenciada que está a sua vontade pelo mero recebimento de intimação. Assim, a sentença mandamental traz em si ordem para o demandado, bem como sanções pelo seu descumprimento. Prescinde, assim, de um processo autônomo de execução.

Tal processo autônomo é, também, dispensado pela sentença executiva, última categoria a ser, aqui, analisada. Esta permite que o Estado (juiz) atue de forma a substituir a vontade do réu no mesmo processo em que é proferida, através de meios de sub-rogação que, segundo Ada Pellegrini Grinover, são "as medidas que, sem depender da colaboração do devedor, podem levar ao resultado prático desejado".[72] Como expõe Paulo Henrique dos Santos Lucon, o juiz emite um comando ordenando a realização de atos práticos e materiais a serem executados de imediato por *auxiliares do Poder Judiciário*.[73]

Pois, partindo das definições empregadas às sentenças condenatórias, mandamentais e executivas, poderíamos afirmar que a sentença do art. 475-J é, efetivamente, condenatória? Ou, mais precisamente, que a técnica de tutela condenatória prepondera nesta nova sentença?

Muito embora tenha sido eliminada a necessidade de um processo de execução autônomo para a sentença em referência, não vemos como afastar por completo o caráter *mediato* da mesma, dado que, como deixa bastante claro o dispositivo em referência, será necessário, ainda, *requeri-*

---

71 Eduardo Talamini. *Tutela relativa aos deveres de fazer e de não fazer: CPC, art. 461; CDC, art. 84*. São Paulo: Revista dos Tribunais, 2001, p. 205.
72 *Apud* Humberto Theodoro Júnior. "Tutela Específica das Obrigações de Fazer e Não Fazer". In: *Revista de Processo*, n° 105, p. 24, janeiro-março 2002. Marinoni distingue o meio sub-rogatório do que chama de coerção direta. Atos de sub-rogação seriam aqueles praticados por terceiros, para obter o *facere* almejado. A coerção direta seria a atuação de um auxiliar do juízo (Luiz Guilherme Marinoni. *Tutela Específica: arts. 461, CPC e 84, CDC*. São Paulo: Editora Revista dos Tribunais, 2001, pp. 77-78). No conceito de Ada Pellegrini Grinover, citado por Humberto Theodoro Júnior, não se vislumbra tal distinção.
73 Paulo Henrique dos Santos Lucon. *Eficácia das decisões e execução provisória*. São Paulo: Revista dos Tribunais, 2000, p.161.

mento do credor para a expedição de mandado de penhora e avaliação. Remanesce, portanto, a *disponibilidade* do autor quanto aos atos executivos posteriores à prolação da sentença e, assim, o mediatismo característico da tutela condenatória, em oposição ao imediatismo das tutelas mandamental e executiva, tal como outrora já descrevemos:

> "Na sentença condenatória, resta evidenciada a total disponibilidade das partes quanto aos atos ulteriores à sua prolação. Findo o processo de conhecimento, e querendo o autor, poderá dispor o mesmo da execução independentemente da condenação e da ação principal, que ficará *estacionada*. O mesmo vale para o réu em relação ao procedimento do artigo 570 do Código de Processo Civil Brasileiro. Na sentença mandamental, esta disponibilidade encerrou-se quando do ajuizamento da ação. Só não será cumprido o mandamento se o autor desistir da ação ou renunciar ao direito nela discutido. Deixando-a *viva*, o impulso inicial será suficiente para que o Estado ordene e faça cumprir sua ordem, no mesmo processo em que a mesma foi proferida (como visto, é o que ocorre com a nova sistemática das ações previstas nos artigos 461 e 461-A do CPC)".[74]

Descabe, assim, definir a sentença do art. 475-J como executiva *lato sensu*, pois resta ausente naquela o imediatismo característico desta última espécie, consistente na iniciativa do juiz para a satisfação do credor, independentemente de novo requerimento deste.

Note-se, no entanto, que muito embora seja necessário um requerimento do credor para que se inicie o *procedimento* executivo, há, *em momento anterior*, um elemento estranho à técnica de tutela puramente condenatória. Referimo-nos à multa de dez por cento, aplicada ao devedor que deixa de pagar, no prazo de quinze dias, o montante determinado na sentença.

Trata-se de uma técnica de tutela coercitiva, não temos dúvida, pois consistente em ameaça ao patrimônio do devedor, que se faz no plano psicológico. Quando conceituamos as *astreintes*, afirmamos que as mesmas *"constituem técnica de tutela coercitiva e acessória, que visa a pressionar*

---

74 Guilherme Rizzo Amaral. *As astreintes e o processo civil brasileiro*. Porto Alegre: Livraria do Advogado, 2004, pp. 77-78.

o réu para que o mesmo cumpra mandamento judicial, pressão esta exercida através de ameaça ao seu patrimônio, consubstanciada em multa periódica a incidir em caso de descumprimento".[75]

Pois a diferença, aqui, está no fato de que a multa prevista no art. 475-J é fixa – nem mais, nem menos do que dez por cento sobre o montante devido – e não está atrelada, exatamente, à *ordem* para o pagamento na nova sistemática legislativa.[76] Não se trata, assim, de verdadeira *astreinte*, mas sem dúvida constitui ferramenta destinada a demover o réu de eventual intenção de não atender à condenação. Trata-se, em outras palavras, de um meio de coerção *atrofiado,* se comparado àquele (multa periódica) do art. 461, §§ 4º e 5º, do CPC.

De qualquer forma, a sentença prevista na Lei nº 11.232/05 não guarda total identidade com a tradicional sentença condenatória, pois, se é *mediata* no sentido de obter a satisfação do credor (demanda requerimento deste para instauração do procedimento executivo), possui *imediato* conteúdo coercitivo, consubstanciado na multa – tímida e limitada, é bem verdade – aplicável ao devedor que permanece inadimplente.

Como já lembrava Pontes de Miranda, "não há nenhuma ação, nenhuma sentença, que seja pura. Nenhuma é somente declarativa. Nenhuma é somente constitutiva. Nenhuma é somente condenatória. Nenhuma é somente mandamental. Nenhuma é somente executiva. [...] A ação somente é declaratória porque sua eficácia maior é a de declarar [...] A ação somente é constitutiva porque sua carga maior é a de constitutividade".[77]

Aqui, tal lição mostra-se relevante. Ainda há, na sentença de que trata o art. 475-J, conteúdo condenatório prevalecente, consubstanciado no juízo de reprovação e no seu caráter mediato, dependente de nova iniciativa do credor para obter sua satisfação. Entretanto, há, ao menos, técnica de tutela típica da sentença mandamental. Vale dizer: há, agora, a *exortação (in-*

---

75 Guilherme Rizzo Amaral. *As astreintes e o processo civil brasileiro.* Porto Alegre: Livraria do Advogado, 2004, p. 85.
76 Até mesmo porque o não-cumprimento voluntário da sentença pelo devedor, aliado ao silêncio do autor, resulta no arquivamento do processo sem conseqüências para o primeiro, donde se tira a conclusão de que não havia ordem ao demandado, pois, se houvesse, deveria ser aplicada ao mesmo a penalidade do art. 14, parágrafo único, do CPC, isto para não se falar no crime de desobediência (art. 330, Código Penal).
77 Francisco Cavalcanti Pontes de Miranda. *Tratado das ações,* 2ª ed., São Paulo: Revista dos Tribunais, 1972, t. I, p. 124.

dução, persuasão) ao pagamento, o que, por vezes,[78] e equivocadamente, se atribuía e se atribui como característica da condenação tradicional.

Ora, se "o mandamento atua sobre a vontade do obrigado, por meios de coerção",[79] mesmo que não haja menção expressa à *ordem* judicial, a coerção do devedor pela ameaça da multa é evidente, não podendo ser desconsiderado este elemento quando da análise da sentença do art. 475-J. Aliás, Marinoni já afirmara não ser a *ordem* a característica fundamental da sentença mandamental, mas, sim, o meio de coerção:

> "Uma sentença não é mandamental apenas porque manda, ou ordena mediante mandado. A sentença que 'ordena', e que pode dar origem a um mandado, mas não pode ser executada mediante meios de coerção suficientes, não pode ser classificada como mandamental. A mandamentalidade não está na ordem, ou no mandado, mas na ordem conjugada à força que se empresta à sentença, admitindo-se o uso de medidas de coerção para forçar o devedor a adimplir. Só há sentido na ordem quando ela emprega força coercitiva; caso contrário, a ordem é mera declaração".[80]

Já o efeito executivo só se dará, como vimos, de forma *mediata*, após a provocação do credor. Pode-se falar, aqui, em eficácia executiva *contida*, ou *condicionada*, pois depende da iniciativa do credor para a sua atuação. O fenômeno é um pouco distinto do que se chamava de *efeito executivo da condenação*,[81] pois, este, consubstanciava-se na possibilidade de a condenação, através de um *processo* futuro (de execução), atuar sobre o patrimônio do devedor. Aqui, o efeito executivo é mais latente, pois encontra-se apenas em estado de inércia, aguardando o impulso da parte interessada para atuar no mesmo processo.

---

78 Para Fábio Cardoso Machado, "é inegável que a sentença condenatória exorta o demandado ao cumprimento de uma prestação" (Fábio Cardoso Machado, *Jurisdição, Condenação e Tutela Jurisdicional*. Rio de Janeiro: Lumen Juris, 2004, p. 49).
79 Carlos Alberto Alvaro de Oliveira. "O problema da eficácia da sentença". *In: Revista de Processo*, nº 112, p. 22.
80 Luiz Guilherme Marinoni. *Tutela inibitória. Individual e coletiva*. São Paulo: Revista dos Tribunais, 1998, p. 356.
81 Carlos Alberto Alvaro de Oliveira, "O problema da eficácia da sentença". *In: Revista de Processo*, nº 112, p. 22.

Concluímos, assim, que a sentença de que trata o art. 475-J pode ainda ser designada de "sentença condenatória", muito embora agregue, de forma limitada, ferramenta típica da técnica de tutela mandamental (multa), e concentre um efeito executivo em estado de inércia. Para tanto, devemos admitir que não é a *autonomia* da execução (leia-se, um processo autônomo de execução) que se segue à condenação, uma nota essencial desta última, mas, sim, o caráter *mediato* dos atos executivos, dependentes de requerimento do autor (credor), após o juízo de reprovação da sentença condenatória e manutenção do estado de inadimplemento do réu (devedor).

52. Do *procedimento* de cumprimento e do *procedimento* de execução – Com a eliminação do processo autônomo de execução para as sentenças que condenam o réu a pagar quantia certa, tem-se que o cumprimento e, se necessário, a execução da sentença, dar-se-ão no próprio "processo de conhecimento"[82] – o que resta claro, aliás, pela leitura do art. 269, *caput*, do CPC. O que se inaugura, assim, após a sentença – ou a sua liquidação – é um *procedimento*[83] de cumprimento ou um *procedimento* executivo, este último tão-somente após ter transcorrido o prazo para cumprimento voluntário da sentença e ter havido requerimento do credor.

Há, portanto, após a definição do *quantum* devido pela sentença (com ou sem procedimento de liquidação), 2 (duas) fases distintas, com procedimentos próprios: cumprimento e execução.

53. Procedimento de *cumprimento* da sentença: desnecessidade de requerimento do credor – O art. 475-J, combinado com o art. 475-B, poderá gerar dúvida razoável quanto ao procedimento de cumprimento da sentença. Ocorre que, enquanto o art. 475-B faz referência à suposta necessidade de requerimento do credor para que o devedor cumpra voluntariamente a sentença (*"o credor requererá o cumprimento da sentença, na forma do art. 475-J desta Lei..."*), o art. 475-J dá a entender que o requeri-

---

82 Este termo perdeu muito do sentido que nele havia, uma vez que outras atividades, além da mera cognição, serão realizadas neste processo *sincrético*. A utilização do termo "processo de conhecimento" serve, aqui, apenas para demonstrar que no mesmo processo inicialmente instaurado entre autor e réu se buscará a satisfação do primeiro.
83 "A soma dos atos do processo, vistos pelo aspecto de sua interligação e combinação e de sua unidade teleológica, é o procedimento." Antonio Carlos de Araújo Cintra e outros, *Teoria Geral do Processo*, 11ª ed., SP: Malheiros, 1995, p. 321.

mento do credor somente se faz necessário após o descumprimento da sentença pelo devedor. Haveria, na dicção do art. 475-J, dois momentos distintos:

> 1° momento: *"Caso o devedor, condenado ao pagamento de quantia certa ou já fixada em liquidação, não o efetue no prazo de quinze dias, o montante da condenação será acrescido de multa no percentual de dez por cento e"*,
> 2° momento: *"a requerimento do credor e observado o disposto no art. 614, inciso II, desta Lei, expedir-se-á mandado de penhora e avaliação"*.

A leitura do dispositivo em referência indica que o requerimento do credor tornar-se-ia necessário apenas para a instituição do procedimento executivo, depois de o devedor já ter tido a oportunidade de cumprir a sentença e deixando de fazê-lo no prazo de 15 dias.

Portanto, a questão que se coloca, num primeiro momento, é acerca da eventual necessidade de iniciativa do credor para que seja o devedor chamado a *cumprir* voluntariamente a sentença e para que, assim, se inicie a contagem do prazo de 15 dias, constante do art. 475-J do CPC.

Não há necessidade de o credor requerer o *cumprimento* da condenação pelo devedor. Quando o art. 475-B faz referência a tal requerimento, o legislador utilizou o termo *cumprimento* em seu sentido mais amplo, que abrange o cumprimento ou a execução. Tanto que o Capítulo X do Livro I do CPC é intitulado "Do Cumprimento da Sentença", muito embora nele estejam contidas regras tanto de cumprimento quanto de execução.

Demonstramos, anteriormente,[84] no entanto, que, quando o credor pretender que o devedor cumpra a sentença contra a qual pende recurso sem efeito suspensivo ("cumprimento provisório") – e só nesta hipótese –, será obrigatório requerimento do primeiro.

54. Condenação do devedor, trânsito em julgado e início do prazo para cumprimento voluntário da sentença – A condenação do réu (ou do autor, como se dá, por exemplo, em relação à verba sucumbencial na sentença de improcedência, ou ainda na hipótese do art. 899, § 2°, do CPC), que passa assim a ser retratado como *devedor*, pode-se dar já na sentença

---

84 Item 47.

de primeiro grau, assim como nas decisões subseqüentes (em grau de apelação, embargos infringentes, recurso especial ou extraordinário etc.).[85]

O art. 475-J não faz expressa referência ao trânsito em julgado de tais decisões, colocando-se a questão acerca de se o mesmo é necessário para que se inicie o prazo de 15 (quinze) dias para o cumprimento da sentença (ou acórdão). Cremos ter respondido a tal indagação, ao tratarmos da execução provisória.[86] Enquanto não transitar em julgado a sentença ou acórdão, o cumprimento voluntário só se dará por provocação do credor e intimação específica do devedor.

O dispositivo também não indica a necessidade de intimação específica para cumprimento voluntário da sentença, fazendo referência apenas à *"condenação"* do devedor e seu eventual descumprimento. Todavia, uma vez transitada em julgado a sentença (ou acórdão), cremos ser desnecessária a intimação do devedor para cumpri-la, bastando a simples ocorrência do trânsito em julgado para que se inicie o prazo de 15 (quinze) dias para o cumprimento voluntário. Embora haja fundamentos plausíveis para se sustentar a necessidade de intimação do devedor,[87] acedemos às ponderações de José Maria Rosa Tesheiner, quando este afirma:

---

85 Nosso enfoque, nestes comentários, foi a abordagem do cumprimento e execução das decisões finais de mérito. Todavia, vale destacar a aplicabilidade da nova sistemática também às decisões interlocutórias antecipatórias da tutela. Veja-se, neste particular, item 64.
86 Itens 46 e 47.
87 A lei não exige, *expressamente*, a intimação do devedor para cumprir voluntariamente a sentença, mas é também verdade que a mesma não faz referência ao trânsito em julgado – ao referir-se apenas ao devedor "condenado ao pagamento de quantia certa ou já fixada em liquidação" – embora seja o mesmo necessário. Para as obrigações de fazer, não fazer e entrega de coisa, a lei processual também não prevê a necessidade de intimação do réu para que cumpra a sentença. Os dispositivos aplicáveis a tais hipóteses fazem referência apenas à fixação de prazo para cumprir a obrigação, e às conseqüências do descumprimento, mas não mencionam, nem sequer dão a entender, haver necessidade de intimação. Atente-se, neste particular, para os arts. 644, 461, § 4º, e 461-A, § 2º, todos do CPC: *"Art. 644. A sentença relativa a obrigação de fazer ou não fazer cumpre-se de acordo com o art. 461, observando-se, subsidiariamente, o disposto neste Capítulo". "Art. 461. (...) § 4º O juiz poderá, na hipótese do parágrafo anterior ou na sentença, impor multa diária ao réu, independentemente de pedido do autor, se for suficiente ou compatível com a obrigação, fixando-lhe prazo razoável para o cumprimento do preceito". "Art. 461-A. Na ação que tenha por objeto a entrega de coisa, o juiz, ao conceder a tutela específica, fixará o prazo para o cumprimento da*

"O trânsito em julgado ocorrerá, na maioria dos casos, em outra instância, motivo por que se poderia sustentar que o termo inicial do prazo fixado para pagamento seria o da intimação do despacho de "cumpra-se", quando do retorno dos autos. Mas isso implicaria a concessão de um prazo, que pode estender-se por vários meses, a um devedor já condenado porque deve e porque em mora.

Note-se que não se trata de depósito, que deva ser autorizado pelo juiz, mas de pagamento, que independe de autos.

Nos casos em que a falta deles torne difícil, para o devedor, a elaboração de um cálculo mais exato, resta-lhe a solução de efetuar pagamento parcial, caso em que a multa de dez por cento incidirá sobre o saldo (art. 475-J, § 4°). Essa dificuldade, acaso existente, será, na maioria dos casos, imputável à desídia do próprio devedor, que não se muniu de cópias necessárias de atos do processo. Excepcionalmente, a multa poderá ser relevada, em caso de provimento parcial do recurso, em termos tais que o cálculo se torne impossível sem consulta aos autos".[88]

---

obrigação. (...) § 2° Não cumprida a obrigação no prazo estabelecido, expedir-se-á em favor do credor mandado de busca e apreensão ou de imissão na posse, conforme se tratar de coisa móvel ou imóvel". Nem por isso a intimação é dispensada. Muito pelo contrário, doutrina e jurisprudência têm exigido a intimação pessoal do devedor, não bastando sequer a comunicação por meio de seu procurador, como referido no item 4.1, *supra*. Como visto, a ausência de previsão legal para a intimação do devedor, por si só, não poderia ser levantada como argumento para o afastamento de tal necessidade. Assim, as razões que nos levaram a aceder ao sempre preciso posicionamento de Tesheiner decorrem de imposições da prática processual, e, acima de tudo, da premente necessidade de serem eliminadas as etapas "mortas" do processo, tal qual a que se instauraria entre o trânsito em julgado e a baixa dos autos à origem, e entre esta e a intimação, *ex officio,* do devedor para cumprimento da sentença transitada em julgado. Ainda assim, cremos que não faltarão alegações no sentido da não-observância do prazo de 15 (quinze) dias pela indisponibilidade momentânea dos autos do processo, e tememos que a exigência de um despacho de "cumpra-se" possa tornar-se regra na prática processual, não obstante o posicionamento aqui defendido. Esperamos, neste ponto, estar redondamente enganados.

---

88 José Maria Rosa Tesheiner. *Execução de sentença – Regime introduzido pela Lei n° 11.232/05.* Artigo inédito.

Assim, transitando em julgado a sentença ou o acórdão, passa-se a contar o prazo de 15 (quinze) dias para o cumprimento voluntário da condenação, após o que incidirá, *ex vi legis,* a multa de 10%, retornando a iniciativa do processo ao credor, para requerer ou não a instauração do *procedimento executivo.*

Um ponto merece destaque, e mais uma vez ele diz respeito à utilização dos embargos de declaração pelo devedor. Prática condenável é a interposição sucessiva de embargos de declaração com a expressa finalidade de procrastinar o feito, evitando o trânsito em julgado das sentenças ou acórdãos. Com a possibilidade de aplicação de multa de até 10% pela reiteração de embargos de declaração procrastinatórios (parágrafo único do art. 538, de acordo com a Lei nº 8.950/94), tal prática teve seu desiderato dificultado. Mesmo assim, caso venha a ser verificada, não vemos dificuldade em admitir a execução *definitiva* do julgado, ainda que não tenha havido, tecnicamente, o trânsito em julgado da decisão condenatória.

Isso porque, como tem entendido a jurisprudência, nestes casos, "pode o tribunal autorizar a imediata e excepcional eficácia da decisão embargada, independentemente de seu trânsito em julgado".[89] Não seria crível permitir tamanho ardil por parte do devedor.

---

89 Neste sentido, veja-se a nota de Nelson Nery Júnior ao art. 538, parágrafo único, do CPC: "Efeito suspensivo. Não-incidência. 'Nada obstante o CPC, art. 538, *caput*, falar que os Edcl. suspendem o prazo para outros recursos, quando foram meramente protelatórios os embargos, pode o tribunal autorizar a imediata e excepcional eficácia da decisão embargada, independentemente de seu trânsito em julgado' (TJSP, 8ª Câm. Dir. Priv., EDcl. nº 009.521-4/0-06, Rel. Desembargador Aldo Magalhães, v.u., j. em 01.10.1997). No mesmo sentido: STF, Edcl.-Edcl.-EDclRE nº 179.502-DF, Rel. Ministro Moreira Alves, j. em 07.12.1995, em Negrão, *CPC,* nota 1ª ao art. 535, p. 441". (Nelson Nery Júnior e Rosa Maria de Andrade Nery. *Código de Processo Civil Comentado e Legislação Processual Extravagante em Vigor,* 6ª ed., São Paulo: Revista dos Tribunais, 2002, p. 908). Eis a transcrição da nota 1ª dos Comentários de Theotônio Negrão, referida acima por Nery: "A utilização dos embargos declaratórios com a finalidade ilícita e manifesta de adiar a efetividade de decisão proferida pelo Tribunal, em aberta tentativa de fraude processual, enseja o não conhecimento desses embargos e a concessão excepcional de eficácia imediata àquela decisão, independentemente de seu trânsito em julgado. Essa orientação foi adotada no julgamento de terceiros embargos declaratórios opostos por vereador cuja diplomação fora anulada em sede de recurso extraordinário, e que, encontrando-se no exercício do mandato, procurava, através desse expediente processual, manter-se no cargo por mais tempo. EDcl-EDcl-EDcl-RE nº 169.502-DF, Rel. Ministro Moreira Alves, 07.12.95 (*apud Inf. STF*, nº 16). Nota: o número do recurso é 179.502, e não 169.502". (Theotônio Negrão. *Código de Processo Civil e legislação processual em vigor*, 30ª ed., São Paulo, Saraiva, 1999, p. 558).

55. Da liquidez ou possibilidade de imediata liquidação como requisito para o início da contagem do prazo de 15 dias – Como bem anota Araken de Assis, "como o prazo de espera flui a partir do momento em que o crédito se torna exigível, e a exigibilidade assenta na liquidez, presume-se que o executado conheça precisamente o valor da dívida".[90] Evidentemente, sendo ilíquida a condenação, não se pode exigir o seu imediato cumprimento pelo devedor.

Assim, nas hipóteses em que a condenação demandar liquidação por artigos (art. 475-E) ou por arbitramento (art. 475-C), o procedimento de liquidação far-se-á necessário, antes que o cumprimento possa ser exigido do devedor.

Todavia, para que se inicie a contagem do prazo de 15 dias para cumprimento voluntário, não será necessário que a condenação, por si só, já contenha o valor exato a ser pago.

Na hipótese do art. 475-B – quando "a determinação do valor da condenação depender apenas de cálculo aritmético" – é evidente a imediata exigibilidade do cumprimento do devedor, pois este mesmo pode proceder ao referido cálculo (como procederia na forma do revogado art. 570 do CPC). Também em *uma* das hipóteses do §1° do art. 475-B[91] – quando "a elaboração da memória do cálculo depender de dados existentes em poder do devedor" – poderá o devedor proceder ao cumprimento voluntário da sentença sem a necessidade de futuras diligências, sendo, portanto, desde já exigível tal conduta. Poder-se-ia opor a tal proposta a afirmação de não serem absolutamente líquidas tais condenações, por dependerem de cálculo, ainda que aritmético, para se chegar ao seu real valor. No entanto, tal argumento não leva em consideração que basicamente *todas* as sentenças necessitam de cálculo aritmético para o seu cumprimento, até mesmo as sentenças que já foram objeto de procedimento de liquidação por artigos ou por arbitramento, pois, no mínimo, incidirão juros e correção monetária sobre o valor apurado ao final da liquidação, até a data do efetivo pagamento. É evidente, portanto, que, nestes casos, se exige desde já, do devedor, o cumprimento da sentença, independentemente da apresentação de cálculo do credor.

---

90   Araken de Assis. *Cumprimento da sentença*. Rio de Janeiro: Forense, 2006, p. 212.
91   O dispositivo trata também das hipóteses em que a elaboração do cálculo depende de dados existentes em poder de *terceiro*. Neste caso, é evidente a impossibilidade de cumprimento voluntário imediato pelo devedor, fazendo-se necessárias diligências junto ao terceiro de posse dos dados.

56. Do prazo de 15 dias: possibilidade de adequação, redução ou majoração – O prazo de 15 dias instituído pelo art. 475-J do CPC não deve ser confundido com o eventual prazo estabelecido na sentença (com base nas regras de direito material aplicáveis ao caso concreto) para o cumprimento do preceito nela contido. Fosse assim, estaria o juiz sempre atrelado àquele interregno, não podendo conferir ao devedor prazo mais adequado à circunstância material concreta subjacente ao processo. O prazo de 15 dias decorre da lei processual. Prazos decorrentes da relação jurídica material devem ser compatibilizados com o primeiro.

É claro que, na grande maioria dos casos, a condenação deve ser cumprida imediatamente, não havendo razões impostas pelo direito material para uma maior dilação de prazo ao devedor que, afinal, já se beneficiou da longa duração do processo de conhecimento, sendo a sua mora anterior ao processo. Nestes casos, a Lei n° 11.232/05 premiou o devedor com esta breve *moratória*, justificável, até certo ponto, pela complexidade (ainda que reduzida) do ato de efetuar o pagamento (expedição de guias, recolhimento etc.).

Noutras hipóteses, no entanto, a situação concreta e o direito material informarão diferentes prazos para o cumprimento dos deveres de pagar. Por exemplo: pagamentos em datas certas (pagamento de *pro labores* no dia 30 de cada mês, pagamentos de bonificações semestrais etc.). Como compatibilizar estes casos com o prazo contido no art. 475-J do CPC?

Só vemos uma resposta. Embora o legislador tenha se referido a *efetuar o pagamento* no prazo de 15 dias, entendemos que tal disposição deve ser lida como *cumprir a condenação* no prazo de 15 dias. Assim, por exemplo, no caso de pagamentos sucessivos (*v.g.*, *pro labores*), transitando em julgado a sentença no dia 25 de um dado mês, condenando o devedor a pagar determinada quantia a cada dia 30, estará o mesmo sob a exigência da sentença apenas no mês subseqüente ao do trânsito em julgado (os quinze dias do art. 475-J o colocariam, contando-se do dia 26, no mês seguinte), possuindo ainda o prazo do direito material para efetuar o pagamento (até o dia 30 do mês seguinte ao do trânsito em julgado). Não haveria, *a priori*, justificativa alguma para submetê-lo a prazo mais exíguo (*v.g.*, pagar em 5 dias, para que o primeiro pagamento fosse feito no dia 30 do mesmo mês em que se deu o trânsito em julgado da sentença).

Da mesma forma, se o pedido do autor, na inicial, era o de que o réu pagasse a dívida no prazo de 30 dias, ou se as partes entabularam acordo neste sentido, após o trânsito em julgado da sentença que acolhera o pedido do autor ou que homologara o acordo, deve ser respeitado tal prazo. Se prazo mais exíguo fosse objeto do acordo, deveria, igualmente, ser observado (aí sim, haveria razão para se admitir a redução do prazo: a anuência do devedor).

Resta saber se o próprio juiz poderá *reduzir* o prazo processual de 15 dias, conferindo ao devedor menor prazo para cumprir a condenação. Cremos que apenas em situações em que se vislumbre perigo de dano irreparável ou de difícil reparação para o credor poderá o juiz, na sentença,[92] com base no art. 273, I, do CPC, fazê-lo, fundamentando a sua decisão neste particular. Neste caso, é evidente que a hipótese será de antecipação da tutela, razão pela qual o trânsito em julgado não será exigido, exigindo-se, isto sim, intimação do devedor, regulando-se o cumprimento conforme explanado nos itens 4, 4.1 e 5 (cumprimento provisório).

57. Término do prazo de 15 dias: conseqüências para o arquivamento do processo e para a contagem de prazo prescricional (prescrição intercorrente) – O término do prazo de 15 dias, concedido ao devedor para cumprir voluntariamente a sentença, dá início a duas outras contagens relevantes.

O § 5º do art. 475-J estabelece que: "Não sendo requerida a execução no prazo de seis meses, o juiz mandará arquivar os autos, sem prejuízo de seu desarquivamento a pedido da parte". O primeiro dia deste prazo é aquele seguinte ao 15º dia a que se refere o *caput* do mesmo artigo.

---

92 Sobre a possibilidade de antecipação da tutela em sentença: "Desde logo, afastamos a objeção, por a considerarmos integralmente descabida, no sentido de que a antecipação da tutela não poderia ser concedida na sentença. Evidentissimamente, se pode ser concedida liminarmente, razão de espécie alguma existe para que não possa ser concedida na sentença, decisão proferida em momento em que o juiz já tem cognição plena e exauriente dos fatos da causa [...] Já expusemos nossa opinião no sentido de que o mencionado dispositivo se aplica tanto à hipótese de, na sentença de mérito de procedência, o juiz *confirmar* a antecipação de tutela, quanto à de o juiz *conceder* a antecipação de tutela na sentença". (Luiz Rodrigues Wambier e Teresa Arruda Alvim Wambier, *Breves Comentários à 2ª Fase da Reforma do Código de Processo Civil*. São Paulo: Revista dos Tribunais, 2002, pp. 100 e 104). No mesmo sentido, Ovídio Baptista da Silva afirma: "Cabe observar que os provimentos antecipatórios do art. 273 não sendo, como realmente não o são, sempre medidas liminares, nada impede que eles sejam concedidos pelo juiz nas fases subseqüentes ao procedimento, inclusive na sentença final de procedência, pois, sendo em regra recebida a apelação no duplo efeito, pode muito bem ser antecipada a execução provisória, por ordem do juiz (*ope judicis*)." *In* Ovídio Araújo Baptista da Silva. *Curso de Processo Civil*, , 4ª ed., São Paulo: Revista dos Tribunais, 1998, vol. I, p. 145.

É importante notar que o prazo de 6 (seis) meses não deve ser contado do trânsito em julgado da sentença, pois mesmo após tal ocorrência o credor ainda está impedido de requerer a execução, ao menos pelos 15 (quinze) dias de que trata o art. 475-J. Assim, para que o credor possa usufruir da integralidade do prazo prescrito no § 5° do mesmo artigo, deve-se contá-lo justamente do momento em que poderia o credor requerer a execução, ou seja, do dia seguinte ao término do prazo para cumprimento voluntário da sentença.

Questão de maior complexidade diz respeito à prescrição. A Súmula n° 150 do Supremo Tribunal Federal estabelece que: "Prescreve a execução no mesmo prazo de prescrição da ação".[93] Neste particular, é importante ressaltar que o que realmente prescreve é a *pretensão*, e não a *ação*.[94] E o termo *a quo* da prescrição é justamente o nascimento da *pretensão*.

Não havia dificuldades na aplicação do entendimento contido na Súmula n° 150 do STF, dado que, transitada em julgado a sentença no processo de conhecimento, passava-se a contar o prazo prescricional, desde o seu início, para que o credor viesse a promover a "ação executiva". Tal entendimento coadunava-se tanto com o art. 173 do Código Civil de 1916, quanto com o art. 202, parágrafo único, do Código Civil de 2002, que dispõe, à semelhança do dispositivo revogado, que: "A prescrição interrompida re-

---

[93] Em sentido contrário, Câmara Leal, que sustentava o nascimento, por ocasião da sentença, de uma relação jurídica *pessoal* entre vencedor e vencido, razão pela qual "à prescrição do julgado ou da execução se deve aplicar o preceito geral relativo ao prazo prescricional das ações pessoais (...)". (Antônio Luís da Câmara Leal. *Da prescrição e da decadência: teoria geral do direito civil.* 4ª ed., atualizada pelo juiz José de Aguiar Dias. Rio de Janeiro: Forense, 1982, p. 215).

[94] Código Civil: "Art. 189. Violado o direito, nasce para o titular a pretensão, a qual se extingue, pela prescrição, nos prazos a que aludem os arts. 205 e 206". Mesmo antes de ter o novo Código Civil precisado o conceito, Agnelo Amorim Filho, em seu clássico trabalho *Critério Científico para distinguir a prescrição da decadência e para identificar as ações imprescritíveis*, já ensinava: "Convém acrescentar que quando se diz que o termo inicial do prazo prescricional é o nascimento da ação, utiliza-se aí a palavra 'ação' no sentido de 'pretensão', isso é, no mesmo sentido em que ela é usada nas expressões 'ação real' e 'ação pessoal', pois, a rigor, a prescrição não começa com a ação e sim com a pretensão; está diretamente ligada a essa, e só indiretamente àquela." (Agnelo Amorim Filho. "Critério Científico para distinguir a prescrição da decadência e para identificar as ações imprescritíveis". *In: Revista de Direito Processual Civil.* São Paulo, vol. 3°, pp. 95-132, p. 109, jan./jun. 1961).

começa a correr da data do ato que a interrompeu, ou do último ato do processo para a interromper".[95]

Entretanto, na nova sistemática processual, não há mais dois processos distintos (conhecimento e execução), sendo que a atividade executória e cognitiva ocorre no seio do mesmo processo. Assim, na dicção clara do art. 202 do Código Civil, não é mais possível decretar-se a prescrição da ação (*rectius,* pretensão) executiva, como disposto na Súmula nº 150 do STF, pois o processo que interrompeu a prescrição não restará encerrado, mesmo na pendência do requerimento para a execução do devedor.

Evidentemente, com o descumprimento da condenação pelo devedor, a iniciativa processual transfere-se para o credor. Sua inércia reiterada, pelo prazo prescricional correspondente à pretensão de direito material, dá lugar à *prescrição intercorrente*.[96] Assim, por exemplo, o devedor condenado a reparar danos sofridos pelo credor, poderá argüir[97] a prescrição intercorrente 3 (três) anos[98] após encerrado o seu prazo para cumprir voluntariamente a sentença, caso não tenha o credor requerido a execução neste interregno. No curso destes três anos (mais precisamente, após 6 meses) deverá o processo vir a ser arquivado. O ato de arquivamento sob hipótese

---

95 Artigo revogado (Código Civil de 1916): Art. 173. A prescrição interrompida recomeça a correr da data do ato que a interrompeu, ou do último do processo para a interromper.

96 "A chamada prescrição intercorrente é aquela relacionada com o desaparecimento da proteção *ativa* ao *possível* direito material postulado, quando tenha sido deduzida a pretensão; quer dizer, é aquela que se verifica pela inércia continuada e ininterrupta no curso do processo por segmento temporal superior àquele em que se verifica a prescrição em dada hipótese. Verifica-se que *com o andamento normal do processo* não deve ocorrer a prescrição, que terá sido interrompida com a citação inicial; e igualmente não é possível consumar-se decadência, cuja pretensão tenha sido tempestivamente exercida. (...) Pode-se dizer que o sistema brasileiro atual e o do Código Civil de 1916 ligam a prescrição intercorrente à idéia de paralisação do processo, com inércia do autor, por prazo que exceda àquele da prescrição de que se possa cogitar no processo. Se ocorrer *larga inatividade* do autor (mas não *inércia* propriamente dita), mas o réu praticar atos, isso aproveita ao autor." (grifos no original) Arruda Alvim. "Da prescrição intercorrente". *In* Mirna Cianci. *Prescrição no Novo Código Civil – uma análise interdisciplinar.* São Paulo: Saraiva, 2005, pp. 28 e 30.

97 Veja-se que, com a mudança implementada pela Lei nº 11.280, de 16 de fevereiro de 2006, ao § 5º do art. 219 do CPC, sequer será necessária a argüição da prescrição pelo interessado, podendo o juiz, de ofício, pronunciá-la.

98 Art. 206. Prescreve: (...) § 3º Em três anos: (...) V – a pretensão de reparação civil.

alguma interrompe o prazo prescricional a que se faz referência, muito menos determina o (re)início de sua contagem.

Poderá ocorrer de o devedor não possuir bens penhoráveis no momento em que o credor poderia requerer a execução, fazendo com que este decida aguardar a melhora da situação patrimonial daquele. Neste caso, é indispensável que o credor venha a requerer a suspensão do processo com base no art. 791, III, do CPC,[99] sob pena de vir a ser penalizado com o reconhecimento da prescrição intercorrente.

---

[99] Sobre a impossibilidade de dar-se curso à prescrição intercorrente na hipótese de suspensão do feito executivo por ausência de bens do devedor, veja-se o posicionamento de Arruda Alvim: "Não se justifica que, suspensa a execução por ausência de bens penhoráveis, e, não podendo o credor agir ou não tendo como agir (mesmo porque o art. 793 do Código de Processo Civil durante esse período veda a prática de atos), que a partir dessa suspensão *corresse* simultânea e sobrepostamente a esse segmento de suspensão prazo prescricional, que viria a concretizar uma prescrição intercorrente. Desta forma, então, enquanto não localizados bens em nome do devedor, encontrar-se-á o credor em uma posição de impossibilidade de dar seguimento ao feito; a prescrição, portanto, não haverá de fluir contra aquele que não pode agir. Não poder agir, por óbice, é noção ou circunstância que inviabiliza a idéia de inércia. A solução do Código de Processo Civil é a de insolvência, que pode ser requerida, tanto pelo credor, quanto pelo devedor". Arruda Alvim. "Da prescrição intercorrente". *In:* Mirna Cianci. *Prescrição no Novo Código Civil – uma análise interdisciplinar.* São Paulo: Saraiva, 2005. p. 42. Também Gisele Lemos Kravchychyn, assim conclui: "A prescrição, instituto de direito material, tem por finalidade a paz social, e não o enriquecimento de quem quer que seja, e tampouco a punição do credor em face da ocultação ou inexistência de bens penhoráveis em nome do devedor. Não se deve, portanto, permitir que a omissão do artigo 791, III, do Código de Processo Civil, que não determina o modo como se opera a suspensão, venha a causar prejuízo ao credor. Deste modo, a prescrição intercorrente somente deve ser aplicada, nos casos de suspensão da execução, quando o credor, regularmente intimado para cumprir uma diligência, não a cumpre, quedando-se inerte. E assim entendemos porque o fundamento da prescrição reside na negligência do possuidor do direito de crédito não sendo escudo destinado a proteger inadimplência e má-fé." (Gisele Lemos Kravchychyn. "Da prescrição intercorrente no processo de execução suspenso pela falta de bens penhoráveis do devedor". *In: Jus Navigandi*, Teresina, Ano 7, n° 63, mar. 2003. Disponível em: <http://jus2.uol.com.br/doutrina/texto.asp?id=3887>. Acesso em 05.02.2006). Na jurisprudência, veja-se o Recurso Especial n° 85.053-PR, Ministro Sálvio de Figueiredo Teixeira, publicado no *DJU* 25.05.1998 (que, por sua vez, faz referência ao Resp. n° 38.399-PR, publicado no *DJU* 02.05.1994, e REsp. n° 70.395-PR, publicado no *DJU* 17.03.1997).

58. Da multa de 10%. Impossibilidade de ampliação ou de substituição pela multa periódica – Não ocorrendo o cumprimento voluntário da sentença pelo devedor, incidirá, *ex vi legis,* multa de 10% sobre o montante total da condenação. Ocorrendo cumprimento parcial da condenação, incidirá a multa sobre o restante inadimplido (art. 475-J, § 4°).

O crédito resultante da incidência da multa reverte ao credor, como indica – embora não haja expressa referência – o art. 475-J, ao estabelecer que, à condenação, será acrescido o valor da multa para a expedição do mandado de penhora e avaliação (expedição esta que dar-se-á somente a requerimento do próprio credor).

O art. 475-J não dá margem para o alargamento ou redução da referida multa, tampouco permite sua incidência periódica, o que afasta por completo a possibilidade de aplicação das *astreintes*.

Já sustentamos, em outra oportunidade, que as *astreintes* são aplicáveis apenas a decisões de cunho mandamental, onde for ordenado ao demandado que faça, deixe de fazer ou entregue coisa certa ou incerta.[100] Tal entendimento foi objeto de crítica, assim veiculada por Daniel Francisco Mitidiero:

> "Não se pode excluir cabalmente, portanto, como igualmente o fez Guilherme Rizzo Amaral, a utilização da multa para tutela das obrigações de pagar quantia, porquanto, consoante já observamos, a construção do devido processo legal processual é sempre uma empresa em constante atualização concreta, não sendo adequado vedar-se de forma apriorística essa ou aquela técnica para a tutela jurisdicional do direito."[101]

É perigosa a idéia de *adequação* que apresenta o processualista. Não deixamos de reconhecer que, em muitos casos, as *astreintes* contribuiriam para a efetividade das decisões que determinam o pagamento de soma em dinheiro. Assim como, por exemplo, o desconto em folha (até um certo limite), poderia apresentar-se como solução *adequada* em boa parte dos casos, como já chegamos a propor, *de lege ferenda*.[102]

---

100 Guilherme Rizzo Amaral. *As astreintes e o processo civil brasileiro.* Porto Alegre: Livraria do Advogado, 2004, pp. 88 e 119.
101 Daniel Francisco Mitidiero. *Elementos para uma teoria contemporânea do processo civil brasileiro.* Porto Alegre: Livraria do Advogado, 2005, pp. 89-90.
102 Guilherme Rizzo Amaral. "Técnicas de tutela e o cumprimento da sentença no Projeto de Lei nº 3.253/04: uma análise crítica da reforma do Processo Civil Brasileiro".

Ocorre que estamos trabalhando, nestas hipóteses, com os *poderes* do juiz. Aplicar uma multa sem previsão legal não significa *adequar* o procedimento, mas sim ampliar poderes. E, o que é pior, *"auto-ampliar"* poderes, dando azo à criação de um processo autoritário, onde o juiz define a extensão de sua força e de sua penetração na esfera jurídica das partes, ignorando o processo democrático de criação da lei processual pelo legislador.

Justamente o formalismo-valorativo, pregado por Mitidiero[103] na esteira dos ensinamentos de Alvaro de Oliveira,[104] é ferido de morte com a proposição daquele. Ora, quando se fala em formalismo, no seu sentido valorativo (que não deve ser confundido com excesso de formalidades),[105] "não se trata, porém, apenas de ordenar, mas também de disciplinar o poder do juiz, e, nessa perspectiva, o formalismo processual atua como garantia de liberdade contra o arbítrio dos órgãos que exercem o poder do Estado".[106] Nesse sentido, "a realização do procedimento deixada ao simples querer do juiz, de acordo com as necessidades do caso concreto, acarretaria a possibilidade de desequilíbrio entre o poder judicial e o direito das partes".[107] E, por fim, "tão importante é a tipicidade do procedimento estabelecida previamente pela lei, com base em determinados valores e experiências, que é pensada mesmo, por certa doutrina, como nota distintiva essencial da jurisdição em face da administração".[108]

In: Guilherme Rizzo Amaral e Márcio Louzada Carpena (coord.), *Visões críticas do processo civil brasileiro: uma homenagem ao Prof. Dr. José Maria Rosa Tesheiner.* Porto Alegre: Livraria do Advogado, 2005, pp. 145-146.

---

103 Daniel Francisco Mitidiero. *Elementos para uma teoria contemporânea do processo civil brasileiro.* Porto Alegre: Livraria do Advogado, 2005, pp. 16 e seguintes.
104 Carlos Alberto Alvaro de Oliveira. *Do formalismo no processo civil,* 2ª ed., revista e acrescida de apêndice, São Paulo: Saraiva, 2003.
105 "Não se deve confundir, a despeito da homonímia, o formalismo de que se trata com o formalismo fetiche da forma – este último, na verdade, deformação daquele." (Fredie Didier Jr., *Pressupostos processuais e condições da ação: o juízo de admissibilidade do processo.* São Paulo: Saraiva, 2005, p. 166)
106 Carlos Alberto Alvaro de Oliveira. *Do formalismo no processo civil,* 2ª edição, revista e acrescida de apêndice, São Paulo: Saraiva, 2003, p. 7.
107 Carlos Alberto Alvaro de Oliveira. *Do formalismo no processo civil,* 2ª edição, revista e acrescida de apêndice, São Paulo: Saraiva, 2003, pp. 7-8.
108 Carlos Alberto Alvaro De Oliveira. *Do formalismo no processo civil,* 2ª edição, revista e acrescida de apêndice, São Paulo: Saraiva, 2003, p. 8.

Portanto, se o juiz pode – e deve – adaptar o procedimento para adequá-lo ao caso concreto, não pode, sob hipótese alguma, ampliar seus próprios poderes para além dos limites estabelecidos pelo legislador. Não obstante o romantismo da idéia, o *caso concreto* não induz a consensos sobre os poderes a serem desempenhados, sendo evidente o risco de um processo ditatorial se deixada esta definição ao livre arbítrio do juiz.

Embora entendamos, particularmente, *adequada* a proposta encampada por Mitidiero – utilizar-se das *astreintes* para tutelar deveres de pagar quantia –, tal proposta já vem há muito sendo discutida pela doutrina, e, ainda assim, não foi acolhida pela comissão reformadora do CPC e, ao fim e ao cabo, pelo legislador. Ora, sugerir que, diante de tão clara e restrita sistemática legislativa, haja espaço para criações mais *adequadas*, afastando-se sem constrangimento todo o arcabouço legal – e a limitação de poderes! – previsto para tais hipóteses, é colocar em estado de manifesta insegurança os litigantes, e em descrédito a lei processual. E, repita-se, não se trata, aqui, de pregar o formalismo pernicioso, ou a interpretação estritamente literal da legislação. Reconhecemos que o processo é permeado de valores, como a efetividade e a segurança, que permitem juízos de proporcionalidade e, assim, de adequação das regras processuais. Todavia, o sistema processual está concebido de tal forma que, negando-se a sistemática recentemente instituída para o cumprimento da sentença, estar-se-á negando o próprio sistema como tal, abrindo-se um novo – e desconhecido, pois criação momentânea do intérprete – universo para a tutela dos deveres de pagar quantia, onde os poderes do magistrado são desconhecidos e revelados a todo o momento, para a surpresa e perplexidade das partes.[109]

---

[109] Vem a calhar a lição de Calmon de Passos, acerca dos perigos do abandono do conjunto de regras processuais em busca da efetividade processual: "Devido processo constitucional jurisdicional, cumpre esclarecer, para evitar sofismas e distorções maliciosas, não é sinônimo de formalismo, nem de culto da forma pela forma, do rito pelo rito, sim um complexo de garantias mínimas contra o subjetivismo e o arbítrio dos que têm poder de decidir. (...) Dispensar ou restringir qualquer dessas garantias não é simplificar, deformalizar, agilizar o procedimento privilegiando a efetividade da tutela, sim favorecer o arbítrio em benefício do desafogo de juízes e tribunais. Favorece-se o poder, não os cidadãos, dilata-se o espaço dos governantes e restringe-se o dos governados. E isso se me afigura a mais escancarada antidemocracia que se pode imaginar". (J. J. Calmon de Passos. *Direito, poder, justiça e processo*. Rio de Janeiro: Forense, 1999. pp. 69-70. *Apud* Fredie Didier Jr. *Pressupostos processuais e condições da ação: o juízo de admissibilidade do processo*. São Paulo: Saraiva, 2005, p. 166).

Encaramos, assim, a idéia de aplicação das *astreintes* como técnica de tutela dos deveres de pagar quantia, como uma ótima sugestão, *de lege ferenda*. Esperamos que, futuramente, venha a ser acolhida, juntamente com outras idéias igualmente *adequadas* que busquem maior efetividade ao processo.

Hoje, no entanto, a multa de 10% prevista no art. 475-J é fixa, não podendo vir a ser aplicada na forma periódica, a título de *astreintes*.

59. Da não-aplicação da multa na hipótese de devedor destituído de patrimônio – Eis, aqui, um ótimo exemplo de adequação das regras processuais para a construção do devido processo legal. Evidentemente, o objetivo da previsão da multa de 10% é estimular, pressionar o devedor (ainda que de forma bastante limitada se comparada às *astreintes*) a cumprir a sentença. Por isso afirmamos que o cumprimento, quando ocorre, é *voluntário*, não sendo, no entanto, *espontâneo*, pois já sofria o devedor a ameaça da multa.

Todavia, não possuindo o devedor patrimônio apto a saldar a dívida, a multa passaria a constituir mera punição, não pelo inadimplemento da condenação, mas por ter o devedor se colocado em tal posição de insolvência. Nesta hipótese, e especificamente para o devedor em questão, o dever de saldar a dívida é um dever *impossível* de ser cumprido. Vale, aqui, o que referimos acerca das *astreintes*, dado que, embora com intensidades e formas de funcionamento bastante diferentes, as multas têm o mesmo escopo, que é exercer a coerção do demandado para que o mesmo venha a cumprir a decisão judicial:

> "Assim, sendo o réu desprovido de patrimônio, ou sendo impossível o cumprimento da obrigação contida no preceito, não há que se falar em aplicação da multa, eis que inadequada, *inapta* para coagir o demandado".[110]

Adequado, assim, é afastar-se a multa de 10%, caso o devedor venha a comprovar, no curso do processo, a ausência de patrimônio apto a saldar o valor da condenação. A alegação de ausência de patrimônio e o requerimento de afastamento da multa deve, por óbvio, partir do devedor, não havendo razão para tal iniciativa ser tomada de ofício.

---

110 Guilherme Rizzo Amaral. *As astreintes e o processo civil brasileiro*. Porto Alegre: Livraria do Advogado, 2004, p. 104.

Quanto à inexistência de patrimônio, pode-se acrescentar o termo *penhorável*, dado que a existência de patrimônio *impenhorável* não obsta à exclusão da multa, desde que, no entanto, se atente para a lição de Cândido Rangel Dinamarco:

> "A impenhorabilidade de certos bens associa-se à regra da *menor onerosidade possível* (CPC, art. 620), que repudia execuções de sacrifícios maiores que o necessário, mas, tanto quanto ela, não é suficiente para converter-se em irracional obstáculo à efetivação dos direitos (*supra*, n° 1.338). No dizer expressivo de Rubens Requião, mutuado a um dispositivo da lei belga, é indispensável distinguir entre o mau-pagador malicioso e chicanista e aquele 'devedor infeliz e de boa-fé', que não paga porque não pode. Por outro lado, não é também ético privar o credor de execução sobre bens de quem não tenha tanta necessidade deles".[111]

É preciso, como sustenta o processualista, *mitigar* as impenhorabilidades, "adequando as previsões legais ao objetivo de proteger o mínimo indispensável à vida".[112] Mantém-se a regra de impenhorabilidade do bem de família, mas respeita-se o seu *telos* (ao fim e ao cabo, a dignidade da pessoa humana), não permitindo o desvirtuamento e o abuso de direito por parte do devedor. *Interpreta-se* o termo "imóvel residencial próprio do casal ou da entidade familiar", sem que se elimine a regra da impenhorabilidade sobre o mesmo.

Assim, a alegação de ausência de patrimônio para saldar a dívida – apta a afastar a incidência da multa de 10% – deve ser no sentido de que não há patrimônio suficiente *a não ser aquele necessário para a subsistência do devedor dentro de parâmetros da dignidade da pessoa humana.*

Veja-se que, ao se afastar a multa prevista no art. 475-J, mantém-se a sistemática prevista na legislação processual, adequando a sua interpretação de forma que os seus dispositivos não venham a ser aplicados com um viés distorcido, com um propósito diverso daquele almejado pelo sistema, e com resultados injustos e, portanto, indesejados. Por não se poder exercer

---

111 Cândido Rangel Dinamarco. *Instituições de Direito Processual Civil*. São Paulo: Malheiros, 2004, vol. IV, p. 343.
112 Cândido Rangel Dinamarco. *Instituições de Direito Processual Civil*. São Paulo: Malheiros, 2004, vol. IV, p. 343.

a pressão sobre a vontade do réu, não significa que se possa passar a puni-lo, o que ocorreria se a multa incidisse na circunstância apontada.

Tanto para a mitigação da impenhorabilidade quanto para a possibilidade de exclusão da multa (a primeira medida protetiva do credor, a segunda, do devedor), confortamo-nos com a lição sobre hermenêutica de Agnelo Amorim Filho:

> "É certo que há um princípio de hermenêutica segundo o qual as leis não contêm palavras ou dispositivos inúteis, mas é igualmente certo que existe um outro princípio, muito mais importante, segundo o qual a interpretação dos textos legais não deve conduzir a conseqüências absurdas. Se há conflito, é óbvio que deve prevalecer o princípio mais importante".[113]

60. Do procedimento executivo.

60.1. Do *requerimento* do credor nos termos do artigo 614, II, do CPC – Encerrado o prazo de 15 dias de que trata o art. 475-J, poderá o credor, independentemente de intimação do juiz ou certidão de decurso de prazo, requerer a expedição de mandado de penhora e avaliação, dando início, assim, ao procedimento *executivo*. O dispositivo faz referência ao art. 614, II, do CPC, que dispõe ser necessário instruir a petição inicial (no caso, aqui, o *requerimento*) com "demonstrativo de débito atualizado até a data da propositura da ação, quando se tratar de execução por quantia certa".

Não há, é claro, no procedimento executivo de que trata o art. 475-J, de se falar em "propositura da ação", mas, sim, em requerimento para a execução da sentença. É até a data deste que deve se dar a atualização do débito no demonstrativo de que trata o art. 614, II, do CPC.

Evidentemente, a juntada deste demonstrativo será dispensada quando houver, nos autos (supondo que se trate de execução nos autos principais, e não nas hipóteses de autos suplementares), documento que o supra, como se dá nas hipóteses em que a sentença é líquida e prescinde de atualização (ex., condenação em salários mínimos), ou em que a exe-

---

113 Agnelo Amorim Filho. "Critério Científico para distinguir a prescrição da decadência e para identificar as ações imprescritíveis". *In: Revista de Direito Processual Civil.* São Paulo, vol. 3°, pp. 95-132, p. 109, jan./jun. 1961).

cução é embasada em conta de liquidação homologada por decisão interlocutória (art. 475-H).[114]

Ressalte-se, ainda, que eventual lapso do credor, ao deixar de acostar tal demonstrativo, não ensejará outra conseqüência se não a sua intimação para proceder à devida complementação, como há muito já vem decidindo o STJ.[115]

Aliás, interessante situação ocorrerá na hipótese em que o credor deixar de acostar tal demonstrativo, mesmo após ser intimado para tanto. Araken de Assis afirma que o indeferimento da execução (seja por razões

---

114 Neste sentido, decidiu a Primeira Turma do STJ: "*PROCESSUAL CIVIL. EXECUÇÃO DE SENTENÇA. APRESENTAÇÃO DE NOVA MEMÓRIA DE CÁLCULO. DESNECESSIDADE.*
I – Há que se afastar a obrigatoriedade de juntada de demonstrativo de cálculo, quando do requerimento da citação da executada, tendo em vista que a execução foi feita nos próprios autos da ação de conhecimento, embasada em conta de liquidação, homologada por sentença.
II – Recurso especial improvido" (REsp. n° 250.522/SP, Rel. Ministro Francisco Falcão, Primeira Turma, julgado em 21.09.2004, DJ 03.11.2004, p. 135).

115 "*PROCESSUAL CIVIL. EXECUÇÃO. DEMONSTRATIVOS DE CÁLCULO. EVOLUÇÃO DA DÍVIDA NÃO DEVIDAMENTE ESCLARECIDA. MATÉRIA DE FATO. REEXAME.*
IMPOSSIBILIDADE. INÉPCIA DECLARADA EM 2° GRAU. EXTINÇÃO DO PROCESSO.
CPC, ARTS. 614, II, E 616. APLICAÇÃO. PERMISSÃO PARA ADEQUADA INSTRUÇÃO.
I. Achando-se a execução aparelhada com título executivo hábil – contrato de crédito fixo – a falta de adequada demonstração da evolução da dívida detectada, seja em sede de embargos, seja de ofício pelo juízo singular, não acarreta a extinção automática do processo, devendo o órgão julgador, antes, permitir ao credor que seja sanada a falta, nos termos do art. 616 c/c art. 614, II, do CPC.
II. Precedentes do STJ.
III. Recurso especial conhecido em parte e, nessa parte, provido" (REsp. n° 435.441/SC, Rel. Ministro Aldir Passarinho Junior, Quarta Turma, julgado em 08.04.2003, DJ 12.08.2003, p. 230). No mesmo sentido, AgRg. no REsp. n°747.949/PR, Rel. Ministro Aldir Passarinho Junior, Quarta Turma, julgado em 23.08.2005, DJ 03.10.2005, p. 281; (REsp. n° 507.335/SC, Rel. Ministro Barros Monteiro, Quarta Turma, julgado em 07.06.2005, DJ 29.08.2005, p. 348; REsp. n° 593.130/RS, Rel. Ministro José Arnaldo da Fonseca, Quinta Turma, julgado em 28.09.2004, DJ 25.10.2004, p. 379; REsp. n° 256.142/SC, Rel. Ministro Fernando Gonçalves, Quarta Turma, julgado em 22.06.2004, DJ 02.08.2004, p. 396, DJ 06.09.2004, p. 260.

de ordem formal, seja por razões de mérito) é extintivo do processo.[116] Como veremos a seguir, poderá sê-lo apenas se se fundar em juízo sobre a procedência do pedido mediato (juízo de mérito). Assim, por exemplo, no acolhimento da prescrição ou da decadência, ou na verificação da ocorrência do *pagamento*, é possível extinguir-se o feito. No entanto, a eventual inadmissão da execução de sentença (por inexigibilidade ou iliquidez do título, por exemplo), ou na hipótese de não-suprimento de defeito formal da mesma (não juntada de memória discriminada de cálculo, quando necessária; ausência de procuração do advogado postulante etc.), não há como se adotar a solução preconizada pelo citado processualista.

Com efeito, na sistemática anterior, a conseqüência do desatendimento da formalidade, ou, ainda, da inadmissibilidade[117] da execução, seria a extinção do processo executivo, nada impedindo que viesse o credor a promover novamente a execução, arcando com as custas de distribuição. Agora, no entanto, não há *processo autônomo* de execução. Assim, desatendida a intimação para a juntada do referido demonstrativo, apenas deixará o juiz de proceder à expedição de mandado de penhora e avaliação, iniciando-se a contagem de 6 meses para o arquivamento do feito. A qual-

---

116 "Em princípio, o juiz indeferirá o requerimento somente após ensejar sua correção; excepcionalmente, porém, revelando-se insanável o defeito – por exemplo, não há título executivo –, cabe o indeferimento liminar. O indeferimento, via de regra posterior à infrutífera correção do requerimento executivo, fundar-se-á em razões de ordem formal (*v.g.*, o exeqüente não juntou o título), na inadmissibilidade da execução (*v.g.*, a condenação não é exigível) e, excepcionalmente, por razões de mérito (*v.g.*, já ocorreu prescrição e ao juiz é dado conhecê-la *ex officio*, a teor do art. 295, IV, c/c art. 219, § 5°). Do indeferimento da execução, porque extintivo do processo, caberá apelação (art. 513). É o que dispõe, para o caso de acolhimento da impugnação do executado, o art. 475-M, § 3°, *in fine*." Araken de Assis. *Cumprimento da sentença*. Rio de Janeiro: Forense, 2006, p. 263.
117 Valemo-nos, aqui, do conceito de admissibilidade preconizado por Fredie Didier Jr., para quem o juízo de admissibilidade "é o juízo de validade do procedimento, ato jurídico complexo de formação sucessiva". Segundo o autor: "O juízo de admissibilidade por produzir diversos efeitos, não sendo correta a relação de causa-conseqüência que se estabelece entre ele e a extinção do procedimento sem exame do mérito: é possível a extinção do procedimento por outro motivo, bem como é possível que o juízo de inadmissibilidade determine a produção de outra conseqüência" (Fredie Didier Jr. *Pressupostos processuais e condições da ação: o juízo de admissibilidade do processo*. São Paulo: Saraiva, 2005, p. 166).

quer tempo poderá o credor vir a suprir a falta inicial,[118] sendo que, arquivado o feito, deverá requerer antes o seu desarquivamento.

Não faria sentido algum, ademais, extinguir o processo – que engloba tanto a fase de conhecimento como a executiva – por mero defeito formal na instrução do requerimento executivo, após ter a sentença decidido pela procedência do pedido do autor.

Assim, a decisão que indefere o requerimento executivo por defeito formal ou por inadmissibilidade da execução é decisão interlocutória, agravável portanto,[119] e não apelável.

Salvo nas hipóteses em que o requerimento incluir o pedido de formação de autos suplementares (situação em que o credor deverá instruí-lo com as cópias necessárias, nos termos do art. 475-O, § 3°), o mesmo deverá ser feito nos mesmos autos em que restou proferida a sentença exeqüenda. Sendo assim, e não se tratando de inauguração de novo processo, boa parte das formalidades referentes à petição inicial e previstas no art. 282 estão dispensadas.[120] Ao prever o "requerimento", em vez de petição inicial, o legislador não apresentou quaisquer requisitos "especiais" que possam diferir tal ato de outro requerimento qualquer realizado no curso do processo. Evidentemente, é preciso dotar o requerimento, como qualquer outro, das informações necessárias para sua compreensão pelo juiz da causa, ainda que seja necessário, para tanto, voltar-se o magistrado aos atos anteriormente praticados no processo.

Aqui, o art. 244 do CPC ganha relevância, pois, se "quando a lei prescrever determinada forma, sem cominação de nulidade, o juiz considerará

---

118 Evidentemente, se neste período se verificar a prescrição intercorrente, deverá o juiz decretá-la de ofício, independentemente de requerimento da parte interessada, como autoriza o § 5° do art. 219 do CPC, com a redação dada pela Lei n° 11.280, de 16 de fevereiro de 2006: "*O juiz pronunciará, de ofício, a prescrição*".
119 Mesmo diante da nova redação do art. 522 do CPC, o agravo, aqui, será o de instrumento, ante a manifesta inutilidade do agravo retido para a hipótese em referência.
120 Em sentido contrário, Araken de Assis sustenta a inexistência de mudança substancial no comparativo entre o requerimento do credor (art. 475-J) e a petição inicial que inaugurava o processo de execução na sistemática anterior. Aduz, assim, aplicarem-se as regras do art. 282 ao requerimento de que trata o art. 475-J: "Em última análise, o art. 475-J, *caput*, mudou o rótulo aplicado à iniciativa do exeqüente, preferindo chamá-la, utilizando-se da margem de opções técnicas da legislação, de 'requerimento' em lugar de 'petição inicial'; porém, quanto à forma e ao conteúdo, inexiste mudança substancial". Araken de Assis. *Cumprimento da sentença*. Rio de Janeiro: Forense, 2006, p. 243.

válido o ato se, realizado de outro modo, lhe alcançar a finalidade", com maior razão na hipótese em que a lei *não* prescreve forma ou cominação de nulidade, a possibilidade de alcançar a sua finalidade do ato será o único critério para avaliar a suficiência da forma de que se revestiu o requerimento do credor.

Assim, constitui o requerimento do credor mera petição, dirigida ao juiz competente (art. 475-P), onde se pleiteia o prosseguimento do processo com a expedição de mandado de penhora e avaliação. Traçando um comparativo com os requisitos da petição inicial para o processo de conhecimento, já havendo qualificação das partes nos autos, desnecessário repeti-las, afastando-se o inciso II do art. 282.[121] Sendo pressuposto lógico do requerimento para a execução, o descumprimento da sentença pelo devedor pode até mesmo ser presumido, satisfazendo-se o inciso III do art. 282 com a mera menção à sentença que se busca executar (não seria crível deixar de processar a execução, ou determinar a emenda do requerimento, por não ter o credor afirmado, com todas as letras, o descumprimento da condenação pelo devedor). O requerimento de expedição de mandado de penhora e avaliação com os subseqüentes atos de constrição é o que basta a título de *pedido* (inciso IV do art. 282). Não é necessário indicar formalmente um *valor da causa* (inciso V do art. 282), pois se trata de continuação do processo onde já restou designado tal valor, não havendo de se falar em novas custas de distribuição. Eventual penalidade com base no art. 601, *caput*, não parte do valor da causa para a fixação da multa, mas do "valor atualizado do débito em execução". É claro que, no requerimento, o valor atualizado do débito em execução deve ser indicado pelo credor, inclusive, se necessário, com a apresentação de demonstrativo de que trata o art. 614, II, do CPC.

Não há, também, de se falar em requerimento de provas (art. 282, VI), nem em requerimento para citação do réu (art. 282, VII). Aliás, o credor nem sequer precisa requerer a intimação do devedor, pois tal medida dar-se-á de ofício, na pessoa do advogado do devedor, como claramente

---

[121] Já havia este entendimento mesmo quando da análise dos requisitos para a petição inicial no processo autônomo de execução de sentença: "Tolera-se a irregularidade por insignificante, já que não há, em regra, qualquer alteração subjetiva, seja quanto às partes, seja quanto ao juízo, relativamente ao processo de conhecimento, o que significa que os autos já contém a indicação exigida". (Teori Albino Zavascki. *Comentários ao Código de Processo Civil*. 2ª ed., São Paulo: Revista dos Tribunais, 2003, vol. 8, p. 370)

dispõe o art. 475-J, § 1°. E mais: tal intimação ocorrerá *após* a lavratura do auto de penhora, não havendo sentido algum em requerê-la na oportunidade de que trata o *caput* do art. 475-J.

Neste requerimento que, como visto, é despido de maiores formalidades, poderá também o credor, desde já, indicar bens do devedor a serem penhorados (art. 475-J, § 3°).[122]

60.2. Do mandado de penhora e avaliação – Verificada a viabilidade de acolhimento do requerimento do credor, o juiz, de imediato, determinará a expedição de mandado de penhora e avaliação. Não assiste mais ao devedor a faculdade de nomear bens à penhora, podendo inclusive o credor fazê-lo, como antes referido.

Há várias alternativas na expedição do mandado de penhora e avaliação. Poderá o juiz acatar a indicação de bens pelo credor, determinando que a penhora recaia sobre os mesmos. Poderá o próprio juiz determinar os bens sobre os quais devam recair a penhora e, por fim, poderá deixar ao encargo do oficial de justiça encontrar bens penhoráveis e proceder à constrição. Combinações entre estas alternativas são também possíveis.

Procedendo à penhora, o oficial de justiça lavrará auto, do qual intimará o devedor.[123] Neste auto fará constar, desde já – se possível, é claro – a *avaliação* dos bens penhorados. Não encontramos mais a figura da avaliação prévia feita pelo devedor, prevista no art. 655, § 1°, V, do CPC, agora aplicável apenas para a execução de título executivo extrajudicial.

Sendo impossível proceder-se à imediata avaliação do bem, nem por isso deixará o oficial de justiça de efetuar, de imediato, a penhora, possibilitando ao credor o respectivo registro no ofício competente (registro de imóveis, DETRAN etc.).

Ressalte-se, por fim, ser aplicável a regra do art. 656, § 5°, do CPC, podendo, no caso da indicação de bem imóvel pelo credor, e mediante a apresentação da respectiva certidão, ser a penhora reduzida a termo pelo oficial de justiça, que ficará encarregado apenas da avaliação do bem indicado, como acertadamente afirma Araken de Assis.[124]

---

122 *Vide* comentários ao § 3° do art. 475-J.
123 *Vide* comentários ao § 1° do art. 475-J.
124 "Desde que o exeqüente indique imóvel e apresente a respectiva certidão, a penhora se reduzirá a termo, limitando-se a participação do oficial de justiça, nesta contingência, à avaliação do bem nomeado, realizado no próprio termo de penhora" (Araken de Assis. *Cumprimento da sentença*. Rio de Janeiro: Forense, 2006, p. 268).

B) COMENTÁRIO AO § 1º

61. Comunicação do devedor – Como ocorria na sistemática anterior (art. 669), deve haver a comunicação do devedor acerca do ato de constrição. Todavia, tal comunicação deverá se dar, preferencialmente, na pessoa de seu advogado, pela publicação do ato em órgão oficial (art. 236) ou, na hipótese da segunda parte do art. 237, por mandado ou carta registrada com aviso de recebimento. Apenas na falta do procurador, intimar-se-á o representante legal do devedor ou ele próprio, por mandado ou pelo correio.

Muito embora a lei não o refira expressamente, a jurisprudência já vinha admitindo a citação por hora certa do devedor,[125] mesmo no processo de execução, naquelas hipóteses em que o devedor buscava esquivar-se do recebimento do mandado de citação portado pelo oficial de justiça. Com mais razão agora, em se tratando de mera intimação – que aliás pode ser feita por publicação em nome do advogado do devedor – poderá proceder-se à mesma em tal modalidade, caso não reste ao credor alternativa mais eficaz.

Na intimação, constará o prazo de 15 (quinze) dias para a apresentação de impugnação pelo devedor.[126] O prazo de 15 dias contar-se-á da publicação da decisão intimatória no órgão oficial ou, na hipótese de intimação por mandado ou carta, da juntada aos autos de tais documentos.

Na hipótese de execução por carta, não há como aplicar-se analogicamente à impugnação o que dispõe o art. 747 do CPC. A impugnação não constitui ação autônoma, sendo, antes, incidente instaurado nos autos do processo principal. Assim, mesmo que venha a impugnação a versar sobre penhora incorreta ou avaliação errônea (art. 475-L, inciso III), a competência para o seu julgamento será do juízo deprecante, ainda que tenha, para tanto, de solicitar informações ao juízo deprecado. Cumpre salientar, também, que não bastará a juntada da carta precatória cumprida (art. 241, IV,

---

125 *"PROCESSUAL CIVIL. EXECUÇÃO DE TÍTULO EXTRAJUDICIAL. DEVEDOR QUE SE OCULTA. CITAÇÃO POR HORA CERTA. POSSIBILIDADE.*
Uma vez verificado nos autos que o executado evita o contato pessoal com o oficial de justiça, como no caso, furtivamente se esquivando da execução forçada do título extrajudicial, pode o credor se valer do que disposto no art. 227 do Código de Processo Civil, requerendo a citação por hora certa do devedor.
Recurso especial conhecido e provido". (REsp. nº 286.709/SP, Rel. Ministro Cesar Asfor Rocha, Quarta Turma, julgado em 03.04.2001, *DJ* 11.06.2001, p. 233).

126 Sobre a Impugnação, veja-se, neste livro, os comentários de Danilo Knijnik aos arts. 475-L e 475-M do CPC.

do CPC), contendo o auto de penhora, para que se passe à contagem do prazo da impugnação. Isto porque é de se seguir à risca o disposto no § 1º do art. 475-J, devendo ser o advogado do devedor intimado da penhora através da publicação em órgão oficial, seguindo-se, na ausência do mesmo, às alternativas antes apontadas.

No entanto, se vier o credor a requerer a execução no "juízo do local onde se encontram bens sujeitos à expropriação", como autoriza o parágrafo único do art. 475-P, a intimação da penhora dar-se-á por aquele juízo, onde deverá ser oferecida a impugnação.[127]

Além do devedor, resta claro que o cônjuge, não importando o regime do casal, deverá também ser intimado, a teor do art. 669 do CPC, caso a penhora recaia sobre bens *imóveis*. Como salienta Barbosa Moreira, a falta de intimação "acarreta a nulidade do processo de execução *daí em diante*; a penhora, em si, não é afetada".[128] Como não estará o cônjuge, necessariamente, representado nos autos por advogado, deverá ser intimado pessoalmente por mandado, por carta com aviso de recebimento ou, na impossibilidade, por hora certa, restando como última alternativa, a custosa intimação por edital.

C) COMENTÁRIO AO § 2º

62. Da avaliação dos bens penhorados – Sendo "cada vez mais comum cometer aos Oficiais de Justiça a obrigação de executar os atos de avaliação judicial",[129] o dispositivo comentado segue esta tendência, atribuindo ao oficial de justiça a preferência na avaliação dos bens penhorados.

Todavia, é ainda essencial que se atente para a real capacitação técnica do oficial de justiça na tarefa de avaliação. Como julgou a Primeira Turma do STJ: "É remansosa a jurisprudência do Superior Tribunal de Justiça no sentido de que a avaliação de bens penhorados por oficial de justiça sem condições técnicas para tanto, realizada sem mínimos fundamentos, contraria a legislação processual, ainda mais quando desacompanhada do obri-

---

127 Veja-se, neste particular, comentário de Pedro Luiz Pozza, neste livro, ao art. 475-P, parágrafo único.
128 José Carlos Barbosa Moreira. *O novo processo civil brasileiro*. 22ª ed., Rio de Janeiro: Forense, 2002, p. 232.
129 Luis Cláudio de Jesus Silva. *O oficial de justiça na prática: guia de atuação*. Rio de Janeiro: Forense, 2004, p. 93.

gatório Laudo de Avaliação. *In casu*, compete ao juiz da execução nomear perito habilitado técnica e legalmente para proceder à avaliação".[130]

Não sabendo de antemão o juiz quais serão os bens a serem penhorados, na ausência de indicação expressa do credor, caberá àquele verificar, no retorno do mandado de penhora e avaliação, se a análise procedida pelo oficial de justiça estava dentro das possibilidades técnicas deste último. Tanto o credor quanto o devedor poderão fornecer subsídios para orientar o magistrado na admissão ou não da avaliação feita pelo oficial de justiça. A juntada de laudo apresentado por perito contratado pela parte, infirmando a avaliação do oficial, deve ser suficiente para a determinação de nova avaliação, como decidiu também a Primeira Turma do STJ.[131]

Tendo o credor indicado os bens,[132] desde já poderá o juiz avaliar a viabilidade da realização da avaliação pelo oficial de justiça.

Sendo necessário conhecimento especializado para que se realize a avaliação do bem, o juiz nomeará, imediatamente, profissional devidamente habilitado. Ao determinar a fixação de "breve prazo" para a entrega do laudo de avaliação, parece-nos claro que o dispositivo legal não comporta a instauração de procedimento semelhante ao do art. 421 do CPC, com a indicação de assistentes técnicos, apresentação de quesitos etc. Não obstante, as partes poderão contratar profissionais habilitados para que realizem, eles próprios, laudos de avaliação, que servirão como elemento de convencimento do magistrado na hipótese de contestação do laudo do avaliador oficial.

O importante, neste momento, é evitar a indevida protelação do procedimento expropriatório, atentando-se sempre para a devida ponderação

---

130 REsp. n° 351.931/SP, Rel. Ministro José Delgado, Primeira Turma, julgado em 11.12.2001, *DJ* 04.03.2002, p. 207.

131 "PROCESSUAL CIVIL – EXECUÇÃO FISCAL – PENHORA – AVALIAÇÃO ELABORADA POR OFICIAL DE JUSTIÇA – IMPUGNAÇÃO – NOVA AVALIAÇÃO REALIZADO POR PERITOS (ENGENHEIROS CIVIS) – POSSIBILIDADE.
Em execução fiscal, o laudo de avaliação do bem penhorado, por oficial de justiça, uma vez impugnado, com a apresentação de novo laudo apresentado por dois peritos (engenheiros civis), caberá ao juiz da execução nomear avaliador oficial.
Recurso improvido". (REsp. n° 316.570/SC, Rel. Ministro Garcia Vieira, Primeira Turma, julgado em 07.06.2001, *DJ* 20.08.2001, p. 392).

132 *Vide* comentários ao § 3° do art. 475-J.

entre a segurança e a efetividade.[133] Eventual controvérsia quanto à avaliação dos bens não deve impedir o prosseguimento da execução,[134] até o momento em que a avaliação se tornar imprescindível (momento anterior à convocação para a hasta pública). Chegando-se neste limiar, deve o juiz decidir de forma imediata, ponderando os argumentos das partes, eventuais laudos particulares apresentados, bem como o trabalho do avaliador oficial, e determinando o correto valor da avaliação. Da decisão, caberá agravo de instrumento, dada a evidente inutilidade do agravo retido para a hipótese em questão.[135]

C) COMENTÁRIO AO § 3°

63. Da eliminação da nomeação de bens à penhora e da indicação de bens pelo credor – Esta salutar inovação, eliminando a nomeação de bens à penhora pelo devedor, terá maior impacto quando for aprovado o projeto de Lei n° 4.497/2004, que trata da execução de títulos executivos extrajudiciais, cujas disposições serão aplicáveis subsidiariamente à execução das sentenças. Nele, a arrematação dá lugar à adjudicação como

---

133 A idéia exposta por Carlos Alberto Alvaro de Oliveira, de uma permanente disputa entre os princípios da efetividade e da segurança jurídica é precisa: "Com a ponderação desses dois valores fundamentais – efetividade e segurança jurídica – visa-se idealmente a alcançar um processo tendencialmente justo". Carlos Alberto Alvaro de Oliveira, "O processo civil na perspectiva dos direitos fundamentais". *In:* Alvaro de Oliveira (org.)...[et al.]. *Processo e Constituição.* Rio de Janeiro: Forense, 2004, p. 15.

134 Deve-se evitar, a todo custo, um processo de "vistas", onde o juiz torna-se mero intermediário da comunicação das partes e do avaliador, comunicando a um e a outro suas irresignações sobre a avaliação do bem. O ideal é aproveitarem-se tais oportunidades para dar andamento ao feito, comunicando as partes também de outras diligências essenciais (julgando-se, por exemplo, eventual impugnação do art. 475-L, que não depende do resultado da avaliação dos bens penhorados).

135 Dispõe o art. 522 do CPC, com a redação dada pela Lei n° 11.187, de 2005: "Das decisões interlocutórias caberá agravo, no prazo de 10 (dez) dias, na forma retida, salvo quando se tratar de decisão suscetível de causar à parte lesão grave e de difícil reparação, bem como nos casos de inadmissão da apelação e nos relativos aos efeitos em que a apelação é recebida, quando será admitida a sua interposição por instrumento". A lesão grave e de difícil reparação, exigida pela lei, na hipótese da decisão acerca da avaliação do bem penhorado, consiste na possibilidade de alienação do mesmo em hasta pública, por valor inferior ao de sua correta avaliação. Além disso, inútil seria o agravo retido, por razões óbvias. Inadmitir-se o agravo de instrumento seria sustentar a irrecorribilidade da decisão em referência.

medida expropriatória preferencial, como se lê da exposição de motivos do referido projeto:

> "(...)
> f) quanto aos *meios executórios*, são sugeridas relevantíssimas mudanças. A alienação em hasta pública, de todo anacrônica e formalista, além de onerosa e demorada, apresenta-se sabidamente como a maneira menos eficaz de alcançar um justo preço para o bem expropriado. Propõe-se, assim, como meio expropriatório preferencial, a *adjudicação pelo próprio credor*, por preço não inferior ao da avaliação;
> g) não pretendendo adjudicar o bem penhorado, o credor poderá solicitar sua *alienação por iniciativa particular ou através agentes credenciados*, sob a supervisão do juiz;
> h) somente em último caso far-se-á a alienação em *hasta pública*, simplificados seus trâmites (prevendo-se até o uso de meios eletrônicos) e permitido ao arrematante o pagamento parcelado do preço do bem imóvel, mediante garantia hipotecária;
> (...)" (grifos no original).

Logo se vê a vantagem para o credor em indicar bens à penhora, diante da sistemática exposta no projeto. Mesmo enquanto o mesmo não é tornado lei, a atual possibilidade de o credor indicar bens já traz, no mínimo, dois importantes ganhos em termos de efetividade processual. Primeiramente, não possui mais o devedor o expediente de nomear bens à penhora, muitas vezes utilizado apenas para fins de protelar o feito executivo. Em segundo lugar, e mais importante, o credor não está vinculado à ordem do art. 655 do CPC, podendo abrir mão da mesma – instituída em seu favor – para indicar aqueles bens que, no seu entender, tenham maior possibilidade de resultar em alienação satisfatória. Sendo seu o maior interesse em encontrar bens penhoráveis do devedor, certamente o trabalho do oficial de justiça restará facilitado, com a maioria das execuções passando a ser iniciadas após devida pesquisa do credor quanto aos bens passíveis de penhora.

Poderá também o credor, em vez de indicar os bens a serem penhorados, requerer a expedição de ofícios a autoridades (Departamentos Estaduais de Trânsito, Banco Central, Registros de Imóveis etc.), para que estas indiquem bens ou contas bancárias de propriedade do devedor, sobre os quais deva recair a penhora.

D) COMENTÁRIO AO § 4°

O dispositivo dispensa maiores comentários. Evidentemente, a multa de 10% não pode incidir sobre o valor efetivamente pago pelo devedor. Todavia, é preciso atentar para a dicção do texto legal.

Onde se lê "pagamento parcial", deve-se ater ao conceito de *pagamento*, não se estendendo a hipótese legal para o depósito judicial feito com o objetivo de ilidir a multa e discutir o montante em execução. Ao *depositar* valores em juízo para este fim – hipótese não prevista na sistemática de cumprimento da sentença, mas possível de ocorrer – o devedor ainda submete o credor à espera, além de, obviamente, não estar "cumprindo" a sentença. Desta forma, é inadmissível o pedido de sustação da aplicação da multa pela realização de depósito judicial. Caso o devedor opte pelo depósito do valor da condenação apenas para o fim de impugnar a execução, não está o juiz autorizado a "converter" de imediato o depósito em pagamento, mas deverá fazer incidir a multa de 10% de que trata o art. 475-J e, não obtido efeito suspensivo na impugnação, poderá permitir o levantamento do valor pelo credor, sem prejuízo de sua restituição no eventual acolhimento da impugnação.

Obviamente, realizado o depósito judicial *a título de pagamento*, total ou parcial, o mesmo ilidirá, total ou parcialmente, a incidência da multa. O pagamento feito diretamente ao credor também ilide a incidência da multa, desde que realizado dentro do prazo de 15 dias (ou de outro que tenha assinalado o juiz). Não importa que a comprovação do pagamento em juízo se dê após o prazo de 15 dias, sendo relevante apenas, para o fim de evitar a incidência da multa, que o pagamento (com a disponibilidade efetiva do valor pago para o credor)[136] *ocorra* no referido intervalo.

E) COMENTÁRIO AO § 5°

Pelo prazo mínimo de 6 (seis) meses, os autos permanecerão em cartório para que o credor venha a requerer o prosseguimento do feito com a instauração do procedimento executivo. Veja-se que estes seis meses devem ser contados do término do prazo de 15 dias para que o devedor cum-

---

136 Eventuais depósitos sujeitos à compensação bancária não ilidem a incidência da multa até que venham a ser efetivamente creditados na conta do juízo ou do credor.

pra a sentença, e não do trânsito em julgado desta última (conforme explanado no item 57, *supra*).

Há entendimento de que o arquivamento do feito se dá por despacho irrecorrível.[137] Em boa parte, tal se deve ao fato de não haver, via de regra, prejuízo em tal decisão, bastando ao interessado requerer o desarquivamento do feito quando lhe aprouver. No entanto, em face da lentidão que muitas vezes assola a máquina judiciária, o tempo gasto com a remessa dos autos ao arquivo judicial e a sua busca para reiniciar a marcha processual justificará, em determinadas hipóteses, a interposição de agravo de instrumento com pedido de efeito suspensivo, visando à manutenção dos autos em cartório. Tal ocorrerá, por exemplo, nas hipóteses de arquivamento por equívoco na contagem do prazo legal, em especial quando houver risco de que o devedor venha a dificultar a execução futura, dissipando bens, tornando-os inacessíveis etc.

64. Da aplicabilidade da sistemática de cumprimento e execução instituída pela Lei nº 11.232/05 às decisões antecipatórias da tutela – A mesma sistemática prevista para o cumprimento e execução das sentenças que condenam o devedor ao pagamento de quantia certa aplica-se às decisões antecipatórias da tutela da mesma natureza.

Por algum tempo, restou tormentosa as discussões acerca da necessidade de processo de execução autônomo para a execução das decisões antecipatórias da tutela referentes ao pagamento de quantia e, na hipótese de admissão desta necessidade, da viabilidade da apresentação de embargos do devedor que, por seu efeito suspensivo *ex vi legis*, certamente inviabilizariam a prestação jurisdicional que, na maior parte dos casos, se busca com a máxima urgência.[138]

---

137 *Vide* Nelson Nery Júnior e Rosa Maria de Andrade Nery. *Código de Processo Civil Comentado e legislação extravagante*, 7ª ed., rev. e ampl., São Paulo: Revista dos Tribunais, 2003, p. 868.

138 Sobre a controvérsia, salientou Teori Albino Zavascki: "A questão não é de fácil desate, desperta, por isso mesmo, polêmica na doutrina, uns entendendo que o cumprimento da decisão antecipatória sujeita-se a ação autônoma, outros entendendo que a medida é cumprida na própria ação de conhecimento. (...) Entendem ser caso de ação autônoma: Kazuo Watanabe, 'Tutela antecipatória...', *apud Reforma do Código de Processo Civil*, cit., p. 37; J. J. Calmon de Passos, *Inovações*, cit., p. 32; Sergio Bermudes, *A reforma*, cit., p. 31; Cândido Rangel Dinamarco, *A reforma*, cit., p. 141; José Carlos Barbosa Moreira, 'A antecipação da tutela jurisdicional na reforma do Código

Com a nova sistemática, na qual conhecimento e execução se dão no mesmo processo, e onde os embargos do devedor foram substituídos pela impugnação (sem efeito suspensivo *ex vi legis*), a polêmica tende a diminuir, não havendo mais a manifesta incompatibilidade do sistema anterior em relação às exigências da antecipação da tutela.

Aplicam-se, portanto, às decisões antecipatórias da tutela de deveres de pagar quantia, os procedimentos de cumprimento e execução das sentenças condenatórias, sem prejuízo da adequação dos mesmos em face de circunstâncias específicas do caso concreto, aqui não antecipadas ou abstratamente previstas.

Por força do art. 273, § 3º, do CPC,[139] e pela própria natureza da antecipação da tutela, tanto o seu cumprimento quanto a sua execução far-se-ão *provisoriamente*. Aliás, o legislador parece ter esquecido de, ao revogar expressamente o art. 588, modificar o §3º do art. 273 para fazer constar, no lugar da menção àquele dispositivo, a referência ao novel art. 475-O.

65. A inadequação da adoção exclusiva da técnica de tutela condenatória para os deveres de pagar quantia – Como bem se vê, a reforma legislativa não previu a adoção das técnicas de tutela mandamental e executiva para as sentenças referentes ao dever de pagar quantia com a mesma intensidade que o fez para as referentes aos deveres de fazer, não

---

de Processo Civil', *In: Revista de Processo*, nº 81, p. 210. Em sentido contrário, entendendo que 'não se trata de processo de execução autônomo. É execução sem intervalo, na mesma relação processual, Luiz Fux, *Tutela*, cit., p. 118. Também em sentido contrário Luiz Guilherme Marinoni, *A antecipação*, cit., pp. 87-88, admitindo, contudo, que 'no caso de soma em dinheiro aplicam-se as normas do processo de execução como 'parâmetro operativo', porém prescindindo-se da necessidade de citação e vedado o uso de embargos (p. 91)". (Teori Albino Zavascki. *Antecipação da tutela.* 3ª ed., São Paulo: Saraiva, 2000, p. 93). Zavascki acaba sustentando, calcado nos princípios da adequação das formas e da finalidade, que a antecipação da tutela (com base no art. 273, I) referente aos deveres de pagar quantia deva ser efetivada com a expedição de "ordens e mandados que se fizerem necessários" (ob. cit. p. 96). Não cumprindo a determinação judicial o devedor, abre-se caminho para a "ação autônoma de execução provisória" (ob. cit. p. 96), contra a qual poderá o devedor opor embargos; estes, porém, sem efeito suspensivo.

---

139 Art. 273. (...) § 3º A efetivação da tutela antecipada observará, no que couber e conforme sua natureza, as normas previstas nos arts. 588, 461, §§ 4º e 5º, e 461-A.

fazer e entrega de coisa. Isto porque, para o cumprimento dos deveres de pagar quantia, não estará o juiz autorizado a fixar multa periódica por tempo de atraso, e nem determinar as medidas necessárias para a efetivação da tutela específica ou a obtenção do resultado prático equivalente. Ficará limitado a reprovar o réu na sentença, reconhecer a incidência da multa de 10% em caso de manutenção do inadimplemento e, a requerimento do credor, iniciar o procedimento executivo com a expropriação de bens do executado.

Terá sido adequada a opção do legislador?

A forma adequada de tutela jurisdicional deve atender, essencialmente, "aos princípios da efetividade e da segurança". Esses princípios informadores, segundo Carlos Alberto Alvaro de Oliveira, em sua original formulação, "é que determinam, de envoltas com as especificidades jurídicas de cada ordenamento, as espécies possíveis de tutela jurisdicional *in abstracto*".[140]

Assim, a forma adequada de tutela jurisdicional, ou melhor, de técnica de tutela jurisdicional,[141] não deve ser, e não é, aliás, ditada *diretamente* pelo direito material. É, sim, fruto da ponderação entre os princípios da efetividade e da segurança, levando sempre em conta os limites traçados na legislação processual. Ora, se o Código determina que o dever de pagar quantia deva ser tutelado por meio de uma técnica condenatória, isto não se dá pela natureza da obrigação em si, mas por uma opção legislativa.[142] É

---

140 Carlos Alberto Alvaro de Oliveira. "O problema da eficácia da sentença". *In: Revista de Processo*, nº 112, p. 19.
141 Luiz Guilherme Marinoni. *Tutela Específica: arts. 461, CPC e 84, CDC*. São Paulo: Editora Revista dos Tribunais, 2001, p. 63.
142 Veja-se, neste particular, o entendimento de Zavascki: "Reafirma-se, portanto, que a autonomia do processo de execução não é absoluta, nem decorre de uma imposição de natureza científica. Depende, na verdade, de opção política do legislador, que, atento para a natureza instrumental do processo, deve dotá-lo de formas e procedimentos adequados ao fim a que se destina: a realização segura, célere e efetiva do direito material" (Teori Albino Zavascki. *Comentários ao Código de Processo Civil*, 2ª ed., São Paulo: Revista dos Tribunais, 2003, vol. 8, p. 43). No mesmo sentido vai o posicionamento de José Maria Rosa Tesheiner: "Na verdade, a execução, como processo autônomo, não decorre da natureza das coisas. Trata-se de uma opção legislativa, fundada em critérios de conveniência e oportunidade" (*In*: "O ocaso da condenação", publicado em www.tex.pro.br. Acesso em 16 de julho de 2004).

evidente que esta opção estará calcada nas *"diferentes necessidades do direito substancial"*,[143] mas não será este que determinará, de forma rígida, as técnicas de tutela adequadas. Esta é uma tarefa do legislador instrumental e, quando o mesmo apresentar diferentes espécies possíveis de técnicas de tutela para a mesma situação de direito material – o que, como estamos a tentar demonstrar, mostra-se recomendável –, será do juiz a responsabilidade de adotar, separada ou conjuntamente, os meios necessários à realização da tutela jurisdicional, em cada caso concreto.

Por um lado, busca-se justificar a opção pela tutela condenatória, dado que o *cumprimento* do dever de pagar quantia depende da existência efetiva de patrimônio para o devedor, ou seja, inócuo (e até injusto) seria ordenar o cumprimento mediante multa diária, ou determinar medidas de sub-rogação, em não havendo patrimônio penhorável do demandado. Tal situação agrava-se pela rigidez das regras contidas no art. 649 do CPC e na Lei nº 8.009/90 (Bem de Família), que reduzem ainda mais o escopo patrimonial atingível pela execução.

Por outro lado, é inegável que o devedor, no Direito Processual brasileiro, recebe tratamento privilegiado, pois, mesmo quando possui plena capacidade de satisfazer a execução por quantia certa, tem a opção de utilizar-se de um sistema processual emperrado e burocrático para administrar suas dívidas, a baixíssimo custo (juros de 1% ao mês[144] e correção monetária),[145] ficando o credor muitas vezes à mercê do custo que o dinheiro en-

---

143 Luiz Guilherme Marinoni. *Tutela Específica: arts. 461, CPC e 84, CDC.* São Paulo: Editora Revista dos Tribunais, 2001, p. 63.
144 Discute-se se o artigo 406 do novo Código Civil determina a fixação de juros com base na taxa SELIC (conforme a Lei nº 10.522/02), ou em 1% ao mês, nos termos do artigo 161, §1º, do Código Tributário Nacional. Esta última hipótese foi a conclusão a que chegou o Centro de Estudos Judiciários do Conselho de Justiça Federal, manifestada no Enunciado nº 20: "A taxa de juros moratórios a que se refere o art. 406 é a do art. 161, § 1º, do Código Tributário Nacional, ou seja, 1% (um por cento) ao mês". Sobre o tema, escrevemos em "Ensaio acerca do impacto do Novo Código Civil sobre os processos pendentes", publicado na *Revista da AJURIS*, nº 90, Ano XXX, junho de 2003.
145 Em contrapartida, veja-se que o devedor pode valer-se de aplicações financeiras que garantem rendimentos superiores ao crescimento da dívida judicial, como aquelas que tomam como base os índices SELIC (cerca de 14,5% ao ano), IBOVESPA (nos últimos 12 meses, mar./05 a fev./06, cerca de 49,80%), CDB (cerca de 17% ao ano) etc.

contra no mercado financeiro.[146] Pouco acrescentará, neste sentido, uma multa fixa de 10% para o réu inadimplente, até mesmo porque, em contrapartida, não terá de arcar com honorários advocatícios fixados em processo autônomo de execução (honorários para pronto pagamento) ou em embargos do devedor. E, ainda que tais honorários fossem admitidos na interpretação dos dispositivos recentemente incluídos pela Lei nº 11.232/05, a multa de 10% parece demasiadamente tímida para dobrar a vontade do devedor.

O que sobressai dos argumentos esposados é algo que o legislador havia percebido na Lei nº 10.444/02, e que parece ter, aqui, esquecido: é o engessamento das técnicas de tutela que contribui para a injustiça e debilidade do processo, seja para o autor, seja para o réu. Predeterminar um *programa* processual, por meio do qual se espera a realização do direito material postulado, significa algemar o juiz e torná-lo mero espectador ou fiscalizador do funcionamento débil do aparato processual.

Ovídio Baptista da Silva, em prefácio de notável monografia intitulada "Jurisdição, Condenação e Tutela Jurisdicional", afirmou ser a condenação civil "a ponta de um enorme *iceberg,* que nos mantém servidores dóceis de um sistema cujo anacronismo torna-se cada vez mais insuportável".[147] Diríamos que o problema não está na condenação, mas, sim, no atrelamento absoluto dos deveres de pagar quantia à técnica de tutela condenatória.

O legislador, na Lei nº 11.232/05, ficou a meio caminho entre a tutela condenatória tradicional e a tutela mandamental, ao prever a incidência de multa de 10% sobre o valor da condenação, a ser suportada pelo devedor

---

146 Marinoni, em recente obra, afirma com propriedade: "Ora, como é pouco mais do que óbvio, *o simples fato de o infrator poder trabalhar com o dinheiro durante o tempo de demora – que não é pequeno – da execução por expropriação somente pode lhe trazer benefício, com igual prejuízo ao lesado*" (Luiz Guilherme Marinoni. *Técnica processual e tutela dos direitos.* São Paulo: Revista dos Tribunais, 2004, p. 625). Neste mesmo livro, o professor paranaense desenvolve importantes considerações acerca da efetividade da tutela pecuniária, propondo a adoção das *astreintes* e citando acórdão do Tribunal de Justiça do Estado do Rio Grande do Sul (Ação Rescisória nº 599.263.183), onde se vislumbrou a possibilidade *atual* de utilização de tal técnica de tutela. Não encontramos, no entanto, espaço para a mesma dentro do atual sistema processual, a não ser através de mudança expressa no texto legal.

147 Fábio Cardoso Machado. *Jurisdição, Condenação e Tutela Jurisdicional.* Rio de Janeiro: Lumen Juris, 2004, p. XV.

recalcitrante. Esta multa poderá ser manifestamente insuficiente, nos casos em que o devedor possui suficiente patrimônio para saldar o débito, e opta por investi-lo e apostar na demora processual. Poderá, todavia, revelar-se injusta, se implicar ampliação do débito do réu que, insolvente, nada pode fazer. O juiz, entretanto, não pode, de regra,[148] optar entre uma solução justa e outra injusta: deverá seguir o *programa legal*!

Teriam se saído bastante melhor a comissão reformadora e o legislador se tivessem permitido ao juiz a adoção de variadas técnicas de tutela, de acordo com as circunstâncias do caso concreto, à semelhança do louvável § 5º do art. 461 do CPC,[149] salutar regra processual trazida pelas recentes reformas. É evidente o descabimento de multa diária para coagir réu insolvente ao pagamento de quantia, mas, se é dado ao réu provar a impossi- bilidade de uma obrigação de fazer para ver afastadas as *astreintes*, a mesma possibilidade se lhe abriria para evitar, na impossibilidade econômica de saldar sua dívida, a incidência daquela multa periódica. Portanto, caso a caso, a técnica de tutela adequada poderia ser aplicada pelo magistrado, se liberdade lhe fosse dada pelo legislador para tanto.

---

148 Vimos, anteriormente, que não obstante a redação do art. 475-J, uma vez comprovada a insolvência do devedor ao tempo da incidência da multa, devera o juiz suprimi-la.
149 Art. 461. Na ação que tenha por objeto o cumprimento de obrigação de fazer ou não fazer, o juiz concederá a tutela específica da obrigação ou, se procedente o pedido, determinará providências que assegurem o resultado prático equivalente ao do adimplemento. (Redação dada pela Lei nº 8.952, de 13.12.1994.)
(...)
§ 5º Para a efetivação da tutela específica ou a obtenção do resultado prático equivalente, poderá o juiz, de ofício ou a requerimento, determinar as medidas necessárias, tais como a imposição de multa por tempo de atraso, busca e apreensão, remoção de pessoas e coisas, desfazimento de obras e impedimento de atividade nociva, se necessário com requisição de força policial. (Redação dada pela Lei nº 10.444, de 7.5.2002.)

Art. 475-L. A impugnação somente poderá versar sobre:
I – falta ou nulidade da citação, se o processo correu à revelia;
II – inexigibilidade do título;
III – penhora incorreta ou avaliação errônea;
IV – ilegitimidade das partes;
V – excesso de execução;
VI – qualquer causa impeditiva, modificativa ou extintiva da obrigação, como pagamento, novação, compensação, transação ou prescrição, desde que superveniente à sentença.

§ 1º Para efeito do disposto no inciso II do caput *deste artigo, considera-se também inexigível o título judicial fundado em lei ou ato normativo declarados inconstitucionais pelo Supremo Tribunal Federal, ou fundado em aplicação ou interpretação da lei ou ato normativo tidas pelo Supremo Tribunal Federal como incompatíveis com a Constituição Federal.*

§ 2º Quando o executado alegar que o exeqüente, em excesso de execução, pleiteia quantia superior à resultante da sentença, cumprir-lhe-á declarar de imediato o valor que entende correto, sob pena de rejeição liminar dessa impugnação.

Direito anterior. Art. 680. Prosseguindo a execução, e não configurada qualquer das hipóteses do art. 684, o juiz nomeará perito para estimar os bens penhorados, se não houver na comarca avaliador oficial, ressalvada a existência de avaliação anterior (art. 655, § 1º, V). Art. 741. Na execução fundada em título judicial, os embargos só poderão versar sobre: I – falta ou nulidade de citação no processo de conhecimento, se a ação lhe correu à revelia; II – inexigibilidade do título; III – ilegitimidade das partes; IV – cumulação indevida de execuções; V – excesso da execução, ou nulidade desta até a penhora; VI – qualquer causa impeditiva, modificativa ou extintiva da obrigação, como pagamento, novação, compensação com execução aparelhada, transação ou prescrição, desde que supervenientes à sentença; VII – incompetência do juízo da execução, bem como suspeição ou impedimento do juiz. Parágrafo único. Para efeito do disposto no inciso II deste artigo, considera-se também inexigível o título judicial fundado em lei ou ato normativo declarados inconstitucionais pelo Supremo Tribunal Federal ou em aplicação ou interpretação tidas por incompatíveis com a Constituição Federal. (Redação da Medida Provisória nº 2.180-35, de 2001). Art. 742. Será oferecida, juntamente com os embargos, a exceção de incompetência do juízo, bem como a de suspeição ou de impedimento do juiz. Art. 743. Há excesso de execução: I – quando o credor pleiteia quantia superior à do título; II – quando recai sobre coisa diversa daquela declarada no título; III – quando se processa de modo diferente do que foi determinado na sentença; IV – quando o credor, sem cumprir a prestação que lhe corresponde, exige o adimplemento da do devedor (art. 582); V – se o credor não provar que a condição se realizou.

DANILO KNIJNIK

Mestre em Direito Processual Civil pela Universidade Federal do Rio Grande do Sul (UFRGS). Doutor em Direito pela Universidade de São Paulo (USP). Advogado em Porto Alegre.

COMENTÁRIO

66. Impugnação e embargos – Segundo demonstra o direito comparado, as relações entre legislação e jurisprudência diferem, quando se tem em consideração a *common law* e a *civil law*. Via de regra, na primeira, a lei corrige ou aperfeiçoa as criações jurisprudenciais, enquanto que, na segunda, acolhe e positiva essas mesmas criações.

Parece ser esse o caso dos dispositivos em análise. Com efeito, uma das pedras de toque da reforma processual, instituída pela Lei nº 11.332/05, consiste na abolição da necessidade de novo processo, para implementar título executivo judicial tendo por objeto condenação ao pagamento de quantia certa, doravante transformado em requerimento do credor (art. 475-J, § 3º, do CPC). Por questão de simetria, impunha-se, logicamente, atribuir ao meio de defesa do executado idêntica natureza.

E assim foi feito: o cumprimento da sentença, que condene ao pagamento de quantia certa, dá-se, agora, por meio de requerimento do credor, sem natureza de nova ação (de execução), nem instauração de inédita relação processual; a seu turno, a "defesa" do executado, antes ação incidental (embargos de devedor), dá-se por petição incidental. Daí **não** aludir o art. 475-L à ação incidental ou embargos, mas, pura e simplesmente, à "**impugnação**" do devedor.

Nesse ponto, convém lembrar que, sob o direito anterior, malgrado o silêncio da legislação, doutrina e jurisprudência haviam consagrado a possibilidade de o executado, mesmo sem penhora ou antes dela, argüir matérias cognoscíveis de ofício, por meio de petição nos próprios autos do executivo, o que se convencionou denominar por "**exceção de pré-executividade**". Dizia-se, então, que, "nas execuções, a defesa deve ser formulada via embargos, admitindo-se, excepcionalmente, que **nos próprios autos da execução** sejam argüidas objeções como defesa".[1] Doutrinariamente, classificou-se tal forma de reação processual não positivada como *simples petitio*, ou seja, simples requerimento ou petição, como, em estudo clássico, deixou consignado Giuseppe Martineto.[2]

Ao que parece, o legislador institucionalizou, ainda que em parte e limitadamente às execuções por quantia certa, a praxe jurisprudencial consagrada: doravante, cumpre ao devedor opor-se ao requerimento executivo, em primeiro lugar, **nos próprios autos**; em segundo lugar, através de simples petição, denominada **impugnação**.

Nesse ponto, convém assinalar que, malgrado simples petição, o recebimento ou não da impugnação aludida não fica condicionado a arbítrio judicial, nem à liquidez e certeza das argüições; pelo contrário, assiste ao executado verdadeiro direito subjetivo-processual à sua apresentação e apreciação, com ampla produção de provas no que se refere ao objeto da petição. A não ser assim, haveria flagrante ofensa ao princípio da ampla defesa e ao contraditório, na linha do que já vinha preconizando a jurisprudência do Superior Tribunal de Justiça, em se tratando de execução de obrigação de fazer e não fazer, que, via de regra, não comporta a ação incidental de embargos, por isso que viável a **impugnação nos próprios autos**.[3] Assim é a regra, ressalvada a hipótese de o juiz conferir-lhe **efeito suspensivo**, quando, en-

---

1 REsp. nº 406.461/SP, Rel.ª Ministra Eliana Calmon, 2ª Turma, julgado em 02.03.2004, *DJ* 17.05.2004, p. 171.
2 Assinala Giuseppe Martinetto, *Gli accertamenti degli organi esecutivi*. Milano: Giuffrè, 1963, p. 5: "da existência dos poderes-deveres [do juiz], deriva para as partes e, especialmente para o devedor, a faculdade de assinalar ao órgão competente a eventual falta de um ou mais entre os pressupostos necessários para a emanação de um provimento, seja a existência de eventuais nulidades absolutas ou circunstâncias idôneas a justificar-lhe a revogação. Naturalmente, não estamos em presença, aqui, de uma iniciativa que condicione o exercício dos referidos poderes, mas, isto sim, numa simples forma de *imploratio judicis officii*".
3 PROCESSO CIVIL. CUMPRIMENTO DE OBRIGAÇÃO DE FAZER. SENTENÇA EXECUTIVA *LATO SENSU* (CPC, ART. 461). DESCABIMENTO DE EMBARGOS À EXECUÇÃO. DEFESA POR SIMPLES PETIÇÃO. (...). 1. Os embargos do devedor constituem instrumento processual típico de oposição à execução forçada promovida por ação autônoma (art. 736 do CPC). Sendo assim, só cabem embargos de devedor nas ações de execução processadas na forma disciplinada no Livro II do Código de Processo. 2. No atual regime do CPC, em se tratando de obrigações de prestação pessoal (fazer ou não fazer) ou de entrega de coisa, as sentenças correspondentes são executivas *lato sensu*, a significar que o seu cumprimento se opera na própria relação processual original, nos termos dos artigos 461 e 461-A do CPC.

tão, "a impugnação será instruída e decidida (...) em autos apartados" (art. 475-M, § 2º, do CPC), como adiante examinado.

67. Requisitos da impugnação do devedor – O fato de a impugnação não se constituir em verdadeira ação incidental ilumina o estudo de seus requisitos. Nesse sentido, diante do requerimento apresentado pelo credor, o juiz determinará a expedição de "mandado de penhora e avaliação", do qual "será de imediato **intimado** o executado, na pessoa de seu advogado (arts. 236 e 237)".

Ora, considerando-se a natureza jurídica atribuída à execução manejada pelo credor, parece evidente que nenhum rigor formal haverá de exigir-se da impugnação do devedor, não mais se tratando de **ação incidental** (embargos). Desnecessário, assim, quiçá inadequada mesmo, a apresentação de **pedido de citação** do credor,[4] sendo bastante a exposição de uma das causas de pedir, taxativamente relacionadas nos incisos I a VI do artigo em estudo, aí sim sob pena de sua **rejeição liminar**, acompanhadas do **pedido de intimação** do credor. Frise-se, porém, que a ausência desse pedido nenhum prejuízo acarretará, pois, diferentemente da citação, pode o juiz determinar sua realização sem expresso requeri-

---

Afasta-se, nesses casos, o cabimento de ação autônoma de execução, bem como, conseqüentemente, de oposição do devedor por ação de embargos. 3. Todavia, isso não significa que o sistema processual esteja negando ao executado o direito de se defender em face de atos executivos ilegítimos, o que importaria ofensa ao princípio constitucional da ampla defesa (CF, art. 5º, LV). Ao contrário de negar o direito de defesa, o atual sistema o facilita: ocorrendo impropriedades ou excessos na prática dos atos executivos previstos no artigo 461 do CPC, a defesa do devedor se fará por simples petição, no âmbito da própria relação processual em que for determinada a medida executiva, ou pela via recursal ordinária, se for o caso (...)" (REsp. nº 721.808/DF, Rel. Ministro Teori Albino Zavascki, 1ª Turma, julgado em 01.09.2005, *DJ* 19.09.2005, p. 212).

---

4   Exceto, porém, quando o título executivo for sentença penal condenatória, instrumento de transação ou sentença arbitral, pois, nesse caso, conforme estabelece o art. 475-N, parágrafo único, do CPC, "o mandado inicial (art. 475-J) incluirá a ordem de citação do devedor, no juízo cível, para liquidação ou execução, conforme o caso", que, por isso mesmo, deverá ser requerida pelo interessado.

mento do interessado.⁵ Ainda em que pese não se constituir em ação, o devedor tem o ônus de indicar os limites do pedido de acolhimento (extinção da execução, redução do valor etc.), delimitando, objetivamente, assim, o incidente, mediante o respectivo pedido e causa de pedir.

A propósito, embora o legislador tenha previsto a **rejeição liminar** da impugnação apenas numa circunstância – argüição de excesso de execução desacompanhada da indicação do valor alegadamente devido (§ 2º) – ao mencionar, no *caput* do art. 475-L, que a impugnação "*somente poderá versar*" sobre as causas de pedir que arrola, preexcluída ficou, como decorrência natural, a argüição de matéria diversa. Portanto, caso o objeto da impugnação exorbite o rol taxativo – ou, naquilo que o exorbite – cumprirá ao juiz, igualmente, rejeitar *in limine* a impugnação, como, aliás, já era facultado em matéria de embargos. Veja-se, no ponto, que, curiosamente, não houve revogação expressa do Capítulo I do Livro II do CPC, que versa sobre os embargos à execução (reservados à execução por título extrajudicial e contra a fazenda pública). Mais do que isso, estabeleceu, no art. 475-R, que "aplicam-se subsidiariamente ao cumprimento da sentença, no que couber, as normas que regem o processo de execução de título extrajudicial",⁶ impondo-se a **rejeição liminar**, portanto, quando argüida matéria exorbitante às causas de pedir arroladas.⁷

---

5   Pode o juiz, é claro, determinar que o autor requeira a citação, mas a determinar, *ex officio*, ausente pedido daquele: "PROCESSUAL CIVIL. LITISCONSÓRCIO NECESSÁRIO. LIMITES DA ATIVIDADE DO JUIZ. CPC, ART. 47 E PARÁGRAFO ÚNICO. Compete ao autor eleger com quem pretende litigar judicialmente, sob o arnês das conseqüências advindas das conseqüências processuais advindas de erro na escolha. Mesmo no litisconsórcio necessário, limitar-se-á o juiz, assinando prazo, a ordenar a citação. Descumprida a determinação, extinguirá o processo (parágrafo único, art. 47 do CPC). Forçar o autor a demandar com quem não deseja não se afeiçoa à ordem processual, uma vez que, de ofício, não pode vincular a participação do autor, determinará a sua efetivação. Precedentes. Recurso provido" (REsp. nº 89.720/RJ, Rel. Ministro Milton Luiz Pereira, 1ª Turma, julgado em 05.06.1997, *DJ* 01.09.1997, p. 40.746).
6   V. comentários ao art. 475-R do CPC, *supra*.
7   Conforme assinalava Paulo Henrique dos Santos Lucon, *Embargos à execução*. São Paulo: Saraiva, 1996, p. 109, em comentário ao revogado art. 793, inciso II, do CPC, "em função do *numerus clausus* contidos neste dispositivo legal, o seu descumprimento tem por via de conseqüência o indeferimento liminar dos embargos à execução, nos termos do disposto no art. 739, II, do CPC".

Estando em termos a impugnação, o juiz a receberá, fixando-lhe os efeitos, como será visto mais adiante. Inviabiliza-se, a nosso ver, o indeferimento de plano, devendo a autoridade judiciária oportunizar a emenda da petição, aí sim, sob pena de indeferimento, tudo mediante aplicação analógica do art. 284 do CPC, como sempre se entendeu relativamente à inicial dos embargos.[8]

68. Impugnação antes de formalizada a penhora – A reforma processual alterou o regime da nomeação de bens à penhora, até então reservado à iniciativa do devedor, pelo menos num primeiro momento. Diferentemente, faculta-se agora ao credor indicar bens a serem penhorados, isso no próprio requerimento, após o que, segundo o art. 475-J, "expedir-se-á mandado de penhora e avaliação". Trata-se de procedimento racional; afinal, o devedor já descumpriu sua obrigação de satisfazer espontaneamente o credor, nos termos do julgado.

Em que pese a simplificação, o legislador estabeleceu requisitos a serem atendidos também pelo exeqüente,[9] dentre os quais avulta a observância do art. 614, inciso II, do CPC.[10] Então, supondo-se tenha o juiz deferido o requerimento, ordenando a expedição do mandado de penhora e avaliação, sem que tenham sido observados não apenas tal requisito, como tam-

---

8   "PROCESSUAL CIVIL. RECURSO ESPECIAL. EMBARGOS À EXECUÇÃO. INDEFERIMENTO LIMINAR DA PETIÇÃO INICIAL. VIOLAÇÃO AO ART. 284, DO CPC. 1. O art. 284 do CPC prevê que, 'Verificando o juiz que a petição inicial não preenche os requisitos exigidos nos arts. 282 e 283, ou que apresenta defeitos e irregularidades capazes de dificultar o julgamento de mérito, determinará que o autor a emende, ou a complete, no prazo de 10 (dez) dias. Parágrafo único. Se o autor não cumprir a diligência, o juiz indeferirá a petição inicial.' 2. A ausência de despacho do juiz determinando a emenda da petição inicial, indeferindo-a liminarmente ante as alegações genéricas da embargante, acarreta ofensa ao dispositivo da Lei Processual Civil apontado como vulnerado. 3. Precedentes desta Corte (EREsp. n° 255.673, Rel. Ministro Gilson Dipp, Terceira Seção, *DJ* 10.04.2002). 4. Recurso especial provido" (REsp. n° 760.208/RS, Rel. Ministro Luiz Fux, 1ª Turma, julgado em 13.09.2005, *DJ* 10.10.2005, p. 254).
9   Dispôs, nesse sentido, o art. 475-J: "Caso o devedor, condenado ao pagamento de quantia certa ou já fixada em liquidação, não o efetue no prazo de quinze dias, o montante da condenação será acrescido de multa no percentual de dez por cento e, a requerimento do credor e observado o disposto no art. 614, inciso II, desta Lei, expedir-se-á mandado de penhora e avaliação".
10 Ver nota 4, *supra*.

bém quaisquer outros requisitos inerentes à execução, estaria obrigado o devedor a aguardar a realização do ato constritivo para, somente após, impugná-lo?

Entendemos que não. Parece-nos, no ponto, persistir a validade do entendimento doutrinário e jurisprudencial que se construiu em relação à exceção de pré-executividade. Tal como antes, nada impedirá que o devedor compareça antecipadamente nos autos, antes de formalizada qualquer constrição, para argüir matérias que configurem típicas objeções,[11] como vinha sendo reconhecido, até então, pela jurisprudência do STJ, em sede de processo executivo autônomo.[12] Mas é preciso, assim como antes, alertar: não comportará o incidente de pré-executividade qualquer indagação ou dilação probatória, ficando eventual atividade instrutória reservada à prova da impugnação, nos termos do art. 457-M, § 2º, do CPC. Absolutamente necessário, portanto, que a argüição se revista de liquidez e certeza, originária (ou seja, quando do requerimento) e sucessiva (quando da decisão, vis-a-vis da resposta do credor),[13] prevalecendo o entendimento, pois, se-

---

11 Reportamo-nos, no ponto, ao que sustentamos em *A Exceção de Pré-Executividade*, Rio de Janeiro: Forense, 2001, p. 192: "a exceção de pré-executividade tem por objeto a cognição rarefeita das condições da ação e pressupostos processuais da ação de execução, de um lado, e, de outro, das objeções substanciais, todos mediatizáveis pelo título".

12 "A exceção de pré-executividade, como defesa excepcional, não tem o condão de substituir os embargos, ação própria para o executado formular sua impugnação. 2. A exceção de pré-executividade limita-se às objeções que, por serem de ordem pública, podem ser decretadas de ofício pelo julgador. 3. Prescrição não é objeção e, em princípio, não poderia ser argüida, senão via embargos, tolerando-se a via escolhida, exceção, em nome do princípio da economia processual. 4. A jurisprudência do STJ, após divergências, pacificou-se no sentido de admitir como termo *a quo* para a contagem da prescrição a data da citação, como estabelecido no CTN, no CPC e no CC, afastando-se o rigor da LEF, que indica a data do despacho que ordena a citação. 5. Recurso especial improvido" (REsp. nº 658.842/RS, Relª. Ministra Eliana Calmon, 2ª Turma, julgado em 28.06.2005, *DJ* 29.08.2005, p. 292).

13 Conforme anotamos a respeito da *Exceção de Pré-Executividade*, "o primeiro requisito exigível é o de que, à argüição, seja absolutamente e de todo dispensável o desenvolvimento de atividades probatórias de qualquer natureza, devendo as questões fáticas, eventualmente envolvidas na resolução do incidente, apresentar-se inteiramente pré-constituídas. Eventualmente, alguma prova poderá exibir-se, mas, ainda nesse caso, deverá apresentar-se pré-constituída, tal como ocorre na ação mandamental. É preciso que não só não haja, como, também, não tenha lugar controvérsia

gundo o qual inviável a produção de prova nesta sede.[14] Vale anotar que eventual indeferimento da argüição de pré-executividade comportará o recurso de agravo de instrumento.[15] Caso acolhida, com a extinção da execução, o recurso cabível será o de apelação.

69. Falta ou nulidade da citação – Dentre os vícios processuais, a falta ou nulidade de citação é, seguramente, dos mais graves, a ponto de a doutrina brasileira ter reservado, para essas hipóteses, a *querela de nulidade*. Por isso, tal vício não se sujeita ao prazo decadencial da ação

---

fática, inclusive sobre a autenticidade da própria prova pré-constituída. A dúvida, originária, ou seja, conatural à própria argüição, ou superveniente, como aquela exsurgente da resposta do exeqüente-exceto, inclusive no que diz respeito à qualificação da matéria argüida, resolver-se-á pelos valores inerentes ao conflito executivo, ou seja, pela inadmissibilidade da exceção e pela prevalência do interesse do credor. Daí melhor falar-se em liquidez e certeza originária – preexistente no momento da argüição – e sucessiva, ou seja, existente no momento de decidir" (*A Exceção de Pré-Executividade*, Rio de Janeiro: Forense, 2001, p. 192).

---

14 "(...) EXCEÇÃO DE PRÉ-EXECUTIVIDADE. CASO CONCRETO. NECESSIDADE DE DILAÇÃO PROBATÓRIA. IMPOSSIBILIDADE. (...) Na hipótese dos autos, o Tribunal de origem assentou que as matérias deduzidas na exceção de pré-executividade demandariam a produção de provas e, com base em tal premissa, rejeitou o incidente. Entendimento consentâneo com o firmado por esta Corte, no sentido de que as matérias passíveis de serem alegadas em exceção de pré-executividade não são somente as de ordem pública, mas também os fatos modificativos ou extintivos do direito do exeqüente, desde que comprovados de plano, sem necessidade de dilação probatória. Súmula nº 83/STJ. 5. Agravo regimental improvido" (AgRg. no REsp. nº 767.677/RJ, Rel. Ministro Castro Meira, 2ª Turma, julgado em 13.09.2005, *DJ* 12.12.2005, p. 351).

15 "(...) EXCEÇÃO DE PRÉ-EXECUTIVIDADE NÃO ACOLHIDA – NATUREZA DE INCIDENTE PROCESSUAL – RECURSO CABÍVEL – AGRAVO DE INSTRUMENTO – RECURSO ESPECIAL CONHECIDO E PROVIDO. A decisão monocrática que julgou a pretensão deduzida na referida exceção de pré-executividade, em verdade, pôs fim a um incidente processual e não a um processo incidental, isto é, deixou de apreciar a alegação acerca da legitimidade do peticionário de figurar na execução fiscal. Esse pronunciamento judicial desafia o recurso de agravo de instrumento, uma vez que o curso da execução fiscal terá normal prosseguimento. Precedentes deste Sodalício. – Recurso especial conhecido e provido" (REsp. nº 493.818/MG, Rel. Ministro Franciulli Netto, 2ª Turma, julgado em 22.04.2003, *DJ* 26.05.2003, p. 358).

rescisória, que, segundo acertada orientação,[16] nem seria cabível, por tratar-se de inexistência jurídica da sentença,[17] não obstante certa jurisprudência continue a admiti-la. A inovação, aqui, fica por conta da correção introduzida no texto anterior, referindo-se o legislador, doravante, não à *ação que correu à revelia*, mas, isto sim, ao *processo* conduzido nessas circunstâncias.

Pressuposto básico da causa de pedir ora analisada é que o processo tenha corrido à revelia. Significa dizer que, malgrado eventual vício do ato citatório, ocorrido no processo de conhecimento, se já ali restou suprida a omissão, *v.g.*, pelo comparecimento espontâneo, já não mais poderá ser agitada a matéria quando da execução, à falta de um pressuposto essencial,

---

16 "AÇÃO DE NULIDADE. ALEGAÇÃO DE NEGATIVA DE VIGÊNCIA AOS ARTS. 485, 467, 468, 471 E 474 DO CPC. Para a hipótese prevista no art. 741, I, do atual CPC, que é a de falta ou nulidade de citação, havendo revelia, persiste, no direito positivo brasileiro, a *querela nullitatis*, o que implica dizer que a nulidade da sentença, nesse caso, pode ser declarada em ação declaratória de nulidade, independentemente do prazo para a propositura da ação rescisória, que, em rigor, não é a cabível. RE não conhecido" (RE nº 96.374/GO, Rel. Min. Moreira Alves, 2ª Turma do STF, j. 30.08.1983, *DJU* 11.11.1983, p. 7.542); "PROCESSUAL CIVIL – *QUERELA NULLITATIS* – AÇÃO DECLARATÓRIA – PRESSUPOSTO – REVELIA – HIPÓTESE DIVERSA (...) – AÇÃO RESCISÓRIA. I – O réu revel pode utilizar-se da ação declaratória do artigo 486 do Código de Processo Civil para discutir a falta ou irregularidade da citação inicial no processo de conhecimento. Precedentes. (...) (REsp. nº 459.351/SP, Rel. Ministro Castro Filho, 3ª Turma, j. 22.05.2003, *DJ* 16.06.2003, p. 338); "AÇÃO RESCISÓRIA. NULIDADE DA CITAÇÃO. Nula a citação, não se constitui a relação processual, e a sentença não transita em julgado, podendo, a qualquer tempo, ser declarada nula, em ação com esse objetivo, ou em embargos à execução, se o caso (CPC, art 741, I). Intentada a rescisória, não será possível julgá-la procedente, por não ser caso de rescisão. Deverá ser, não obstante, declarada a nulidade do processo, a partir do momento em que se verificou o vício" (REsp. nº 7.556/RO, Rel. Ministro Eduardo Ribeiro, 3ª Turma, j. em 13.08.1991, *DJU* 02.09.1991, p. 11.811).

17 A doutrina, porém, diverge a respeito dessa caracterização, assinalando Celso Neves, *Comentários ao CPC*. Rio de Janeiro: Forense, 1977, p. 254: "*não se pode dizer que a falta de citação seja causa de inexistência do processo e, pois, da sentença que nele se proferir. O que ela acarreta é a nulidade do processo e da sentença*". Assim também Paulo Henrique dos Santos Lucon, *Embargos à execução*. São Paulo: Saraiva, 1996, p. 164. A divergência não é meramente acadêmica, pois, em se tratando de inexistência, a sentença seria declaratória, ao passo que, em se tratando de nulidade, constitutiva negativa.

qual seja, o **decreto de revelia**.[18] Configurado este, porém, abre-se a discussão, inclusive com ampla produção de provas, durante a instrução da impugnação.

Numa circunstância, porém, malgrado a letra da lei, pode configurar-se vício absoluto do processo, ausente o decreto de revelia. É o caso do litisconsorte necessário preterido: "é nulo o processo por falta de citação de litisconsortes necessários",[19] nada impedindo que o vício seja alegado nessa oportunidade.

70. Exigibilidade do título e ilegitimidade das partes – A Lei nº 11.232/2005, nesse ponto, nada inovou, repetindo a fórmula constante do art. 741, incisos II e III.

Em se tratando de títulos judiciais, são raros os casos de inexigibilidade, ressaltando-se a hipótese da chamada "decisão inconstitucional" (art. 475-L, § 1º), que será comentada mais adiante.[20] Da mesma forma, manteve o legislador o controle da legitimidade das partes na execução, nada inovando, cabendo aqui "a argüição de ilegitimidade, tanto do exeqüente como do executado".[21]

71. Penhora incorreta ou avaliação errônea – Consoante já examinado, caso o devedor permaneça em estado de inércia, terá lugar a avaliação e penhora do bem indicado pelo credor, sendo intimado já para impugnar a pretensão executória, quando poderá argüir os vícios desses atos (penhora e avaliação), via de regra realizados sem sua prévia intimação ou participação.

Considerando-se que "não é absoluto o princípio insculpido no art. 591 do CPC, de que todos os bens do devedor respondem por suas obriga-

---

18 "Embargos à execução de título judicial. Interpretação do art. 741, I, do Código de Processo Civil. 1. Como ensina a doutrina, o art. 741, I, do Código de Processo Civil destina-se àqueles casos em que houve falta ou nulidade de citação, se ocorreu revelia. Ausente esse pressuposto, não cabe sua invocação nos embargos à execução de título judicial. 2. Recurso especial não conhecido" (REsp. nº 503.091/RO, Rel. Ministro Carlos Alberto Menezes Direito, 3ª Turma, julgado em 18.11.2003, *DJ* 25.02.2004, p. 169).
19 REsp. nº 488.712/RJ, Rel. Ministro Ari Pargendler, 3ª Turma, julgado em 06.06.2003, *DJU* 10.05.2004, p. 274.
20 Sobre o ponto, v. comentário ao art. 741, parágrafo único, *infra*.
21 Cf. Celso Neves, *Comentários ao CPC*, Rio de Janeiro: Forense, 1977, p. 259.

ções",²² faculta-se ao devedor impugnar a penhora, devendo-se entender por incorreta tanto a penhora que apresenta vícios formais quanto a que se ressente de vícios materiais. Assim, com fundamento no art. 475-L, inciso III, pode-se discutir a penhorabilidade de determinado bem, nos termos dos arts. 649 e 650 do CPC e da Lei n° 9.009/90, bem como a regularidade formal do ato realizado.

Da mesma forma, faculta-se ao devedor discutir a avaliação do bem. Nesse aspecto, convém assinalar que, anteriormente, a avaliação era realizada após a citação *in executivis* do devedor e em contraditório, nos termos do art. 680 do CPC: "prosseguindo a execução, e não configurada qualquer das hipóteses do art. 684, o juiz nomeará perito para estimar os bens penhorados, se não houver, na comarca, avaliador oficial, ressalvada a existência de avaliação anterior". Ou seja, como regra, a avaliação não mais se dará, necessariamente, em contraditório, ficando este diferido ou postecipado, se e quando sobrevier impugnação por parte do devedor.

De tal sistemática decorrem duas observações: em primeiro lugar, eventual impugnação do executado quanto a isso deve ser recebida com largueza, permitindo-se a produção das provas cabíveis, em contraditório, com a participação dos sujeitos interessados. Vale lembrar que a jurisprudência sempre foi – e nenhuma razão há para alterar-se tal entendimento – rigorosa quanto ao ponto.²³ Assim, só haverá preclusão se o executado, in-

---

22   Arnaldo Marmitt. *A penhora; doutrina e jurisprudência*. Rio de Janeiro: Aide, 1992, p. 288.
23   "PROCESSUAL CIVIL. (...) AVALIAÇÃO DO BEM PENHORADO. AUSÊNCIA DE INTIMAÇÃO DO EXECUTADO. ARREMATAÇÃO. PRECLUSÃO. INOCORRÊNCIA. (...) Em obediência ao contraditório, as partes devem ser instadas a se pronunciarem, no prazo de cinco dias, sobre o laudo de avaliação do bem penhorado. (...) É assente na Corte que: 'Apesar de não haver norma expressa a respeito, em razão das conseqüências jurídicas que decorrem da avaliação e conseqüente fixação do preço dos bens penhorados, impõe-se sejam as partes intimadas do laudo de avaliação. – 'Não se trata de procedimento que importa comprometimento da celeridade do processo de execução. Pelo contrário, visa a fixar lapso de tempo dentro do qual deverão as partes se manifestar sobre as conclusões do avaliador; escoado *in albis*, terá incidência a preclusão, não podendo mais a questão ser objeto de discussão em outro momento processual. Evita-se dessa forma que a alegação de erro na avaliação surja, como no caso dos autos, após a arrematação, causando sem dúvida maior instabilidade e tumulto' (...). Tratando-se de hipótese em que o executado, não intimado a se manifestar sobre a avaliação do bem penhorado, antes da realização do leilão, veio a juízo,

timado da avaliação, não a impugnar.²⁴ Persiste, aqui, a orientação segundo a qual é ônus do impugnante indicar precisamente o equívoco da avaliação, bem como o valor que reputa devido, sendo inadmissível a chamada **impugnação genérica**.²⁵ De fato, não se confunde a impugnação – cujo fundamento é a erronia do laudo – com pedido de nova avaliação, cujo fundamento está no vigente art. 683 do CPC.

72. Excesso de execução. Ônus de impugnação específico – Conforme Humberto Theodoro Jr., reproduzindo palavras de José Alberto dos Reis, o título executivo é a "expressão integral das condições da ação executória".²⁶ Daí por que "a parte da execução que exorbite o que aquele ato ou fato precisamente indica é execução sem título e, portanto, execução injusta, passível de ser reduzida nos seus exatos limites".²⁷

---

impugnando a referida avaliação, não há que se aduzir à preclusão da matéria (...) Recurso especial a que se nega provimento" (REsp. nº 626.791/RS, Rel. Ministro Luiz Fux, 1ª Turma, julgado em 15.02.2005, *DJ* 21.03.2005, p. 251).

---

24 "Não impugnado o laudo de avaliação do bem penhorado no momento oportuno, não se deve trazer a discussão aos autos por ocasião dos embargos à arrematação, em razão da preclusão da matéria (...)" (REsp. nº 465.482-RS, 2ª Turma, Rel. Ministro Franciulli Netto, julgado em 10.06.2003, *DJU* 08.09.2003, p. 294).

25 "EXECUÇÃO FISCAL. AVALIAÇÃO DE BENS MÓVEIS EFETUADA POR ENGENHEIRO AGRÔNOMO. IMPUGNAÇÃO GENÉRICA. JUNTADA TARDIA DE PETIÇÃO DA EXECUTADA. ALEGAÇÃO DE CERCEAMENTO DE DEFESA E QUEBRA DO PRINCÍPIO DO DEVIDO PROCESSO LEGAL. I – Não calha a impugnação genérica feita pela executada a laudo assinado por engenheiro agrônomo, sob argumento de que a avaliação dos veículos teria de ser efetuada por engenheiro mecânico, uma vez que não houve demonstração do tópico da avaliação em que a qualificação do avaliador interferiu na apuração do montante dos bens (...)" (Agravo nº 70.004.715.835, Primeira Câmara Especial Cível, Tribunal de Justiça do RS, Rel. Desembargador Antônio Corrêa Palmeiro da Fontoura, julgado em 29.04.2003).

26 Assinala o tratadista brasileiro que, "fundando-se a execução, obrigatoriamente, no título executivo, torna-se muito simples a verificação das condições da ação. Bastará, quase sempre, a comprovação da existência do título a que a lei confere a força executiva. Daí o ensinamento de que o título se apresenta como 'a expressão integral das condições da ação executória'" (Humberto Theodoro Junior. *Processo de execução*. São Paulo: Leud, 1989, p. 18).

27 Paulo Henrique dos Santos Lucon, *Embargos à execução*. São Paulo: Saraiva, 1996, p. 176.

No que pertine ao requerimento de execução por quantia certa contra devedor solvente, ora em exame, há de atender-se para a dicção do art. 743 do CPC: "há excesso de execução quando o credor pleiteia quantia superior à do título". Contudo, mais uma vez o legislador institucionalizou prática salutar, consagrada na jurisprudência: não se admitem as **impugnações genéricas ou inespecíficas**. Nos termos do § 2º, "cumprir-lhe-á declarar de imediato o valor que entende correto, sob pena de rejeição liminar dessa impugnação". Essa, frise-se, sempre foi a orientação no que se refere a impugnações de valores, cálculos ou avaliações: "a obrigação de apresentar a conta por parte do credor não exime o devedor de, ao opor os embargos por excesso de execução, detalhar os pontos controvertidos, apresentando então os valores que julgar corretos, inclusive com apresentação da memória de cálculos que entende correta, nos termos do art. 604 do CPC. Petição inicial com a simples discordância dos cálculos apresentados pelo credor, sem indicar os pontos controvertidos em excesso e o cálculo do valor que entenda ser devido, não justifica a oposição de embargos à execução, o que só retarda a efetiva prestação jurisdicional".[28]

Supondo-se, porém, que a impugnação, malgrado fundada em excesso de execução, não indique o valor considerado devido, pode o juiz, desde logo, indeferi-la, ou deverá, antes, determinar a intimação do devedor para que a emende, aí sim, sob pena de indeferimento? Parece-nos impositiva, no caso, a determinação de emenda, aplicando-se à espécie,

---

28 EREsp. nº 260.842/SP, Rel. Ministro Arnaldo Esteves Lima, 3ª Seção, julgado em 26.10.2005, *DJ* 28.11.2005, p. 186. Assim também: "RECURSO ESPECIAL. PREVIDENCIÁRIO. EMBARGOS À EXECUÇÃO. IMPUGNAÇÃO GENÉRICA DOS CÁLCULOS DO BENEFÍCIO. IMPOSSIBILIDADE. 1. Nos embargos do executado, tem ele o dever legal de definir um a um os fundamentos da oposição, notadamente quando por essa via impugna memória discriminada de cálculos, sendo seu dever indicar ponto a ponto o erro existente, não apenas pela afirmação, mas também com a indicação do valor correto, sob pena de fazer intermináveis as demandas de execução. Inteligência dos artigos 604 e 605 do Código de Processo Civil. 2. Enseja rejeição liminar dos embargos à execução a impugnação genérica dos cálculos do benefício previdenciário, sem a indicação do valor correto e seu respectivo fundamento" (REsp. nº 260.842/SP, da minha Relatoria, *in DJ* 12.2.2001). 2. Recurso improvido" (REsp. nº 324.674/SP, Rel. Ministro Hamilton Carvalhido, Sexta Turma, julgado em 27.04.2004, *DJ* 28.06.2004, p. 424).

analogicamente, o art. 284 do CPC, como, aliás, sempre se entendeu para a inicial dos embargos.²⁹

73. Causas impeditivas, modificativas ou extintivas supervenientes à sentença – Manteve-se, tal como no direito anterior, a oponibilidade, quando da execução, de causas impeditivas, modificativas ou extintivas, desde que supervenientes à sentença. Nesse ponto, convém assinalar que a *superveniência* refere-se não apenas à prescrição, mas a todas as causas exemplificativamente arroladas pela lei, tal como "pagamento, novação, compensação e transação".³⁰ Esse último requisito decorre da circunstância de que "as demais questões que fogem desse âmbito já foram debatidas no processo de conhecimento precedente, no qual a cognição se realizou de forma plena e exauriente. E, ainda que não tenham sido objeto de debate, transitada em julgado a sentença de mérito, reputar-se-ão deduzidas e repelidas todas as alegações e defesas que a parte poderia opor assim ao acolhimento como à rejeição do pedido".³¹

Como bem anota Heinitz, filiando-se à teoria processual e restritiva da coisa julgada, eventual rejeição de exceções de direito material, argüidas pelo réu no curso do processo de conhecimento, não passam, tecnicamente, em julgado,³² podendo configurar-se objeto de processo autônomo,

---

29 "PROCESSUAL CIVIL. RECURSO ESPECIAL. EMBARGOS À EXECUÇÃO. INDEFERIMENTO LIMINAR DA PETIÇÃO INICIAL. VIOLAÇÃO AO ART. 284, DO CPC. 1. O art. 284, do CPC, prevê que 'Verificando o juiz que a petição inicial não preenche os requisitos exigidos nos arts. 282 e 283, ou que apresenta defeitos e irregularidades capazes de dificultar o julgamento de mérito, determinará que o autor a emende, ou a complete, no prazo de 10 (dez) dias. Parágrafo único. Se o autor não cumprir a diligência, o juiz indeferirá a petição inicial.' 2. A ausência de despacho do juiz determinando a emenda da petição inicial, indeferindo-a liminarmente ante as alegações genéricas da embargante, acarreta ofensa ao dispositivo da Lei Processual Civil apontado como vulnerado. 3. Precedentes desta Corte (EREsp. n° 255.673, Rel. Min. Gilson Dipp, Terceira Seção, *DJ* de 10.04.2002). 4. Recurso especial provido" (REsp. n° 760.208/RS, Rel. Ministro Luiz Fux, 1ª Turma, julgado em 13.09.2005, *DJ* 10.10.2005, p. 254).
30 Cf. Celso Neves, *Comentários ao CPC*, Rio de Janeiro: Forense, 1977, p. 270
31 Paulo Henrique dos Santos Lucon, *Embargos à execução*. São Paulo: Saraiva, 1996, p. 112.
32 Assevera Ernesto Heinitz, *I limiti oggettivi della cosa giudicata*, Padova: Cedam, 1937, p. 222: "trata-se, agora, de examinar se e em que sentido pode-se falar da passagem em julgado da decisão sobre as exceções. À luz do quanto já foi exposto, re-

ressalvadas as hipóteses em contrário expressamente previstas na lei processual.[33] Daí a exigência expressa de que sejam causas supervenientes, pois, sem essa determinação, poderia o devedor, simplesmente, renovar discussão já travada, ou que poderia ter sido suscitada oportunamente, sem que lhe fosse oponível a exceção de coisa julgada. Válido, pois, o entendimento já consagrado, segundo o qual "matérias como pagamento e compensação, envolvendo circunstâncias anteriores à sentença lançada no processo de conhecimento, não podem ser suscitadas em embargos à execução de sentença que transitou em julgado".[34] Da mesma forma, não poderão figurar validamente em impugnação.

Um aspecto merece referência expressa: enquanto a redação anterior referia-se à *"compensação com execução aparelhada"*, agora, alude-se pura e simplesmente à *"compensação"*. Segue-se que, doravante, não há necessidade de que o crédito que se opõe ao exeqüente já esteja aparelhado, devendo, no entanto, obedecer aos requisitos do art. 369 do Código Civil, ou seja, tratar-se de dívida líquida e vencida.

> *Art. 475-M. A impugnação não terá efeito suspensivo, podendo o juiz atribuir-lhe tal efeito desde que relevantes seus fundamentos e o prosseguimento da execução seja manifestamente suscetível de causar ao executado grave dano de difícil ou incerta reparação.*
>
> *§ 1º Ainda que atribuído efeito suspensivo à impugnação, é lícito ao exeqüente requerer o prosseguimento da execução, oferecendo e prestando caução suficiente e idônea, arbitrada pelo juiz e prestada nos próprios autos.*
>
> *§ 2º Deferido efeito suspensivo, a impugnação será instruída e decidida nos próprios autos e, caso contrário, em autos apartados.*

---

sulta, sem mais, que se deve negar tal passagem, porque o acolhimento de uma exceção não constitui outra coisa que uma parte da motivação; trata-se de um raciocínio do juiz sobre uma questão preliminar, não sobre a decisão da controvérsia".

---

33 Cf. art. 470 do CPC.
34 Apelação Cível nº 70.013.587.910, 16ª Câmara Cível do Tribunal de Justiça do RS, Relª.Desembargadora Helena Ruppenthal Cunha, julgado em 11.01.2006.

§ 3º A decisão que resolver a impugnação é recorrível mediante agravo de instrumento, salvo quando importar extinção da execução, caso em que caberá apelação.

Direito anterior. Art. 736. O devedor poderá opor-se à execução por meio de embargos, que serão autuados em apenso aos autos do processo principal. Art. 737. Não são admissíveis embargos do devedor antes de seguro o juízo: I – pela penhora, na execução por quantia certa; II – pelo depósito, na execução para entrega de coisa. Art. 738. O devedor oferecerá os embargos no prazo de 10 (dez) dias, contados: I – da juntada aos autos da prova da intimação da penhora; II – do termo de depósito (art. 622); III – da juntada aos autos do mandado de imissão na posse, ou de busca e apreensão, na execução para a entrega de coisa (art. 625); IV – da juntada aos autos do mandado de citação, na execução das obrigações de fazer ou de não fazer. Art. 739. O juiz rejeitará liminarmente os embargos: I – quando apresentados fora do prazo legal; II – quando não se fundarem em algum dos fatos mencionados no art. 741; III – nos casos previstos no art. 295. § 1º Os embargos serão sempre recebidos com efeito suspensivo. § 2º Quando os embargos forem parciais, a execução prosseguirá quanto à parte não embargada. § 3º O oferecimento dos embargos por um dos devedores não suspenderá a execução contra os que não embargaram, quando o respectivo fundamento disser respeito exclusivamente ao embargante. Art. 740. Recebidos os embargos, o juiz mandará intimar o credor para impugná-los no prazo de 10 (dez) dias, designando em seguida a audiência de instrução e julgamento. Parágrafo único. Não se realizará a audiência se os embargos versarem sobre matéria de direito ou, sendo de direito e de fato, a prova for exclusivamente documental; caso em que o juiz proferirá sentença no prazo de 10 (dez) dias.

COMENTÁRIO

74. Efeitos da impugnação do devedor – No regime anterior à Lei nº 11.232/2005, vigorava a regra segundo a qual "os embargos serão sempre recebidos com efeito suspensivo", excetuando-se os embargos parciais ou personalíssimos.[35] Cuidou o legislador, agora, de alterar substancialmente aquele regime, fixando, doravante, a regra de que a "**impugnação não terá efeito suspensivo**", ou seja, precisamente o contrário.

---

35 Essas eram as exceções previstas na legislação anterior: a) "o oferecimento dos embargos por um dos devedores não suspenderá a execução contra os que não embargaram, quando o respectivo fundamento disser respeito exclusivamente ao embargante"; b) "quando os embargos forem parciais, a execução prosseguirá quanto à parte não embargada".

Assim como antes, também esse preceito geral comporta exceções. Com efeito, o legislador facultou ao juiz, na presença de certos requisitos, atribuir efeito suspensivo à impugnação do devedor ("podendo o juiz atribuir-lhe tal efeito desde que relevantes seus fundamentos e o prosseguimento da execução seja manifestamente suscetível de causar ao executado grave dano de difícil ou incerta reparação"). Inverteram-se, assim, regra e exceção.

A expressão literal da lei repropõe persistente questão hermenêutica: ao assinalar que o juiz **pode** comunicar efeito suspensivo à impugnação do devedor, ter-lhe-ia sido delegado poder discricionário? Ou, ainda, poderia o juiz determiná-lo de ofício?

Pois bem, quanto à primeira indagação, para além da construção doutrinária – a recusar, de forma geral, a existência de poder discricionário por parte do juiz civil,[36] o que já é assente entre nós [37] –, convém registrar que o modelo ora introduzido aproxima-se, visivelmente, do previsto no art. 624 do Código de Processo Civil italiano, que se poderia assim traduzir: "se é proposta oposição à execução, nos termos do art. 615, § 2º, e do art. 619, o juiz, concorrendo graves motivos, suspenderá, a pedido da parte, o processo, com ou sem caução".[38]

A esse respeito, afirma Roberto Marengo que "não parece haver dúvida que o instituto tem uma função *lato sensu* cautelar",[39] valendo observar

---

36 Sobre isso, v. Alessandro Raselli. *Studi sul potere discrezionale del giudice civile*. Milano: Giuffrè, 1975.
37 Afirma, a esse título, Athos Gusmão Carneiro, *Da antecipação de tutela*, 5ª ed. Rio de Janeiro: Forense, 2004, p. 21: "(...) o juiz não usa de um poder discricionário, não obstante a expressão poderá no *caput* do dispositivo legal. O ato discricionário, de freqüência imensa na atividade administrativa, envolve opção entre duas ou mais soluções igualmente válidas e legítimas. Já o magistrado, no exercício da jurisdição, analisará os fatos do processo (...) e (...) dirá se, na hipótese, ocorreram ou não os requisitos da concessão da tutela antecipada; se ocorreram, terá o dever de deferir o pedido de antecipação, fundamentando devidamente sua decisão; se não ocorreram, cumpre-lhe denegar o pedido, em provimento igualmente fundamentado".
38 No original: "*Art. 624. Sospensione per opposizione all'esecuzione Se e' proposta opposizione all'esecuzione a norma degli articoli 615 secondo comma e 619, il giudice dell'esecuzione, concorrendo gravi motivi, sospende, su istanza di parte, il processo con cauzione o senza (...)*".
39 Roberto Marengo, *La discrezionalità del giudice civile*. Torino: Giappichelli, 1996, p. 288. De assinalar que, para esse autor, essa decisão envolveria certo juízo discricionário, havendo acórdãos da Corte de Cassação italiana que apóiam esse entendimento: Cass., 11 mag. 1985, nº 22.940, *in* Foro *it.*, 1985, I, 3.166; Cass. 15 sett. 1979, nº 4.784; Cass., 11 sett. 1978, nº 4.107; Cass., 15 genn. 1977, nº 203; Cass., 2. magg. 1975, nº 1.691, *in* Foro it., 1976, I, 1664.

que, "nos casos urgentes, o juiz pode prover *inaudita altera parte*" e "a decisão (...) constitui, para o juiz da execução, um dever vinculado". Também Furno, em clássico estudo sobre a suspensão da execução, assinala que esta "não é um fenômeno autônomo, um fim em si mesmo, nem dá lugar a uma situação final, constituindo por sua essência institucional uma situação meramente instrumental, de transição ou de passagem, destinada a ter uma duração mais ou menos longa, mas com absoluta certeza de resolver-se em outra situação diversa".[40]

Destarte, muito embora o legislador brasileiro tenha empregado a tradicional fórmula segundo a qual o juiz *poderá* suspender a execução, evidente que se trata de deliberação vinculada, não discricionária, podendo configurar direito subjetivo de quem a requer, uma vez configurados seus pressupostos. Ou seja, a impugnação, como regra, não mais suspende a execução, mas o juiz **deve** suspendê-la, uma vez configurados os pressupostos previstos em lei. Esta parece ser a interpretação mais razoável do preceito.

75. Suspensão da Execução – Como visto acima, em regra, a impugnação não suspenderá a execução. Para que isso ocorra, o legislador exige a concorrência de requisitos, os quais podem ser, para fins de sistematização, reduzidos a três: (1º) **que sejam relevantes os fundamentos apresentados na petição de impugnação do devedor**; (2º) **que reste manifestamente configurada a possibilidade de um dano grave para o executado, em caso de prosseguimento**; (3º) **que o dano grave seja irreparável ou, pelo menos, de incerta reparação.**

Os requisitos descritos pelo legislador estão em linha com o espírito da reforma; no que respeita ao cumprimento das sentenças condenatórias, é dizer, garantir a celeridade e a efetividade da prestação jurisdicional em via executiva, dispensando a instauração de novo processo de execução, com suspensão automática diante dos embargos. Ou seja, doravante a execução daquelas sentenças, não se suspende pelo só fato processual da impugnação do devedor. O art. 475-M é eloqüente, não poupando adjetivos a demonstrar a absoluta *excepcionalidade* do efeito suspensivo. Se, para comunicar efeito suspensivo a agravo de instrumento, o legislador reclamou "decisão suscetível de causar à parte lesão grave e de difícil reparação", agora, para suspender o cumprimento de uma sentença condenatória, exigiu um contexto "**manifestamente suscetível de causar ao executado grave dano**

---

40 Carlo Furno, *La sospenzione del processo esecutivo*. Milano: Giuffrè, 1956, p. 46.

de difícil ou incerta reparação". Do que se conclui: a suspensão deve ser concebida como **medida excepcional**, reservada para situações gravíssimas. E precisa ser assim. A suspensão, na verdade, **nega o próprio processo** no que este tem de essencial, já porque, etimologicamente, o processo implica, em oposição a *"noncesso"* e a retrocesso, movimento progressivo, dinâmico.[41] Há, praticamente, uma antítese entre suspensão e processo, mormente o de execução, tendente à realização prática de direitos já reconhecidos no plano teórico. No dizer de Furno, "em verdade, a suspensão, não por uma sua peculiar eficácia, mas muito mais por sua intrínseca essência, configura-se positivamente com uma situação incompatível com o cumprimento dos atos ulteriores do processo, com o prosseguimento da atividade processual".[42]

Certo, anota Bucolo, "a suspensão tem um caráter evidente de instrumentalidade, vocacionada a assegurar a atuação do acertamento que decorrerá do juízo de oposição. Enquanto este último constitui o meio primário para definir a ilegitimidade da execução, a suspensão constitui, pelo contrário, o meio secundário para assegurar o atual estado de fato e de direito durante o tempo subjacente ao referido acertamento. É, em suma, como diria Calamandrei, *um instrumento do instrumento*",[43] mas, ainda assim, a suspensão é o **não-ser** do processo. Os aplicadores certamente terão grande responsabilidade em não vulgarizar, por força de uma interpretação retrospectiva, a agregação de efeito suspensivo ao cumprimento das sentenças, sob pena de frustrar os objetivos da reforma em questão.

Dito isto, cumpre examinar os requisitos estabelecidos pelo legislador, os quais, uma vez configurados, redundam no decreto de suspensão, sendo o primeiro deles eminentemente jurídico: a relevância dos fundamentos deduzidos na impugnação do devedor. Vale-se, o legislador, de categoria consagrada desde 1951, pelo art. 7°, inciso II, da Lei do Mandado de Segurança, cuja liminar é autorizada *"quando for relevante o fundamento"*

---

41 São de Hélio Tornaghi, *A relação processual penal*. São Paulo: Saraiva, 1945. 1987, p.1, as observações etimológicas seguintes: "o processo é um caminhar para a frente (*procedere*); é uma seqüência ordenada de atos que se encadeiam numa sucessão lógica e com um fim: o de possibilitar, ao juiz, o julgamento. DETURPAÇÕES. Qualquer ato que signifique um retardamento é um noncesso, uma paralisia; tudo quanto obrigue a voltar atrás acarreta um retrocesso (p. ex., os vícios que forçam à repetição de atos já praticados); a balbúrdia, movimento desordenado, o tumulto".
42 Furno, ob. cit., 1956, p. 27.
43 Francesco Bucolo, *La sospensione nell'esecuzione*. Milano: Giuffrè, 1963, pp. 105-106.

apresentado pelo requerente. Daí por que deve resultar, num juízo superficial e não exauriente da petição, uma razoável probabilidade de que os pedidos ali deduzidos venham a ser acolhidos, interferindo na pretensão executória. A título de exemplo, impugnação apoiada na jurisprudência dominante seguramente atende ao requisito legal da relevância.[44] É dizer, compete ao juiz, em exame perfunctório, verificar a viabilidade e as próprias chances de sucesso da pretensão impugnatória.

O segundo requisito é de ordem cautelar: consiste na possibilidade evidente ou manifesta de sobrevir um grave dano ao executado. Exige-se mais que um *periculum* genérico, não bastando, destarte, eventual diminuição patrimonial ou a ocorrência de dano econômico. Apenas danos qualificáveis como graves justificarão a excepcional medida, e isso, naturalmente, dependerá de uma análise prudente e atenta das circunstâncias do caso concreto, levando em consideração os bens jurídicos envolvidos e as condições pessoais e patrimoniais de cada litigante.[45] Ademais, diferentemente do que sucede com a antecipação de tutela, não basta, *in casu*, o "receio de dano irreparável". Pelo contrário, o terceiro requisito a ser observado é de natureza probatória: a possibilidade de sobrevir um dano grave ao devedor deve ser *manifesta*, sendo ônus do alegante demonstrar, na petição, a sua configuração. Aplica-se, aqui, todavia, o aforismo *res ipsa loquitur*: normalmente, tais situações revelam-se *de per si*, à luz das máximas da experiência do que ordinariamente ocorre, sendo dispensável a exibição de qualquer prova material.[46]

---

44 "PROCESSO CAUTELAR. RECURSO ESPECIAL. EFEITO SUSPENSIVO. LIMINAR. Hipótese em que o acórdão recorrido admitiu que contrariava a jurisprudência deste Tribunal, o que evidencia a relevância dos fundamentos deduzidos no Especial. Determinação de que se preste caução, a afastar a possibilidade de prejuízo para a outra parte" (MC nº 865/SP, Rel. Ministro Eduardo Ribeiro, 3ª Turma, julgado em 12.08.1997, *DJ* 22.09.1997, p. 46.439).

45 Com efeito, para uma grande empresa, certamente a postergação de um crédito de valor reduzido não tem as mesmas conseqüências que seriam observadas, em se tratando de um credor, por exemplo, desempregado e vice-versa. Assim, torna-se inviável a definição de um *standard* abstrato. Impõe-se, aqui, a análise da situação concreta. A propósito, persistem atuais as considerações tecidas por Galeno Lacerda, mediante invocação do caso *American Cynamid Co. v. Ethicon Ltd.*: "*seria imprudente tentar relacionar em abstrato os vários aspectos ponderáveis para decidir-se para onde a balança se deva inclinar*" (*Comentários ao CPC*, 6ª ed., p. 196).

46 A teoria da *res ipsa loquitur*, multi-citada no direito americano, nada mais significa, em tradução literal, que "*a coisa fala por si mesma*". Entre nós, tem sido empregada

76. Suspensão *ex officio* – Silenciou o legislador acerca da possibilidade de o juiz suspender, *ex officio*, a execução, pelo só fato processual da impugnação, diferentemente do que sucede no Código italiano, conforme acima demonstrado.

A propósito, ao cuidar da antecipação de tutela, o art. 273 do CPC foi preciso ao indicar a necessidade de iniciativa da parte: "o juiz poderá, **a requerimento da parte**, antecipar, total ou parcialmente, os efeitos da tutela pretendida no pedido inicial". O mesmo sucede, por exemplo, com a assistência judiciária gratuita, pois, segundo o art. 4º da Lei nº 1.060/50, "a parte gozará dos benefícios da assistência judiciária, mediante simples afirmação, na própria petição inicial, de que não está em condições de pagar as custas do processo e os honorários de advogado (...)", por isso a jurisprudência mais recente veda a concessão de ofício.[47]

Porém, *in casu*, inexiste dispositivo semelhante, sendo ambíguo o texto legal, pois, enquanto o art. 475-M, § 2º, prevê que, "**deferido** efeito suspensivo, a impugnação será instruída e decidida nos próprios autos" – supondo, portanto, a pré-existência de pedido –, o *caput* do art. 475-M autoriza o próprio juiz a deferi-lo à vista da petição ("... **podendo** o juiz atribuir-lhe tal efeito desde que relevantes seus fundamentos..."). Assim, tendo-se presente que a impugnação não é ação incidental, tendo natureza de simples petição, parece-nos mais adequado o entendimento segundo o qual pode o juiz suspender, de ofício, o executivo, não pelo só fato processual da impugnação, mas diante da presença dos requisitos da suspensão, até porque, mesmo nessa hipótese, sempre poderá o credor destrancá-lo, mediante prestação de caução. De resto, suspensa a execução, a instrução da impugnação dar-se-á nos próprios autos do executivo. Indeferido o pedido, esta deverá ser atuada em apenso, ali produzindo-se os atos de instrução respectivos.

---

nas ações de indenização por dano moral, que dispensam prova adicional que não o ilícito em si.

---

47 "RECURSO ESPECIAL. ADMINISTRATIVO E PROCESSUAL CIVIL. ASSISTÊNCIA JUDICIÁRIA GRATUITA. CONCESSÃO *EX OFFICIO*. IMPOSSIBILIDADE. A gratuidade da assistência judiciária pressupõe manifestação da parte interessada, sendo vedado ao poder jurisdicional deferir de ofício o benefício. Recurso conhecido e provido" (REsp. nº 111.616/PR, Rel. Ministro Hamilton Carvalhido, 6ª Turma, julgado em 28.09.1999, *DJ* 21.02.2000, p. 197).

77. Afastamento do efeito suspensivo – Deve-se à sugestão do Professor Carlos Alberto Alvaro de Oliveira a inclusão, no projeto, do § 1º do artigo em comento, quando da sua discussão no Instituto Brasileiro de Direito Processual.

O alvitre encontra-se em conformidade com a natureza cautelar da suspensão da execução, a se evidenciar pela possibilidade, conferida ao credor, de prestar contra-cautela, mediante caução idônea, destrancando, assim, o executivo. As razões são óbvias: é que, em tal circunstância, já não persiste o dano de difícil ou incerta reparação, desaparecendo pressuposto essencial à atribuição do efeito suspensivo. Trata-se, pois, de direito subjetivo do credor.

78. Recursos cabíveis – O legislador, nesse ponto, manteve-se fiel à tradição do direito brasileiro e à construção jurisprudencial originada da exceção de pré-executividade. Destarte, o recurso será regulado tendo-se presente a solução emprestada ao incidente: caberá apelação somente se a execução for extinta, porque nesse caso é que será lançada sentença, nos termos do art. 162, § 1º, do CPC. Pouco importa, a nosso ver, que a impugnação tenha-se processado em autos apensos, exatamente porque não se trata de nova relação processual, mas incidente do próprio requerimento de execução, que, doravante, não instaura novo vínculo.

É de registrar, nesse ponto, que a jurisprudência já se havia orientado para essa direção. Assim, "a exceção de pré-executividade tem a natureza de incidente processual para defesa do executado, processado nos próprios autos de execução, sem necessidade da garantia do juízo. Acolhida a exceção de pré-executividade, sem extinguir a execução, essa decisão desafia recurso de agravo de instrumento".[48] Diversamente, "a decisão que acolhe exceção de pré-executividade põe fim ao processo executório e, como ato extintivo, desafia recurso de apelação".[49]

De outra parte, a decisão que defere ou indefere efeito suspensivo, assim como as tomadas no curso da instrução da impugnação, desafiarão

---

48 REsp. nº 792.767/RS, Rel. Ministro Castro Meira, 2ª Turma, julgado em 06.12.2005, *DJ* 19.12.2005, p. 391.
49 REsp. nº 613.702/PA, Rel. Ministro Fernando Gonçalves, 4ª Turma, julgado em 08.06.2004, *DJ* 28.06.2004, p. 336.

agravo retido ou de instrumento, nos termos das disposições gerais constantes do art. 527 do CPC, já com a redação da Lei n° 11.187/2005.

79. Taxa judiciária, custas processuais e honorários advocatícios na impugnação – Processando-se nos próprios autos do processo de conhecimento a impugnação, como simples desdobramento deste, em princípio não deve haver nova distribuição, nem poderá ser exigido preparo ou pagamento de taxa judiciária, espécie tributárias que, na dicção do STF,[50] tem de observar limites razoáveis, pena de violação da garantia de acesso ao Poder Judiciário.[51] Outrossim, considerando-se que não se trata de ação nova, mas de incidente vinculado à relação processual já instaurada, a nosso ver não são cabíveis novos honorários na sentença que julgar a impugnação. O que se impõe, apenas, é a condenação do vencido, como em todo incidente, ao pagamento das custas processuais incorridas durante sua tramitação (*v.g.*, honorários de perito, emolumentos diversos, custas dos atos processuais etc.).[52]

80. Provas no incidente de impugnação – No que se refere à exata definição do *quantum* a ser expropriado do devedor, inexistem limites à cognição do juiz. Assim, são admissíveis todas as provas relevantes e pertinentes ao objeto do incidente. Outrossim, recai sobre o impugnante o ônus da prova quanto a uma das circunstâncias previstas no art. 475-L do CPC.

---

50 "CONSTITUCIONAL. TRIBUTÁRIO. CUSTAS E EMOLUMENTOS: NATUREZA JURÍDICA: TAXA. DESTINAÇÃO DE PARTE DO PRODUTO DE SUA ARRECADAÇÃO A ENTIDADE DE CLASSE: CAIXA DE ASSISTÊNCIA DOS ADVOGADOS: INCONSTITUCIONALIDADE. Lei n° 5.672, de 1992, do Estado da Paraíba. I – As custas, a taxa judiciária e os emolumentos constituem espécie tributária, são taxas, segundo a jurisprudência iterativa do Supremo Tribunal Federal. Precedentes do STF. (...)" (ADI n° 1.145/PB, Rel. Ministro Carlos Velloso, Pleno, julgado em 03.10.2002, *DJ* 08.11.2002, p. 20).

51 ADI n° 1.926 MC/PE, Rel. Ministro Sepúlveda Pertence, julgado em 19.04.1999, Pleno, *DJ* 10.09.1999, p. 2.

52 Art. 20, § 1°, do CPC: "O juiz, ao decidir qualquer incidente ou recurso, condenará nas despesas o vencido"; "§ 2° As despesas abrangem não só as custas dos atos do processo, como também a indenização de viagem, diária de testemunha e remuneração do assistente técnico".

Art. 475-N. São títulos executivos judiciais:

I – a sentença proferida no processo civil que reconheça a existência de obrigação de fazer, não fazer, entregar coisa ou pagar quantia;

II – a sentença penal condenatória transitada em julgado;

III – a sentença homologatória de conciliação ou de transação, ainda que inclua matéria não posta em juízo;

IV – a sentença arbitral;

V – o acordo extrajudicial, de qualquer natureza, homologado judicialmente;

VI – a sentença estrangeira, homologada pelo Superior Tribunal de Justiça;

VII – o formal e a certidão de partilha, exclusivamente em relação ao inventariante, aos herdeiros e aos sucessores a título singular ou universal.

Parágrafo único. Nos casos dos incisos II, IV e VI, o mandado inicial (art. 475-J) incluirá a ordem de citação do devedor, no juízo cível, para liquidação ou execução, conforme o caso.

Direito anterior. Art. 584. São títulos executivos judiciais: I – a sentença condenatória proferida no processo civil; II – a sentença penal condenatória transitada em julgado; III – a sentença homologatória de conciliação ou de transação, ainda que verse matéria não posta em juízo (redação dada pela Lei nº 10.358, de 27.12.2001); IV – a sentença estrangeira, homologada pelo Supremo Tribunal Federal; V – o formal e a certidão de partilha; VI – a sentença arbitral. (Incluído pela Lei nº 10.358, de 27.12.2001.) Parágrafo único. Os títulos a que se refere o nº V deste artigo têm força executiva exclusivamente em relação ao inventariante, aos herdeiros e aos sucessores a título universal ou singular.

SÉRGIO LUÍS WETZEL DE MATTOS

Mestre e Doutorando em Direito Processual Civil pela Universidade Federal do Rio Grande do Sul (UFRGS). Advogado em Porto Alegre.

COMENTÁRIO

81. Generalidades – O art. 9º da Lei nº 11.232, de 22.12.2005, revogou, de modo particular, o art. 584 do CPC, que arrolava os títulos executivos judiciais. O elenco desses títulos, agora, encontra-se no art. 475-N do

CPC, acrescentado pelo art. 4º daquela mesma Lei. As diferenças são relativamente poucas, com destaque especial para o inciso I do art. 475-N, que, ao aludir à sentença que *reconheça* a existência de obrigação de fazer, não fazer, entregar coisa ou pagar quantia, é suscetível de viabilizar, a nosso parecer, o *cumprimento* da sentença dita *declaratória*, **em certos casos**, na forma dos arts. 461, 461-A ou 475-J e seguintes.

À guisa de introdução, cabe ressaltar que o rol do art. 475-N, do mesmo modo que o previsto no art. 584, não é *taxativo* ou *exaustivo*.[1] Um exemplo: a *decisão interlocutória de eficácia executiva* (arts. 273 e seu § 3º, 461, §§ 3º a 5º, 461-A, § 3º, 601, CPC).

Isso posto, examinemos, um a um, os incisos I a VII, bem como o parágrafo único do art. 475-N.

82. Sentença proferida no processo civil que reconheça a existência de obrigação de fazer, não fazer, entregar coisa ou pagar quantia – O inciso I do art. 584 qualificava, como título executivo judicial, "a sentença condenatória proferida no processo civil".

O novel inciso I do art. 475-N não reproduz o disposto no inciso I do art. 584. Em vez disso, alude à "sentença proferida no processo civil que reconheça a existência de obrigação de fazer, não fazer, entregar coisa ou pagar quantia".

Que a sentença dita *condenatória* continue a ser o *título executivo por excelência*, à luz do preceito do art. 475-N, inciso I, não deve sofrer qualquer dúvida: *tal sentença não deixa de expressar uma norma jurídica concreta de que exsurge, devidamente* **reconhecida**, *obrigação exigível, pelo menos, de pagar quantia*.

Questão, que a nosso ver o inciso I do art. 475-N suscita, é a de saber se a sentença dita *declaratória* pode constituir título executivo judicial.

Sob o regime do inciso I do art. 584, esmagadora doutrina negava essa possibilidade. Assim, a título de exemplo, o alvitre de Araken de Assis: "o art. 584, I, com invulgar e elogiável propriedade, relaciona apenas a classe condenatória de sentenças. Exclui, portanto, a executoriedade

---

[1] Nesse sentido, acerca do rol do art. 584 do CPC, Teori Albino Zavascki, *Comentários ao Código de Processo Civil*, v. 8, p. 171; Araken de Assis, *Manual do processo de execução*, p. 156; Cândido Rangel Dinamarco, *Instituições de direito processual civil*, v. 4, pp. 225-227 e 242-244. Contra, Alcides de Mendonça Lima, *Comentários ao Código de Processo Civil*, v. 6, p. 242.

das sentenças de carga declaratória".[2] No mesmo sentido, o magistério de Cândido Rangel Dinamarco: "Não está nessa lista [dos títulos executivos judiciais] a sentença *meramente declaratória*, porque se limita a declarar a existência do direito do autor, sem aplicar a vontade sancionatória".[3]

Teori Albino Zavascki, contudo, divisava o entendimento de que é "injustificável", pois "não tem amparo no sistema", o "dogma da condenatoriedade", segundo o qual "*apenas* as sentenças condenatórias têm força executiva". Com efeito, o problema da executividade das sentenças "não

---

2   *Manual do processo de execução*, p. 157.
3   *Instituições de direito processual civil*, v. 4, p. 227, grifado no original. "(...) *[E]m se tratando de ação de natureza meramente declaratória, a decisão vale como preceito para a ação de natureza condenatória*, se proposta, onde a matéria deverá ser amplamente debatida. (...)" (REsp. nº 5.059/PE, Rel. Ministro José de Jesus Filho, Segunda Turma-STJ, julgado em 27.11.1991, *DJ* 08.06.1992, p. 8.602); "Processual civil e tributário. Ação declaratória de direito de crédito do ICM correspondente às operações de importação de matérias-primas beneficiadas pela isenção. Cabimento. Carência de ação afastada. *O provimento declaratório não implica condenação, apenas declara, acerta, elucida, esclarece um determinado direito e seu preciso limite, não comportando, por isso, execução do declarado*. Recurso conhecido e provido para afastar a preliminar de carência de ação decretada na origem, determinando que se prossiga no julgamento, como de direito" (REsp. nº 2.529/SP, Rel. Ministro Cesar Asfor Rocha, Primeira Turma-STJ, julgado em 30.11.1992, *DJ* 15.02.1993, p. 1.664); "PROCESSO CIVIL. *SENTENÇA MERAMENTE DECLARATÓRIA. AUSÊNCIA DE CONDENAÇÃO. EXECUÇÃO. IMPOSSIBILIDADE. ART. 584-I, CPC.* DOUTRINA E JURISPRUDÊNCIA.(...). RECURSO PARCIALMENTE PROVIDO. I – Na lição de Chiovenda, 'o nome de sentenças declaratórias (*jugements déclaratoires, Festsllungsurteils, declaratory judgements*) compreende *lato sensu* todos os casos em que à sentença do juiz não se pode seguir execução. Neste largo significado, inclui-se todo o acervo das sentenças que rejeitam a demanda do autor' (*Instituições*, 3ª ed., trad. por J. Guimarães Menegale, São Paulo: Saraiva, 1969, v. I, nº 59, pp. 210-211). II – A conversão da execução fundada em sentença declaratória em execução do contrato de compra e venda, na espécie, ensejaria absoluto desprestígio da forma. Se de um lado é necessário amainar o rigor na aplicação estrita da forma, de outro é de ter-se em conta que a noção instrumental do processo exige adequação das pretensões a procedimentos preestabelecidos, os quais, afinal, resultam em garantia dos próprios demandantes, na linha do que recomenda o *due process of law*. (...)" (REsp. nº 237.383/SC, Rel. Ministro Sálvio de Figueiredo Teixeira, Quarta Turma-STJ, julgado em 15.06.2000, *DJ* 21.08.2000 p. 145); "(...) 4. *A ação declaratória não admite qualquer execução subseqüente*, a não ser relativamente a honorários e custas" (...) (REsp. nº 476.703/RS, Rel. Ministro José Delgado, Primeira Turma-STJ, julgado em 06.02.2003, *DJ* 10.03.2003, p. 136).

está em qualificar a sentença como condenatória ou não, mas em identificar, em seu conteúdo, os elementos que conferem a ela a aptidão para servir de base à execução". De acordo com o sistema do Código de Processo Civil (arts. 76, 588, inciso I, 811, 899, § 2º, 918), "a executividade é característica de sentenças que trazem em si a identificação integral de uma norma jurídica concreta, com prestação exigível de dar, fazer, não fazer ou pagar quantia". Em relação à sentença dita *declaratória*, por força, ainda, do art. 4º, parágrafo único, CPC, quando "trouxer definição de certeza a respeito, não apenas da existência da relação jurídica, mas também da exigibilidade da prestação devida, não haverá razão alguma, lógica ou jurídica, para negar-lhe imediata executividade. Pelo contrário: seria inconstitucional (...) o dispositivo de lei ordinária que negasse força executiva a sentença com esse conteúdo. A executividade, na espécie, decorre do próprio sistema, o que torna desnecessária qualquer menção expressa no art. 584 do Código".[4]

Parece-nos que o art. 475-N, inciso I, corrobora este último entendimento, de que a sentença dita *declaratória* é suscetível de configurar título executivo judicial, contanto que identifique norma jurídica individualizada, com prestação exigível de dar, fazer, não fazer ou pagar quantia. Efetivamente, o art. 475-N, inciso I, alude à sentença cível que "*reconheça* a existência de obrigação de fazer, não fazer, entregar coisa ou pagar quantia". Ora, *reconhecer* é *declarar*.[5] Trata-se de um *argumento lingüístico* que não pode ser desprezado. Antes, deve ser combinado com os *argumen-*

---

4 Teori Albino Zavascki, *Comentários ao Código de Processo Civil*, v. 8, pp. 194-199, que ainda cita este "exemplo significativo de sentença que compromete o dogma da condenatoriedade", que é a que "julga procedente a ação de resilição de contrato de promessa de compra e venda": "Processo civil. Compromisso de compra e venda de imóvel. Resolução. Reintegração de posse. Julgamento *extra petita*. Art. 460, CPC. Recurso parcialmente acolhido. – Caracteriza-se como *extra petita* a decisão que, ao acolher pedido de resolução de compromisso de compra e venda, determina a expedição de mandado de reintegração na posse não postulada na inicial. – *Impõe-se, como efeito necessário da resolução judicial, a obrigação de restituir o imóvel objeto do compromisso, sendo cabível, em não havendo devolução espontânea, a execução do julgado respectivo*, observado, nesse caso, o disposto nos arts. 621 e segs. e 741 e segs. do Código de Processo Civil" (REsp. nº 18.000/RJ, Rel. Ministro Sálvio de Figueiredo Teixeira, Quarta Turma, julgado em 18.05.1993, *DJ* 07.06.1993 p. 11.262).
5 Antônio Houaiss e Mauro de Salles Villar, *Dicionário Houaiss da língua portuguesa*, p. 2.403.

tos sistemáticos que põem em xeque o dogma segundo o qual somente a sentença dita *condenatória* produziria eficácia executiva (arts. 4º, parágrafo único, 76, 588, inciso I, 811, 899, § 2º, 918, do CPC). Esses *argumentos*, o *lingüístico* e os *sistemáticos*, são *argumentos institucionais*, isto é, fundados na autoridade do direito positivo, de sorte que, ao menos *prima facie*, têm *prioridade* sobre *argumentos meramente práticos*.[6] E essa prioridade se revela ainda mais difícil de ser superada quando levado em conta outro importante *argumento sistemático*, representado pelo *princípio da efetividade da tutela jurisdicional* (art. 5º, XXXV, da Constituição de 1988), que também investe contra o dogma da condenatoriedade, a impor "a superação de modelos ultrapassados de tutela jurisdicional para certas situações lesivas ao direito material, em prol de mais eficaz e rápida realização do direito material".[7] Nessa linha de raciocínio, vale transcrever, ainda uma vez, a lição de Teori Albino Zavascki, *verbis*:

> *"(...) [A]o legislador ordinário não é dado negar executividade a norma jurídica concreta certificada por sentença se nela estiverem presentes todos os elementos identificadores da obrigação (sujeitos, prestação, liquidez, exigibilidade), pois isso representaria* **atentado ao direito constitucional à tutela executiva***, que é inerente e complemento necessário do direito de ação. Tutela jurisdicional que se limitasse à cognição, sem medidas complementares para ajustar os fatos ao direito declarado na sentença, seria* **tutela incompleta***. E, se a norma jurídica individualizada está definida, de modo completo, 'por sentença', não há razão alguma, lógica ou jurídica, para submetê-la, novamente, a juízo de certificação, até porque* **a nova sentença não poderia chegar a resultado diferente do da anterior***, pena de comprometimento da garantia da coisa julgada, assegurada constitucionalmente. Instaurar a cognição sem oferecer às partes e principalmente ao juiz outra alternativa que não 'a de um resultado já prefixado', representaria* **atividade meramente burocrática e desnecessária, que poderia receber**

---

6   Sobre os diferentes tipos de argumentos jurídicos, *vide* Robert Alexy, *Legal argumentation as rational discourse*, pp. 175-178.
7   Carlos Alberto Alvaro de Oliveira, *Efetividade e tutela jurisdicional*, p. 29.

***qualquer outro qualificativo, menos o de jurisdicional**. Portanto (...): não há como negar executividade à sentença que contenha definição completa de norma jurídica individualizada, com as características acima assinaladas*".[8]

A nosso ver, portanto, o art. 475-N, inciso I, encampa o entendimento de que é título executivo judicial toda sentença que explicite, de modo completo, norma jurídica individualizada, com prestação exigível de dar, fazer, não fazer ou pagar quantia. Com essa explicitação (em qualquer capítulo, inclusive e sobretudo o principal, bem entendido), a sentença dita *declaratória* constitui, sim, título executivo judicial, nos termos do inciso I do art. 475-N.

Por outro lado, o inciso I do art. 475-N arrola, entre os títulos executivos judiciais, não apenas a sentença que reconheça a existência de obrigação de pagar quantia, mas também a sentença que reconheça a existência de obrigação de fazer, não fazer ou entregar coisa. Não é o caso de retomar toda a quizila doutrinária acerca da *natureza* desta última sentença (se executiva, mandamental ou condenatória) para verificar o acerto ou o desacerto de sua qualificação como título executivo judicial. Como já se disse, o problema da executividade das sentenças "não está em qualificar a sentença como condenatória ou não, mas em identificar, em seu conteúdo, os elementos que conferem a ela a aptidão para servir de base à execução".[9] Com a condição de que explicite *norma jurídica individualizada* que *reconheça* a existência de obrigação exigível de fazer, não fazer, entregar coisa ou pagar quantia, a sentença é título executivo judicial.

Apenas a *forma de cumprimento* é variável, conforme, aliás, o art. 475-I. O *cumprimento* da sentença que *reconheça* a existência de obrigação de fazer ou não fazer deve atender à forma prevista no art. 461 do CPC. O *cumprimento* da sentença que *reconheça* a existência de obrigação de entregar coisa, à forma estabelecida no art. 461-A do CPC. E o *cumprimento* da sentença que *reconheça* a existência de obrigação de pagar quantia, à forma prescrita nos arts. 475-J e seguintes.

Todas essas sentenças (elencadas no art. 475-N, inciso I, bem entendido) são aptas a desencadear a atividade executiva no mesmo processo em

---

8   *Comentários ao Código de Processo Civil*, v. 8, p. 195, grifos nossos e no original.
9   Teori Albino Zavascki, *Comentários ao Código de Processo Civil*, v. 8, p. 195.

que emitidas, e não em processo autônomo de execução. Desse modo, não cabe mais falar em título executivo apenas quando o exercício da atividade executiva é viabilizado em processo autônomo de execução. Não. *Título executivo é título que tem a eficácia de viabilizar a tutela jurisdicional executiva, seja em processo autônomo de execução, seja no mesmo processo em que constituído.* Por conseguinte, não se vislumbra qualquer empecilho em qualificar, como título executivo judicial, a sentença que *reconheça* a existência de obrigação de fazer, não fazer ou entregar coisa (art. 475-N, inciso I).

Finalmente, vale observar que, seja qual for a *natureza* que se outorgue à sentença (declaratória, constitutiva, condenatória, mandamental ou executiva), ou melhor, ao *capítulo principal* dessa sentença, é título executivo o *capítulo acessório* que impõe à parte vencida o pagamento das despesas e dos honorários da sucumbência, nos termos do art. 475-N, inciso I, porquanto *reconhece* a existência de obrigação de pagar quantia. Seu *cumprimento* se faz, por óbvio, na forma dos arts. 475-J e seguintes.

83. Sentença penal condenatória – O inciso II do novel art. 475-N reproduz, palavra por palavra, o inciso II do art. 584: é título executivo judicial "a sentença penal condenatória transitada em julgado".

Tal sentença, além de impor determinada pena ao réu, tem o efeito de "tornar certa a obrigação de indenizar o dano causado pelo crime" (art. 91, inciso I, do CP).

Para o *cumprimento* dessa "obrigação de indenizar", na forma do art. 475-J, é necessário, no comum dos casos, providenciar na prévia liquidação do valor devido (art. 475-A), observando-se o procedimento da liquidação por artigos (art. 475-F).[10]

Nesse caso, o título executivo compreende não apenas a sentença penal condenatória, mas também a *decisão interlocutória de liquidação* (não

---

10 "Processual civil. Recurso Especial. Prejudicialidade. O trânsito em julgado da sentença penal condenatória de furto de objetos, cujo ressarcimento é reclamado na ação de que resultou o recurso especial, importa em ter este por prejudicado, pois despicienda tornou-se a ação ordinária de indenização promovida no juízo cível. *É que a sentença penal transitada em julgado é título executivo (art. 584, II/CPC), carecendo, na hipótese, apenas da prévia liquidação (art. 586/CPC).* Recurso prejudicado" (REsp. nº 31.883/MG, Rel. Ministro Cesar Asfor Rocha, Quarta Turma-STJ, julgado em 27.11.1996, *DJ* 10.03.1997, p. 5.972).

mais *sentença*, haja vista a previsão, no art. 475-H, do cabimento de agravo de instrumento).

O trânsito em julgado é *conditio sine qua non* da eficácia executiva da sentença penal condenatória. A execução, contudo, não é, necessariamente, definitiva. A definitividade depende do trânsito em julgado da decisão de liquidação. É provisória a execução quando ainda pendente de julgamento o agravo de instrumento (desprovido, obviamente, de efeito suspensivo) interposto da decisão de liquidação, não obstante o trânsito em julgado da sentença penal condenatória (art. 475-I, § 1º).

A teor do art. 63 do CPP c/c o art. 566, inciso I, do CPC, o "ofendido, seu representante legal ou seus herdeiros" têm legitimidade para requerer, "no juízo cível", o cumprimento da sentença penal condenatória com vistas à "reparação do dano".

A eficácia executiva da sentença penal condenatória alcança, de regra, apenas o condenado. Não alcança, assim, o terceiro estranho ao processo penal, pois, "embora possa ter responsabilidade civil pelos atos praticados pelo autor do delito, não tem responsabilidade penal".[11]

Pode alcançar, por exceção, o espólio ou os herdeiros do condenado, que não respondem, no entanto, "por encargos superiores às forças da herança" (art. 1.792 do novo Código Civil).

De resto, a executividade civil da sentença penal condenatória não fica comprometida pela superveniência do trânsito em julgado de sentença cível que julga improcedente demanda indenizatória movida em face do autor do delito. Isso porque: "*A eficácia da coisa julgada [da sentença cível] não poderia, em face da autonomia apenas relativa da jurisdição civil,*

---

11 Teori Albino Zavascki, *Comentários ao Código de Processo Civil*, v. 8, p. 183, que exemplifica essa assertiva com "o caso das pessoas jurídicas de direito público relativamente aos danos causados por atos que seus agentes nessa qualidade praticarem (CF, art. 37, § 6º). A certificação da sua responsabilidade não é decorrência automática da sentença penal condenatória do agente, devendo efetivar-se, isto sim, por sentença em demanda civil específica, de que a pessoa jurídica seja parte". Outro exemplo: "CIVIL. SENTENÇA. COISA JULGADA. A sentença só faz coisa julgada em relação às partes entre as quais é proferida, de modo que *a sentença penal condenatória do preposto não pode, no âmbito cível, ser oposta ao preponente*. Recurso especial conhecido e provido" (REsp. nº 268.018/SP, Rel. Ministro Ari Pargendler, Terceira Turma-STJ, julgado em 07.04.2003, *DJ* 23.06.2003, p. 351).

sobrepor-se à sentença penal, que, em nosso sistema, é a que tem prevalência em matéria de responsabilidade decorrente de atos criminosos".[12]

84. Sentença homologatória de conciliação ou de transação – O inciso III do art. 475-N transcreve, *ipsis litteris*, o inciso III do art. 584, com a redação dada pela Lei nº 10.358, de 27.12.2001: é título executivo judicial "a sentença homologatória de conciliação ou de transação, ainda que inclua matéria não posta em juízo".

Transação é o modo de os próprios "interessados prevenirem ou terminarem o litígio mediante concessões mútuas" (art. 840 do novo Código Civil). É, portanto, um modo de *"autocomposição bilateral"*, que pode ser *"extraprocessual"* ou *"endoprocessual"*.[13] A *transação extraprocessual* é suscetível de constituir título executivo extrajudicial (art. 585, inciso II, do CPC). Portanto, a *transação* a que se refere o art. 475-N, inciso III, é a *endoprocessual*. A sentença homologatória desta transação implica "resolução de mérito" (arts. 162, § 1º, c/c art. 269, inciso III, do CPC, com redação dada pela Lei nº 11.232/05), constituindo, nos exatos termos do art. 475-N, inciso III, *título executivo judicial*, desde que, é claro, a *transação homolo-*

---

12 Teori Albino Zavascki, *Comentários ao Código de Processo Civil*, v. 8, p. 184. "Tentativa de homicídio. Responsabilidade civil. (...) *A sentença criminal condenatória, com trânsito em julgado, confere à vítima título executório no juízo cível. Intercomunicação das jurisdições, com prevalência da penal, quando reconhece o fato e a autoria.* Desnecessário o processo de conhecimento, no âmbito cível. (...)" (REsp. nº 4.525/SP, Rel. Ministro Luiz Vicente Cernicchiaro, Segunda Turma-STJ, julgado em 05.09.1990, *DJ* 01.10.1990, p. 10.443); Responsabilidade civil. Jurisdições cível e criminal. *Intercomunicam-se as jurisdições cível e criminal. A segunda repercute de modo absoluto na primeira quando reconhece o fato ou a autoria. Nesse caso, a sentença condenatória criminal constitui título executório no cível.* (...)" (REsp. nº 975/RJ, Rel. Ministro Luiz Vicente Cernicchiaro, Segunda Turma-STJ, julgado em 07.02.1990, *DJ* 05.03.1990, p. 1.403); "(...) Responsabilidade civil. Sentença cível antecedente à do processo criminal. Decisões contraditórias. I – A *ocorrência de decisões contraditórias no cível e no juízo criminal* não induz necessariamente a uma ação rescisória se nenhum dos incisos do art. 485 do CPC se subsume à espécie. II – No ponto, *cabível a execução da própria sentença criminal transitada em julgado, conforme dispõe o art. 584, II, do CPC.* (...)" (AgRg. no Ag. nº 93.815/MG, Rel. Ministro Waldemar Zveiter, Terceira Turma-STJ, julgado em 11.03.1996, *DJ* 17.06.1996, p. 21.489).
13 Cândido Rangel Dinamarco, *Instituições de direito processual civil*, v. 1, pp. 119-120, grifado no original.

gada explicite "norma jurídica individualizada" da qual resulte "obrigação certa, com prestação líquida e exigível de entregar coisa, fazer, não fazer ou pagar quantia".[14]

Por outro lado, o art. 125, inciso IV, do CPC estipula ao juiz o dever de "tentar, a qualquer tempo, conciliar as partes". A conciliação (endoprocessual) consiste na intercessão do órgão judicial "entre os litigantes, com vista a persuadi-los à autocomposição". Pode conduzir ao *reconhecimento da procedência do pedido*, à *transação*, à *renúncia ao direito sobre que se funda a ação* e até mesmo à *desistência da ação* (arts. 269, incisos II, III e V, e 267, inciso VIII, com redação dada pela Lei nº 11.232/05).[15]

Sem embargo, a sentença homologatória de *conciliação* constitui-se em *título executivo judicial* da mesma forma que a sentença homologatória de *transação*, ou seja, contanto que expresse "norma jurídica individualizada" da qual resulte "obrigação certa, com prestação líquida e exigível de entregar coisa, fazer, não fazer ou pagar quantia".[16]

A parte final do inciso III do art. 475-N dispõe que a *transação ou conciliação homologada* é título executivo judicial "ainda que inclua matéria não posta em juízo". De acordo com Teori Albino Zavascki, "em nome do escopo maior da atividade jurisdicional do Estado, que é o de 'eliminar conflitos mediante critérios justos', é de se admitir que a transação [bem como, *a fortiori*, a conciliação contemple também cláusulas sobre interesses alheios ao objeto da demanda, podendo daí resultar, inclusive, título executivo judicial contra o próprio autor".[17] Por isso mesmo, o órgão judicial não pode negar a homologação sob o fundamento de que a transação ou conciliação extrapolaria "os limites do processo".[18]

85. Sentença arbitral – O inciso IV do art. 475-N repete, literalmente, o inciso VI do art. 584, incluído pela Lei nº 10.358, de 27.10.2001: é título executivo judicial "a sentença arbitral".

---

14 Teori Albino Zavascki, *Comentários ao Código de Processo Civil*, v. 8, p. 188.
15 Cândido Rangel Dinamarco, *Instituições de direito processual civil*, v. 1, pp. 123-124.
16 Teori Albino Zavascki, *Comentários ao Código de Processo Civil*, v. 8, pp. 189-190, com a ressalva de que a conciliação, a seu ver, conduz apenas à transação.
17 Teori Albino Zavascki, *Comentários ao Código de Processo Civil*, v. 8, p. 189, grifado no original.
18 Cândido Rangel Dinamarco, *Instituições de direito processual civil*, v. 4, p. 237.

A Lei nº 9.307, de 23.09.1996, dispõe sobre a arbitragem, que é *meio de acesso à justiça alternativo à jurisdição*, de que se podem valer as "pessoas capazes de contratar (...) para dirimir litígios relativos a direitos patrimoniais disponíveis" (art. 1º).

Nos termos do art. 31 da Lei nº 9.307/96, "a sentença arbitral produz, entre as partes e seus sucessores, os mesmos efeitos da sentença proferida pelos órgãos do Poder Judiciário e, sendo condenatória, constitui título executivo". Já o art. 41 cuidou de qualificar a sentença arbitral como título executivo judicial, alterando a redação do inciso III do art. 584 do CPC. Posteriormente, o art. 1º da Lei nº 10.358, de 27.12.2001, deslocou a sentença arbitral do inciso III para o inc. VI do art. 584 do CPC, incluído justamente ao fim de encampá-la. Houve, portanto, simples alteração topo- gráfica.

Segundo Teori Albino Zavascki, "é inapropriada (...) a inclusão da sentença arbitral entre os títulos executivos judiciais". A uma, porque, diferentemente dos demais títulos arrolados no art. 475-N, "a sentença arbitral é produzida sem a participação do Poder Judiciário". A duas, porque a impugnação ao cumprimento da sentença arbitral pode versar sobre outras matérias, além daquelas expressamente previstas no art. 475-L, como, por exemplo, o desrespeito, no procedimento arbitral, aos "princípios do contraditório, da igualdade das partes, da imparcialidade do árbitro e de seu livre convencimento" (art. 32, inciso VIII, c/c art. 21, § 2º, da Lei nº 9.307/96). Tal impugnação, em síntese, permite que "o devedor invoque fatos tanto anteriores como posteriores à formação do título, o que, do ponto de vista estritamente sistemático, é, em princípio, incompatível com os títulos executivos judiciais, importando configuração de título extrajudicial".[19]

---

19 *Comentários ao Código de Processo Civil*, v. 8, p. 186. "Direito processual civil. Recurso especial. Litispendência. *Embargos do devedor*. Ação de nulidade de compromisso arbitral. – Não há litispendência entre ação declaratória de compromisso arbitral e embargos do devedor objetivando a desconstituição da sentença arbitral. – Embora exista coincidência entre alguns fundamentos jurídicos apresentados em ambas as ações, é inviável reconhecer a litispendência, pois seria necessária não apenas semelhança, mas identidade entre as causas de pedir. – *Não é possível a análise do mérito da sentença arbitral pelo Poder Judiciário, sendo, contudo, viável a apreciação de eventual nulidade no procedimento arbitral*. – O Tribunal de origem, na hipótese, apenas deferiu a produção de provas para que pudesse analisar a ocorrência ou não de nulidade no procedimento arbitral. Recurso especial não conhecido" (REsp. nº 693.219/PR, Relª. Ministra Nancy Andrighi, Terceira Turma-STJ, julgado em 19.04.2005, *DJ* 06.06.2005, p. 327).

Seja como for, o art. 31 da Lei nº 9.307/96 alude à *sentença arbitral condenatória*. Aí se compreendem, ainda: a) a sentença arbitral, que decide "sobre a responsabilidade das partes acerca das custas e despesas com a arbitragem, bem como sobre verba decorrente de litigância de má-fé" (art. 27); e b) a sentença arbitral que *declarar*, no decurso da arbitragem, que as partes chegaram a acordo quanto ao litígio (art. 28), com a condição de que identifique, "de modo completo, uma norma jurídica individualizada de que resulte obrigação de pagar quantia certa, de entregar coisa, ou de fazer ou não fazer".[20]

86. Acordo extrajudicial – Nos termos do art. 57 da Lei nº 9.099, de 26.09.1995: "O acordo extrajudicial, *de qualquer natureza ou valor*, poderá ser homologado, no *juízo competente*, independentemente de termo, valendo a sentença como título executivo judicial".

Tal disposição, conforme se infere de sua simples leitura, transcende o sistema dos juizados especiais. Permite, com efeito, a homologação de "acordo extrajudicial de qualquer natureza ou valor", o que extrapola a competência dos juizados especiais (art. 3º da Lei nº 9.099/95).

Como se vê, o inciso V do art. 475-N não se constitui de todo em uma novidade. Mas é importante. Combinado com o art. 57 da Lei nº 9.099/95, esclarece, de vez, que *qualquer juízo*, e não apenas o juizado especial, contanto que *competente*, pode homologar acordo extrajudicial, por meio de sentença que implica *resolução de mérito* (art. 162, § 1º, c/c com art. 269, inciso III, do CPC, com redação dada pela Lei nº 11.232/05). Para os fins do art. 57 da Lei nº 9.099/95, *juízo competente* é o que teria competência para processar e julgar a causa que viria a ser proposta, não tivesse sido entabulado o acordo extrajudicial.[21]

Por conseguinte, nos termos do inciso V do art. 475-N, é título executivo judicial "o acordo extrajudicial, de qualquer natureza, homologado judicialmente", com a condição, obviamente, de que explicite "norma jurídica individualizada, contendo obrigação líquida, certa e exigível, de entregar coisa, ou de fazer, ou de não fazer, ou de pagar quantia em dinheiro".[22]

---

20 Teori Albino Zavascki, *Comentários ao Código de Processo Civil*, v. 8, p. 187. No mesmo sentido, Araken de Assis, *Manual do processo de execução*, p. 167.
21 Cândido Rangel Dinamarco, *Instituições de direito processual civil*, v. 4, p. 238.
22 Teori Albino Zavascki, *Comentários ao Código de Processo Civil*, v. 8, p. 174.

87. Sentença estrangeira – A Emenda Constitucional nº 45, de 30.12.2004, nos arts. 1º e 9º, revogou a alínea *h* do inciso I do art. 102 e incluiu a alínea *i* no inciso I do art. 105 da Constituição, transferindo do Supremo Tribunal Federal para o Superior Tribunal de Justiça a competência para processar e julgar, originariamente, "a homologação de sentenças estrangeiras e a concessão de *exequatur* às cartas rogatórias".

O disposto no inciso VI do art. 475-N é uma conseqüência natural dessa mudança constitucional. O art. 584 elencava, no inciso IV, como título executivo judicial, "a sentença estrangeira, homologada pelo *Supremo Tribunal Federal*". O novel art. 475-N não deixa de qualificar, no inciso VI, a "sentença estrangeira" como título executivo judicial, mas refere que essa sentença deve ser "homologada pelo *Superior Tribunal de Justiça*", de conformidade com o art. 105, inciso I, alínea *i*, da Constituição.

Assim, é título executivo judicial "a sentença estrangeira, homologada pelo Superior Tribunal de Justiça" (art. 475-N, inciso VI).

Interessante notar que o legislador não se preocupou (ou não se lembrou disto) em alterar a redação do art. 483, e seu parágrafo único, do CPC, *verbis*:

> Art. 483. *A sentença proferida por tribunal estrangeiro não terá eficácia no Brasil senão depois de homologada pelo Supremo Tribunal Federal.*
> *Parágrafo único. A homologação obedecerá ao que dispuser o Regimento Interno do Supremo Tribunal Federal.*

Até que o legislador venha a lhes alterar a redação, essas disposições devem ser objeto de interpretação conforme o art. 105, inciso I, alínea *i*, da Constituição, bem como de interpretação sistemática com o novo art. 475-N, inciso VI, no sentido de que a sentença estrangeira tem eficácia depois de homologada pelo *Superior Tribunal de Justiça*, e que o processo e julgamento dessa homologação deve obedecer ao disposto, ainda que em caráter transitório, pelo Superior Tribunal de Justiça. Não se deve falar, aqui, em inconstitucionalidade superveniente ou revogação do art. 483, e seu parágrafo único, do CPC. A sentença estrangeira não pode quedar ineficaz em nosso país por um cochilo do legislador. Do contrário, acabar-se-ia por negar, ao interessado no *cumprimento* da sentença estrangeira, a fruição do próprio direito a que faz jus segundo essa mesma sentença, em violação, ainda, ao direito à efetividade da jurisdição (art. 5º, inciso XXXV, da Constituição), assegurado, como direito fundamental, "*a qualquer ser humano*", a despeito da aparente e insustentável restrição, contida no *caput* do art. 5º da Constituição, dos direitos fundamentais aos "brasileiros e aos estrangeiros residentes no País".[23]

Menos mal que a Presidência do Superior Tribunal de Justiça cuidou de editar a Resolução nº 22, de 31.12.2004, versando, "em caráter transitório, sobre a competência acrescida ao Superior Tribunal de Justiça pela Emenda Constitucional nº 45/2004", de modo que, nos termos do art. 1º e seu parágrafo único, a homologação das sentenças estrangeiras, de modo particular, seria julgada pela Corte Especial e observaria, em caráter excepcional, até que o Superior Tribunal de Justiça aprovasse disposições regimentais próprias, o que dispõe a respeito da matéria o Regimento Interno do Supremo Tribunal Federal nos artigos 215 a 229.

Esse ato oficial acabou revogado pela Resolução nº 09, de 04.05.2005, que dispõe, já no art. 1º, que a homologação de sentença estrangeira, em particular, observará "o disposto nesta Resolução, em caráter excepcional, até que o Plenário da Corte aprove disposições regimentais próprias".[24]

Conforme se sabe, adota-se, no direito brasileiro, o *juízo de delibação*, em que ao Superior Tribunal de Justiça "compete exclusivamente verificar, na sentença estrangeira, a concorrência de determinados requisitos, extrínsecos ou intrínsecos, tidos como suficientes para o reconhecimento de eficácia", como, por exemplo, "haver sido proferida por autoridade competente", ou que não ofenda "a soberania ou a ordem pública" (arts. 5º e 6º da Resolução nº 09/2005).[25]

A competência *interna* para esse juízo é do Presidente (art. 2º) ou da Corte Especial do Superior Tribunal de Justiça, quando há contestação ao

---

23 Essa é a lição de Pontes de Miranda, ainda válida, sobre idêntica restrição, prevista no art. 153 da Emenda Constitucional nº 01 à Constituição de 1967 (*Comentários à Constituição de 1967, com a Emenda nº 1, de 1969*, t. 4, p. 696, grifado no original).
24 Sem embargo, continua-se a aplicar o disposto no Regimento Interno do Supremo Tribunal Federal, como se vê, por exemplo: "(...) 2. É defeso discutir-se, no processo de homologação, a relação de direito material subjacente à sentença estrangeira. O *art. 221 do RISTF* é claro ao dispor que a contestação somente poderá versar sobre a autenticidade dos documentos, a inteligência da decisão e a observância dos requisitos indicados nos *arts. 217 e 218*. Por outro lado, a sentença não pode ofender a soberania nacional, a ordem pública e os bons costumes. Cumpridos tais requisitos, o deferimento se impõe. (...)" (SEC 881/EX, Rel. Ministro José Delgado, Corte Especial-STJ, julgado em 01.08.2005, *DJ* 05.09.2005, p. 194).
25 José Carlos Barbosa Moreira, *Comentários ao Código de Processo Civil*, v. 5, p. 55.

pedido de homologação, "cabendo ao Relator os demais atos relativos ao andamento e à instrução do processo" (art. 9º, § 1º, da Resolução nº 09/2005).

Conditio sine qua non da homologação e, logo, da eficácia executiva da sentença estrangeira é "ter transitado em julgado" (art. 5º, inciso III, da Resolução nº 09/2005).[26]

Outrossim, para que a sentença estrangeira homologada ostente a natureza de título executivo judicial (art. 475-N, inciso VI), impõe-se que explicite "norma jurídica individualizada, contendo obrigação líquida, certa e exigível, de entregar coisa, ou de fazer, ou de não fazer, ou de pagar quantia em dinheiro".[27]

Digno de nota é que, por força do art. 19 do *Protocolo de Las Leñas*, assinado pelo Brasil em 27.06.1992 e promulgado pelo Decreto nº 2.067, de 12.11.1996, a homologação de sentença emanada de autoridade judiciária de qualquer dos países do Mercosul pode ser realizada mediante o procedimento, menos formal, menos demorado, das cartas rogatórias, também disciplinado pela Resolução nº 09/2005 da Presidência do Superior Tribunal de Justiça.[28]

---

26 "Só se homologam sentenças estrangeiras *irrecorríveis*", afirma, categoricamente, Cândido Rangel Dinamarco, *Instituições de direito processual civil*, v. 4, p. 239, grifado no original.
27 Teori Albino Zavascki, *Comentários ao Código de Processo Civil*, v. 8, p. 174.
28 Teori Albino Zavascki, *Comentários ao Código de Processo Civil*, v. 8, pp. 190-191. "*Sentença estrangeira*. Protocolo de Las Leñas: *homologação mediante carta rogatória*. O Protocolo de Las Leñas ('Protocolo de Cooperação e Assistência Jurisdicional em Matéria Civil, Comercial, Trabalhista, Administrativa' entre os países do Mercosul) não afetou a exigência de que qualquer sentença estrangeira – à qual é de equiparar-se a decisão interlocutória concessiva de medida cautelar – para tornar-se exeqüível no Brasil, há de ser previamente submetida à homologação do Supremo Tribunal Federal, o que obsta à admissão de seu reconhecimento incidente, no foro brasileiro, pelo juízo a que se requeira a execução; inovou, entretanto, a convenção internacional referida, ao prescrever, no art. 19, que *a homologação (dito reconhecimento) de sentença provinda dos Estados partes se faça mediante rogatória*, o que importa admitir a iniciativa da autoridade judiciária competente do foro de origem e que o *exequatur* se defira independentemente da citação do requerido, sem prejuízo da posterior manifestação do requerido, por meio de agravo à decisão concessiva ou de embargos ao seu cumprimento" (CR nº 7.613 AgR. / AT, Rel. Ministro Sepúlveda Pertence, 03.04.1997, Tribunal Pleno-STF, *DJ* 09.05.1997, pp. 18.154).

De resto, compete aos juízes federais de primeiro grau processar e julgar "a execução de carta rogatória, após o *exequatur*, e de sentença estrangeira, após a homologação" (art. 109, inciso X, da Constituição, e arts. 12 e 13 da Resolução nº 09/2005).

88. Formal e certidão de partilha – O inciso VII do art. 475-N é apenas uma simbiose do inciso V e do parágrafo único do art. 584: são títulos executivos judiciais "o formal e a certidão de partilha, exclusivamente em relação ao inventariante, aos herdeiros e aos sucessores a título singular ou universal".

A partilha de bens entre os herdeiros ou sucessores pode ser *julgada* (art. 1.026, CPC) ou *homologada* (art. 1.031, CPC) por meio de *sentença* que, *passada em julgado*, implica a expedição de *formal de partilha* (art. 1.027, CPC), o qual, a seu turno, pode ser *substituído por certidão do pagamento do quinhão hereditário, quando este não exceder cinco vezes o salário mínimo vigente na sede do juízo* (art. 1.027, parágrafo único, CPC).

Assim, o formal ou a certidão de partilha são títulos executivos judiciais, mas, de regra, "exclusivamente em relação ao inventariante, aos herdeiros e aos sucessores a título singular ou universal" (art. 475-N, inciso VII, *in fine*). Vale dizer, de regra, apenas em relação àqueles que foram partes no processo de inventário. Por exceção, se for o caso, em relação a seus herdeiros ou sucessores.

Sem embargo, o formal e a certidão de partilha não deixam de ter eficácia em relação a terceiros, na medida em que "são, para todos os efeitos, instrumentos de titulação dos herdeiros e sucessores relativamente aos bens ou créditos que lhes tocaram". Como titulares desses bens ou créditos, os herdeiros ou sucessores podem requerer a prestação de tutela jurisdicional, em relação a terceiros, "pelos mesmos meios que teria o *de cujus*" (demanda condenatória, ação de execução fundada em título extrajudicial, cumprimento de sentença na forma do art. 475-I etc.), conforme a natureza do título aquisitivo daqueles direitos sucessórios. Em qualquer desses casos, o formal de partilha, ou a certidão, representa o "documento de legitimação".[29]

---

29 Teori Albino Zavascki, *Comentários ao Código de Processo Civil*, v. 8, pp. 193-194.

Malgrado a literalidade da parte final do inciso VII, "também são títulos executivos judiciais entre as partes as sentenças de partilha proferidas em outras ações que não as de inventário" (*v.g.*, ações de separação e divórcio e de dissolução de sociedade comercial), por interpretação conforme "à garantia constitucional de tutela dos direitos" (art. 5º, inciso XXXV, da Constituição), pois, do contrário, "não se teria como tornar efetiva a tutela jurisdicional cognitiva já prestada".[30]

89. Preceito do parágrafo único – Dispõe que: "Nos casos dos incisos II, IV e VI, o mandado inicial (art. 475-J) incluirá a ordem de citação do devedor, no juízo cível, para liquidação ou execução, conforme o caso".

Os casos dos incisos II, IV e VI do art. 475-N são os de "sentença penal condenatória transitada em julgado", de "sentença arbitral" e de "sentença estrangeira, homologada pelo Superior Tribunal de Justiça".

Tais sentenças, diferentemente dos demais títulos executivos arrolados no art. 475-N, não são proferidas no mesmo processo em que devem ser objeto de *liquidação* e *cumprimento*, no juízo cível (art. 475-I). É o *requerimento* de liquidação ou execução dessas sentenças que dá causa à instauração, no juízo cível, do processo em que devem ser *liquidadas* e *cumpridas*.

Por isso mesmo, o parágrafo único do art. 475-N vem estipular que o "mandado inicial" deve incluir "ordem de *citação* do devedor, no juízo cível, para liquidação ou execução, conforme o caso".

Tal *citação*, para a *execução*, deve ser *pessoal*, ou seja, dirigida ao devedor ou a seu representante legal, e por *oficial de justiça* (arts. 222, alínea *d*, e 224 do CPC). Além disso, é feita, na *execução*, para que o devedor efetue o pagamento de quantia certa no prazo de quinze dias, sob pena de multa no percentual de dez por cento sobre o montante da condenação, a requerimento do credor e observado o disposto no art. 614, inciso II, do CPC, com a conseqüente expedição de mandado de penhora e avaliação (art. 475-J).

Para a *liquidação*, a *citação* do devedor também deve ser *pessoal*, ou seja, feita ao devedor ou a seu representante legal. No regime anterior, o art. 603, parágrafo único, do CPC determinava a citação do réu, na liquida-

---

30 Teori Albino Zavascki, *Comentários ao Código de Processo Civil*, v. 8, p. 194. Em sentido oposto, Araken de Assis, *Manual do processo de execução*, p. 166.

ção por arbitramento ou por artigos, "na pessoa de seu advogado, constituído nos autos".[31] Sob o novo regime, inviável, por óbvio, a *citação não pessoal*, ou seja, feita ao advogado do devedor. Simplesmente porque o devedor ainda não tem advogado constituído nos autos. Ao menos não nos autos do processo em que deve ser *liquidada* e *cumprida* qualquer daquelas sentenças (penal condenatória, arbitral ou estrangeira). É que este processo é deflagrado justamente pelo *requerimento* de liquidação. Daí, portanto, a necessidade de *citação pessoal*, ou seja, feita ao devedor ou a seu representante legal. De mais a mais, o art. 475-N, parágrafo único, alude expressamente a "ordem de citação do devedor", silenciando, eloqüentemente, sobre a possibilidade de citação *não pessoal*. E o art. 475-J, § 1º, por aplicação analógica à liquidação, dispõe que, à falta de advogado, como é o caso, a citação deve ser *pessoal*. Aliás, desta última disposição legal se extrai que a citação para a liquidação pode ser "por mandado ou pelo correio", de conformidade com os arts. 222 e 224 do CPC.

Em síntese, no caso de *cumprimento de sentença penal condenatória, arbitral* ou *estrangeira*, a *citação* para a *liquidação* deve ser *pessoal*, mas pode ser pelo *correio* ou por *oficial de justiça*. Já a *citação* para a *execução* deve ser *pessoal* e *por oficial de justiça*, e não pelo *correio*.

No caso dos demais títulos executivos, é um pouco diferente. Nos termos do art. 475-A, § 1º, o devedor é *intimado*, na pessoa de seu advogado, do requerimento de liquidação. Conforme o disposto no art. 475-J e seu § 1º, *requerida* a execução, o devedor é também *intimado* para efetuar o pagamento do montante da condenação no prazo de quinze dias, sob pena de multa no percentual de dez por cento sobre aquele montante, a requerimento do credor e observado o disposto no art. 614, inciso II, do CPC. Transcorrido *in albis* esse prazo, é expedido mandado de penhora e avaliação. E, com o cumprimento desse mandado, o devedor é igualmente *intimado* do auto de penhora e de avaliação. Essas *intimações*, para a *liquidação* e a *execução*, são feitas "na pessoa de seu advogado (arts. 236 e 237), ou, *na falta*

---

31 "(...) *Liquidação de sentença*. (...) 1. Com a nova redação do art. 603, parágrafo único, do Código de Processo Civil, *a citação far-se-á na pessoa do advogado, por intermédio da publicação no Diário de Justiça*, desnecessária a citação pessoal. (...)" (REsp. nº 260.883/SE, Rel. Ministro Carlos Alberto Menezes Direito, Terceira Turma-STJ, julgado em 15.05.2001, *DJ* 13.08.2001, p. 149).

deste, o seu representante legal, ou pessoalmente, por mandado ou pelo correio".

Uma observação final, para evitar qualquer mal-entendido. O art. 475-N, parágrafo único, não exige a *citação* do devedor para a liquidação *e* a execução de sentença penal condenatória, arbitral ou estrangeira. Exige, apenas, a *citação* do devedor, "conforme o caso", para a liquidação *ou* a execução de qualquer dessas sentenças. Se a sentença determina o valor devido, procede-se diretamente à sua execução, com a *citação* do devedor. Se a sentença (penal condenatória, arbitral ou estrangeira) *não* determina o valor devido, procede-se à sua liquidação (art. 475-A), igualmente com a *citação* do devedor. Fixado o valor devido na liquidação, o cumprimento da sentença se dá na forma do art. 475-J, com o *requerimento* de execução e a conseqüente *intimação* do devedor para que, no prazo de quinze dias, efetue o pagamento do montante da condenação. Essa *intimação*, vale repetir, é feita "na pessoa de seu advogado (arts. 236 e 237), ou, na falta deste, o seu representante legal, ou pessoalmente, por mandado ou pelo correio" (art. 475-J, § 1º).

Art. 475-O. A execução provisória da sentença far-se-á, no que couber, do mesmo modo que a definitiva, observadas as seguintes normas:

Direito anterior. Art. 588, *caput*, do CPC de 1973 (redação da Lei nº 10.444, de 7.5.2002): "A execução provisória da sentença far-se-á do mesmo modo que a definitiva, observadas as seguintes normas".

C. A. ALVARO DE OLIVEIRA

Professor Titular dos Cursos de Graduação e Pós-Graduação da Faculdade de Direito da Universidade Federal do Rio Grande do Sul (UFRGS). Doutor em Direito pela Universidade de São Paulo (USP). Desembargador aposentado do TJRS. Advogado em Porto Alegre e Brasília-DF.

COMENTÁRIO

90. Cabimento da execução provisória – Como se verifica do art. 475-I do CPC (redação dada pela Lei nº 11.232, de 2005), o cumprimento da sentença far-se-á por execução, em se tratando de "obrigação por quantia certa" (*rectius*: condenação a pagar quantia certa). Também por execução se realizará praticamente a obrigação de pagar quantia certa reconhecida em conciliação ou transação judiciais, homologadas por sentença, ou estabelecida em acordo extrajudicial homologado judicialmente (art. 475-N, incisos III e V).

Em contrapartida, quando se cuide, de obrigação de fazer ou não-fazer o cumprimento da sentença, realizar-se-á conforme o disposto no art. 461. Tal decorre da especificidade da sentença mandamental, que dá lugar aos chamados processos mistos ou sincréticos, em que as funções de conhecimento e de realização prática do julgado se realizam sem solução de continuidade, por meio de ordens do juiz, sem as formalidades estabelecidas para a execução forçada.[1] Nessa hipótese, o comando judicial atua sobre a vontade do demandado, induzindo-o a cumprir voluntariamente a obrigação de fazer ou não-fazer. Trata-se do que a doutrina italiana denomina *execução processual indireta*, na qual, por meio da técnica das *astreintes*

---

1   A respeito, C. A. Alvaro de Oliveira, "Formas de tutela jurisdicional no chamado processo de conhecimento", *In: Ajuris*, 100 (dez. 2005): 59-72.

ou de outros meios coercitivos, procura-se constranger o obrigado a adotar a conduta necessária para a satisfação da obrigação. Já na execução *forçada,* o comando sentencial realiza-se *a despeito* da vontade do executado, por meio de uma atividade sub-rogatória do órgão judicial, com vistas à obtenção dos mesmos bens ou utilidade assegurados pelo direito material.[2] É preciso levar em conta, porém, que, em muitas hipóteses do art. 461 não funcionará a técnica da *astreinte,* tornando-se indispensável, em prol do princípio da efetividade, adote o órgão judicial, até de ofício, medidas de caráter executivo (e não só mandamental), de modo a permitir a obtenção de resultado prático equivalente (*v.g.,* realização de obras que evitam a poluição do meio ambiente). No limite, como decorre do art. 461, § 1º, a obrigação poderá até se converter em perdas e danos, caso em que, se o autor o requerer ou se impossível a tutela específica ou a obtenção do resultado prático correspondente, será proferida sentença condenatória, sujeita por conseqüência a execução forçada.

Em se tratando de demanda que tenha por objeto a entrega de coisa (art. 461-A), como a realização prática do julgado far-se-á por constrição de patrimônio, a atividade do juiz é substitutiva da vontade do devedor e a despeito dela, verificando-se, pois, a possibilidade de execução forçada, a ser realizada com atendimento às peculiaridades da sentença executiva que for proferida, se acolhido o pedido.

Note-se que, no caso da sentença condenatória (de pagar quantia), a realização prática do julgado dar-se-á em outra fase do processo por meio de procedimento diverso, dependendo, contudo, de intimação do devedor, que poderá oferecer impugnação. Assim não ocorre nas espécies dos arts. 461 e 461-A. Nada obstante, mesmo nestas últimas hipóteses, poderá ser necessário ou conveniente, em determinados casos, o *cumprimento provisório* da sentença, a ser regido por analogia pelo mesmo regramento

---

2   Quanto ao ponto, bem adverte Andrea Proto Pisani, *Lezioni di diritto processuale civile,* 3ª ed. Napoli, Jovene, 1999, p. 758, que a característica da execução forçada é a satisfação coativa do titular do direito por meio da substituição do obrigado por um terceiro, em particular pelo órgão jurisdicional. Como tal, a *execução forçada* não se presta, por sua natureza, para prevenir o inadimplemento ou para a satisfação de direitos que, tendo como objeto um fazer infungível, pressuponham a necessária cooperação do obrigado.

do art. 475-I e respectivos incisos e parágrafos, no que couber. (Ver comentário ao art. 475-I, § 1º, *supra*.)

O legislador, por força da tradição, continua empregando o termo "sentença", agora definido legalmente como o ato do juiz de primeiro grau de jurisdição, que examina ou não o mérito da causa, nas hipóteses previstas nos arts. 267 e 269 (nova redação do art. 162, § 1º). Todavia, também acórdãos (julgamento de órgão colegiado em segundo grau de jurisdição), decisões monocráticas do relator em segundo grau de jurisdição (art. 557) e decisões do juiz em primeiro grau de jurisdição (*v.g.*, a que impõe multa ao arrematante ou ao seu fiador pelo não-pagamento do preço da arrematação, com base no art. 695, § 1º; a que fixar os alimentos provisionais, nos termos do art. 733) podem condenar ao pagamento de quantia e ser objeto de execução. Melhor, portanto, falar em decisão *lato sensu*, para abranger-se todas as espécies.

A execução definitiva só será possível quando o pronunciamento judicial condenatório transitar em julgado (art. 475-I, § 1º, 1ª parte). É importante ressaltar, no entanto, que o trânsito em julgado deve dizer respeito ao reconhecimento da dívida e a um valor líquido. Indispensável, assim, tenham transitado em julgado tanto a sentença condenatória quanto a sentença que julgou a liquidação, quando necessário esse procedimento. E isso porque a "sentença" fundamentadora da execução definitiva deve ser entendida como abrangendo o título executivo completo, nele incluídos o ato judicial que definiu o *an debeatur* e também o que fixou o *quantum debeatur*.[3] Realmente, constituiria evidente absurdo se considerasse definitiva, por exemplo, a execução que pretendesse a satisfação de um crédito de R$ 1.000.000,00, com base em sentença de liquidação ainda não transitada em julgado, e depois se estabelecesse, no julgamento do recurso, que a dívida só atingia a R$ 1.000,00.

Transitadas em julgado as mencionadas decisões, pouco importa esteja pendente de julgamento recurso de decisão proferida na fase de execução, dotado de efeito meramente devolutivo e, assim, sem efeito suspensivo. Em tal hipótese, a execução será definitiva e não provisória, não perdendo aquele caráter pela interposição do agravo de instrumento previsto no § 3º

---

3   Teori Albino Zavaski, *Comentários ao CPC*. São Paulo, RT, 2000, vol. VII, p. 247.

do art. 475-M contra a decisão que julgar improcedente a impugnação oposta pelo executado.[4] O exeqüente já teve sua situação reconhecida de modo imutável. Também será definitiva a execução fundada em título extrajudicial (matéria alheia à Lei nº 11.232).

Caso interessante é o da sentença penal condenatória, pois só se constitui em título executivo judicial depois do trânsito em julgado, conforme exigido no próprio inciso II do art. 475-N. Além disso, o art. 63 do Código de Processo Penal é taxativo: "Transitada em julgado a sentença condenatória, poderão promover-lhe a execução no cível, para o efeito de reparação do dano, o ofendido, seu representante legal ou seus herdeiros". Todavia, embora um dos efeitos da condenação penal seja "tornar certa a obrigação de indenizar o dano causado pelo crime" (art. 91 do Código Penal), não é possível desde logo promover a execução, ante a exigência da existência de dívida líquida, certa e exigível (art. 586, § 1º). Por conseguinte, em regra, será necessária a prévia liquidação da sentença penal.[5] De tal sorte, enquanto esta não transitar em julgado, a execução será provisória, mesmo que tenha transitado em julgado a sentença penal condenatória.[6]

Se da decisão proferida na fase de conhecimento ainda pende recurso, ao qual não foi atribuído efeito suspensivo, a execução do título judicial será provisória (art. 475-I, § 1º, 2ª parte). A interposição de recursos extraordinários (especial e extraordinário *stricto sensu*) não impede a execução provisória da sentença, conforme determinado no art. 497, mormente porque ambos os recursos deverão ser recebidos apenas no efeito devolutivo (art. 542, § 2º). Com maioria de razão, não obsta a execução provisória a interposição de agravo de instrumento interposto da decisão que não admitiu o recurso extraordinário ou especial (art. 544). A interposição de agravo de

---

4 Continua tendo plena aplicação o raciocínio desenvolvido por Barbosa Moreira, na vigência da regulação anterior: "Se a execução tem por título acórdão transitado em julgado, não perde o caráter de definitiva pela interposição de recurso contra a sentença que julga improcedentes os embargos opostos pelo devedor" (TJRJ, 5ª Câm. Cív., AI 4.336, j. em 18.8.1981, v.u., *in Revista Brasileira de Direito Processual*, 43/122).
5 Sobre o ponto, amplamente, Luiz Rodrigues Wambier, *Liquidação de sentença*, 2ª ed. rev. e at. São Paulo, RT, 2000, pp. 156-157. Teori Albino Zavaski, *Comentários ao CPC*, cit., p. 193, com remissão a Ovídio A. Baptista da Silva e Araken de Assis, aponta como exceção possível a hipótese em que o produto do crime a ser restituído à vítima seja coisa certa e bem identificada na sentença penal.
6 Nesse sentido, Teori Albino Zavaski, *Comentários ao CPC*, cit., p. 193.

instrumento contra decisão que não recebeu a apelação ou atribui efeito apenas devolutivo a esse recurso também deixa aberto o caminho da execução provisória. Todavia, se alguma decisão (*v.g.*, obtida no tribunal *ad quem* ou junto à Presidência do tribunal recorrido, conforme o caso) atribuir excepcionalmente efeito suspensivo ao recurso, nenhuma execução poderá ser efetivada, tanto definitiva quanto provisória. (Ver comentário ao art. 475, I, *supra*.)

O mesmo sucede se o sistema dota o recurso de efeito suspensivo, o que ocorre geralmente com os chamados recursos ordinários, a exemplo da apelação (art. 520, *caput*) e dos embargos infringentes em apelação (art. 530) a que se tenha atribuído efeito suspensivo. Os embargos infringentes em ação rescisória não impedem a execução definitiva, porquanto o aforamento da ação especial não obsta a execução do julgado (art. 489 do CPC). Note-se que, mesmo no caso dos incisos I a VII do art. 520, é possível ao relator do recurso, a requerimento do apelante, suspender o cumprimento da decisão até o pronunciamento definitivo da turma ou câmara, se atendidos os pressupostos do art. 558, obstando assim a possibilidade de execução provisória.

91. Exceções ao cabimento da execução provisória – Pressupõe definitividade a execução fundada em sentença arbitral (art. 475-N, inciso IV), visto que não poderá ser impugnada por qualquer recurso. Do mesmo modo a sentença estrangeira, homologada pelo STJ (art. 475-N, inciso VI), pois o juízo de delibação pressupõe o trânsito em julgado no país de origem (Lei de Introdução ao Código Civil, Decreto-lei nº 4.657, de 04.09.1942, art. 15, *c*). A realização prática de tais títulos se inicia com a ordem de citação do executado (art. 475-N, parágrafo único) porque exige a instauração de processo específico de execução.

Além disso, a interpretação sistemática do art. 100 da Constituição Federal, especialmente em virtude da menção a "sentença transitada em julgado" constante da parte final dos §§ 1º-A (acrescentado pela EC nº 30, de 13.09.2000) e 3º (redação da EC nº 30, de 19.09.2000), conduz à conclusão de que as condenações contra a Fazenda Federal, Estadual ou Municipal só poderão ser objeto de execução definitiva.

Também não se permite execução provisória de ordem emitida em mandado de segurança visando à reclassificação ou equiparação de servidores públicos, ou à concessão de aumento ou extensão de vantagens, casos em que a sentença só pode ser executada após seu trânsito em julgado (Lei nº 4.348, de 26.06.1964, art. 5º, parágrafo único).

Tal orientação tornou-se ainda mais forte em decorrência da MP nº 1.798-2, de 11.3.1999 – sucessivamente reeditada até a MP nº 2.180-35/2001, cuja vigência foi prorrogada por tempo indeterminado, por força da EC nº 32/2001 – que acrescentou o art. 2º-B à Lei nº 9.494, de 10.09.1998, determinando que a sentença que tenha por objeto a liberação de recurso, inclusão em folha de pagamento, reclassificação, equiparação, concessão de aumento ou extensão de vantagens a servidores da União, dos Estados, do Distrito Federal e dos Municípios, inclusive de suas autarquias, somente poderá ser executada após seu trânsito em julgado.

Essa regra de lei deve, porém, ser interpretada, restritivamente, em casos excepcionais, como bem demonstrou o Min. Felix Fischer, no julgamento do REsp. nº 608.704-CE, *DJU* de 1.7.2004:

"Observa-se que o artigo impôs a necessidade do trânsito em julgado para a execução de sentenças que determinem a liberação de recurso, inclusão em folha de pagamento, reclassificação, equiparação, concessão de aumento ou extensão de vantagens a servidores, devendo a norma ser interpretada restritivamente. Em caso análogo, decidiu este Superior Tribunal: Processual civil – Ação de indenização – Transplante de rim malsucedido – Tutela Antecipada – Apelação recebida em ambos os efeitos – Excepcionalidade dos efeitos da antecipação para garantir pagamento de pensão indispensável à sobrevivência do apelado – Inaplicabilidade, no caso, do art. 1º da Lei nº 9.494, de 1997. A Lei nº 9.494/97 (art. 1º) deve ser interpretada de forma restritiva, não cabendo sua aplicação em hipótese especialíssima, na qual resta caracterizado o estado de necessidade e a exigência de preservação da vida humana, sendo de se impor a antecipação da tutela, no caso, para garantir ao apelado o tratamento necessário à sua sobrevivência. Decisão consoante com precedentes jurisprudenciais do STJ. Recurso improvido (REsp. nº 275.649-SP, rel. Min. Garcia Vieira, *DJU* 17.09.2001). Não foram incluídas na vedação as revisões de pensões estatutárias, motivo porque inexiste óbice à execução provisória quando presente essa situação. Com efeito, via de regra, os titulares de pensões são pessoas em idade avançada ou portadores de necessidades especiais, onde é imperiosa a imediata satisfação do direito, sob risco de que, em face da demora, o provimento jurisdicional seja inócuo. Com base nessa premissa, o Pretório Excelso afastou a vedação à concessão de tutela antecipada contida no art. 1º da Lei nº 9.494/97, no caso de benefícios previdenciários, conforme a dicção da Súmula nº 729, *in verbis*: 'A decisão na ADC-4 não se aplica à antecipação de tutela em causa de natureza previdenciária'. A propósito, transcrevo trecho do parecer lavrado pelo então Procurador-Geral da República, Dr. Geraldo Brindeiro, nos autos da Reclamação nº 1.257/RS, cujos fundamentos foram integralmente acolhidos pelo Plenário do Supremo Tribunal Federal, *in verbis*: 'A decisão proferida por essa Corte Suprema, quando do julgamento da liminar da ADC nº 4-DF, que o reclamante entende ter sido violada pela decisão ora reclamada, tem a seguinte a redação: 'O Tribunal, por votação majoritária, deferiu, em parte, o pedido de medida cautelar, para suspender, com eficácia *ex nunc* e com efeito vinculante, até final julgamento da ação, a prolação de qualquer decisão sobre pedido de tutela antecipada, contra Fazenda Pública, que tenha por pressuposto a constitucionalidade ou a inconstitucionalidade do art. 1º da Lei nº 9.494, de 10.09.1997, sustando, ainda, com a mesma eficácia, os efeitos futuros dessas decisões antecipatórias de tutela já proferidas contra a Fazenda Pública (...) 7. A respeito das conseqüências jurídicas decorrentes da eficácia *ex nunc* e efeito vinculante atribuídas a essa decisão, assim se manifestou o eminente Ministro Celso de Mello, ao proferir despacho na Petição nº 1.404-SP, (*DJ* de 12.03.1998, p. 13): 'a) incide, unicamente, sobre pedidos de tutela antecipada, formulados contra a Fazenda Pública, que tenham por pressuposto a constitucionalidade ou inconstitucionalidade do art. 1º da Lei nº 9.494; b) inibe a prolação, por qualquer juiz ou Tribunal, de ato decisório sobre o pedido de antecipação de tutela, que, deduzido contra a Fazenda Pública, tenha por pressuposto a questão específica de constitucionalidade, ou não, da norma inscrita no art. 1º da Lei nº 9.494/97; c) não se aplica retroativamente aos efeitos já consumados (como pagamentos já efetuados) decorrentes de decisões antecipatórias de tutela anteriormente proferidas; d) estende-se às antecipações de tutela, ainda não executadas, qualquer que tenha sido o momento da prolação do respectivo decisório; e) suspende a execução dos efeitos futuros, relativos a prestações pecuniárias de trato sucessivo, emergentes de decisões antecipatória que precederam ao julgamento, pelo plenário do Supremo Tribunal Federal, do pedido de medida cautelar formulado na ADC nº 4-DF'. 8. Cabe, portanto, verificar se a decisão ora atacada, ao determinar o pagamento integral do benefício de pensão em razão de morte de servidor público, afrontou ou não a autoridade da decisão proferida por essa Corte Suprema. 9. Após a análise dos autos, conclui-se que a decisão impugnada não afrontou a autoridade da referida medida cautelar concedida por essa egrégia Corte, eis que o provimento reclamado não teve por pressuposto a invalidade jurídico-constitucional do art. 1º da Lei nº 9.494/97, o que restou vedado pela eficácia vinculante da decisão do Supremo Tribunal Federal. 10. Por outro lado, verifica-se que as vedações impostas pela Lei nº 9.494/97 no seu art. 1º somente se referem à proibição da concessão de tutela antecipada contra a Fazenda Pública em ação movida, por servidor público, objetivando 'reclassificação ou equiparação' ou 'aumento ou extensão de vantagens' (Lei nº 4.348/64, art. 5º) ou 'pagamento de vencimentos e vantagens pecuniárias' (Lei nº 5.021/66, art. 1º), hipóteses em que não se enquadra a decisão reclamada, que trata da revisão de benefício previdenciário. 11. Conclui-se, portanto, que os dispositivos acima mencionados não abarcam no seu elenco de proibições e obstáculos ao poder geral de cautela do juiz os casos de deferimento de tutela antecipada amparados no direito previdenciário, cingindo-se essencialmente às hipóteses de concessão antecipada de tutela que incorram de alguma forma em majoração da remuneração de servidores públicos, ocorrida em detrimento das contas públicas. 12. Assim, apesar de a decisão reclamada determinar como valor correspondente da pensão a totalidade dos vencimentos ou proventos do servidor falecido, este parâmetro não pode ser entendido como acréscimo de vencimentos ou concessão de qualquer outra vantagem pecuniária dispensada a servidor público. 13. Cumpre assinalar, ainda, que essa Corte Suprema, ao julgar casos idênticos ao ora examinado, deixou consignado que 'a decisão proferida na ADC 4-DF não se aplica às hipóteses de pensões previdenciárias' (Rcl. nº 1.132-RS, Rel. Min. Celso de Mello, Rcl. nº 1.105-RS e Rcl. nº 1.137-RS, Rel. Min. Néri da Silveira, publicadas no *Informativo* nº 182).''

92. Execução provisória na pendência de apelação em execução fiscal – Por outro lado, a jurisprudência das duas turmas da 1ª Seção do STJ firmou-se no sentido da definitividade da execução fiscal na pendência de apelação contra a sentença que julga improcedentes os embargos a ela opostos.[7]

93. Atos que podem ser praticados na execução provisória – A execução provisória far-se-á, no que couber, do mesmo modo que a definitiva, salvo as ressalvas estabelecidas nos incisos e parágrafos do artigo em comento. Assim, os meios executórios provisórios em nada diferirão dos

---

7   *V.g.*, 1ª Turma, Resp. nº 392.404-RS, Rel. Ministro José Delgado, j. em 26.02.2002, negaram provimento, maioria, *DJU* 27.05.2002; 2ª Turma, Medida Cautelar nº 1.857-RS, AgRG., Rel. Ministra Eliana Calmon, j. em 21.9.1999, negaram provimento, v.u., *DJU* 02.05.2000, p. 126.

definitivos, e o procedimento deverá ser o mesmo, com as adaptações necessárias.

Cumpre esclarecer, outrossim, que a execução exercida contra a Fazenda Pública será processada na forma estabelecida anteriormente à vigência da nova lei. É o que se extrai do texto do art. 730 do CPC, não alterado pela reforma. Esta modificou tão-somente, com pequenas alterações de redação, o âmbito de abrangência do art. 741, incisos e parágrafo, que agora dizem respeito exclusivamente aos embargos oferecidos pela Fazenda Pública. Tanto é assim que o *caput* desse dispositivo expressamente restringe o cabimento dessa ação incidental à Fazenda Pública, explicitando, ainda, o art. 5º da Lei nº 11.232, que o Capítulo II do Título III do Livro II do CPC passa a ser denominado "Dos embargos à execução contra a Fazenda Pública". Todavia, como antes foi demonstrado (ver item 2, *supra*), o sistema só excepcionalmente admite execução provisória contra a Fazenda Pública.

A execução de título extrajudicial continua sendo regida pelos dispositivos correspondentes do CPC, especialmente os arts. 585, 612, 613, 614, 620, 646 a 729, 736 a 740 e 745.

Registre-se, ainda, que também não sofreu qualquer modificação a forma de execução de prestação alimentícia derivada do direito de família, continuando inalterados os arts. 732 a 735 do CPC. A execução provisória haverá de ser realizada, portanto, com obediência às regras de competência estabelecidas no art. 475-P, mediante petição inicial do exeqüente, com atendimento aos requisitos estabelecidos nos arts. 614 e 615. Note-se que o art. 614, II, deve ser compatibilizado com o novo sistema: assim, o demonstrativo do débito deverá ser atualizado até a data da formulação do pedido (e não do aforamento da ação, como ali consta). O processamento desse pedido, a correr em regra em autos apartados, como se verá no comentário ao § 3º deste artigo, obedecerá normalmente ao disposto no art. 475-J, §§ 1º, 2º e 3º. Não se cogitará, contudo, da multa prevista no art. 475-J, pois só é devida depois do trânsito em julgado da sentença condenatória.

Poderá ser oferecida a impugnação prevista no art. 475-L, sendo aplicável também o art. 475-M. De regra, portanto, a impugnação não terá efeito suspensivo, mormente porque o dano ao executado ficará afastado com a prestação da caução exigida pelo inciso III do artigo ora comentado.

Iniciada a execução provisória, pode ocorrer venha a ser atribuído efeito suspensivo a recurso não dotado dessa qualidade pela lei. Decorre daí a ineficácia dos atos até então praticados. Essa conseqüência e a circunstância de que o art. 791 do CPC não inclui a espécie nos casos de suspensão do processo executivo determinam a extinção da execução provisória.[8]

Transitada em julgado a decisão exeqüenda, a execução provisória passa a ser definitiva. Assim, a partir daí, a satisfação eventualmente obtida pelo exeqüente torna-se irretratável. Se o crédito não tiver sido ainda satisfeito (*v.g.*, pelo levantamento de dinheiro ou arrematação), após quinze dias *do trânsito em julgado* passa a incidir a multa prevista no art. 475-J.

Impõe-se observar que não se cuida de *astreinte*, mas de multa de caráter penal pelo descumprimento da obrigação reconhecida na sentença. De tal sorte, de duas uma: ou o devedor não interpôs qualquer recurso e então a multa é exigível, passados quinze dias do trânsito em julgado, ou então não se conformou com a decisão condenatória e interpôs recurso. Ora, seria absurdo exigir, nesta hipótese, que o devedor *satisfizesse integralmente a condenação* (como exigido no *caput* do art. 475-J), para se livrar do pagamento da multa. De um lado, tal implicaria ato incompatível com a vontade de recorrer já manifestada (renúncia tácita ao próprio recurso), como deflui do disposto no parágrafo único do art. 503. De outro, mostra-se irrazoável exigir o cumprimento integral da sentença na pendência de recurso, que eventualmente pode tornar inócua a condenação. Mormente porque se trata de multa penitencial, sem nenhum ponto de contato com as hipóteses em que a multa tem natureza essencialmente coercitiva e é fixada com vistas a induzir ao cumprimento da ordem judicial, em prol da efetividade da tutela jurisdicional concedida ou antecipada. Aqui se trata de conseqüência penalizadora da mora no cumprimento e, portanto, intimamente dependente de base firme para ser exigida.

Acrescento que, a meu parecer, a multa decorre do fato objetivo do trânsito em julgado da decisão condenatória. Consolidada a dívida, passa esta a ser exigível na sua plenitude, sem qualquer condicionamento, começando então a correr o prazo de quinze dias estabelecido no *caput* do art. 475-J, independente de qualquer intimação. Se os autos não estiverem à disposição do devedor para as providências necessárias ao pagamento da

---

8 De acordo, na conclusão, Araken de Assis, *Cumprimento da sentença*. Rio de Janeiro, Forense, 2006, n° 64, p. 168.

dívida, ou ocorrer algum fato que justifique a não-satisfação do crédito, poderá ser alegada justa causa com base no art. 183 e respectivo § 1º. Nessa hipótese, o juiz permitirá a prática do ato no prazo que assinar à parte (art. 183, § 2º).

Reformada ou anulada a decisão exeqüenda, extingue-se a execução provisória, com desfazimento dos atos praticados, volta ao estado anterior e arbitramento dos danos causados ao executado (ver comentário ao art. 475-O, incisos I e II, e respectivo § 1º).

> Art. 475-O, I – *corre por iniciativa, conta e responsabilidade do exeqüente, que se obriga, se a sentença for reformada, a reparar os danos que o executado haja sofrido;*
>
> **Direito anterior.** Art. 588, I, do CPC de 1973 (redação da Lei nº 10.444, de 7.5.2002): "I – corre por conta e responsabilidade do exeqüente, que se obriga, se a sentença for reformada, a reparar os prejuízos que o executado venha a sofrer".

COMENTÁRIO

94. Iniciativa e responsabilidade na execução provisória. Honorários advocatícios e despesas – A nova redação do dispositivo reforça o princípio dispositivo em sentido material: a execução provisória não pode ser iniciada sem pedido da parte, pois a ela incumbe a "iniciativa" de promovê-la.

Além disso, a execução provisória corre por conta e responsabilidade do exeqüente, o que afasta a possibilidade de imputação das despesas do processo ou dos honorários advocatícios ao executado. Realmente, não se verifica ainda qualquer mora deste, porquanto a interposição do recurso impede o trânsito em julgado e afasta essa conseqüência. Ademais, o pagamento da dívida implicaria ato incompatível com a vontade de recorrer, manifestada pelo executado. Se inexiste mora, não há por que, na execução provisória, responder o demandado pelos honorários de advogado do exeqüente e pelas despesas do processo correspondentes. Os atos de execução dão-se exclusivamente em benefício do exeqüente, que quer adiantar a realização prática do julgado, a despeito de eventual reforma da decisão exeqüenda.

A matéria é pouco tratada na doutrina, sendo raras as decisões a respeito. Todavia, a 6ª Câmara Cível do TJRS, em mais de uma oportunidade, fixou orientação no sentido do texto. Assim, *v.g.*, no julgamento do AI nº 700.006.327.142, j. em 20.8.2003, v. u., rel. Carlos Alberto Alvaro de Oliveira, ponderou-se que, se a execução provisória não é obrigatória, os credores devem arcar com os honorários de seu advogado, não havendo razão para imputar essa despesa à devedora. Além disso, um dos fundamentos essenciais da imputação das despesas processuais, como bem ressalta Cândido Rangel Dinamarco,[9] habita "em uma premissa ética e econômica de grande valia e legitimidade, que é a de que a necessidade de servir-se do processo para obter razão não deve reverter em dano a quem tem razão (Chiovenda)". Na execução provisória, contudo, não há propriamente necessidade de servir-se do processo, mas mera conveniência; por isso mesmo, a execução provisória de sentença "corre por conta e responsabilidade do exeqüente".

Se, todavia, descabe a própria execução provisória (v.g., a decisão condenatória proferida no processo de conhecimento está dependente de julgamento de recurso a que se atribuiu efeito suspensivo), o exeqüente deve responder pelos honorários da parte adversária.

95. Reparação dos danos na execução provisória – A obrigação de o exeqüente reparar os danos eventualmente sofridos pelo executado, com os atos executórios praticados provisoriamente, em caso de reforma da decisão exeqüenda, decorre da lei, caracterizando assim responsabilidade objetiva, a independer de culpa ou dolo. Por conseqüência, basta o fato objetivo da reforma total ou parcial do pronunciamento judicial em execução, e a prova do dano, este indispensável. Realmente, sem dano nada haverá a indenizar, mesmo que totalmente reformada ou anulada a decisão em que se baseou a execução provisória.

Em um caso, inverte-se a regra: os alimentos, mesmo os provisionais, são juridicamente irrepetíveis. De tal sorte, a execução provisória de tal verba, mesmo se reformada ou anulada a decisão exeqüenda, não leva, em princípio, à devolução dos valores percebidos ou à indenização dos prejuízos daí decorrentes. Todavia, parece oportuno observar que, embora o alimentante não tenha, no direito material, pretensão para pedir a restituição, "há, a favor dele, no direito processual, os arts. 811 e 16". Mais ainda: "Se o

---

9   Cândido Rangel Dinamarco, *Instituições de Direito Processual Civil*, São Paulo, Malheiros, 2001, vol. II, nº 741, pp. 635-636.

erro foi do juiz, há a responsabilidade do Estado, com a invocação da Constituição de 1967, com a Emenda nº 1, art. 107".[10]

Observe-se que a reforma parcial não afasta a responsabilidade do exeqüente, podendo apenas influir na fixação da indenização, conforme as circunstâncias do caso concreto.

> *Art. 475-O, II – fica sem efeito, sobrevindo acórdão que modifique ou anule a sentença objeto da execução, restituindo-se as partes ao estado anterior e liquidados eventuais prejuízos nos mesmos autos, por arbitramento;*
>
> **Direito anterior.** Art. 588, III, do CPC de 1973 (redação da Lei nº 10.444, de 07.05.2002): "fica sem efeito, sobrevindo acórdão que modifique ou anule a sentença objeto da execução, restituindo-se as coisas no estado anterior". Art. 588, IV, do CPC de 1973 (acrescido pela Lei nº 10.444, de 07.05.2002): "eventuais prejuízos serão liquidados no mesmo processo".

COMENTÁRIO

96. Volta ao estado anterior na execução provisória – Assim como a decisão exeqüenda não se limita a sentença (ver comentário ao *caput* do art. 475-O, *supra*), a modificação ou a anulação da "sentença" (*rectius*: decisão *lato sensu*) pode decorrer não só de acórdão (decisão de órgão colegiado de tribunal) – como consignado no inciso II do art. 475-O – mas também de sentença (decisão do juiz de primeiro grau de jurisdição) ou de decisão monocrática do relator (art. 557 do CPC). Basta lembrar o art. 34 da Lei nº 6.830, de 1980, a restringir a inconformidade, na execução fiscal de valor igual ou inferior a 50 ORTN, à admissão de embargos infringentes, que serão julgados pelo próprio juízo prolator da sentença (art. 34, § 2º).[11]

---

10 Pontes de Miranda, *Comentários ao CPC* (1973), Rio de Janeiro, Forense, 1976, vol. XII, p. 277. Na jurisprudência mais recente verifica-se, aqui e ali, certa sensibilidade para o problema, permitindo-se a restituição inclusive se o pagamento resulta de erro de cálculo do contador, mediante compensação com prestações futuras, para evitar enriquecimento sem causa (*RJTJ-SP,* 167/258).

11 A 2ª Turma do STF, Ag. nº 114.709-1-AgRg.-CE, Rel. Ministro Aldir Passarinho, j. em 29.05.1987, v.u., *DJU* 28.08.1987, p. 17.578, deu pela constitucionalidade da regulação. No STJ, verifica-se divergência quanto à revogação da regra. No sentido afirmati-

Também a volta das partes ao estado anterior, total ou parcial, conforme a extensão da reforma da decisão exeqüenda, é conseqüência da lei, dispensando pedido da parte a que aproveita.

O sentido da reforma da decisão é amplo, e pode decorrer tanto de modificação do que ficara decidido (*error in judicando*) quanto de anulação (*error in procedendo*) da própria decisão exeqüenda. Pouco importa se o executado de alguma forma contribuiu para o *error in procedendo*: anulada a decisão exeqüenda, nenhuma base se verifica para a execução, razão bastante e suficiente para o retorno das partes ao estado em que se achavam antes do início dos atos executórios.

A reposição das partes ao estado anterior deve ser entendida no seu sentido mais abrangente, pois o injustamente executado não deverá sofrer qualquer prejuízo. Devolvem-se, pois, os bens e as quantias recebidas, devidamente atualizadas e com juros legais; cancela-se a penhora, se os bens objeto da constrição não foram ainda alienados etc. Somente se a repristinação for fatidicamente impossível é que será substituída por indenização dos danos correspondentes. Às vezes, mesmo com o total retorno ao estado anterior, permanecem prejuízos a serem ressarcidos.

O retorno ao estado anterior e a condenação do exeqüente a pagar os prejuízos decorrentes da execução provisória desfeita, bem como a liquidação do montante da indenização reparatória, se for o caso, serão estabelecidos nos próprios autos da execução provisória. Procura-se, assim, facilitar o processamento daí decorrente, atendendo-se ao interesse do injustamente executado.

Pouco importa para a liquidação do prejuízo nos mesmos autos tratar-se de reforma integral ou parcial do julgado exeqüendo. A regra ora comentada não faz qualquer distinção.

A execução do injustamente executado terá por objeto, em primeiro lugar, a caução, seja mediante excussão dos bens oferecidos em garantia, seja pelo levantamento de dinheiro, conforme o caso. Só em caso de insuficiência da caução poderá ser realizada nova constrição.

---

vo, proclamando que o recurso cabível é a apelação para o respectivo TFR, 6ª Turma, REsp. nº 241-863-RJ, Rel. Ministro Fernando Gonçalves, j. em 27.04.2000, v.u., *DJU* 22.05.2000, p. 155. No sentido negativo, aplicando o artigo 34 da Lei das Execuções Fiscais, 1ª Turma, AI nº 525-208-DF, AgRG., Rel. Ministro Francisco Falcão, j. em 09.12.2003, v.u., *DJU* de 22.03.2004, p. 225.

97. Terceiro arrematante e volta ao estado anterior – Questão interessante diz respeito às conseqüências do desfazimento em relação ao terceiro arrematante, que por hipótese não é parte no processo de execução e, assim, não está abrangido na dicção do art. 475-O, II.

Para Humberto Theodoro Jr., mesmo que a arrematação ocorra em execução provisória, o arrematante terá título definitivo para transcrição no Registro de Imóveis. Não se aplicará, em tal caso, a regra do art. 259 da Lei nº 6.015, de 1973, que veda o cancelamento de assentamentos no aludido Registro com base em "sentença sujeita a recursos". É que, na espécie, o que está sujeito a recurso é o processo executivo, não o ato de transferência dominial. Este é definitivo, em relação ao terceiro adquirente.[12] Araken de Assis também defende a ineficácia do desfazimento em relação a terceiros. Para ele revela-se pouco razoável sujeitar o arrematante às reviravoltas da atividade jurisdicional, mesmo que advertido da pendência do recurso (art. 686, V), visto que semelhante possibilidade dissuadiria os eventuais pretendentes de lançar em praça. Sustenta, ademais, verificar-se, em tal situação, uma analogia razoável com a execução na pendência de recurso, cujo provimento implica tão-somente o dever de reparar o dano (STJ, 1ª Turma, Resp. nº 543.171-RJ, 18.09.2003, rel. Min. Luiz Fux, *DJU* de 20.10.2003, p. 237). Entende também aplicável, analogicamente, a regra contida no art. 1.360 do Código Civil, pela qual, resolvido o domínio, "por outra causa superveniente" – no caso, o provimento do recurso pendente –, reputar-se-á o adquirente anterior à resolução "proprietário perfeito", restando ao prejudicado o caminho das perdas e danos.[13] Tais argumentos são ponderáveis e, a meu juízo, encaminham bem a solução do problema, mormente porque, com o desfazimento da arrematação, pouca efetividade apresentaria a nova feição da execução provisória, que, no comum das espécies, poderia deixar de chegar a bom termo, desestimulando a disposição de lançar em praça pela possibilidade de futuro resultado negativo.

98. Arbitramento dos danos – A nova lei fala em arbitramento, procurando dar maior efetividade ao procedimento liquidatário, pois é da experiência comum a delonga processual, em regra, da liquidação por artigos

---

12 Humberto Theodoro Jr., *Comentários ao CPC*, org. Arruda Alvim e Thereza Alvim, 2ª ed. Rio de Janeiro, Forense, 2003, vol. IV, nº 138, p. 214.
13 Araken de Assis, *Cumprimento da sentença*, cit., nº 60, pp. 159-160.

(ver comentário ao art. 475-E). No arbitramento, basta a fixação do valor a ser indenizado pelo órgão judicial, se tiver elementos para tanto, ou por perito judicial (ver comentário ao art. 475-D).

Casos haverá, porém, em que, para determinar o valor da condenação, será necessário alegar e provar fato novo, e, nessa hipótese, necessariamente, a liquidação deverá ser realizada por artigos, forma estabelecida no art. 475-E.

> Art. 475-O, III – o levantamento de depósito em dinheiro e a prática de atos que importem alienação de propriedade ou dos quais possa resultar grave dano ao executado dependem de caução suficiente e idônea, arbitrada de plano pelo juiz e prestada nos próprios autos.
>
> **Direito anterior.** Art. 588, II, do CPC de 1973 (redação da Lei nº 10.444, de 07.05.2002): "II – o levantamento de depósito em dinheiro, e a prática de atos que importem alienação de domínio ou dos quais possa resultar grave dano ao executado, dependem de caução idônea, requerida e prestada nos próprios autos da execução". Art. 588, I e II, do CPC de 1973 (redação primitiva): "I – corre por conta e responsabilidade do credor, que prestará caução, obrigando-se a reparar os danos causados ao devedor; II – não abrange os atos que importem alienação do domínio, nem permite, sem caução idônea, o levantamento de depósito em dinheiro".

COMENTÁRIO

99. Momento em que deverá ser prestada a caução na execução provisória – Na vigência da redação primitiva do CPC, tanto a doutrina quanto a jurisprudência exigiam a prestação de caução quando da propositura da execução provisória. Em face da evolução jurisprudencial posterior, especialmente por obra do STJ, antes mesmo da entrada em vigor da Lei nº 10.444, de 7.5.2002, passou-se a exigir a caução somente na hipótese de alguma possibilidade de dano real e não meramente hipotético.

Depois da edição da Lei nº 10.444, de 2002, fielmente reproduzida no diploma legal ora comentado, dissipou-se qualquer dúvida. A caução não é mais exigida no simples início da execução provisória, mas tão-somente se ocorrer "levantamento de depósito em dinheiro e a prática de atos que importem alienação de propriedade ou dos quais possa resultar grave dano ao executado".

Em qualquer uma dessas hipóteses, a caução deverá ser prestada antes da prática do ato, de modo a ficar garantida a reparação de eventual prejuízo sofrido pelo executado.

O levantamento de depósito em dinheiro ou a prática de atos que importem alienação da propriedade (*v.g.*, hasta pública do bem penhorado) bastam, objetivamente, para a exigência da caução. Já a prática de atos dos quais possam resultar grave dano ao executado constitui situação a depender do exame das circunstâncias da causa.

100. Idoneidade e suficiência da caução – A caução deve ser idônea e suficiente.

Idoneidade significa a existência de condições para desempenhar perfeitamente a função de garantia a que é destinada a caução, tanto subjetiva quanto objetivamente. Normalmente, o requisito da idoneidade está vinculado à caução de natureza pessoal. Nada acrescenta, em termos de garantia, por exemplo, o exeqüente ser fiador de si mesmo, ou caucionar título de crédito por ele mesmo emitido.

Suficiência significa que a caução, além de idônea, basta para a garantia do eventual prejuízo em sua integralidade, levando-se em conta certa margem de segurança (estimável caso a caso), pela natural desvalorização que ocorrerá quando da excussão desta. Não se admite excesso ou insuficiência da garantia. Exemplo: a fiança de R$ 100.000,00, quando o eventual prejuízo é estimado em R$ 1.000,00, seria manifestamente excessiva.

Em qualquer hipótese, a caução deve ser atual e efetiva. Portanto, não pode ser considerada idônea a caução representada por vencimentos de funcionário público que, além de futuros, são absolutamente impenhoráveis, nos termos do art. 649, IV.

Permitir a execução provisória sem o acautelamento integral do risco de prejuízo para o executado, bem adverte Humberto Theodoro Jr., equivale a ofender o princípio do devido processo legal e realizar um verdadeiro confisco da sua propriedade, ao arrepio das normas constitucionais que protegem tal direito.[14]

---

14 Humberto Theodoro Jr., *Comentários ao CPC*, cit., nº 138, p. 213.

101. Espécies de caução – A caução pode ser real (*v.g.*, penhor, hipoteca, anticrese, deposito de títulos de crédito ou de títulos e valores mercantis, depósitos judiciais em garantia, em dinheiro, ou em outros bens móveis ou em bens imóveis, embora não formalizados em penhor ou hipoteca), ou fidejussória, esta de natureza pessoal (*v.g.*, fiança, cessão ou promessa de cessão condicional de créditos ou direitos de outra natureza).

102. Escolha da caução – A escolha da espécie de caução pertence ao caucionante, pois só este pode saber da sua disponibilidade, não se concedendo, assim, discrição ao órgão judicial para dispor a respeito.[15]

103. Arbitramento do valor da caução – Incumbe ao juiz arbitrar o valor da caução de plano, isto é, sem maiores formalidades, nos próprios autos da execução provisória. Tal não significa, contudo, possa ser afastado o contraditório das partes, inarredável garantia de cunho constitucional. Essas sempre terão interesse em se manifestar a respeito, suscitando questões que podem ser relevantes, relacionadas com a idoneidade da garantia ou a sua suficiência.[16]

Qualquer das partes pode insurgir-se contra o valor arbitrado mediante agravo, que poderá ser de instrumento, havendo possibilidade de dano irreparável. Também o objeto da caução e outras questões correlatas podem ser discutidos nos próprios autos da execução provisória, ficando sujeitas a recurso as decisões respectivas.

A nova dicção da lei sepulta de forma definitiva qualquer interpretação conducente a aplicar ao caso o demorado procedimento estabelecido nos arts. 829 e 834 do CPC. Mesmo antes da explicitação legal, a aplicação de tais dispositivos brigava com o sistema do Código e com o princípio da economia processual, pois a caução de que se trata constitui mero ato do procedimento da execução provisória.[17]

---

15   Pontes de Miranda, *Comentários ao CPC* (1973). Rio de Janeiro, Forense, 1976, t. XII, p. 192, criticando, com razão, acórdão da 2ª Turma do STF, *RTJ,* 40/773.
16   Paulo Henrique dos Santos Lucon, *Eficácia das decisões e execução provisória*, São Paulo, RT, 2000, nº 118, p. 415.
17   A respeito, Carlos Alberto Alvaro de Oliveira, *in* Oliveira/Lacerda, *Comentários ao CPC*, 7ª ed. Rio de Janeiro, Forense, 2005, vol. VIII, t. II, nº 46, pp. 154-158.

A execução provisória do despejo dependerá de caução, real ou fidejussória, não inferior a doze meses nem superior a dezoito meses do aluguel atualizado até a data do depósito da caução (Lei nº 8.245, de 18.10.1991, art. 64 e respectivo § 1º).

> *Art. 475-O, § 1º No caso do inciso II deste artigo, se a sentença provisória for modificada ou anulada apenas em parte, somente nesta ficará sem efeito a execução.*
>
> **Direito anterior.** Art. 588, § 1º, do CPC de 1973 (anterior parágrafo único do art. 588, remunerado para § 1º de acordo com a Lei nº 10.444, de 07.05.2002): "No caso do inciso III, se a sentença provisoriamente executada for modificada ou anulada apenas em parte, somente nessa parte ficará sem efeito a execução".

COMENTÁRIO

104. Reforma parcial da decisão exeqüenda – Obviamente, deverá ser respeitado o comando condenatório transitado em julgado. De tal sorte, se a decisão exeqüenda for modificada ou anulada apenas em parte, somente nesta ficará sem efeito a execução. O resto tornou-se imutável e, por conseqüência, indiscutível, não sendo possível cogitar de volta ao estado anterior ou de indenização em relação a ele.

> *Art. 475-O, § 2º A caução a que se refere o inciso III do* caput *deste artigo poderá ser dispensada:*
> *I – quando, nos casos de crédito de natureza alimentar ou decorrente de ato ilícito, até o limite de sessenta vezes o valor do salário mínimo, o exeqüente demonstrar situação de necessidade;*
>
> **Direito anterior.** Art. 588, § 2º, do CPC de 1973 (acrescido pela Lei nº 10.444, de 07.05.2002): "A caução pode ser dispensada nos casos de crédito de natureza alimentar, até o limite de sessenta (60) vezes o salário mínimo, quando o exeqüente se encontrar em estado de necessidade".

COMENTÁRIO

105. Dispensa da caução em crédito decorrente de ato ilícito – A regra explicita que, além do crédito de natureza alimentar, também na hipótese de crédito decorrente de ato ilícito, em ambos os casos até o limite de sessenta vezes o salário mínimo, poderá ser dispensada a caução para a execução provisória do comando condenatório, quando o exeqüente demonstrar estado de necessidade.

A norma deve ser interpretada de forma sistemática, em conjugação com o disposto no parágrafo único do art. 732 do CPC, que ressalva a possibilidade de o exeqüente levantar mensalmente a importância da prestação alimentícia se a penhora recair em dinheiro, mesmo com o oferecimento de embargos (hoje, impugnação). De tal sorte, a caução é exigível apenas para as prestações vencidas e não para as vincendas, ou outras espécies de dano ou prejuízo decorrentes do ato ilícito. Registre-se, outrossim, que antes da edição da Lei nº 10.444, de 2002, o STJ havia firmado entendimento no sentido de que, em se tratando de crédito de natureza alimentar, atendendo ao aspecto social da pretensão, não tem cabimento a exigência de prestação da caução prevista no art. 588 do CPC.[18]

De outro lado, em caso de crédito de natureza alimentar, a necessidade está *in re ipsa*, de modo que despicienda a demonstração da situação de necessidade exigida na regra ora comentada. Tal prova só poderá ser exigida, desse modo, se o crédito for decorrente de ato ilícito e, mesmo assim, se este não exibir natureza alimentar.

106. Outras hipóteses de dispensa da caução – Em casos excepcionais, pode ser dispensada a exigência de caução, a exemplo da hipótese em que o executado é devedor de quantia maior que o depósito a ser levantado.[19]

De modo mais geral, a exigência de caução pode entrar em conflito com o princípio da efetividade e do próprio acesso à jurisdição, em casos em que o autor vitorioso, embora não dotado de título executivo judicial transitado em julgado, esteja em condições de miserabilidade, impedido assim de prestar caução para a expedita satisfação de seu provável direito. Em tais hipóteses, deverá o juiz, sopesando os mencionados princípios no

---

18 STJ, Corte Especial, ED no Resp. nº 152.729-PR-AgRG., Rel. Ministro Vicente Leal, j. em 29.06.2001, v.u., *DJU* 22.10.2001, p. 261.
19 STJ, 1ª Turma, REsp. nº 58.505-8-SP, Rel. Min. Humberto Gomes de Barros, j. em 17.04.1995, negaram provimento, v.u., *DJU* 15.05.1995, p. 13.371; no mesmo sentido: *STJ-RT* 753/190, *apud* Theotonio Negrão e José Roberto F. Gouvêa, *Código de Processo Civil e legislação em vigor*, 37ª ed. São Paulo, Saraiva, 2005, anotação ao art. 588 do CPC.

confronto com o princípio da segurança, empregando o postulado normativo aplicativo da proporcionalidade e outras regras hermenêuticas, estabelecer a solução adequada.[20]

Algumas decisões entendem não ser lícito exigir-se caução do Estado exeqüente para levantamento de quantia correspondente à arrematação de bem penhorado em execução fiscal fundada em certidão de dívida ativa.[21] Nada obstante a higidez econômico-financeira da União e até de alguns outros entes públicos, esse entendimento privilegia demasiadamente a Fazenda Pública e coloca em risco o executado, que ficará sujeito em caso de reforma da decisão exeqüenda aos trâmites demorados, difíceis e, às vezes, sem resultado da requisição do numerário por precatório. Como a lei não excepciona a Fazenda Pública, também esta deverá ser obrigada a prestar caução.

O art. 64 da Lei nº 8.2456, de 18.10.1991, dispensa de prestação de caução a execução provisória do despejo decretado: a) por descumprimento de acordo (art. 9º, II), salvo a hipótese de ter sido concedida medida liminar (art. 59, § 1º); b) por infração de obrigação legal ou contratual (art. 9º, II); e c) para reparos urgentes (art. 9º, IV). A caução, portanto, deverá ser prestada na execução provisória da sentença de despejo por falta de pagamento do aluguel e demais encargos.[22]

> *Art. 475-O, § 2º, II – nos casos de execução provisória em que penda agravo de instrumento junto ao Supremo Tribunal Federal ou ao Superior Tribunal de Justiça (artigo 544), salvo quando da dispensa possa manifestamente resultar risco de grave dano, de difícil ou incerta reparação.*
>
> **Direito anterior.** Sem correspondência.

---

20 Substancialmente, no mesmo sentido, Araken de Assis, *Cumprimento da sentença*, cit., nº 59, p. 154.
21 STJ-1ª Turma, REsp. nº 71.504-SP, Rel. Ministro Humberto Gomes de Barros, j. em 02.10.1995, negaram provimento, v.u., *DJU* 13.11.1995, p. 38.649; com igual orientação, *RSTJ* 67/500, 93/164, *JTJ* 173/165, *RTRF* – 1ª Reg. 10/273, *apud* Theotonio Negrão e José Roberto F. Gouvêa, *Código de Processo Civil*, cit., anotação ao art. 588 do CPC.
22 Nesse sentido, a jurisprudência predominante no STJ, como anotam Theotonio Negrão e José Roberto F. Gouvêa, *Código de Processo Civil*, cit., nota 1 ao art. 64 da Lei do Inquilinato.

COMENTÁRIO

107. Dispensa da caução na pendência de agravo de instrumento destinado à admissão de recurso especial ou extraordinário – Visando a incrementar o princípio fundamental da efetividade, a regra inova ao dispensar de caução a execução provisória em que o trânsito em julgado da decisão exeqüenda dependa de julgamento de agravo de instrumento junto ao Supremo Tribunal Federal ou ao Superior Tribunal de Justiça, recurso esse interposto com vistas à subida de recurso extraordinário ou especial (art. 544).

Realmente, o exame da prática judiciária brasileira demonstra um desvirtuamento do manejo desses dois recursos, ambos de índole extraordinária, numa tentativa de transformar os dois tribunais superiores em terceiro grau de julgamento, e não apenas para garantia da integridade da ordem constitucional ou a uniformidade de aplicação da lei federal. Diversos fatores, especialmente de índole cultural, contribuem para essa distorção. A situação torna-se ainda mais grave no caso da inadmissão do recurso, em que o agravo, para fazê-lo subir, geralmente sem grandes chances de êxito, pode postergar de maneira inconveniente a entrega da devida prestação jurisdicional.

Se essas razões justificam a inovação, o legislador tratou de levar em conta, com prudência, que, em certas hipóteses, a realização da execução provisória, especialmente com realização de atos de transferência de propriedade e levantamento de dinheiro, pode conduzir *manifestamente* a situação de risco de grave dano, de difícil ou incerta reparação.

Dessa forma, a dispensa de caução na hipótese em comento depende de três requisitos: a) risco de grave dano; b) dificuldade ou incerteza na reparação do dano; c) evidência manifesta dos dois requisitos anteriores.

O elemento da letra *a* pode decorrer tanto da grandeza do dano (*periculum in mora*) quanto da clara possibilidade de vir a ser provido o recurso de que se trata, a exemplo do caso teratológico. Não se revela razoável permitir execução provisória, com risco de grave dano e dificuldade ou incerteza de sua reparação, em hipóteses em que, a primeiro relance de olhos, verifique-se que a decisão recorrida tem grandes probabilidades de ser reformada.

O risco de grave dano revela-se insuficiente se não se verificar possibilidade de dificuldade ou incerteza na sua reparação, conforme aferido no juízo da execução. De qualquer modo, os dois primeiros pressupostos deverão ser manifestos, isto é, de clareza evidente. Não basta, assim, a existência de apenas um ou dois dos pressupostos, revela-se indispensável a presença dos três para que a caução possa ser exigida.

> Art. 475-O, § 3º Ao requerer a execução provisória, o exeqüente instruirá a petição com cópias autenticadas das seguintes peças do processo, podendo o advogado valer-se do disposto na parte final do artigo 544, § 1º:
> I – sentença ou acórdão exeqüendo;
> II – certidão de interposição do recurso não dotado de efeito suspensivo;
> III – procurações outorgadas pelas partes;
> IV – decisão de habilitação, se for o caso;
> V – facultativamente, outras peças processuais que o exeqüente considere necessárias.
>
> **Direito anterior.** Art. 589 CPC de 1973: "A execução definitiva far-se-á nos autos principais; a execução provisória, nos autos suplementares, onde os houver, ou por carta de sentença, extraída do processo pelo escrivão e assinada pelo juiz". Art. 590 do CPC de 1973: "São requisitos da carta de sentença: I – autuação; II – petição inicial e procuração das partes; III – contestação; IV – sentença exeqüenda; V – despacho do recebimento do recurso. Parágrafo único. Se houve habilitação, a carta conterá a sentença que a julgou".

COMENTÁRIO

108. Extinção da carta de sentença para a execução provisória – A inovação – que resultou de sugestão deste comentador, ainda durante a discussão do projeto no Instituto Brasileiro de Direito Processual – extingue a velharia da Carta de Sentença, instituto medieval, passado em nome do Rei ou Rainha reinante, subscrito pelo Escrivão, assinado pelo Juiz, e selada pelo Chanceler, ou quem suas vezes fizer.[23]

No Brasil, até o advento da reprografia, ainda se justificava, pois era feita a bico de pena ou datilografada pelo escrivão (ou seu ajudante) e assinada pelo juiz (revogado art. 589 do CPC). Depois da introdução de meios técnicos mais modernos de reprodução de originais, só servia para aumentar desmesuradamente os trabalhos das secretarias dos tribunais e postergar

---

23 Francisco José Duarte Nazareth, *Elementos de Processo Civil*, Coimbra, Imprensa da Universidade, 1857, tomo II, p. 3.

ainda mais o início da execução provisória, pois em certos Estados da Federação chegava-se a exigir para sua expedição a decisão de admissão do recurso especial ou extraordinário (sabidamente sem efeito suspensivo)!

109. Peças que deverão ser copiadas – Hoje, para instrumentar a execução provisória – que em regra correrá em autos apartados – basta exiba o exeqüente *cópia* autenticada das seguintes peças: a) sentença ou acórdão exeqüendo (*rectius*: decisão exeqüenda); b) de certidão de interposição do recurso não dotado de efeito suspensivo; c) procurações outorgadas pelas partes; d) da decisão de habilitação, se for o caso; e) facultativamente, de outras peças processuais consideradas necessárias.

A restrição contida no art. 475-O, § 3º, V, à juntada facultativa de peças *processuais*, deve ser aplicada com prudência, pois, para a execução provisória, pode ser necessária a exibição de peças de outros processos e não somente daquele objeto da demanda entre as partes, e até de peças que não sejam processuais, a exemplo de laudo de algum perito realizado posteriormente ao processo.

Apesar de o art. 475-O, § 3º, II, mencionar "*certidão* da interposição de recurso não dotado de efeito suspensivo", o *caput* corretamente alude a cópia. De tal sorte, dentro do sentido deformalizador que presidiu a alteração ora comentada, basta *cópia* da certidão da interposição do recurso ou do carimbo autenticador da interposição, autenticada pelo advogado, com as cautelas legais.

De observar que o recurso não deverá ser "dotado" de efeito suspensivo, isto é, não deve ter efeito suspensivo por força de lei, a exemplo do que sucede com o recurso especial ou extraordinário, cuja interposição não impede a execução provisória (arts. 497 e 542, § 2º, do CPC). A certidão ou a cópia da certidão, ressalte-se, é da "interposição do recurso", não do efeito em que foi recebido. Se a lei não lhe atribui efeito suspensivo, é possível iniciar-se a execução provisória, a despeito de eventual e posterior atribuição de efeito suspensivo pelo juízo *ad quem*. Salienta-se que, na prática judiciária brasileira, a espécie mais comum de execução provisória se verifica depois da prolação de acórdão ou decisão monocrática de relator que apreciou apelação, casos em que, atendidos os pressupostos constitucionais, poderá ser interposto recurso especial ou extraordinário, ambos dotados de efeito unicamente devolutivo.

110. Forma de autenticação das cópias – A autenticação será realizada na forma da parte final do art. 544, § 1º, do CPC, vale dizer, mediante declaração da autenticidade das cópias pelo próprio advogado da parte exeqüente, sob sua responsabilidade pessoal.

111. Decisão de habilitação – A decisão mencionada no inciso IV concerne à solução do processo de habilitação, regulado nos arts. 1.055 a 1.062 do CPC, quando, por falecimento de qualquer das partes, os interessados houverem de suceder-lhe no processo. Na prática judiciária brasileira, porém, esses dispositivos caíram em desuso, procedendo-se, na maioria das vezes, a uma habilitação incidental de plano, sem maiores formalidades. A cópia da decisão que resolve esse incidente, autenticada pelo advogado, mesmo que não tenha transitado em julgado, supre a exigência da lei no particular.

112. Autos suplementares – A nova regra deixa de mencionar os autos suplementares, objeto do art. 159 do CPC, que também poderiam instrumentalizar a execução provisória. Deve-se isso a que, desde muito, a existência de autos suplementares nas comarcas do interior não passa de uma quimera, em face do sempre crescente aumento do número de processos e da carga de trabalho. Claro que, havendo autos suplementares, neles poderá ser realizada a execução provisória, pois estaria assim atendido o princípio da segurança, pouco importando o nome do instrumento.

113. Execução provisória nos autos principais – Se o recurso especial, ou extraordinário, não for admitido, interposto agravo de instrumento dessa decisão, os autos deverão ser devolvidos à origem. Nessa hipótese excepcional, a execução provisória poderá também ser processada nos autos principais.

114. Reminiscências da carta de sentença no Código – A segunda parte do art. 521 continua aludindo à carta de sentença: "recebida (a apelação) só no efeito devolutivo, o apelado poderá promover, desde logo, a execução provisória da sentença, extraindo a respectiva carta". Com a extinção da carta, esse dispositivo, que diz respeito à execução provisória da sentença, totalmente regulada no art. 475-O, deverá ser reformulado numa nova reforma, pois ficou ultrapassado.

Consoante o art. 484, a execução da sentença estrangeira homologada no Brasil far-se-á por carta de sentença. Embora se trate de execução definitiva, nada impede a substituição da carta de sentença por cópia das peças necessárias, com autenticação pelo próprio advogado do exeqüente. Consistiria formalismo excessivo, com ofensa ao princípio da efetividade, persistir-se na exigência de apresentação da carta.

115. Carta de sentença para averbação de atos registrais – O mesmo ocorre com o art. 100, § 3º, da Lei nº 6.015, de 31.12.1973 (Lei dos Registros Públicos), a reclamar para a averbação da sentença de nulidade e anulação de casamento e de desquite (*rectius*: separação judicial) a exibição de "carta de sentença, subscrita pelo presidente ou outro juiz do tribunal que julgar a ação em grau do recurso, da qual constem os requisitos mencionados neste artigo e, ainda, certidão do trânsito em julgado do acórdão". Embora não se trate de execução provisória, ou mesmo de execução, mas apenas de formalidade para complementar sentença constitutiva, basta agora a cópia das peças reclamadas na lei especial, autenticadas pelo advogado.

Art. 475-P. O cumprimento da sentença efetuar-se-á perante:

I – os tribunais, nas causas de sua competência originária;

II – o juízo que processou a causa no primeiro grau de jurisdição;

III – o juízo cível competente, quando se tratar de sentença penal condenatória, de sentença arbitral ou de sentença estrangeira.

Parágrafo único. No caso do inciso II do caput *deste artigo, o exeqüente poderá optar pelo juízo do local onde se encontram bens sujeitos à expropriação ou pelo do atual domicílio do executado, casos em que a remessa dos autos do processo será solicitada ao juízo de origem.*

Direito Anterior. Art. 575 do CPC. A execução, fundada em título judicial, processar-se-á perante: I – os tribunais superiores, nas causas de sua competência originária; II – o juízo que decidiu a causa no primeiro grau de jurisdição; III – o juízo que homologou a sentença arbitral (revogado pela Lei nº 10.358, de 2001); IV – o juízo cível competente, quando o título executivo for sentença penal condenatória ou sentença arbitral (redação da Lei nº 10.358, de 2001).

PEDRO LUIZ POZZA

Mestrando em Direito Processual Civil pela Universidade Federal do Rio Grande do Sul (UFRGS). Professor de Direito Processual Civil da Escola Superior da Magistratura Estadual (AJURIS). Juiz de Direito em Porto Alegre.

COMENTÁRIO

116. Competência para o cumprimento da sentença – Diferentemente da execução por título extrajudicial, em que a competência segue as regras comuns dos arts. 88 a 124 do CPC, o cumprimento da sentença[1] segue disposições específicas.

---

1   O legislador usa o conceito *sentença* em sentido amplo, ou seja, não apenas como o ato judicial singular (sentença propriamente dita – CPC, art. 162, § 1º – e decisão interlocutória), proferido por juiz de primeiro grau de jurisdição, mas qualquer decisão de um

117. Causas de competência originária dos tribunais – Consoante o art. 475-P, inciso, I, do CPC, proferido o título executivo em processo de competência originária de qualquer Tribunal, será esse competente para o cumprimento da sentença.

Note-se que o dispositivo se refere à competência originária, o que significa que o processo deve ter sido iniciado perante um Tribunal, não bastando que a Corte tenha decidido a causa definitivamente, em grau de apelação, recurso especial ou extraordinário, ainda que a sentença de primeiro grau de jurisdição tenha sido de improcedência da demanda.[2]

As hipóteses mais comuns de incidência de tal disposição ocorrem em ação rescisória ou mandado de segurança,[3] nas quais, transitando em julgado a decisão monocrática do relator ou o acórdão, seu cumprimento far-se-á perante o mesmo órgão (Câmara, Turma, Grupo, Seção, Plenário ou Órgão Especial) que proferiu o título executivo.

Importante ressaltar que a referência a Tribunal não implica a competência do colegiado maior (Plenário ou Órgão Especial) para o cumprimento do acórdão. Isso significa, por exemplo, que, se uma ação rescisória for julgada procedente por um órgão fracionário da Corte (Câmara ou Turma), é nesse mesmo órgão que será levado a efeito o cumprimento do julgado. Portanto, quando o legislador se refere a *tribunais*, está se referindo ao *órgão colegiado* que julgou a causa da competência originária da Corte.

Cumpre referir, ainda, que o legislador suprimiu a referência a Tribunal *superior*, conceito abrangente, nas causas cíveis, apenas do STJ e do

---

órgão colegiado (acórdão) ou do relator (decisão monocrática), atuando em representação daquele, nas hipóteses expressamente autorizadas pelo legislador (por exemplo, art. 557 do CPC), que implique a criação de um título executivo judicial. Aliás, o próprio Constituinte, ao referir-se à competência do STF para a execução de seus julgados (acórdãos e decisões monocráticas do relator), utiliza o termo *sentença*, não *acórdão* (Constituição Federal, art. 102, I, alínea *m*).

---

2   Como diz Pontes de Miranda, *Comentários ao CPC*, 2ª ed. Rio de Janeiro: tomo IX, Forense, 2001, p. 118): "Convém frisar-se que se deu relevo à competência originária, de modo que a confirmação da sentença pelo órgão coletivo, a que foi o processo, não tem a conseqüência de fazer competente o tribunal superior, a que foi o recurso".
3   No STF, há, ainda, a ação direta de inconstitucionalidade de lei ou ato normativo federal ou estadual e a ação declaratória de lei ou ato normativo federal (Constituição Federal, art. 102, I, alínea *a*) e as ações cíveis originárias (Constituição Federal, art. 102, I, alíneas *e*, *f* e *n*).

STF. Corrigiu-se equívoco de redação, pois o inciso I aplicava-se indistintamente a qualquer Corte, ainda que não superior.

Relativamente ao STF, a regra em comento limita-se a reproduzir o disposto no art. 102, I, alínea *m*, da Constituição Federal, que atribui à Suprema Corte a competência para "execução de sentença nas causas de sua competência originária, facultada a delegação de atribuições para a prática de atos processuais".

118. Competência na causa iniciada no primeiro grau de jurisdição – Quanto ao inciso II, não houve alteração de redação, a qual se mantém incólume desde a vigência do atual CPC. Persiste, pois, a competência do juiz que decidiu a causa no primeiro grau de jurisdição, para o cumprimento do julgado. E, como já dito com relação ao inciso I, mesmo que a sentença tenha sido de improcedência, surgindo o título executivo tão-somente em sede de apelação ou recurso extremo (extraordinário ou especial).

Relevante observar que não somente uma sentença (art. 162, § 1º, do CPC) pode ser objeto de cumprimento, mas também uma decisão interlocutória, como aquela que antecipa, total ou parcialmente, a tutela (art. 273 do CPC). O mesmo pode ocorrer com a multa de vinte por cento aplicada pelo juiz ao arrematante e seu fiador, na hipótese de não-pagamento do preço da arrematação (arts. 695 e 690 do Código) ou, ainda, com a decisão que fixa alimentos provisionais (art. 733).

119. Competência no caso de sentença penal condenatória, sentença arbitral e sentença estrangeira – O inciso III reproduz, com redação alterada, o anterior inciso IV,[4] incluindo também a *sentença estrangeira*.

Quanto à sentença penal, ela é executada, em regra, na justiça comum estadual, ainda que proferida por juiz federal. A não ser que o lesado ou réu seja ente sujeito à jurisdição federal, nos termos do art. 109 da Constituição Federal. Normalmente, a execução tramitará no foro de domicílio

---

4   Note-se que o inciso III do art. 575 fora suprimido pela Lei nº 10.358/01 e, em sua redação original, dispunha ser competente para a execução o juízo que *homologou a sentença arbitral*. A mesma lei alterou o inciso IV, que anteriormente tratava apenas da competência para a execução da sentença penal condenatória, passando a incluir a *sentença arbitral*. Essa alteração foi resultado da adaptação do CPC à Lei nº 9.703/96, que instituiu a arbitragem no Brasil e dispensou a homologação judicial (art. 15), para a eficácia da sentença proferida pelo árbitro.

do executado, conforme o art. 94 do CPC, podendo, no entanto, ser proposta no lugar em que praticado o fato criminoso (*forum comissi delictio*), nos termos do art. 100, V, *a,* do CPC. No caso de acidente de trânsito, poderá o exeqüente optar pelo foro de seu domicílio do local do fato (art. 100, parágrafo único).

A sentença arbitral foi incluída no inciso IV do art. 575 do Código pela Lei nº 10.358/01. Aplicável apenas a litígios relativos a direitos patrimoniais disponíveis, a arbitragem foi regulamentada pela Lei nº 9.703/96, que, todavia, deixou de prever acerca do juízo competente para a execução de sentença por ele proferida.[5] A partir da nova redação do inciso IV citado,[6] a execução será ajuizada no juízo cível competente, ou seja, aquele em que a demanda de conhecimento deveria ser ajuizada, não tivessem as partes optado pelo juízo arbitral.

Salienta-se, ademais, que a norma prevalece, inclusive, sobre o juízo onde porventura tenha sido ajuizada qualquer demanda, seja visando à instituição da arbitragem (Lei nº 9.307/96, art. 6º, parágrafo único e § 7º), à nomeação de árbitro (mesma lei, art. 13, § 2º), à condução de testemunha (art. 22, § 2º), a medidas coercitivas ou cautelares (art. 22, § 4º) ou para a resolução de controvérsia sobre direitos indisponíveis de cuja existência dependa o julgamento arbitral (art. 25), que deve ser proposta no juízo cível competente, ausente qualquer disposição na lei questionada no sentido da prevenção de tal juízo para execução da sentença arbitral.

Assim, se o autor propôs qualquer demanda prevista na lei da arbitragem em seu domicílio, não tendo o réu oposto a respectiva exceção de incompetência, a execução de tal sentença no mesmo juízo não obsta a que este possa excepcionar a competência, postulando a remessa dos autos ao juízo de seu domicílio.[7]

Cumpre observar, ainda, que a sentença arbitral estrangeira, assim como a sentença arbitral nacional (art. 31 da Lei nº 9.307/96), tem a mesma eficácia de uma sentença proferida pelo Poder Judiciário. Portanto, aquela se considera *sentença estrangeira*, carecedora de homologação de órgão jurisdicional pátrio para que sua execução possa ser feita no Brasil.

---

5   Aliás, nem seria de boa técnica que a legislação especial trouxesse disposição nesse sentido, pois a competência do juízo cível deve ser prevista em uma só norma, o CPC.
6   A referência é ao art. 575.
7   Pedro Luiz Pozza, *As novas regras dos recursos no processo civil e outras alterações – leis n°s 10.352, 10.358/01 e 10.444/02*. Rio de Janeiro: Forense, 2003, p. 91.

Com a EC nº 45/2004, que retirou do STF e atribuiu ao STJ a homologação das sentenças estrangeiras (art. 105, I, alínea *i*, da Constituição Federal), deixa de prevalecer o disposto no art. 35 da Lei de Arbitragem, razão pela qual o STJ é também competente para a homologação das sentenças arbitrais estrangeiras; interpretação, aliás, agasalhada pelo legislador (art. 475-N, inciso VI).[8]

Ressalta-se, todavia, que a execução da sentença estrangeira realizar-se-á na Justiça Federal, nos termos do art. 109, X, da Constituição Federal, razão por que a execução será ajuizada no juízo federal de primeiro grau, com observância, entretanto, das regras de competência estabelecidas no CPC.[9]

A alteração do inciso III deixa claro que também para o cumprimento de decisão judicial (sentença ou acórdão, mesmo arbitral) proferida no estrangeiro, desde que previamente homologada pelo STJ,[10] a competência é do juízo cível, observadas as regras gerais dos arts. 88 a 124, em combinação com o art. 484, todos do CPC.[11]

120. Opção do exeqüente pelo juízo onde se encontram bens passíveis de expropriação ou do atual domicílio do executado – Mudança importante surge com a introdução do parágrafo único no art. 474-P, que admite, na hipótese do inciso II (processo iniciado perante o primeiro grau de jurisdição), a opção do *exeqüente* pelo juízo onde o *executado* possua bens passíveis de penhora ou pelo de seu atual domicílio – se diverso daquele verificado quando do ajuizamento do processo de conhecimento onde proferido o título a ser cumprido.

---

8   Não teria sentido atribuir ao STJ a homologação de sentença estrangeira proferida por órgão do Poder Judiciário e ao STF em sendo sentença arbitral.
9   Assim, por exemplo, se o executado estiver domiciliado em cidade que não seja sede de Vara Federal, o juízo competente será o da Vara Federal que tiver jurisdição sobre o domicílio do devedor.
10 A Emenda Constitucional nº 45/2004 revogou a alínea *h* do art. 102, I, da Constituição Federal, que atribuía ao STF a competência para a homologação das sentenças proferidas no estrangeiro, para que possam ser cumpridas no Brasil, passando tal atribuição ao STJ, nos termos do art. 105, I, alínea *i*.
11 Nesse sentido, Joel Dias Figueira Junior, *Arbitragem – Jurisdição e Execução*. São Paulo: RT, 1999, p. 286, citado por Teori Albino Zavascki, *Comentários ao Código de Processo Civil*. São Paulo: Ed. Revista dos Tribunais, 2000, vol. VIII, p. 133.

A modificação revela-se extremamente salutar, uma vez que permite superar entendimento predominante na doutrina[12] e na jurisprudência[13] no sentido de que o inciso II do antigo art. 575 dispunha sobre regra de competência absoluta e, por conseqüência, cognoscível pelo juiz de ofício e inder-

---

12 Sustentam que a regra do inciso II do art. 575 do CPC tratava de competência funcional e, pois, absoluta: Athos Gusmão Carneiro, *Jurisdição e Competência*, RT, 12ª ed. São Paulo: 2002, p. 123; Araken de Assis, *Manual do Processo de Execução*, RT, 7ª ed. São Paulo: 2001, p. 203; Teori Albino Zavascki, *Comentários ao Código de Processo Civil*, cit., vol. VIII, p. 128; Cândido Rangel Dinamarco, *Instituições de Direito Processual Civil*. São Paulo: Malheiros Editores, 2004, vol. IV, p. 96. Outros consideram tal competência relativa – Pontes de Miranda, *Comentários ao CPC*, 2ª ed. Rio de Janeiro: Forense, 2001, tomo IX, p. 121, e Amílcar de Castro. *Comentários ao CPC*, 3ª ed. São Paulo: *RT*, 1983, p. 33.
13 RECURSO ESPECIAL. EXECUÇÃO. TÍTULO JUDICIAL ORIGINÁRIO DE SEPARAÇÃO CONSENSUAL. COMPETÊNCIA. 1. É absoluta a competência funcional estabelecida no art. 575, II, do Código de Processo Civil, devendo a execução ser processada no juízo em que decidida a causa no primeiro grau de jurisdição. [...] (REsp. nº 538.227/MT, Rel. Ministro Fernando Gonçalves, Quarta Turma, julgado em 20.04.2004, *DJ* 10.05.2004 p. 291). No mesmo sentido: "PROCESSUAL CIVIL. EXECUÇÃO. CUMULAÇÃO DE VALORES DECORRENTES DE TÍTULO JUDICIAL (SUCUMBÊNCIA DE AÇÃO DE DESPEJO) E EXTRAJUDICIAL (ALUGUÉIS E ENCARGOS ATRASADOS). COMPETÊNCIA ABSOLUTA DO JUÍZO QUE JULGOU A AÇÃO DE DESPEJO. CPC, ART. 575, II. EXCLUSÃO. PROSSEGUIMENTO DO FEITO QUANTO À PARTE REMANESCENTE. [...] Tratando-se de competência absoluta e não relativa, pode ser suscitada pela parte em embargos à execução ou mesmo conhecida de ofício pelo juiz. Aplicação do princípio da economia processual, prosseguindo-se na execução da parte remanescente, constituída pelo título extrajudicial, apenas decotado o excesso pertinente à sucumbência derivada da condenação pretérita, representativa do título judicial. IV. Recurso especial conhecido em parte e provido parcialmente" (REsp. nº 244.702/MG, Rel. Ministro Aldir Passarinho Junior, Quarta Turma, julgado em 22.05.2001, *DJ* 10.09.2001 p. 393). Cumpre referir, entretanto, que o próprio STJ já vinha excepcionando a regra do inciso II do art. 575, tendo decidido que o disposto no art. 100, II, do CPC prevalece sobre aquele, razão pela qual poderia o alimentando, tendo mudado de domicílio, promover a execução dos alimentos em juízo diverso daquele que proferiu o título executivo (REsp. 436.251/MG, Rel. Ministro Antônio de Pádua Ribeiro, Relª p/ Acórdão Ministra Nancy Andrighi, Terceira Turma, julgado em 21.06.2005, *DJ* 29.08.2005 p. 329; CC 2.933/DF, Rel. Ministro Waldemar Zveiter, Segunda Seção, julgado em 28.10.1992, *DJ* 17.12.1992, p. 24.206, e REsp. nº 223.207/MG, Rel. Ministro Humberto Gomes de Barros, Terceira Turma, julgado em 18.05.2004, *DJ* 16.08.2004, p. 255.

rogável pelas partes.¹⁴ Disso resultava que, mesmo sendo conveniente para o credor, ele não poderia optar, quando da execução da sentença, por outro juízo onde situados bens a serem penhorados ou do domicílio do devedor, obrigando-se a promover a execução por carta precatória, sabidamente mais morosa e custosa.¹⁵

No entanto, a partir da vigência da Lei nº 11.232/05, pelo menos em relação ao cumprimento de título executivo proferido em processo iniciado no primeiro grau de jurisdição, abre-se a possibilidade ao credor de buscar a satisfação de seu crédito perante juízo diverso daquele onde proferido o título, seja porque nele se encontram bens a ser penhorados, seja porque ali está, atualmente, domiciliado o devedor.

E isso a despeito de o art. 475-I, *caput*, dispor que o cumprimento da sentença, em se tratando de obrigação por quantia certa, faz-se por meio de *execução*, sem a instauração de nova relação de direito processual entre credor e devedor, na medida em que não há citação do executado que, por isso, não pode oferecer embargos, mas simples impugnação (novos arts. 475-J, § 1º e 475-L).¹⁶

Quebra-se, desta forma, o princípio previsto no art. 87 do CPC, o qual dispõe fixar-se a competência no momento em que a demanda é proposta. Permite-se que a causa tramite perante determinado juízo até o trânsito em julgado da sentença e, em outro, por ocasião da execução, o que pode causar certa perplexidade, porquanto quebra o princípio da *perpetuatio jurisdicionis*.

A medida, no entanto, vem em favor do exeqüente, que pode abreviar a satisfação de seu crédito com a remessa dos autos a juízo diverso, no qual

---

14 Em relação ao inciso I, a doutrina sempre convergiu no sentido de ser essa competência funcional e, assim, absoluta. Veja-se, a propósito, Teori Albino Zavascki, *Comentários ao Código de Processo Civil*, cit., vol. VIII, p. 127.
15 Isso poderia ocorrer, por exemplo, quando o processo onde proferido o título executivo tivesse tramitado em foro de eleição, inclusive em Estado da Federação diverso do domicílio da parte vencida.
16 Observa-se, todavia, que a desnecessidade de citação do executado só ocorre nas hipóteses dos incisos I, III, V e VII do art. 475-N, conforme ressalvado no parágrafo único desse dispositivo, vez que, quanto aos títulos previstos nos incisos II e IV, não há processo cível de conhecimento antecedente, razão pela qual o exeqüente requererá a citação do executado, ainda que este não possa ofertar embargos, mas simples impugnação, haja vista a necessidade da instauração da relação jurídica processual.

haja bens a serem penhorados, ou onde esteja, por ocasião da execução, domiciliado o executado.

Note-se que o dispositivo em questão é faculdade do exeqüente, o qual não pode ser imposto pelo juiz da causa, ainda que lhe pareça mais conveniente a medida. Assim, os autos do processo só serão remetidos a juízo diverso daquele onde teve início a demanda em primeiro grau de jurisdição se assim quiser o credor (pode ser o próprio réu, se reconveio, ou então se ele pretender executar os encargos sucumbenciais, à vista da improcedência da demanda).

Justo, por isso, é que não deve o juiz exigir do credor a comprovação da ocorrência de quaisquer dos requisitos do apontado parágrafo único, suficiente simples requerimento, para a remessa dos autos ao juízo por aquele indicado. Se a afirmação do credor for falsa ou equivocada, deverá suportar o prejuízo de sua má-fé ou desídia.

Quando muito, poder-se-ia admitir exigisse o juiz a juntada de certidão do registro imobiliário demonstrando que o devedor possui bem (ou bens) no juízo indicado pelo credor, pois, no mais das vezes, é impossível de ser realizada a prova do novo domicílio daquele.

Uma vez remetidos os autos a juízo diferente, passa a ser esse o competente para o julgamento de quaisquer incidentes que surgirem no tramitar da execução, especialmente da impugnação,[17] embargos à arrematação ou adjudicação, assim como embargos de terceiro, perdendo o juízo que proferiu o título qualquer competência para atuar no feito.

Indagação interessante diz respeito à atitude do credor que optar pela faculdade do art. 475-P, parágrafo único: remetidos os autos ao juízo por ele indicado, os bens inicialmente encontrados não foram suficientes à satisfação do crédito ou o único existente vem a ser declarado impenhorável em sede de impugnação. Poderá ele escolher juízo diverso, onde agora localizou outros bens ou onde agora se domiciliou o devedor?

Em que pese a omissão do legislador, a resposta é positiva, porque além de instaurar-se execução no interesse do credor, ela deve ser feita da forma menos gravosa para o devedor (art. 620 do CPC), pois a necessidade de deprecar os atos executórios implica retardo injustificável na satisfação do credor, assim como maiores ônus ao devedor.

---

17 Ressalva-se, todavia, o disposto no art. 747 do CPC.

Outra questão concerne à possibilidade de o executado, quando intimado para cumprir a sentença, argüir a incompetência do novo juízo para onde foram remetidos os autos. A resposta também é positiva. Sucede que, como o exeqüente nem sempre precisa comprovar a razão da solicitação da remessa dos autos a outro juízo,[18] pode ele requerê-la de má-fé, com o propósito específico de prejudicar a defesa do executado.[19]

Certo, a exceção de incompetência, em regra, deve ser oposta pelo réu por ocasião da contestação e, pelo executado, quando dos embargos do devedor. Aliás, o art. 114 do CPC dispõe prorrogar-se a competência se o réu não ofertar a devida exceção, no prazo legal. E esse prazo, conforme o art. 305, é de quinze dias, o mesmo da contestação,[20] ou de dez dias, em se tratando de execução contra a Fazenda Pública, nos termos do art. 742 do CPC.

Assim, parece estranha a possibilidade de excepcionar-se a competência apenas por ocasião do cumprimento da sentença, na medida em que não se instaura nova relação processual e o devedor não pode opor embargos.

Entretanto, o art. 305 do CPC dispõe que a faculdade de argüir a incompetência surge a partir do conhecimento do fato em que se funda a exceção. Desta forma, conquanto o réu não tenha, quando da citação para o processo, argüido a incompetência relativa do juízo, porque nele estava domiciliado, poderá, quando da execução, argüi-la na hipótese de o exeqüente ter requerido a remessa dos autos a outro juízo onde o devedor não esteja domiciliado nem tenha nele bens, pois nesse caso há um fato novo (a transferência indevida de juízo) a fazer nascer o direito à exceção de incompetência.

---

18   Ao menos quanto à alegação de novo domicílio do devedor, diverso daquele verificado por ocasião do ajuizamento da demanda.
19   Por exemplo, o processo pode ter tramitado num Estado da Federação e, por ocasião da execução, o credor requereu a remessa dos autos a uma comarca situada em outro extremo do Brasil.
20   Essa é a lição de Calmon de Passos, *Comentários ao CPC*, 6ª ed. Rio de Janeiro: Forense: 1989, vol. III, p. 343, para quem "Se o réu não argüi a incompetência relativa no prazo deferido para a contestação, prorrogada estará a competência do juiz e não mais poderá ser oposto este seu defeito de legitimação (art. 114). A expressão 'em qualquer tempo ou grau de jurisdição' do art. 305 do CPC deve ser entendida em termos. Ela não se aplica à incompetência relativa, salvo se essa incompetência se caracterizou no curso do processo. Mas, ainda aqui, será relevante, por força do disposto no art. 87 do Código".

A mudança na orientação doutrinária, que só admite a incidência do artigo citado em se tratando de incompetência absoluta, é impositiva, pena de o ato emulativo do credor receber a chancela do Poder Judiciário, além de importar ofensa ao art. 620 do CPC.

Isso não significa, contudo, possa o réu pretender a remessa dos autos a juízo diverso daquele em que tramitou o processo, por ocasião da execução, por ter trocado de domicílio; ou porque, tendo domicílio diverso desde o início do processo, e podendo ter oposto a exceção quando da citação, não o fez. Como já dito, a mudança de juízo é faculdade do exeqüente, não lhe podendo ser imposta pelo juiz, muito menos pelo executado. Ademais, a competência para a execução, conforme o inciso II, é do juízo em que tramitou o feito em primeiro grau de jurisdição, cuja alteração é medida excepcional, instituída a fim de favorecer exclusivamente o exeqüente, ainda que disso resulte, também, benefício ao executado, pois a execução será menos custosa.[21]

Perplexidade poderá surgir na hipótese de processo que tenha tramitado no primeiro grau perante a Justiça Federal, mas no qual não tenha havido condenação de ente que tenha direito a nela ser demandado, nos termos do art. 109 da Constituição Federal. Isso pode ocorrer, por exemplo, em demanda aforada contra a União Federal em litisconsórcio com pessoa jurídica de direito privado, na qual não tenha sido condenada aquela, mas apenas a litisconsorte. Nesse caso, a despeito de o título executivo ser oriundo da Justiça Federal, a execução tramitará entre partes não sujeitas à jurisdição federal, permitindo ao exeqüente utilizar-se da faculdade do parágrafo único do art. 475-P.[22]

---

21 Isso implica também que o autor, vencido, não poderá pretender a remessa dos autos, quando da execução, para o juízo de seu domicílio, ainda que seja o mesmo que ele detinha quando do ajuizamento da causa. A não ser que com isso concorde o réu, agora exeqüente.

22 Nesse sentido já decidiu o STJ, em aresto assim ementado: "CONFLITO DE COMPETÊNCIA. ART. 575, II, DO CÓDIGO DE PROCESSO CIVIL. PROCESSO DE CONHECIMENTO PROCESSADO PERANTE A JUSTIÇA FEDERAL, SENDO UMA DAS RÉS A CAIXA ECONÔMICA FEDERAL. TENDO SIDO A DEMANDA JULGADA PROCEDENTE APENAS CONTRA A RÉ PESSOA JURÍDICA DE DIREITO PRIVADO, A AÇÃO DE EXECUÇÃO DA SENTENÇA SERÁ PROCESSADA PERANTE A JUSTIÇA ESTADUAL, POIS A NORMA DE COMPETÊNCIA ABSOLUTA DO ARTIGO 575, II, DO CÓDIGO DE PROCESSO CIVIL, DEIXA DE INCIDIR ANTE A COMPETÊNCIA CONSTITUCIONAL PRE-

Aliás, o STJ já decidiu que, mesmo constituído o título executivo por juiz estadual, haverá o deslocamento para a Justiça Federal na situação de intervir na execução entes elencados no art. 109 da Constituição Federal, haja vista não prevalecer sobre a disposição constitucional a competência funcional do art. 575, II, do CPC.[23]

VALECENTE DA JUSTIÇA FEDERAL, COMPETÊNCIA TAXATIVA E NÃO AMPLIÁVEL (ART. 109 DA CONSTITUIÇÃO FEDERAL)" (CC n° 1.490/GO, Rel. Ministro Athos Carneiro, Segunda Seção, julgado em 10.04.1991, *DJ* 06.05.1991, p. 5.640). No mesmo sentido: CC n° 33.111/RJ, Rel. Ministro Sálvio de Figueiredo Teixeira, Segunda Seção, julgado em 14.05.2003, *DJ* 23.06.2003, p. 233. Não prevalece, pois, entendimento da 1ª Seção quando do julgamento do Conflito n° 2.800-CE, no sentido de que "TRANSITADA EM JULGADO A SENTENÇA DO JUIZ FEDERAL, JÁ NA FASE DE EXECUÇÃO E INCABÍVEL REMETER-SE OS AUTOS A OUTRO RAMO DO PODER JUDICIÁRIO" (Rel. Ministro José de Jesus Filho, Primeira Seção, julgado em 20.04.1993, *DJ* 10.05.1993, p. 8.584). A hipótese tratava de processo que tramitou perante a Justiça Federal, com sentença de extinção (art. 269, IV, do CPC) transitada em julgado, tendo o juiz federal, quando da liquidação, remetido os autos à Justiça do Trabalho, o que o STJ entendeu descabido.

---

23   COMPETÊNCIA. CONFLITO. JUSTIÇA ESTADUAL E JUSTIÇA FEDERAL. EXECUÇÃO DE HONORÁRIOS. ADVOGADO DATIVO. CARÁTER ABSOLUTO (*RATIONE PERSONAE*) DA COMPETÊNCIA DA JUSTIÇA FEDERAL. ART. 575, II, CPC. COMPETÊNCIA RELATIVA. PREVALÊNCIA DA REGRA COMPETENCIAL CONSTITUCIONAL SOBRE A REGRA INFRACONSTITUCIONAL. PREVALÊNCIA DO CRITÉRIO DE FIXAÇÃO DA COMPETÊNCIA ABSOLUTA SOBRE O CRITÉRIO DE FIXAÇÃO DA COMPETÊNCIA RELATIVA.
I – No confronto entre a competência do juiz que julgou a causa em primeiro grau, para a execução dos julgados que proferiu, e a competência *ratione personae* da Justiça Federal, fixada na Constituição, deve prevalecer esta última.
II – A competência da Justiça Federal é definida em sede constitucional em razão das pessoas que figuram na relação processual como autor, réu, assistente ou oponente, não logrando ser ampliada por qualquer razão.
III – Conforme afirmou esta Seção no CC n° 16.397-7-RJ, por mim relatado, com suporte principalmente na doutrina de Amílcar de Castro, somente na hipótese do inciso I a competência para a execução, prevista no art. 575, CPC, é absoluta" (CC n° 17.897/SC, Rel. Ministro Sálvio de Figueiredo Teixeira, Segunda Seção, julgado em 25.11.1998, *DJ* 02.08.1999, p. 127). No voto, o relator, com base em magistério de Amílcar de Castro, sustenta que a competência do inciso II do art. 575 do CPC não é *absoluta* mas relativa. Absoluta seria apenas a do inciso I.

Cumpre observar, porém, ter o legislador admitido a modificação da competência territorial, por ocasião da execução, apenas para a hipótese do inciso II, não sendo possível, todavia, em se cuidando de processo de competência originária de tribunal.

O tratamento diferenciado, por certo, decorre do fato de que poderia haver uma quebra de hierarquia em tramitando a execução no primeiro grau de jurisdição, a despeito de o título executivo ter sido proferido em processo iniciado em Tribunal.

A meu juízo, a opção do legislador não foi a melhor. Sucede que também em relação às causas que têm início no primeiro grau de jurisdição (inciso II), a solução final pode ser dada por um Tribunal, até mesmo o STF, vindo somente este, ao final, a proferir a decisão condenatória.

Malgrado isso, revela-se possível decida o juiz eventuais incidentes, interpretando e até mesmo alterando o estabelecido no acórdão, podendo sua decisão ser submetida à Corte competente, mas sem que chegue, obrigatoriamente, ao Tribunal que decidiu a causa definitivamente.

Desta forma, não se vê razão para que, pelo menos em relação aos Tribunais superiores, estaduais e regionais,[24] a execução não tramite perante o juízo de primeiro grau onde o exeqüente possua bens ou onde esteja domiciliado atualmente. E com maior razão nas causas de competência originária de Tribunal superior (STJ ou TST), pois, ainda que os atos executivos possam ser ordenados a juiz inferior,[25] o acompanhamento da execução na capital federal[26] impõe elevado custo à parte, o que só vem a favorecer ainda mais o devedor, em detrimento do credor.[27]

---

24 Note-se que a competência do STF para a execução de seus julgados está prevista na Constituição Federal (art. 102, I, *m*), razão pela qual não poderia ser alterada pelo legislador ordinário.

25 A possibilidade prevista pelo Constituinte quanto a poder o STF delegar a prática de atos processuais é estendida a todos os tribunais, conforme a doutrina. Nesse sentido, Teori Albino Zavascki, *Comentários ao Código de Processo Civil*, cit., vol. VIII, p. 126.

26 A delegação referida não diz respeito aos atos decisórios, que remanescem no tribunal.

27 De qualquer sorte, também o devedor resta prejudicado, pois os ônus de adiantar as despesas sobre os atos executórios, em havendo sua realização por carta, ao fim e ao cabo, são por aquele suportados.

Art. 475-Q. Quando a indenização por ato ilícito incluir prestação de alimentos, o juiz, quanto a esta parte, poderá ordenar ao devedor constituição de capital, cuja renda assegure o pagamento do valor mensal da pensão.

Direito anterior. Art. 602, *caput*, do CPC de 1973: "Toda vez que a indenização por ato ilícito incluir prestação de alimentos, o juiz, quanto a esta parte, condenará o devedor a constituir um capital, cuja renda assegure o seu cabal cumprimento". A primeira redação do art. 602, *caput*, e respectivos parágrafos do CPC sofreu radical alteração pela Lei nº 5.925, de 1.10.1973.

C. A. ALVARO DE OLIVEIRA

COMENTÁRIO

121. Constituição de capital na indenização por ato ilícito compreensiva de alimentos – A condenação a prestar alimentos não se restringe ao campo do direito de família. Em caso de homicídio, a indenização, sem excluir outras reparações, consiste ainda "na prestação de alimentos às pessoas a quem o morto os devia, levando-se em conta a duração razoável da vida da vítima" (Código Civil de 2002, art. 948, II; antes, Código Civil de 1916, art. 1.537, II). Também a perda ou diminuição da capacidade laborativa pode determinar o pagamento de pensão (Código Civil de 2002, art. 950; antes, Código Civil de 1916, art. 1.539). À evidência, trata-se de indenização a título de alimentos, e não de alimentos propriamente ditos.[1] Em tais hipóteses, o juiz poderá, até de ofício, dada a autorização legal estabelecida no artigo ora comentado, ordenar ao executado a constituição de um capital, cuja renda assegure o pagamento do valor mensal da pensão.

Sensível a alteração realizada pela nova lei, embora sutil. A redação anterior ("Toda vez que a indenização por ato ilícito incluir prestação de alimentos, o juiz, quanto a esta parte, condenará o devedor a constituir um capital, cuja renda assegure o seu cabal cumprimento") induzia ao entendimento de que a constituição do capital seria determinada na própria sentença condenatória. Agora, cuidando-se de faculdade ("poderá ordenar") –

---

1 Pontes de Miranda, *Tratado de Direito Privado*, 2ª ed. Rio de Janeiro, Borsoi, 1967, tomo LIV, § 5.573, 1, p. 285.

alteração sugerida por este comentador na discussão do projeto no Instituto Brasileiro de Direito Processual –, nada impede seja emitida a ordem na fase de cumprimento da sentença, pois se cuida apenas de meio técnico para melhor garantir o comando condenatório. Superado, portanto, o entendimento jurisprudencial de que "a condenação prevista no art. 602, *caput*, do CPC, deve constar da sentença proferida no processo e conhecimento, não podendo ser postulada na fase de liquidação ou no processo de execução do julgado".[2] Ressalve-se que o termo "ordenar" é mais adequado do que condenar, por dizer respeito apenas a uma providência a ser tomada pelo executado, constituindo emanação do poder do órgão judicial e não juízo de reprovação.

Cumpre advertir ter sido assentado pela Corte Especial do STJ (*RSTJ*, 158/17), por expressiva maioria, que os honorários advocatícios não integram o capital a ser constituído para assegurar o pagamento das parcelas vincendas da pensão.

> *Art. 475-Q, § 1º Este capital, representado por imóveis, títulos da dívida pública ou aplicações financeiras em banco oficial, será inalienável e impenhorável enquanto durar a obrigação do devedor.*
>
> **Direito anterior.** Art. 602, § 1º, do CPC de 1973: "Este capital, representado por imóveis ou por títulos da dívida pública, será inalienável e impenhorável: I – durante a vida da vítima; II – falecendo a vítima em conseqüência do ato ilícito, enquanto durar a obrigação do devedor".

COMENTÁRIO

122. Elementos da constituição do capital – O capital poderá ser constituído por imóveis, títulos da dívida pública ou (inovação introduzida pela Lei nº 11.232) aplicações financeiras em banco oficial. Em boa hora a lembrança do legislador, pois nenhuma razão existia para afastar da constituição do capital as aplicações financeiras em banco oficial. Note-se que

---

2   4ª Turma, REsp. nº 268.666-RJ, Rel. Ministro Sálvio de Figueiredo, j. em 05.10.2000, v.u., *DJU* 20.11.2000, p. 303, 3ª Turma, REsp. 33.070-5-RJ, Rel. Ministro Cláudio Santos, j. em 11.10.1993, v.u., *DJU* 08.11.1993, p. 23.552, *apud* Theotonio Negrão e José Roberto F. Gouvêa, *Código de Processo Civil*, cit., nota 5 ao art. 602.

estão excluídos os investimentos especulativos, tal como a compra e venda em bolsa de títulos acionários, dado o risco implícito nessas operações. A lei veda as aplicações financeiras fora do sistema bancário oficial (*v.g.*, Banco do Brasil, Caixa Econômica Federal, bancos estaduais).

123. Impenhorabilidade e inalienabilidade do capital – Para assegurar maior garantia ao cumprimento da prestação alimentícia, impõe a regra, na esteira da tradição brasileira e como é do senso comum, a impenhorabilidade e inalienabilidade do *capital* constituinte da garantia. Em contrapartida, não ficam sujeitos a tais restrições de poder os rendimentos do capital, depois de paga a pensão mensal, fim precípuo da constituição da garantia.

Nada impede, outrossim, a sub-rogação do vínculo, na forma do Decreto-lei nº 6.777, de 8.8.1944, atendido o procedimento de jurisdição voluntário adequado (art. 1.112, II, do CPC).

124. Vigência das restrições de poder – As restrições de poder terão vigência enquanto durar a obrigação (a referência a devedor, constante do artigo em comento, constitui redundância e assim desnecessária). A nova redação é mais correta do que a anterior, pois nem sempre as obrigações alimentares exibem caráter vitalício, de modo a só se extinguirem com a morte do credor. Pense-se, por exemplo, na obrigação de alimentar pessoa menor – que só perdura enquanto não sobrevier a maioridade do beneficiário ou enquanto não tenha condições de prover sua subsistência – ou na recuperação da capacidade laborativa.

> *Art. 475-Q, § 2º O juiz poderá substituir a constituição do capital pela inclusão do beneficiário da prestação em folha de pagamento de entidade de direito público ou de empresa de direito privado de notória capacidade econômica, ou, a requerimento do devedor, por fiança bancária ou garantia real, em valor a ser arbitrado de imediato pelo juiz.*
>
> **Direito anterior.** Art. 602, § 2º, do CPC de 1973: "O juiz poderá substituir a constituição do capital por caução fidejussória, que será prestada na forma do art. 829 e seguintes". O § 6º do art. 602 do CPC de 1973 (regra revogada pela Lei nº 5.925, de 1.10.1973), logo que entrou em vigor, estava assim redigido: "São dispensados da caução a que se refere este artigo a União, os Estados, o Distrito Federal, os Territórios, os Municípios, e as respectivas autarquias".

COMENTÁRIO

125. Substituição do capital por fiança ou garantia real suficiente – Por determinação judicial, a constituição do capital poderá ser substituída por carta de fiança ou garantia real suficiente, a tornar dispensável aquela providência. Ainda aqui, a caução haverá de ser idônea e suficiente. Indispensável requerimento do executado. Se a ordem constar da própria sentença, nada impede que antes mesmo da constituição, isto é, dos atos materiais que a ela conduzam, seja ordenada a substituição, desde que atendidos os pressupostos. A própria lei permite essa alternativa e não teria sentido compelir o devedor à constituição do capital, muitas vezes com esforços enormes, para só depois permitir sua substituição por outra forma de garantia, mormente porque, segundo princípio assente no direito brasileiro, a execução há de se fazer pelo modo menos gravoso ao devedor (art. 620).

126. Procedimento da substituição do capital por fiança ou garantia real suficiente – A redação anterior remetia ao demorado procedimento estabelecido nos arts. 829 e seguintes do CPC. Com melhor técnica, o legislador determinou fosse a caução estabelecida de plano pelo juiz, nos próprios autos da fase de cumprimento da sentença, em valor a ser por ele arbitrado de imediato, sem maiores indagações, à vista dos elementos já constantes do processo, ou de outros que sejam a ele juntados, inclusive por ordem judicial. Ainda aqui, indispensável o contraditório das partes.

127. Substituição do capital por inclusão em folha de pagamento – Outra possibilidade de substituição do capital consiste na inclusão do beneficiário da prestação em folha de pagamento de entidade de direito público ou de empresa de direito privado de notória capacidade econômica, segundo a prudente avaliação do órgão judicial. Nessa hipótese, nada impede a atuação oficiosa do juiz, determinada pelo dispositivo em comento.

Não constitui total novidade a possibilidade de substituição do capital por inclusão em folha, embora omissa tal referência na redação do art. 602, § 2º, substituído pelo artigo ora comentado. A inclusão, embora de forma mais ampla, já havia sido prevista no § 5º, parte final, do art. 20 do CPC, introduzido pela Lei nº 6.745, de 5.12.1979. Segundo essa regra de lei, as prestações vincendas, nas ações de indenização por ato ilícito contra pessoas, poderiam ser pagas também mensalmente, inclusive com consignação em folha de pagamento do devedor.

A reafirmação da possibilidade pelo novo diploma legal esbarra na resistência de certos julgados do STJ em adotar a inclusão em folha.[3]

De ser salientado, contudo, que a nova redação coloca temperamentos a providências desse tipo, pois agora passam a ser permitidas apenas quando se trate de entidade de direito público ou de empresa de direito privado de *notória* capacidade econômica.

> *Art. 475-Q, § 3º Se sobrevier modificação nas condições econômicas, poderá a parte requerer, conforme as circunstâncias, redução ou aumento da prestação.*
>
> **Direito anterior.** Art. 602, § 3º, do CPC de 1973: "Se, fixada a prestação de alimentos, sobrevier modificação nas condições econômicas, poderá a parte pedir ao juiz, conforme as circunstâncias, redução ou aumento do encargo".

COMENTÁRIO

128. Alteração do montante da prestação alimentar – Nenhuma modificação maior sofreu o dispositivo, limitando-se a reforma a reproduzir o texto do revogado art. 602, § 3º, apenas com pequenas alterações de redação. Continua sendo permitida, assim, por demanda da parte, *conforme as circunstâncias,* a redução ou aumento da prestação, se sobrevier modificação nas condições econômicas.

No campo do direito processual, a possibilidade alvitrada decorre do pacífico entendimento doutrinário de que a autoridade da coisa julgada material há de levar em conta a situação fática para a qual foi dada.[4]

No campo do direito material, o CPC de 1973 cortou qualquer discussão a respeito da possibilidade de modificação da pensão alimentícia em caso de indenização por ato ilícito. O novo estatuto processual, em regra ni-

---

3 Exemplo dessa orientação encontra-se no acórdão da 2ª Seção, Resp. nº 302.304-RJ, rel. Ministro Menezes Direito, j. em 22.5.2002, negaram provimento, *DJU* 02.09.2001, p.144, *RSTJ*, 95/315, em que figurou como interessada a Light Serviços de Eletricidade S/A, no qual se assentou, sem dissonância de votos, que: "Diante da realidade da economia dos nossos dias, não há razão suficiente para substituir a constituição do capital prevista no art. 602 do CPC pela inclusão em folha de pagamento".

4 Assim, por todos, inclusive com referência explícita à questão dos alimentos, José Carlos Barbosa Moreira, "Eficácia da sentença e autoridade da coisa julgada", *In*: *Ajuris*, 28 (jul.1983):15-31, esp. pp. 29-30.

tidamente heterotópica, pois de direito material, permitiu expressamente a redução ou o aumento da quota alimentar se sobreviesse modificação nas condições econômicas, entendimento esse confortado pela jurisprudência.[5] Pontes de Miranda, ainda preso à sistemática anterior, sustenta, porém, que a revisão só pode ser requerida se ocorreu alguma mudança da situação econômica da rentabilidade do capital ou da caução, não do devedor, ou do caucionante.[6] Tal entendimento não leva em conta a alteração legislativa introduzida já com a vigência do CPC de 1973.

A revisão da pensão depende, contudo, de demanda própria, a ser processada como incidente da fase de execução.[7]

Art. 475-Q, § 4º Os alimentos podem ser fixados tomando por base o salário mínimo.

Direito anterior. Sem correspondência.

COMENTÁRIO

129. Fixação da pensão alimentícia com base em salário mínimo – Poderia surgir dúvida quanto à possibilidade de fixação da pensão alimentícia com base no salário mínimo, em face da vedação da vinculação deste para qualquer fim, conforme estabelecido no art. 7º, IV, parte final, da Constituição Federal de 1988.

A dúvida, porém, não tem razão de ser porque o STF entende, de modo pacífico, ser inaplicável a proibição da vinculação ao salário mínimo, em caso de indenização por ato ilícito.[8] Significativa esta motivação (*RTJ* 151/652): "A vedação da vinculação do salário mínimo, constante do

---

5   *V.g.*, STJ, 3ª Turma, Resp. nº 22.549-1-SP, Rel. Ministro Eduardo Ribeiro, j. em 23.03.1993, deram provimento, v.u., *DJU* 05.04.1993, p. 5.836.
6   Pontes de Miranda, *Comentários ao CPC* (1973), Rio de Janeiro, Forense, 1976, tomo IX, pp. 496-498.
7   Humberto Theodoro Jr., *Comentários ao CPC*, cit., nº 174, p. 256, com menção a precedentes jurisprudenciais.
8   1ª Turma, RE nº 140.940-1-SP, Rel. Ministro Ilmar Galvão, j. em 07.03.1995, *RT*, 724/223; 2ª Turma, AI nº 198.367-7-GO-AgRg., Rel. Ministro Carlos Velloso, j. em 17.11.1997, negaram provimento, v.u., *DJU* 06.02.1998, Seção 1e, p. 13, 2ª Turma, RE nº 166.586-6-GO, Rel. Ministro Marco Aurélio, j. em 22.04.1997, não conheceram, v.u., *DJU* 29.08.1997, p. 40.232.

inciso IV do art. 7º da Carta Federal, visa a impedir a utilização do referido parâmetro como fator de indexação para obrigações sem o conteúdo salarial ou alimentar. Entretanto, não pode abranger as hipóteses em que o objeto da prestação expressa em salários mínimos tem a finalidade de atender às mesmas garantias que a parte inicial do inciso concede ao trabalhador e à sua família, presumivelmente capazes de suprir as necessidades vitais básicas". Daí a explicitação do artigo ora comentado, que se encontra, assim, perfeitamente afinado com o sistema constitucional.

Art. 475-Q, § 5º Cessada a obrigação de prestar alimentos, o juiz mandará liberar o capital, cessar o desconto em folha ou cancelar as garantias prestadas.

Direito anterior. Art. 602, § 4º, do CPC de 1973: "Cessada a obrigação de prestar alimentos, o juiz mandará, conforme o caso, cancelar a cláusula de inalienabilidade e impenhorabilidade ou exonerar da caução o devedor".

COMENTÁRIO

130. Cessação da obrigação de prestar alimentos – Se, por qualquer razão, cessar a obrigação de prestar os alimentos (*v.g.*, maioridade do beneficiário, reaquisição da capacidade laborativa), inexistirá motivo para se continuar onerando o executado. A conseqüência natural consistirá, pois, em liberar o capital, cessar o desconto em folha ou cancelar as garantias prestadas. É o que determina o § 5º do art. 475-Q, de forma mais ampla do que o revogado art. 602, § 4º, de modo a compatibilizar a regulação da matéria com as demais alterações introduzidas pelo novo diploma legal.

Ainda aqui, ante os termos da lei, deverá o juiz agir oficiosamente.

Art. 475-R. Aplicam-se subsidiariamente ao cumprimento da sentença, no que couber, as normas que regem o processo de execução de título extrajudicial.

Direito Anterior. Sem correspondência.

PEDRO LUIZ POZZA

COMENTÁRIO

131. Aplicação subsidiária ao cumprimento da sentença das normas que regem o processo de execução de título extrajudicial – À semelhança do que ocorre com o processo de execução como um todo, ao qual se aplicam, nos termos do art. 598 do CPC, subsidiariamente, as disposições que regem o processo de conhecimento, o legislador dispôs que as normas do processo de execução de título extrajudicial devem aplicar-se, também, subsidiariamente, e no que couber, ao cumprimento da sentença.

Em primeiro lugar, constata-se que o legislador cometeu um pequeno equívoco de terminologia, vez que, conforme o novo art. 474-I, o *cumprimento da sentença* refere-se às sentenças que imponham um fazer ou não fazer (art. 461), assim como à de entrega de coisa certa (art. 461-A); em se cuidando de condenação ao pagamento de quantia certa, o legislador ainda manteve o termo *execução*.

De qualquer sorte, a *mens legislatoris* deve ser respeitada, com aplicação do art. 475-R a todas as sentenças, seja as dos arts. 461 e 461-A, seja a que impõe obrigação ao pagamento de quantia certa.

Os comentários que a doutrina destina ao art. 598 do CPC, não alterado pela Lei nº 11.232/05, servem para analisar a nova disposição em comento.

A opção do legislador do CPC de 1973, que regulou a matéria geral (jurisdição, ação, integrantes da relação processual, procuradores, Ministério Público, atos processuais etc.) de modo comum a todos os tipos de processos e procedimentos, colocou ao intérprete enorme tarefa hermenêutica. Trata-se de completar as lacunas do processo de execução, do processo cautelar e dos procedimentos especiais, com base na sistemática utilizada para o processo de conhecimento, sem, porém, esquecer as peculiaridades e os princípios próprios de cada um deles.[1]

---

1 Teori Albino Zavascki, *Comentários ao Código de Processo Civil*, cit., vol. VIII, p. 301.

Ao comentar o art. 598 do CPC, Pontes de Miranda refere que aquele dispositivo "apenas explicitou o que se haveria de entender, mesmo se ele não existisse", na medida que, no processo de execução, à míngua de regra jurídica própria aplicável a qualquer questão processual, necessário o recurso às regras do processo de cognição a fim de que se tenha orientação de como proceder.[2]

Nem sempre, no entanto, será possível a aplicação das normas do processo de conhecimento à execução, em vista da necessidade de afastar contradições entre ambos, e, especialmente, evitar incompatibilidades, tarefa mais difícil, porque estas nem sempre são evidentes e verificáveis de pronto. Por outro lado, há casos em que tal incidência é impositiva, mormente em decorrência de princípios constitucionais. Assim ocorreu, por exemplo, com o debate que se travou na doutrina e na jurisprudência acerca da nomeação de curador especial ao executado revel, citado por edital, ao fim do qual prevaleceu a tese de sua necessidade, forte na preservação do contraditório, assegurado não só pela Constituição, mas, no caso concreto, pela parte geral do CPC. Isso evidencia que os institutos transplantados do processo de conhecimento para o de execução devem merecer adequação, de modo a resultar um conjunto harmônico e coerente de regras.[3]

132. Aplicação do dispositivo – Especificamente sobre o dispositivo em comento, tem-se, portanto, que se aplicam ao art. 461 do CPC as disposições dos arts. 632 a 638[4] (obrigação de fazer), 642 e 643 (obrigação de não fazer), e 644 e 645 (obrigação de fazer ou não fazer) do mesmo Código, previstas na Seção I do Capítulo III do Título II do Livro II, mas desde que não contrariem àquele.[5]

---

2 Pontes de Miranda, *Comentários ao Código de Processo Civil*, 2ª ed. Rio de Janeiro, Forense, 2001, tomo IX, p. 359.
3 Teori Albino Zavascki, *Comentários ao Código de Processo Civil*, cit., vol. VIII, pp. 303-305.
4 Lembre-se de que os arts. 639 a 641 do Código foram revogados pela Lei nº 11.232/05 e substituídos pelos arts. 466-A a 466-C, com idêntica redação, apenas com ordem diversa (639 = 466-B, 640 = 466-C e 641 = 466-A).
5 A inserção do art. 475-R impunha a revogação do art. 644 do CPC, haja vista que ambos dispõem sobre matéria idêntica, sendo aquele mais amplo, por aplicável, também, à obrigação de entrega de coisa e pagamento de quantia certa.

Desse modo, o valor das perdas e danos, de que tratam os §§ 1º e 2º do art. 461, será apurado em liquidação de sentença, conforme dispõe o art. 633, parágrafo único.

No que concerne à prestação do fato por terceiro, nada estabelecendo a respeito o art. 461, aplica-se o contido nos arts. 634 a 637 do Código.

Relativamente ao art. 461-A, aplicam-se subsidiariamente as disposições dos arts. 621 a 631 do CPC, que tratam da execução para entrega de coisa, fundada em título extrajudicial.

Incidem, pois, o art. 626, que regula a hipótese de alienação da coisa pelo executado a terceiro, e o art. 627, que trata da apuração do valor da coisa, bem assim das perdas e danos, no caso de não ser o bem jurídico entregue, venha a sofrer deterioração ou não for localizado nem reclamado (art. 626) do terceiro adquirente.

Também aplicável o art. 628 do CPC, que regula a prévia liquidação das benfeitorias (leia-se também acessões, conforme a jurisprudência do STJ) reconhecidas como indenizáveis na sentença, assim como o art. 630, que trata de divergência quanto à escolha pelo credor ou devedor.

Os arts. 625 e 629 são inaplicáveis, vez que os §§ 1º e 2º do art. 461-A regulam a mesma situação.

Questão interessante é a que concerne à indenização e retenção pelas benfeitorias, no caso de o direito ser reconhecido pela sentença. Sucede que o anteprojeto do qual resultou a Lei nº 11.232/05, dispunha, em seu art. 475-L, inciso V, que um dos objetos da impugnação ao cumprimento da sentença poderia ser o direito de retenção das benfeitorias necessárias ou úteis, desde que a sentença as tivesse considerado comprovadas no processo de conhecimento, dispositivo que não constou do diploma legal em questão.

Isso não significa, entretanto, não possa ser exercido o direito de retenção pelo executado, se reconhecido na sentença. Como referido em outra oportunidade, ao comentar o disposto no art. 744 do CPC, alterado pela Lei nº 10.444/02, "não se suprimiu o direito de retenção na hipótese de entrega de coisa, fundada em direito real ou direito pessoal sobre aquela, decorrente da sentença. Entretanto, tal deverá ser exercido no próprio processo de conhecimento, por ocasião do cumprimento da decisão de antecipação da tutela (art. 461-A) ou da sentença, pois não se pode falar em embargos se não há mais execução nessa hipótese".[6]

---

6   Pedro Luiz Pozza, *As novas regras dos recursos no processo civil e outras alterações – Leis n°s 10.352, 10.358/01 e 10.444/02*, cit., p. 136.

Por conseguinte, mesmo ausente previsão legal, o executado poderá exercer o direito de retenção, desde que sua impugnação (não embargos) observe o disposto no art. 744 do CPC.

Relativamente à execução da sentença que condene ao pagamento por quantia certa, aplicam-se, em princípio, todas as disposições que tratam da execução fundada em título extrajudicial (arts. 646 a 729 do CPC – Livro II, Título II, Capítulo IV), da penhora, avaliação e arrematação dos bens (Seção I) e do pagamento ao credor (Seção II).

No tocante aos embargos do devedor, algumas disposições são aplicáveis, porque não reguladas expressamente nos arts. 475-L e 475-M do CPC.

• O art. 737, porque a impugnação só será admissível após seguro o juízo, seja pela penhora, na execução por quantia certa, ou pelo depósito da coisa, em se tratando de cumprimento de sentença na forma do art. 461-A.[7]

• O art. 738, que trata do termo inicial do prazo para a impugnação do réu ou executado, ainda que o prazo seja diverso (10 dias na execução de título extrajudicial), de quinze dias, conforme o art. 475-J, § 1º.

• O art. 739, *caput*, disciplinará a rejeição liminar da impugnação, observado, contudo, que o art. 741, de que trata o inciso II, deve ser lido como art. 475-L. Ressalta-se, entretanto, que o § 2º do citado artigo prevê a rejeição liminar da impugnação também na hipótese de o executado, argüindo excesso de execução, não declinar o valor que entende devido.[8]

A aplicação do § 1º do art. 739 do CPC está afastada expressamente pelo *caput* do art. 475-M, o qual dispõe que a impugnação, em regra, não terá efeito suspensivo.

Incide, também, o § 2º do art. 739, a despeito de a impugnação não ser recebida com efeito suspensivo, permitindo inclusive o prosseguimento da execução, em sendo suspensa a execução, desde que com caução idônea (art. 475-M, § 1º). Outrossim, a impugnação parcial poderá ser parcial, caso em que a execução deverá prosseguir, sem a necessidade de caução,

---

7 Já foi dito que, a despeito da omissão do legislador, perfeitamente cabível a impugnação quando o executado pretender exercer direito de retenção por benfeitorias e acessões, desde que reconhecidas pela sentença que se pretende cumprir.

8 Não se esqueça, entretanto, que à rejeição liminar deverá, nesse caso, preceder despacho judicial possibilitando a emenda da inicial da impugnação, nos termos do art. 284 do CPC.

para a satisfação imediata do crédito do exeqüente, quanto à parte não impugnada.

Aplica-se, do mesmo modo, o § 3º do art. 739. Dessa maneira, à impugnação de apenas um executado só poderá ser atribuído efeito suspensivo em relação a todos, caso seus fundamentos digam respeito a todos eles, não apenas ao impugnante.

Além disso, não regulando o art. 475-M o processamento da impugnação, observar-se-á o disposto no art. 740 do CPC, com a ressalva de que somente será sentença e, portanto, apelável, o ato judicial que decidir pela procedência da impugnação. Do contrário, será decisão interlocutória, e assim agravável (§ 2º do art. 475-M).

O art. 743 trata de caracterizar o excesso de execução,[9] matéria da impugnação à execução, nos termos do art. 475-L, inciso V, do CPC.[10]

O art. 744, como já referido, aplica-se no caso de a sentença assegurar o direito de retenção até a indenização das benfeitorias úteis e necessárias, quando o devedor poderá impugnar a execução, ainda que não elencada a hipótese no art. 475-L.

O art. 745, como seu próprio texto diz, incide apenas na execução para entrega de coisa fundada em título extrajudicial.

Cabíveis, do mesmo modo, os embargos à arrematação ou adjudicação, que não se confundem com a impugnação de que trata o art. 475-L. Cuida-se, aqui, de ação incidental, não simples defesa do executado, via impugnação.

Por fim, incidente igualmente o art. 747 do CPC, ressalvando-se, no entanto, não se tratar de embargos, mas de impugnação, e no prazo de quinze dias (para os embargos são dez dias), ainda que diga respeito à penhora ou à avaliação, a teor do art. 475-L. Somente quando disserem respeito à alienação (arrematação ou adjudicação) serão verdadeiros embargos (os do art. 746).

---

9   O art. 739 do CPC está localizado, equivocadamente, no Capítulo II, que cogita dos EMBARGOS À EXECUÇÃO FUNDADA EM SENTENÇA, porquanto pode haver excesso de execução tanto na execução de sentença quanto na execução de título extrajudicial.

10 Lembre-se que sendo argüido excesso de execução, a declinação, na impugnação, do valor que o executado entende correto é requisito indispensável, pena de rejeição liminar daquela (art. 475-L, § 2º).

Algumas disposições, mesmo não dizendo respeito à execução de título extrajudicial, são aplicáveis por analogia ao cumprimento da sentença. Trata-se dos arts. 741, VII, e 742, considerando, como já referido no comentário ao art. 475-P, parágrafo único, que poderá o executado argüir a incompetência do juízo para o qual foram remetidos os autos, a pedido do exeqüente. E isso no prazo da impugnação, de 15 dias. O mesmo pode ocorrer com a exceção de suspeição ou impedimento do juiz. Esta, no entanto, pode ser proposta em oportunidade posterior, pois o motivo para afastar o juiz do processo pode surgir em momento ulterior à impugnação (art. 138, § 1º, do CPC), desde que oposta na primeira oportunidade em que a parte excipiente falar nos autos.

Art. 5º O Capítulo II do Título III do Livro II da Lei nº 5.869, de 11 de janeiro de 1973 – Código de Processo Civil, passa a ser denominado "Dos Embargos à Execução Contra a Fazenda Pública" e seu art. 741 passa a vigorar com a seguinte redação:

LIVRO II

....

TÍTULO III

....

Capítulo II

Dos Embargos à Execução Contra a Fazenda Pública

Direito Anterior. Capítulo II – Dos Embargos à Execução Fundada em Sentença.

HERMES ZANETI JÚNIOR

Mestre e Doutor em Direito Processual Civil pela Universidade Federal do Rio Grande do Sul (UFRGS). Professor de Direito Processual Civil, tendo lecionado nos cursos de graduação e pós-graduação da Universidade Federal do Rio Grande do Sul (UFRGS) e da Pontifícia Universidade Católica do Rio Grande do Sul (PUC/RS), estando atualmente licenciado da Universidade Luterana do Brasil (ULBRA). Advogado em Porto Alegre, Vitória e Brasília-DF.

RODRIGO MAZZEI

Mestrando em Direito Processual Civil pela Pontifícia Universidade Católica de São Paulo (PUC/SP). Professor da Universidade Federal do Espírito Santo (UFES) e do Instituto Capixaba de Estudos (ICE). Vice-Presidente do Instituto dos Advogados do Estado do Espírito Santo (IAEES). Advogado em Vitória e Brasília-DF.

COMENTÁRIO

133. Inadaptação do capítulo à nova sistemática do Código – Uma observação importante deve ser feita logo ao início deste Capítulo. A regra anterior tinha caráter geral; como é sabido, tratava da oposição de embargos do executado a todos os títulos judiciais. Com a Reforma, remanesce a referida norma apenas para os embargos à execução dos títulos judiciais e extrajudiciais contra a Fazenda Pública.[1] Daí a mudança do título que acompanha a Reforma, do antigo "Dos Embargos à Execução Fundada em Sentença" para o atual "Dos Embargos à Execução contra a Fazenda Pública". Importa perceber que a matéria referente ao cumprimento das decisões judiciais, excetuada a Fazenda Pública, vem "impugnada incidentalmente" (não se trata mais de embargos, procedimento autônomo, mas de impugnação, oposição incidental) nos termos do novel art. 475-L da Lei nº 11.232/05.

A pretensão dos reformadores era **suprimir a execução por título judicial** do Livro II, acabando também com os **embargos do executado**.[2] Tal pretensão não alcançou totalmente seu objetivo, pois ficou preservado o regime especial da execução (art. 730 e 731) e dos embargos em face da Fazenda Pública (art. 741).

Como foi observado nos comentários ao art. 1º: "Qualquer sistema, como observa Claus-Wilhelm Canaris, tem de conter duas características básicas: ordenação e unidade".[3] Este nobre lema da codificação parece não estar adequado ao Capítulo em comento, a regra que confirma a exceção. A solução do legislador foi casuística, preservando o regime especial da exe-

---

1 Conforme o Enunciado nº 279 da Súmula do STJ que pacificou a questão: "É cabível execução por título extrajudicial contra a Fazenda Pública".
2 Esta a verba expressa das alíneas *d* e *e* da exposição de motivos: "d) não haverá *'embargos do executado'* na etapa de cumprimento da sentença, devendo qualquer objeção do réu ser veiculada mediante mero incidente de 'impugnação', à cuja decisão será oponível agravo de instrumento; e) o Livro II passa a regrar somente as *execuções por título extrajudicial*, cujas normas, todavia, se aplicam subsidiariamente ao procedimento de 'cumprimento' da sentença". Trecho constante da exposição de motivos que acompanhou o Anteprojeto de Lei elaborado pelo IBDP, da qual são signatários os ilustres professores e processualistas Athos Gusmão Carneiro, Sálvio de Figueiredo Teixeira, Petrônio Calmon Filho, Fátima Nancy Andrighi, transcrito na exposição de motivos remetida ao Presidente da República pelo Min. da Justiça Sr. Márcio Thomas Bastos. Cf. Petrônio Calmon Filho (org.). *Cadernos IBDP nº 4 – Reforma infraconstitucional do processo civil*. São Paulo: Instituto Brasileiro de Direito Processual, 2005. pp. 17-22, especialmente p. 22.
3 Cf. Daniel Mitidiero, Comentários ao art. 1º, número de margem 2 destes Comentários.

cução em face da Fazenda Pública, porém, quebrou a ordem sistemática. Pode-se afirmar que, pelo menos no que diz respeito às sentenças condenatórias em face da Fazenda Pública, persiste a execução do título judicial e os embargos do executado nos termos dos arts. 730, 731 e 741 do Livro II do Código de Processo Civil.

> *Art. 741. Na execução contra a Fazenda Pública, os embargos só poderão versar sobre:*
>
> *I – falta ou nulidade da citação, se o processo correu à revelia;*
>
> *II – inexigibilidade do título;*
>
> *III – ilegitimidade das partes;*
>
> *IV – cumulação indevida de execuções;*
>
> *V – excesso de execução;*
>
> *VI – qualquer causa impeditiva, modificativa ou extintiva da obrigação, como pagamento, novação, compensação, transação ou prescrição, desde que superveniente à sentença;*
>
> *VII – incompetência do juízo da execução, bem como suspeição ou impedimento do juiz.*
>
> *Parágrafo único. Para efeito do disposto no inciso II do* caput *deste artigo, considera-se também inexigível o título judicial fundado em lei ou ato normativo declarados inconstitucionais pelo Supremo Tribunal Federal, ou fundado em aplicação ou interpretação da lei ou ato normativo tidas pelo Supremo Tribunal Federal como incompatíveis com a Constituição Federal.*

Direito Anterior. Art. 741. Na execução fundada em título judicial, os embargos só poderão versar sobre: (Redação dada pela Lei nº 8.953, de 13.12.1994). I – falta ou nulidade de citação no processo de conhecimento, se a ação lhe correu à revelia. II – inexigibilidade do título. III – ilegitimidade das partes. IV – cumulação indevida de execuções. V – excesso da execução, ou nulidade desta até a penhora. VI – qualquer causa impeditiva, modificativa ou extintiva da obrigação, como pagamento, novação, compensação com execução aparelhada, transação ou prescrição, desde que supervenientes à sentença. VII – incompetência do juízo da execução, bem como suspeição ou impedimento do juiz. Parágrafo único. Para efeito do disposto no inciso II deste artigo, considera-se também inexigível o título judicial fundado em lei ou ato normativo declarados inconstitucionais pelo Supremo Tribunal Federal ou em aplicação ou interpretação tidas por incompatíveis com a Constituição Federal (redação dada pela Medida Provisória nº 2.180-35/01, mantida em vigor por força do art. 2º da EC nº 32/02).

COMENTÁRIOS

133.1. O art. 741 como norma voltada *ao micromodelo processual do Estado* – Constata-se, sem dúvida alguma, uma tendência cada vez maior de diferenciação na regulação das relações jurídicas, formando-se *microssistemas* específicos para determinadas situações.[4]

No particular, a exceção lançada no Código de Processo Civil (previsão dos embargos à execução de título judicial apenas quando se tratar da Fazenda Pública como devedora) reforça a idéia de que há um *microssistema* específico do *Direito Processual Público*, corretamente denominado, por Carlos Augusto Silva,[5] como *micromodelo processual do Estado*, uma vez que se caracteriza pela quebra da isonomia processual, ainda que no seu aspecto ideológico.

Sem dúvida, a análise do alcance do art. 741, apesar de estar geograficamente encravado no ventre do Código de Processo Civil, revela se tratar de dispositivo atrelado a um *microssistema específico*, na medida em que, em regra, os embargos à execução por título judicial foram descartados da codificação que, ao revés, segue uma nova diretriz de prestígio à aceleração processual, voltando-se mais para a celeridade do que para a cognição, no aplicar do difícil binômio *"tempo e processo"*.

---

[4] No plano do direito material, por exemplo, o Código Civil de 2002 (diferentemente da Codificação de 1916) projeta a idéia de que determinadas relações jurídicas devem ser reguladas por legislação especial, dada não só a sua natureza peculiar, mas também a sua instabilidade, estando, pois, pelo segundo motivo, sujeitas a mutações de forma mais aguda (o que é desaconselhável dentro de um diploma codificado, que deve ser norma harmonizadora e não fragmentadora do sistema). Os microssistemas possuem diálogo com as normas gerais, normalmente traçadas em *Códigos*, mas sua aplicação segue uma principiologia que lhe é própria, fazendo com que as normas gerais (= *dispositivos codificados*) tenham aplicação puramente *residual*, ou seja, com utilização em hipóteses derradeiras quando esgotada a busca de solução legislativa dentro do próprio *microssistema*. No Direito Processual Civil, o exemplo mais claro está na formação de um grande *microssistema da tutela coletiva*, que é composto por todas normas que dispõe sobre a tutela de massa, sendo o Código do Consumidor o imã aglutinador de recepção e remessa para a intercomunicação de todo o feixe legislativo que gravita sobre o direito coletivo. Confira-se, a respeito, Rodrigo Reis Mazzei. *Notas iniciais à leitura do novo Código Civil*. In Arruda Alvim, Thereza Alvim (coords.) *Comentários ao Código Civil*. Rio de Janeiro: Forense, vol. I, 2005.

[5] Carlos Augusto da Silva, *O processo civil como estratégia de poder: reflexo da judicialização da política no Brasil*. Rio de Janeiro: Renovar, 2004. p. 79.

De modo diverso, a manutenção dos embargos à execução para a aplicação restrita ao *Direito Processual Público* no art. 741 do Código de Processo Civil, implica a leitura do mesmo binômio com olhos para a relação jurídica peculiar (Fazenda Pública sujeita ao processo executivo nutrido por título judicial), situação esta que, na visão do legislador, merece apego maior à cognição e amplificação dos meios de defesa (em detrimento ao encurtamento temporal). Justifica-se a manutenção dos embargos à execução, sob o discurso da necessidade de proteção do patrimônio e do interesse público do Estado, quer dizer, interesse público secundário, na classificação de Renato Alessi, coincidente ou não com o interesse público primário, do povo.[6]

---

6   A distinção é oportuna, consoante versa a doutrina italiana, os interesses públicos primários são os interesses da coletividade como um todo, do povo compreendido como ente filosófico e último depositário dos poderes estatais ("todo poder emana do povo", na dicção do art. 1º, parágrafo único, da CF/88). Secundários, por outro lado, seriam os interesses em que o Estado, em razão de sua configuração como pessoa jurídica, se apresenta em relação aos outros sujeitos de direito, independente da condição de zelador de direitos de terceiros, da coletividade. O interesses secundário – resguardada a sua legítima função – consiste na atuação pela administração dos interesses públicos primários. Contudo, como no caso em tela, a identificação entre uns e outros nem sempre é direta. Seguindo a linha do pensamento de Renato Alessi, expõe Celso Antônio Bandeira de Mello esta diferença, afirmando-a sobre a doutrina de Picardi e Carnelutti, hoje moeda corrente na Itália: "Esta distinção a que se acaba de aludir, entre interesses públicos propriamente ditos – isto é, interesses primários do Estado – e interesses secundários (que são os últimos a que se aludiu) é de trânsito corrente e moente da doutrina italiana, e a um ponto tal que, hoje, poucos doutrinadores daquele país se ocupam em explicá-los, limitando-se a fazer-lhe menção, como referência a algo óbvio, de conhecimento geral. Este discrímen, contudo, é exposto com exemplar clareza por Renato Alessi [*Sistema Instituzionale del Diritto Amnistrativo Italiano*, 3ª ed. Milão: Giuffrè, 1960, p. 197 e notas de rodapé 3 e 4], colacionando lições de Carnelutti e Picardi, ao elucidar que os interesses secundários do Estado *só podem ser por ele buscados quando coincidentes com os interesses primários*, isto é, com os interesses públicos propriamente ditos". (Cf. Celso Antônio Bandeira de Mello. *Curso de direito administrativo*, 18ª ed. São Paulo: Malheiros, 2005, pp. 57-58). Justamente por isso, os interesses secundários não são atendíveis a não ser quando coincidem, se identificam no mínimo teleologicamente, com os interesses primários, estes sim, únicos que devem ser perseguidos por aqueles que os encarnam e representam. Como foi dito: "Percebe-se, pois, que a Administração não pode proceder com a mesma desenvoltura e liberdade com que agem os particulares, ocupados na defesa das próprias conveniências, sob pena de trair sua missão própria e sua própria razão de existir". (*Idem.*)

Esta premissa, fixando-se a idéia de que o art. 741 do Código de Processo Civil está, sem rebuços, vinculado ao *micromodelo processual do Estado,* é essencial, a nosso juízo, para se compreender o alcance e calibre da reforma levada a cabo pelo legislador.

Importante ressaltar, todavia, que, mais que uma situação pontual, a reforma empreendida no art. 741 deixa de atender a exortação da norma constitucional, ferindo aos princípios básicos da disciplina prevista na Emenda Constitucional nº 45/04, sua principal motivadora. Esta leitura resta evidenciada a partir do cotejo do inciso LXVIII do art. 5º da Carta Magna (que garante a duração *razoável* do processo) e, ainda, da determinação do art. 7º da mesma emenda, que traçam as balizas para o reformador infraconstitucional, ao pontificar que o legislador deverá "promover alterações na legislação federal objetivando tornar mais amplo o acesso à Justiça e mais célere a prestação jurisdicional".

133.2. Comparativo entre a nova e a pretérita redação do art. 741 – Antes de iniciar qualquer comentário mais agudo sobre as alterações em foco, mister se faz estampar o confronto entre o novo dispositivo e o revogado, realçando as modificações introduzidas no art. 741 do Código de Processo Civil:

Redação anterior	Atual redação
Art. 741. Na **execução *fundada em título judicial*,** os embargos só poderão versar sobre:	Art. 741. Na **execução *contra a Fazenda Pública*,** os embargos só poderão versar sobre:[7]
I – **falta ou nulidade de citação no processo** *de conhecimento, se a ação lhe* **correu à revelia;**	I – **falta ou nulidade da citação, se** *o processo* **correu à revelia;**
II – inexigibilidade do título;	II – inexigibilidade do título;
III – ilegitimidade das partes;	III – ilegitimidade das partes;
IV – cumulação indevida de execuções;	IV – cumulação indevida de execuções;

---

[7] Trata-se de redação já modificada pela Reforma da Lei nº 8.953/94. Na redação anterior, o *caput* do art. 741 versava: "Quando a execução se fundar em sentença, os embargos serão recebidos com efeito suspensivo se o devedor alegar".

V – excesso da execução, *ou nulidade desta até a penhora*;	*V – excesso de execução;*
VI – qualquer causa impeditiva, modificativa ou extintiva da obrigação, como pagamento, novação, *compensação com execução aparelhada*, transação ou prescrição, desde que supervenientes à sentença;	*VI – qualquer causa impeditiva, modificativa ou extintiva da obrigação, como pagamento, novação, compensação, transação ou prescrição, desde que superveniente à sentença;*
VII – incompetência do juízo da execução, bem como suspeição ou impedimento do juiz.	*VII – incompetência do juízo da execução, bem como suspeição ou impedimento do juiz.*
Parágrafo único. Para efeito do disposto no inciso II deste artigo, considera-se também inexigível o título judicial fundado em lei ou ato normativo declarados inconstitucionais pelo Supremo Tribunal Federal ou em aplicação ou interpretação tidas por incompatíveis com a Constituição Federal. (Redação dada pela Medida Provisória nº 2.180-35/01, mantida em vigor por força do art. 2º da EC nº 32/02.)	*Parágrafo único. Para efeito do disposto no inciso II do* caput *deste artigo, considera-se também inexigível o título judicial fundado em lei ou ato normativo declarados inconstitucionais pelo Supremo Tribunal Federal, ou fundado em aplicação ou interpretação da lei ou ato normativo tidos pelo Supremo Tribunal Federal como incompatíveis com a Constituição Federal.*

134. Mudanças estruturais e apresentação das perplexidades geradas – O artigo, anteriormente, versava sobre os embargos à execução de sentença, e, como já mencionado, agora está restrito aos embargos contra a Fazenda Pública.

Neste contexto, a abordagem do comentário é iniciada através de pontos nucleares da execução contra a Fazenda Pública, deixando-se para o final a análise mais específica das alterações legislativas, notadamente dos incisos do art. 741 do Código de Processo Civil, já que possuíam espectro geral antes da edição da Lei nº 11.232/2005.

Trata-se, repetimos, da manutenção e confirmação do microssistema da execução frente à Fazenda Pública. Resta ele estruturado nos termos da Seção III, do Capítulo IV do Livro do Processo de Execução. Vale referir a manutenção do art. 730, que disciplina o prazo para os embargos, agora aumentados de 10, regra geral do CPC, para 30 dias, seguindo a alteração da Lei nº 9.494/97, com a inclusão do art. 1º-B, mantida pela Medida Provisória nº 2.180-35/01.[8]

---

[8] A regra é idêntica à redação do art. 130 da Lei nº 8.213/91, que prevê o prazo de trinta dias para os embargos na execução contra o INSS (redação dada pela Lei nº 9.528/97).

A disciplina da execução até os embargos segue, quando não for caso de requisição, nos termos do art. 17, § 1º, da Lei nº 10.259/01 (Lei dos Juizados Especiais Federais), o caminho que já trilhava anteriormente. Após o trânsito em julgado (limitação expressa do sistema, art. 2º-B da Lei nº 9.494/97 e art. 100, §§ 1º e 3º, da Constituição Federal), o credor que pretender ver satisfeito seu crédito, constante do título judicial líquido, certo e exigível, deverá requerer a execução nos moldes do art. 730 e aguardar novo prazo, triplamente majorado, para que a Fazenda se defenda.[9] Embora a doutrina aponte aqui um desequilíbrio no sistema, é bom lembrar ser idêntico o prazo para oferecimento de embargos pelo devedor nas execuções fiscais promovidas pela Fazenda Pública (art. 16 da Lei nº 6.830/80).[10]

134.1. Honorários Advocatícios nas Execuções contra a Fazenda Pública – Conquanto possa ocorrer alguma dúvida sobre a incidência dos honorários na execução disciplinada pela nova Lei nº 11.232/05, frente à inexistência de demanda autônoma quer de execução, quer de embargos, no caso vertente parece que a disciplina anterior se mantém. Não há razão para pensar de outra forma, pois já se demonstrou que a execução contra a Fazenda Pública preservou-se como regime especial de execução, escapando das previsões da regra geral do art. 475-I.[11]

Nada obsta, porém, determine o legislador ordinário em sentido contrário. Efetivamente já o fez. A matéria tomou maior significação frente à edição da Medida Provisória nº 2.180-35/01 e de recente posicionamento

---

Trata-se de lógica em perfeita consonância com o modelo protetivo do Estado no processo civil. Para uma bem elaborada crítica desse dispositivo, entre outros que compõem este modelo, ver Cassio Scarpinella Bueno, *O Poder Público em juízo*, 3ª ed. São Paulo: Saraiva, 2005, pp. 261-267.

---

9   Cassio Scarpinella Bueno, *O Poder Público em juízo*, pp. 263-265. Alerta para o fato do ajuizamento da ADIn nº 2.418-3, proposta pelo Conselho Federal da OAB. Sobre a referida ADIn, confronte-se, mais adiante, nossos comentários ao parágrafo único.
10 Cf. Leandro Paulsen; René Bergmann Ávila, *Direito processual tributário: processo administrativo fiscal e execução fiscal à luz da jurisprudência*. Porto Alegre: Livraria do Advogado, 2003, p. 263.
11 No mesmo sentido, cf. Araken de Assis, *Cumprimento da sentença*. Rio de Janeiro: Forense, 2006, p. 147.

do Supremo Tribunal Federal. Existem duas possibilidades, execução embargada, na qual invariavelmente serão devidos honorários, e execução não embargada. Neste último caso, o entendimento assentado no STF indica a obrigatoriedade da execução para a satisfação dos créditos contra a Fazenda Pública, já que, dependendo esta, por imposição constitucional, do procedimento dos precatórios para solver os débitos, não se pode onerar o Estado quando não existe oposição de embargos. Quando se tratar apenas de rito especial para pagamento, como no caso daqueles sujeitos ao regime do art. 100 da CF/88, não ocorrendo oposição de embargos, não há de se falar em honorários de advogado na execução.

Será devida, no entanto, a verba honorária em duas situações: a) quando pagamento se der por requisição, ressalva expressa feita pelo STF ao interpretar as normas contidas no art. 17 da Lei nº 10.259/01 e nos arts. 100, § 3º, da CF/88 e ADCT,[12] b) quando se tratar de execução individual de

---

12 Conforme noticiado no *Boletim Informativo do STF* nº 363: "O Tribunal negou provimento a recurso extraordinário interposto, com fundamento na alínea *b* do inciso III do art. 102 da CF, contra acórdão do TRF da 4ª Região que entendera ser devido o pagamento, pelo INSS, de honorários advocatícios em execução contra ele movida e não embargada, tendo em conta precedente da Corte Especial daquele Tribunal, no qual se declarara a inconstitucionalidade do art. 1º-D da Lei nº 9.494/97, na redação que lhe foi dada pela Medida Provisória nº 2.180-35/2001 (Art. 1º-D 'Não serão devidos honorários advocatícios pela Fazenda Pública nas execuções não embargadas.') por não se vislumbrar a presença dos requisitos de relevância e urgência previstos no art. 62 da CF. Inicialmente, ressaltou-se a devolutividade ilimitada da análise da constitucionalidade da norma quando interposto o recurso extraordinário pela alínea *b* do permissivo constitucional. Em seguida, declarou-se, por maioria, incidentemente, a constitucionalidade da Medida Provisória nº 2.180-35/2001, com interpretação conforme de modo a reduzir-lhe a aplicação à hipótese de execução, por quantia certa, contra a Fazenda Pública (CPC, art. 730), excluídos os casos de pagamentos de obrigações definidos em lei como de pequeno valor, objeto do § 3º do art. 100 da CF (art. 100. 'À exceção dos créditos de natureza alimentícia, os pagamentos devidos pela Fazenda Federal, Estadual ou Municipal, em virtude de sentença judiciária, far-se-ão exclusivamente na ordem cronológica de apresentação dos precatórios e à conta dos créditos respectivos, proibida a designação de casos ou de pessoas nas dotações orçamentárias e nos créditos adicionais abertos para este fim. (...) § 3º O disposto no *caput* deste artigo, relativamente à expedição de precatórios, não se aplica aos pagamentos de obrigações definidas em lei como de pequeno valor que a Fazenda Federal, Estadual, Distrital ou Municipal deva fazer em virtude de sentença judicial transitada em julgado.'). Entendeu-se que a norma impugnada veio a socorrer situação relevante e emergencial de urgência legislativa, tendo em conta a explosão da litigiosidade contra certas áreas da

sentença proferida em ação civil pública.[13] A última exceção se justifica uma vez que é distinta a natureza desta ação (presença de robusto interesse público primário) e pelo fato de, não sendo o exeqüente parte na ação cognitiva, ter ele de, obrigatoriamente, constituir advogado para promover a execução do julgado.

135. Lei ou ato normativo declarados inconstitucionais ou interpretados pelo STF como incompatíveis com a norma constitucional – O parágrafo único em comento exibe uma longa trajetória, marcada fortemente pela presença ideológica das necessidades do *micromodelo processual do Estado*, do qual é corolário, qual seja, de enfraquecer a coisa

---

Fazenda Pública. Ressaltou-se a peculiaridade da execução por quantia certa contra esta movida, na qual ela estaria obrigada, mesmo que quisesse adimplir a condenação de outra forma, a pagar pelo sistema de precatórios, salvo a partir do advento da EC n° 20/98, que excetuou dessa regra os precatórios de pequeno valor. Concluiu-se que, no caso concreto, o recurso deveria ser desprovido por se estar diante de hipótese de execução dessa última modalidade. Vencidos, na questão prejudicial de constitucionalidade, os Ministros Carlos Velloso, relator, Carlos Britto e Marco Aurélio, que declaravam a inconstitucionalidade formal e integral da norma impugnada. (CPC: Art. 730. 'Na execução por quantia certa contra a Fazenda Pública, citar-se-á a devedora para opor embargos em 10 (dez) dias; se esta não os opuser, no prazo legal, observar-se-ão as seguintes regras: I – o juiz requisitará o pagamento por intermédio do presidente do tribunal competente; II – far-se-á o pagamento na ordem de apresentação do precatório e à conta do respectivo crédito.')". RE n° 420.816/PR, Rel. Orig. Ministro Carlos Velloso, Rel. p/ acórdão Ministro Sepúlveda Pertence, 29.9.2004 (RE n° 420.816).

---

13 Quanto à ação civil pública: "Processo civil. Embargos de divergência em recurso especial. Execução de título judicial não embargada. Ação civil pública. Art. 1°-D da Lei n° 9.494/97. Exeqüente que não é parte na ação de conhecimento. Honorários advocatícios. Cabimento. 1. Embora o art. 1°-D da Lei n° 9.949/97 determine serem indevidos honorários advocatícios pela Fazenda Pública nas execuções não embargadas, em se tratando de Ação Civil Pública e não tendo o exeqüente participado da ação cognitiva, deve ser fixada verba honorária, ante a necessidade de se constituir advogado para que promova a execução do julgado. 2. Conforme precedentes das duas Turmas de Direito Público desta Corte, mostra-se cabível a condenação da Fazenda Pública em honorários advocatícios nas execuções, ainda que não embargadas, promovidas por beneficiários de título judicial oriundo de Ação Civil Pública" (REsp. n° 475.923/PR, Rel. Ministro Castro Meira, *DJ* 23.08.2004). Outros precedentes no mesmo sentido: REsp. n° 665.724/RS; REsp. n° 614.210/RS; EAREsp. n° 501.646/RS. Especialmente o recente AgRg.REsp. n° 737.095/RS, Rel. Ministro Gilson Dipp, *DJ* 01.02.2006.

julgada como garantia constitucional do cidadão.[14] O texto é idêntico ao §
1º do art. 475-L, razão pela qual os comentários críticos que seguem lhe são
inteiramente aplicáveis.[15]

Conforme se percebe de leitura perfunctória da extensão completa do
art. 741, a norma em exame inovou ao possibilitar que a matéria veiculável
em embargos ou impugnação à execução de título judicial seja decorrente
de estabilização do entendimento constitucional pelo STF ou Senado em
momento anterior ao trânsito em julgado do título embargado (hipótese antes somente prevista no caso de inexistência ou falta de citação, se o processo correu a revelia – inciso I, art. 741). Por outro lado, segunda
inovação, autoriza a revisão de títulos judiciais já acobertados pela coisa
julgada material, independentemente do prazo e do ajuizamento de ação
rescisória.[16] Deve ser observado, ainda, que, para o caso específico da Fazenda Pública, não há de se falar em execução provisória, vedada expressamente pela norma infraconstitucional[17] e pela leitura da própria
Constituição quando refere as "sentenças transitadas em julgado" ao determinar o regime constitucional dos precatórios (art. 100, § 1º, da CF/88).

135.1. Hipóteses de incidência dos embargos previstos no parágrafo único do art. 741 – São três as hipóteses do parágrafo único: a) o
reconhecimento de inconstitucionalidade pelo STF no exercício de controle abstrato (quer seja decretado em ADIn ou ADC, arts. 23 e 24 da Lei
nº 9.868/99, ou ainda, em ADPF, art. 11 da Lei nº 9.882/99; b) o reconhecimento da inconstitucionalidade na via incidental, controle difuso, mediante

---

14 Sobre suas origens e desenvolvimento histórico na série de MPs que resultaram, com
    poucas alterações, no atual texto da Reforma, cf. Bueno, *O Poder Público em juízo,* p.
    286 e seguintes; Talamini, *Coisa julgada e sua revisão,* p. 450.
15 Cf. Calmon Filho, *Cadernos IBDP nº 4 – Reforma infraconstitucional do processo civil,* p. 35.
16 Cf. Talamini, *Coisa julgada e sua revisão,* p. 424.Confira-se a similitude com os embargos do executado "infringentes do julgado" nas Ordenações do Reino, consoante
    anota Talamini, *Coisa julgada e sua revisão,* pp. 261 e 424.
17 Consoante estabelece o criticável art. 2º-B da Lei nº 9.494/97: " A sentença que tenha
    por objeto a liberação de recurso, inclusão em folha de pagamento, reclassificação,
    equiparação, concessão de aumento ou extensão de vantagens a servidores da União,
    dos Estados, do Distrito Federal e dos Municípios, inclusive de suas autarquias e fundações, somente poderá ser executada após seu trânsito em julgado (NR)". (Artigo incluído pela Medida Provisória nº 2.180-35, de 24.08.2001.)

recurso extraordinário para o STF (desde que preservada a extensão pelo Senado Federal como requisito de "estabilização", nos termos do art. 52, X, da CF/88); c) a declaração de inconstitucionalidade sem redução de texto e a interpretação conforme a Constituição (art. 28, parágrafo único, da Lei nº 9.868/99, e art. 10, *caput*, da Lei nº 9.882/99).[18]

O texto da reforma legislativa aponta nesse sentido: "Para efeito do disposto no inciso II do *caput* deste artigo, considera-se também inexigível o título judicial fundado em lei ou ato normativo declarados inconstitucionais pelo Supremo Tribunal Federal, ou fundado em aplicação ou interpretação da lei ou ato normativo tidas pelo Supremo Tribunal Federal como incompatíveis com a Constituição Federal".

Por sua vez, estabelece o texto do parágrafo único do art. 28 da Lei nº 9.868/99: "A declaração de constitucionalidade ou de inconstitucionalidade, inclusive a interpretação conforme a Constituição e a declaração de inconstitucionalidade sem redução de texto, têm eficácia contra todos e efeito vinculante em relação aos órgãos do Poder Judiciário e à Administração Pública federal, estadual e municipal".

Extrai-se da leitura desses dispositivos que, para melhor garantir o equilíbrio entre o princípio da segurança jurídica – aqui externado na tutela constitucional da coisa julgada, art. 5º, XXXVI, da CF/88 – e os objetivos da norma em comento (garantia da Justiça constitucional adequada), acaso superada a grave crise constitucional que será objeto de tópicos específicos mais abaixo, a única interpretação possível é a que identifica, nos atributos estabilizadores do controle de constitucionalidade concentrado, *eficácia*

---

18 Nesse sentido parecem inclinar-se Bueno, *O Poder Público em juízo*, p. 285, e Talamini, *Coisa julgada e sua revisão,* pp. 463-464. Este último observa ainda a hipótese de posicionamento do STF em ação direta de inconstitucionalidade por omissão, quando este versar sobre a aplicabilidade imediata ou não da norma e estiver se opondo ao entendimento do título embargado. Fredie Didier Jr., em artigo escrito em conjunto com Paula Sarno Braga e Rafael Oliveira, também acompanha esta tendência, contudo faz ressalvas importantes sobre a eficácia temporal das sentenças em controle de constitucionalidade que serão analisadas adiante. Outro limite imposto pelo jovem e notável processualista baiano refere-se ao prazo de interposição dos embargos, restrito aos dois anos previstos para a ação rescisória. Desta hipótese, na falta de lei que assim determine, devemos discordar, embora reconheçamos a necessidade de limitação temporal. Cf. Fredie Didier Jr.; Paula Sarno Braga; Rafael Oliveira, *Aspectos processuais da ADIn e da ADC. In*: Fredie Didier Jr. (org.), *Ações constitucionais*. Salvador: Juspodivum, 2006, p. 421.

contra todos e *efeito vinculante* para os órgãos do Poder Judiciário e do Poder Legislativo, o mínimo constitucional a permitir o uso destes embargos. Estes muito bem poderiam ser denominados "embargos inibitórios" para garantia da harmonização do direito constitucional.[19]

Assim estaria resolvido o problema dos excessos interpretativos a que poderia levar a locução "aplicação ou interpretação da lei ou ato normativo tidas pelo Supremo Tribunal Federal como incompatíveis com a Constituição Federal". Realmente, a regra se limita, neste caso, à declaração de inconstitucionalidade sem redução de texto e a interpretação conforme a Constituição, nos termos do precitado art. 28, parágrafo único, da Lei nº 9.868/99,[20-21] afastando-se, ao mesmo tempo, da extensão perigosa para

---

19 Extraímos esta construção com apoio no conhecido instituto desenvolvido pelo ilustre Prof. Luiz Guilherme Marinoni. Trata-se, na espécie, justamente de embargos para bloquear a ilícita (contrária ao direito) eficácia da decisão que contrasta com a interpretação dada pelo Supremo ao texto constitucional. Cf. Luiz Guilherme Marinoni, *Tutela inibitória*. São Paulo: Revista dos Tribunais, 2003, *passim*.

20 A constitucionalidade do efeito vinculante pode ser aferida do seguinte julgamento em sede de reclamação, noticiado no *Boletim Informativo do Supremo Tribunal Federal*: "Concluindo o julgamento de questão de ordem em agravo regimental interposto contra decisão do Min. Maurício Corrêa, relator – que não conhecera de reclamação ajuizada pelo Município de Turmalina-SP em que se pretendia ver respeitada a decisão proferida pelo STF na ADIn nº 1.662-SP por falta de legitimidade ativa *ad causam* do reclamante – o Tribunal, por maioria, decidiu todos aqueles que forem atingidos por decisões contrárias ao entendimento firmado pelo STF no julgamento de mérito proferido em ação direta de inconstitucionalidade, sejam considerados como parte legítima para a propositura de reclamação, e declarou a constitucionalidade do parágrafo único do art. 28 da Lei nº 9.868/99. Considerou-se que a ADC consubstancia uma ADI com sinal trocado e, tendo ambas caráter dúplice, seus efeitos são semelhantes. Vencidos os Ministros Moreira Alves, Ilmar Galvão e Marco Aurélio, que declaravam a inconstitucionalidade do mencionado dispositivo por ofensa ao princípio da separação de Poderes. (Lei nº 9.868/99, art. 28, parágrafo único: 'A declaração de constitucionalidade ou de inconstitucionalidade, inclusive a interpretação conforme a Constituição e a declaração parcial de inconstitucionalidade sem redução de texto, têm eficácia contra todos e efeito vinculante em relação aos órgãos do Poder Judiciário e à Administração Pública federal, estadual e municipal'.)". Rcl. (AgR-QO) nº 1.880-SP, Rel. Ministro Maurício Corrêa, 06.11.2002 (RCL-1880)".

21 "Ainda que não se possa negar a semelhança dessas categorias e a proximidade do resultado prático de sua utilização, é certo que, enquanto na interpretação conforme à Constituição, se tem, dogmaticamente, a declaração de que uma lei é constitucional com a interpretação que lhe é conferida pelo órgão judicial, constata-se, na *declaração*

qualquer julgamento em recurso extraordinário proferido pelo STF. Somente as matérias que venham a ser declaradas inconstitucionais por decisão definitiva do Supremo Tribunal Federal e suspensas na sua aplicação pelo Senado Federal, nos termos do art. 52, inciso X, da CF/88, é que poderão auferir o grau de estabilidade que autorize a aplicação dos embargos. Não se pode olvidar que a desconsideração da coisa julgada é muito mais ofensiva do que a própria súmula vinculante para a independência dos juízes de primeiro grau, verdadeiros garantidores da vanguarda no trato de questões polêmicas no Poder Judiciário. Pensar diferente implicaria fulminar toda e qualquer possibilidade de amadurecimento da matéria nos graus inferiores; uma vez decidida a questão em recurso extraordinário *tollitur quaestio*. Correto, portanto, o entendimento de Eduardo Talamini: "uma declaração *incidenter tantum* de inconstitucionalidade emitida pelo Supremo Tribunal Federal não tem como, por si só, repercutir sobre as coisas julgadas anteriormente estabelecidas, de modo a se prestar a derrubá-las". Mesmo que perceptível uma ampliação na influência dessas decisões, a exemplo dos arts. 481 e 557 do CPC, essa ampliação tem outros objetivos e além disso não atingem a coisa julgada.[22-23]

Portanto, "pretender que a jurisprudência do Supremo, por si só, passe a se prestar ao desfazimento da coisa julgada independentemente de ação rescisória seria levar longe demais a técnica que já trafega em terreno limítrofe".[24]

135.2. O problema dos limites da eficácia temporal (*tempus regit actum*), determinação expressa da "solução constitucional" e necessidade de iniciativa processual – A boa aplicação das regras de direito exige do intérprete uma compreensão finalística. O conflito entre o art. 741,

---

de nulidade sem redução de texto expressa a exclusão, por inconstitucionalidade, de determinadas *hipóteses de aplicação* (*Anwendungsfälle*) do *programa normativo* sem que se produza alteração expressa do texto legal" (Gilmar Ferreira Mendes, *Jurisdição constitucional*, 4ª ed. São Paulo: Saraiva, 2004, p. 324).

---

22 Talamini, *Coisa julgada e sua revisão*, p. 458.
23 Conforme Araken de Assis. *Eficácia da coisa julgada inconstitucional. In*: Fredie Didier Jr. (org.), *Relativização da coisa julgada: enfoque crítico*. Salvador: Juspodivm, 2004, p. 56.
24 *Idem*, pp. 458-459.

parágrafo único, e o art. 475-L, § 1º, na redação dada pela Lei nº 11.232/05 (inexigibilidade do título judicial transitado em julgado) e, ainda, o art. 5º, XXXVI, da CF/88 (a lei não prejudicará a coisa julgada) decorre da oposição dos princípios da segurança jurídica e da Justiça, a primeira expressa pela previsibilidade necessária à consecução dos objetivos do direito como "fator de estabilização social", a segunda vinculada à necessária harmonização das decisões jurisdicionais e do direito com o princípio da supremacia da norma constitucional.

Para além das questões que surgem desse conflito de princípios, se a norma em comento, frisamos, superar a mácula de inconstitucionalidade que a circunda (*infra*), devem ser determinados os limites temporais de sua incidência. E isso porque, ao lado da presunção de constitucionalidade da norma, verifica-se a necessidade de determinar quando e como a norma será aplicável e em que casos. Duas são as situações que se colocam: a) a norma somente se aplica a partir da vigência da Medida Provisória que a instituiu; b) a norma somente se aplica nos marcos temporais e nos limites dos efeitos retroativos determinados, ora pelo Supremo Tribunal Federal, ora pelo Senado Federal (*supra*).

A nosso ver, em todos os casos de aplicação do texto previsto na Lei nº 11.232/05, partindo-se da presunção atual de que na ausência de manifestação expressa estamos diante de eficácia retroativa (*ex tunc*), será imprescindível saber qual eficácia decorre da decisão no controle de constitucionalidade ou na suspensão da norma pelo Senado Federal. Isso porque, mediante a aplicação das regras do art. 27 da Lei nº 9.868/99 e do art. 11 da Lei nº 9.882/99, bem como dos recentes entendimentos da doutrina e da jurisprudência sobre a suspensão da eficácia da norma pelo Senado,[25] não há dúvida de que o embate desses limites temporais e de extensão total ou parcial de efeitos poderá interferir no caráter vinculante da decisão frente ao título judicial especificamente impugnado.

Assim, ocorrendo menção expressa do momento em que está sendo afirmada a inconstitucionalidade, com evidente *caráter protetivo* das rela-

---

25 Tradicionalmente entendida pela doutrina constitucionalista como *ex nunc*, com produção de eficácia apenas para o futuro, fixou-se, nos últimos estudos de direito constitucional sobre a matéria, que esta "suspensão" revela-se *ex tunc*, pelo menos de regra. Sobre o tema, com ampla referência, esposando entendimento ampliativo que permite ao Senado determinar o alcance da suspensão. Cf. Talamini, *Coisa julgada e sua revisão*, pp. 448-449.

ções jurídicas já estabelecidas sob a égide do ato normativo impugnado, naturalmente prevalece o princípio da segurança jurídica, sendo inaplicáveis os "embargos inibitórios" da Lei nº 11.232/05. Justamente este é o caso do acórdão paradigma proferido na ADIn nº 3.022 que, declarando inconstitucional um ato normativo promulgado em 1994, determinou sua eficácia *ex nunc*.[26] Nesse contexto, pelo menos no espaço pragmático destes comentários, perde relevância a questão da declaratividade (sempre de regra *ex tunc*) ou constitutividade (*ex tunc* ou *ex nunc*) preponderante nas decisões judiciais de controle de constitucionalidade concentrado ou difuso.[27]

Por outro lado, não se aplica a regra dos *"embargos inibitórios"* para as decisões liminares em sede de controle concentrado, independentemente da eficácia normal, regra geral, ser *ex nunc*,[28] já que o Supremo tem entendido ser possível também, excepcionalmente, a extensão retroativa da eficácia da liminar.[29]

---

26 Consoante Talamini, *Coisa julgada e sua revisão*, p. 438.
27 Sobre o tema, que resulta da confrontação pura e meramente teórica dos modelos norte-americano e austriaco-alemão de controle de constitucionalidade. Conforme já havíamos determinado com esteio na doutrina de Pontes de Miranda: "Apesar da predominância da eficácia *ex nunc, é possível em alguns casos específicos a eficácia* ex tunc, *sendo esta retroativa ao momento anterior ao ato desconstituído ou modificado". Eficácia constitutiva da sentença, as sentenças de eficácia preponderantemente constitutiva e a força normativa do comando judicial*. Hermes Zaneti Jr.. *In*: Carlos Alberto Alvaro de Oliveira (org.), *Eficácia e coisa julgada*. Rio de Janeiro: Forense, 2006, pp. 103 e seguintes.
28 Nesse sentido equivocou-se Araken de Assis ao reduzir a limitação apenas em conseqüência desta circunstância. Cf. Assis, *Eficácia da coisa julgada inconstitucional*, p. 54. Sobre a inaplicabilidade da liminar, também Talamini, *Coisa julgada e sua revisão*, p. 456.
29 Nesse sentido: "Por isso, e atendendo ao fim que justifica a existência mesma desse excepcionalíssimo instrumento que é essa cautelar, não tenho dúvida de que, quando a norma impugnada tem os seus efeitos exauridos logo após sua entrada em vigor, mas com repercussão indireta no futuro pela desconstituição de atos pretéritos, repercussão essa a justificar a concessão da liminar, tal concessão se dá para o efeito único possível de suspender a eficácia da norma *ex tunc*, certo como é que não se pode suspender para o futuro o que já se exauriu no passado" (ADI nº 596 MC/RJ, Rel. Ministro Moreira Alves, *DJ* 22.11.1991). Enfatizou-se, pois, que, embora, normalmente, a concessão da liminar só produzisse efeitos *ex nunc*, quando a norma impugnada tivesse os seus efeitos exauridos logo após sua entrada em vigor, a concessão liminar dar-se-ia para o efeito único possível de suspender a eficácia da norma com efeitos *ex tunc*, uma vez que não seria possível suspender para o futuro o que já se exaurira no passado (...) De

O que inviabiliza a aplicação da regra é justamente a instabilidade da decisão, capaz de ser modificada no todo ou em parte no julgamento final. Basta lembrar o rumoroso caso da ADPF nº 54 (antecipação terapêutica do parto – "aborto anencefálico"), em que, após a concessão de liminar com efeito vinculante, o Tribunal reverteu o entendimento no plenário.[30]

Por último, na demonstração deste rol não taxativo de limites, gostaríamos de frisar, como princípio geral, que *a força vinculante não afeta automaticamente a coisa julgada material*, pelo simples fato do julgamento no STF. A jurisprudência pacífica do Supremo sobre a inaplicabilidade da reclamação como meio para impugnar decisões já transitadas em julgado é por si só eloqüente para confirmar esta tese (Súmula nº 734 do STF). Na doutrina, são muitas as vozes que acompanham este modo de ver.[31]

135.3. Fundamento da decisão de controle de constitucionalidade – A questão fundamental nessa matéria é atentar em que não se trata de impugnar propriamente o dispositivo da sentença, mas os seus fundamentos. Nas ações passíveis de impugnação, somente teremos matéria constitucional referente a eles, incidentalmente analisada (*incidenter tantum*), jamais como questão principal (*principaliter*).[32] Trata-se de impugnar o que, em

---

qualquer sorte, a possibilidade, admitida pelo Tribunal, de que se conceda, ainda que em casos excepcionais, a cautelar com eficácia *ex tunc*, e a aceitação, pela Corte, da idéia segundo a qual, concedida a liminar, restaura-se a vigência do direito eventualmente revogado, revelam, em verdade, que já no juízo de liminar se cuida de uma questão de vigência da norma questionada". RCL nº 2.256, Rel. Min. Gilmar Mendes. *Boletim Informativo do Supremo Tribunal Federal* nº 321.

---

30 Conferir os *Boletins Informativos* do STF n°s 354 e 366, respectivamente.
31 Entre os autores nacionais, Talamini, *Coisa julgada e sua revisão*, p. 459. E o excepcional texto de Luiz Guilherme Marinoni com ampla referência a doutrina estrangeira. Cf. Luiz Guilherme Marinoni, *O princípio da segurança dos atos jurisdicionais (a questão da relativização da coisa julgada material. In*: Fredie Didier Jr. (org.), *Relativização da coisa julgada: enfoque crítico*, cit., pp. 163-168. No sentido contrário, sem razão, a tese da "coisa julgada inconstitucional", cf. Humberto Theodoro Jr.; Cristiana Cordeiro de Faria, *A coisa julgada inconstitucional e os instrumento processuais para seu controle*. Carlos Valder do Nascimento, *Coisa julgada inconstitucional*, Rio de Janeiro: Editora América Jurídica, 2002.
32 Para a tipologia das questões o processo civil brasileiro, cf. Fredie Didier Jr. *Pressupostos processuais e condições da ação: o juízo de admissibilidade do processo*. São Paulo: Saraiva, 2006, pp. 52-74.

regra, não transitou em julgado e, portanto, poderia sofrer alteração. A novidade, se é que estamos diante de verdadeira novidade, já que a norma tem sua redação original em medida provisória anterior, é justamente, em função desta questão prejudicial, ser possível em sede de embargos do executado reverter o julgamento, afastando ou negando eficácia a coisa julgada material formada sobre o dispositivo da sentença. Como ficou bem anotado pela doutrina: "A solução inconstitucional dificilmente vai residir no comando da decisão, que é o que propriamente constitui o título executivo (...). No mais das vezes, a solução inconstitucional será um antecedente lógico do *dispositivo da sentença*".[33] Daí a verba legal estabelecer que será aplicável ao "título judicial fundado em lei ou ato normativo", quer dizer, que tenha este por base.

No direito reinol, vigorava a conhecida regra da sentença inexistente, da sentença que era por direito nenhuma, justamente para o caso de não ter se formado o título judicial (Ordenações Filipinas, Tít. LXXV).[34] É preciso distinguir, contudo, entre ineficácia, invalidade e inexistência.[35] A decisão que admite e julga procedente o pedido contido nos *"embargos inibitórios"* será apenas neutralizante do efeito positivo do título, pois suprime a sua

---

33   Talamini, *Coisa julgada e sua revisão*, p. 465.
34   Fernando H. Mendes de Almeida (introdução e notas), *Ordenações Filipinas*, São Paulo: Saraiva, 1966, v. III, pp. 278-279.
35   A aplicação do parágrafo único do art. 741, apesar de não *desconstituir* a decisão judicial, retirando-a do mundo jurídico, suprime-se sua *eficácia ativa*, tornado-a *inexigível*. Contudo, tal situação não implica dizer que não poderá o credor se valer de nenhum efeito da sentença, uma vez que será perfeitamente possível invocá-la como matéria de *defesa*. A diferença é sutil, mas, como se vê, merece ser realçada. Ademais, além do uso do *"título sem eficácia"* como defesa, decisão proveniente do processo poderá ter surtido efeito pretérito, já consolidado, e que sequer foi alcançado pelo título executivo *declarado 'inexigível'*, pois os efeitos da execução estarão voltados para o presente e/ou futuro. Daí por que cremos ser relevante distinguir o correto efeito que o parágrafo único do art. 741 pode propiciar. Há na jurisprudência do Superior Tribunal de Justiça posição que indica pela *ineficácia* do título e não a sua *desconstituição*, confira-se: STJ, EDcl. no REsp. n° 738.303/MG, Rel. Ministro Francisco Peçanha Martins, Segunda Turma, julgado em 04.10.2005, *DJ* 21.11.2005, p. 205). Há também precedente em sentido inverso, aduzindo que há desconstituição: STJ, REsp. n° 689.401/RS, Rel. Ministro Hamilton Carvalhido, Sexta Turma, julgado em 31.08.2005, *DJ* 19.12.2005, p. 491.

exigibilidade, isto é, impede a coerção contra o devedor. Assim, atua sobre o plano da eficácia.[36]

De modo nenhum há de se cogitar em *inexistência*, pois a decisão existe e continua sendo um título executivo com os atributos da certeza e da liquidez. Sucede, tão-somente, que o capítulo decisório, ao acolher pedido do embargante com espeque no parágrafo único do art. 741 do Código de Processo Civil, importará a retirada da *exigibilidade* do título judicial.[37]

135.4. Procedência da impugnação – Dúvida pode surgir quanto ao alcance da subtração da exigibilidade do resultado anterior. Do tema, ressaltam três indagações básicas: a) a defesa nos embargos pode ser fundada em questão prejudicial resultante diretamente do mérito, nas sentenças condenatórias; b) a defesa nos embargos pode incidir sobre uma ação declaratória, contendo um capítulo de natureza não condenatória (por exemplo, o capítulo referente aos honorários em uma ação declaratória de inexigibilidade de tributo, posteriormente julgado constitucional pelo STF); c) a defesa nos embargos pode, ainda, estar relacionada a norma processual restritiva, posteriormente julgada inconstitucional pelo STF, que poderia influir na decisão (por exemplo, vedação legal de prova testemunhal, que vem a ser afastada pela Corte Suprema). Observe-se que a respos-

---

36 Correto Assis, *Eficácia da coisa julgada inconstitucional*, p. 51.
37 Em termos, colhe-se posição do Superior Tribunal de Justiça: "O parágrafo único do artigo 741 do Código de Processo Civil prevê o cabimento de embargos à execução fundados na inexigibilidade do título judicial quando este estiver fundado em lei ou ato normativo declarados inconstitucionais pelo Supremo Tribunal Federal ou em aplicação ou interpretação tidas por incompatíveis com a Constituição Federal. Ao assim dispor, *condicionou o alcance da eficácia do título judicial, que fica subordinada à confirmação da presunção de constitucionalidade da lei ou do ato normativo em que se fundamentou*. Necessário ressaltar, todavia, que, no caso dos autos, revela-se inviável a propositura dos embargos do executado com arrimo no parágrafo único do artigo 741 do Código de Processo Civil. Pois, conquanto seja certo que as normas de natureza processual tenham incidência imediata nos processos em curso, não possuem aplicabilidade retroativa, mormente quando ingressam no plano da existência por meio de medida provisória ainda não convertida em lei (Precedentes: REsp. nº 718.432/SC, Rel. Ministro Teori Albino Zavascki, *DJ* 02.05.2005; REsp. nº 651.429/RS, Rel. Ministro José Arnaldo da Fonseca, *DJ* 18.10.2004)" (STJ, AgRg. no Ag. nº 582.686/DF, Rel. Ministro Franciulli Netto, Segunda Turma, julgado em 23.08.2005, *DJ* 06.02.2006, p. 240).

ta depende da aceitação ou não de que se trata de ineficácia. Sendo outro o entendimento, inexistência ou invalidade, diversa será a solução.

135.5. Expressa menção da questão constitucional no julgamento anterior – Como a decisão nos embargos aproxima-se do resultado da ação rescisória, Eduardo Talamini defende a desnecessidade de "prequestionamento", em analogia ao tratamento jurisprudencial dado aos tipos determinados no art. 485 do CPC. Nós, como já frisamos anteriormente, entendemos não se tratar de rescisão, mas de ineficácia. Por outro lado, a menção ao instituto do "prequestionamento", embora seja figura eloqüente, deve ser afastada, pois se trata de pressuposto lógico, não se confundindo com aquele que interessa apenas para fins de trânsito recursal às instâncias extraordinárias. Quer dizer, não precisa ter sido ventilada a questão constitucional na decisão originária para que a matéria possa ser impugnada mediante os *"embargos inibitórios"*.

Ressaltamos aqui o entendimento de Talamini: "Note-se que a questão atinente à interpretação da norma conforme a Constituição – questão jurídica que é – estava incluída na causa de pedir do processo (*rectius*: no objeto do processo) em que se formou o título, de modo que deveria haver sido conhecida pelo juiz até mesmo de ofício (*iura novit curia*)".[38] A solução é correta.

135.6. Outras eficácias sentenciais: impossibilidade de aplicação extensiva da revisão do título constitucional – A expressão "execução" é utilizada neste tópico com o *sentido lato* que lhe confere (começa a conferir) a processualística moderna, qual seja, o de meios necessários para a efetivação e cumprimento da tutela jurisdicional.

É importante notar que somente as tutelas declaratória e constitutiva não dependem de atos ulteriores de execução,[39] as demais formas de tutelas (condenatória, mandamental e executiva *lato sensu*) são necessariamente vinculadas a um procedimento ulterior de efetivação ou cumprimento, mesmo podendo quando este não se fizer necessário em razão de adimplemento espontâneo. Esta é a lição da doutrina, que já está se tornando perene.

---

38 Talamini, *Coisa julgada e sua revisão*, p. 468.
39 Nada obstante, muito oportunas foram as inserções efetuadas através dos arts. 466-A, 466-B e 466-C pela Lei n° 11.232/2005.

Veja-se, por exemplo, a lição de Carlos Alberto Alvaro de Oliveira:

"Cumpre ainda sublinhar que as cinco espécies de tutela (declaratória, condenatória, constitutiva, mandamental e executiva *lato sensu*) constituem todas fenômenos jurídicos, mas é preciso considerar que as sentenças declaratórias e constitutivas satisfazem por si mesmas a pretensão processual, sem necessidade de qualquer ato material futuro; a condenatória fica a meio caminho, criando apenas as condições jurídicas, com a constituição do título executivo, para que tal possa ocorrer em processo autônomo e independente, dito de execução; as duas últimas satisfazem no mesmo processo, por meio de atos materiais, realizados depois da sentença, aptos a produzir alterações no mundo fático. Finalmente, em se cuidando de tutela mandamental ou executiva *lato sensu*, o ofício jurisdicional só se considera cumprido e acabado com a realização do direito reconhecido na sentença".[40-41]

---

40 Carlos Alberto Alvaro de Oliveira, "O problema da eficácia da sentença". In: *Gênesis Revista de Direito Processual Civil*, nº 29, pp. 437-449, julho/setembro, 2003, p. 445. Próximo desta posição afirma Araken de Assis: "Examinando a aptidão de cada elemento dos pronunciamentos judiciais, divididos em cinco (declarativo, constitutivo, condenatório, executivo e mandamental), constamos que dois – o declarativo e o constitutivo –, por si só, entregam o bem da vida (respectivamente, a certeza e o estado jurídico novo) ao autor vitorioso; os demais, ao invés, carecem de atividade complementar para alcançar semelhante desiderato. Para não desviar a atenção da força mandamental, parece inobscurecível que a simples ordem do juiz não satisfaz o autor, reclamando um complemento posterior, talvez voluntário (atendimento), geralmente induzido coercitivamente. Pois bem: atividade em consideração, subseqüente às sentenças condenatórias, executivas e mandamentais, bem como às suas antecipações (art. 273), implicará mudança no mundo dos fatos, por mínima que seja, e deslocamento forçado de pessoas ou coisas; numa palavra, exigirá 'execução'". Araken de Assis, "Sobre a execução civil (réplica a Tesheiner)". In: *Revista de Processo*, São Paulo: RT. ano 26, nº 102, pp. 9-23 (pp. 12-13), abril-junho de 2001.

41 Também Marinoni e Arenhart confirmam essa noção do estado da questão, mesmo frente a novel alteração do CPC propiciada pela Lei nº 11.232/05: "As sentenças de procedência que não precisam que o processo se desenvolva, em uma fase de execução, para satisfazer o autor, obviamente extinguem o processo (sentenças declaratória e constitutiva). Apenas a sentença que condena ao pagamento de quantia certa, assim como as sentenças que impõem não-fazer, fazer ou entrega de coisa (artigos 461 e 461-A, CPC), acolhem o pedido sem extinguir o processo" (Marinoni; Arenhart, *Manual do processo de conhecimento*, no prelo. Atualização gentilmente cedida por Luiz Guilherme Marinoni).

A passagem mantém sua atualidade e relevância, mesmo que se possa afirmar ter a execução deixado de ser processo autônomo por ter a reforma introduzido a "fase de cumprimento da sentença". O certo é que nada se modificou na necessidade de o autor mover a execução, nos termos do art. 475-I, para satisfazer seus créditos decorrentes da sentença condenatória. Mantida está, operante e hígida, a tutela condenatória para pagar quantia (art. 475-N, I do CPC), justamente porque é a mais adequada em razão do princípio da segurança jurídica, uma vez que permite maiores garantias ao executado, por se tratar de agressão de patrimônio alheio.

Como tratamos das formas de tutela e sua classificação, é preciso fazer uma pequena digressão explicando a estabilidade desses conceitos, muita vez baralhados na doutrina processual. Para a boa compreensão das formas de tutela (declaratória, constitutiva, condenatória, mandamental e executiva *lato sensu*), é imprescindível entender seus princípios, que garantem a coerência de sua natureza estrutural para a boa disciplina da tutela jurisdicional processual. Não se pode olvidar que "é lícito à parte para a tutela de seu direito *escolher o tipo de tutela jurisdicional que entende mais adequado ao seu interesse*, atendidos é claro determinados princípios e as peculiaridades do direito material posto em causa".[42] Essa importante conclusão pode ser muito bem exemplificada com a regra contida no art. 4º, § 1º, do CPC, que permite o ajuizamento da ação declaratória "ainda que tenha ocorrido a violação do direito", ou mesmo, de forma muito mais ampla, com a disposição do art. 83 do CDC, que aduz ser possível para a defesa dos direitos previstos naquele diploma "todas as espécies de ações" (*rectius*: formas de tutela jurisdicional).

Mas a escolha não é livre. Os princípios irão garantir sua correta utilização para o alcance dos fins do processo. Mais ainda, são eles que permitem a correta classificação das tutelas, conforme foi identificado na importante e definitiva contribuição de Carlos Alberto Alvaro de Oliveira (dessarte, esta não decorre tão-somente do direito material, como pensava a doutrina). Os princípios formativos da tutela jurisdicional, como preferi-

---

42 Carlos Alberto Alvaro de Oliveira, "Efetividade e tutela jurisdicional". *In: Revista Processo e Constituição – Faculdade de Direito da UFRGS*, nº 2, pp. 05-32, maio, 2005, p. 27.

mos denominá-los,[43] podem ser identificados em, no mínimo, cinco: princípio do dispositivo, princípio da demanda, princípio da adequação ("entre o direito material afirmado e o instrumento que serve a sua realização"), princípio da segurança e, por último, mas não menos importante, princípio da efetividade.

Cabe a transcrição de sua justificação racional:

> "O **princípio dispositivo**, expressão da liberdade de dispor sobre o próprio direito, permite a opção pela espécie de tutela jurisdicional que a parte entender mais conveniente. Por exemplo: mesmo tendo havido lesão do direito, pode o autor se limitar a pedir a declaração da relação jurídica, *ex vi* do parágrafo único do art. 4º do CPC. O **princípio da demanda** impõe adstrição ao pedido do autor, vedando ao juiz a prolação de sentença, a favor do autor, de natureza diversa, assim como a condenação do demandado em quantidade superior ou em objeto diverso do que lhe foi demandado (arts. 128 e 460 do CPC), salvo exceções expressamente estabelecidas em lei, a exemplo do disposto no art. 461, *caput*, do CPC (tutela específica ou resultado prático equivalente). De tal sorte, se o autor optar pela condenação do demandado, não poderá o juiz conceder tutela mandamental. O **princípio da adequação** exige a conformidade do instrumento ao direito material, comportando tanto os aspectos subjetivos e objetivo quanto teleológico, os quais devem

---

[43] Esta é a nossa contribuição, sujeita à crítica, partindo das premissas de um estudo clássico de direito processual comparado. Com base na ciência alemã, nas descobertas científicas decorrentes das generalizações estabelecidas pela mesma e com relação aos métodos processuais por ela identificados, Robert Wyness Millar apresenta um estudo dos conceitos fundamentais, que, consciente ou inconscientemente, dão forma aos sistemas processuais existentes. São estes conceitos que identificam os princípios fundamentais (*Gundprinzipien*), ou, ainda melhor denominados, os princípios formativos (*Prinzipien der Gestaltung*), que em uma maior ou menor medida são comuns a todos os sistemas. Cf. Robert Wyness Millar, *Los Principios Formativos del Procedimiento Civil*. Trad. Catalina Grossmann. Buenos Aires: Ediar, 1945, p. 43 (Prólogo de E. J. Couture). Com esta ordem de preocupações, afirmou Couture que Millar não faz nem dogmática, nem lógica jurídica. Seu plano de realização é a técnica, ou, com "sentido ainda mais penetrante", a "política processual" (do prólogo da edição em língua espanhola, p. 11).

funcionar de modo simultâneo para que o processo alcance o máximo de eficiência. O **princípio da segurança** diz respeito especialmente às garantias de defesa. Por exemplo: não se admite a declaração da existência ou inexistência de mero fato (salvo o incidente de falsidade de documento), mas apenas de relação jurídica, quando em tese já teria ocorrido a incidência da norma; a condenação é a tutela adequada quando se trate de agredir patrimônio alheio, que não pertença ao exeqüente, permitindo-se assim maiores possibilidades de defesa. O **princípio da efetividade** impõe a superação de modelos ultrapassados de tutela jurisdicional para certas situações lesivas ao direito material, em prol de mais eficaz e rápida realização do direito material (daí, o surgimento das tutelas executiva e mandamental). Em todas essas hipóteses, entram em cena elementos típicos da tutela jurisdicional, inexistentes no plano do direito material, preocupado este apenas com regrar a conduta dos sujeitos de direito e suas relações em sociedade. No plano jurisdicional, importa fundamentalmente organizar o processo e melhor instrumentalizar a realização do direito material, para alcançar-se a justiça do caso. Quem não atenta a esse aspecto primacial, obscurece ou mesmo nega a existência de dois planos bem definidos e distintos, o plano do direito material e o do processual".[44]

Por outro lado, assentadas essas importantes premissas, entendemos imperativo identificar a execução forçada com todas as tutelas que dependem de execução, quais sejam, as tutelas mandamental, executiva e condenatória, não apenas com a tutela condenatória para pagamento de quantia.[45] Não se pode deixar de lado o *imperium* do Estado-juiz[46] na atuação dessas técnicas processuais. Daí a possibilidade de converter uma decisão ordenando que tenha sido frustrada pelo "devedor" em tantas quantas sejam ne-

---

44 Alvaro de Oliveira, *Efetividade e tutela jurisdicional*, pp. 28-29.
45 Nesse sentir, dissentimos de Carlos Alberto Alvaro de Oliveira, embora respeitemos profundamente os elementos de sua fundamentação. Cf. Alvaro de Oliveira, *O problema da eficácia da sentença*, p. 445.
46 Comum a todas as tutelas jurisdicionais, como bem observou Carlos Alberto Alvaro de Oliveira: "Toda a sentença é ato de império do juiz, não só a mandamental". Cf. Alvaro de Oliveira, *Efetividade e tutela jurisdicional*, p. 27.

cessárias para garantir a efetividade da tutela específica (art. 461 *caput* e § 5º do CPC).[47]

Embora este seja o quadro geral da execução forçada, somente a tutela condenatória será passível dos embargos previstos no art. 741, e somente para esta tutela está previsto o regime especial dos arts. 730 e 731 c/c art. 100 da CF/88.

Portanto, não se aplica o parágrafo único do art. 741 para a impugnação dos comandos judiciais de outra natureza, mesmo que pendentes de ato ulterior para sua efetivação, como no caso da tutela mandamental e executiva *lato sensu*.

Mesmo reconhecendo que o acolhimento dos embargos do art. 741, parágrafo único, e a impugnação do art. 475-L, § 1º, resulta na ineficácia do título, esta ineficácia se restringe ao comando condenatório, isso porque, como é sabido, o regime jurídico dos direitos fundamentais e garantias da Constituição determina interpretação restritiva da norma que limita direitos fundamentais.[48]

135.7. Enfraquecimento da coisa julgada: da ampliação das prerrogativas do poder público em juízo e o micromodelo processual do Estado – Em seqüência destes Comentários, impõe-se ainda uma necessária crítica. A politização da Justiça, entendida como ativismo-coordenado

---

47 Embora estejamos aqui mantendo as expressões "credor" e "devedor" para nos referir aos pólos ativo e passivo da fase de execução, não deixamos de apontar o contra-senso desta denominação que efetua indevida privatização do direito processual civil. Como foi sabiamente apontado: "Há, em nosso Direito, um fenômeno que, a uma análise rigorosa, parecerá inexplicável. Detendo-nos no exame do Livro II do Código de Processo Civil, veremos que os sujeitos do processo de execução são o *credor* e o *devedor*. Trata-se da redução, estranhamente produzida pelo Direito Processual, que se diz apenas instrumental, de todo direito material ao crédito. Este surpreendente resultado pode, no entanto, ser compreendido tendo presentes as circunstâncias históricas que determinaram a *privatização* do direito processual civil, a partir da eliminação da tutela interdital, e a conseqüente universalização do procedimento da *actio* que, como sabemos, era um procedimento destinado a tutelar exclusivamente relações jurídicas obrigacionais, de natureza privada. A universalização da *actio* determinou, por sua vez, a universalização da *condemnatio*". Ovídio A. Baptista da Silva, *Processo e ideologia*. Rio de Janeiro: Forense, 2004, p. 132.

48 Sobre o regime jurídico dos direitos, liberdades e garantias fundamentais, cf. José Joaquim Gomes Canotilho, *Estudos sobre direitos fundamentais*. Coimbra: Coimbra, 2004 (especialmente "métodos de proteção de direitos, liberdades e garantias", pp. 136-160).

na realização de políticas-públicas,[49] não representava uma realidade premente antes da atual Constituição brasileira, sendo esporádica e não significativa, pelo menos no Brasil, a intervenção do Judiciário nas temáticas respeitantes à comunidade. O Judiciário mantinha-se inerte, ligado à justiça retributiva. Apenas algumas decisões em ações populares (com o alargamento dos conceitos de patrimônio e de lesividade por parte dos juízes) e na nascente ação civil pública (já na década de 1980) permitiam falar em uma atividade judiciária distributiva no Brasil.[50]

A Constituição brasileira de 1988 potencializou e implementou ao máximo o papel do Judiciário e do Direito, fundando um novo paradigma: o do Estado Democrático de Direito. Criou, assim, institutos como o mandado de segurança coletivo, o mandado de injunção, a argüição de descumprimento de preceito fundamental; desvinculou o Ministério Público Federal das tarefas de defesa dos interesses da União (art. 129, IX, da CF/88), criando a Advocacia Geral da União; subdividiu as competências dos tribunais de forma a garantir ao Supremo Tribunal Federal a defesa "precípua" do texto constitucional.

Por tudo isso, revela-se estritamente correta a afirmação de Ferreira Filho: "incontestavelmente (...) foi a Constituição de 1988 que, consciente ou inconscientemente, determinou ampla e visível judicialização da política".[51]

---

49 Conforme Damaska, este modelo processual se caracteriza pela implementação de políticas públicas (*policy-implementing*) pertencente a burocracia-de-coordenação (*coordinate officialdom*) entre a vontade estatal e a participação dos cidadãos (Mirjan R. Damaska, *The faces of justice and state authority: a comparative approach to the legal process*. New Haven/London: Yale University Press, 1986. pp. 226-239). O autor apresenta um exemplo desse paradigma na litigação de interesse público norte-americana: "*The most preplexing examples of coordinate policy implementation are found in the more recent American practice of using civil procedure in the 'public interest'. These cases take many forms, but the variant of greatest interest here is a lawsuit brougth by a plaintiff acting on behalf of a large interest group against the miniofficialdom of a school, hospital, prison, or independent governamental agency*". (*Idem*, p. 237).

50 "Antes da Constituição de 1988, era negligenciável a judicialização da política no Brasil, embora nalguns pontos ela já aparecesse. Não por obra do Supremo Tribunal Federal que, no tocante ao controle de constitucionalidade, sempre assumira uma posição de contenção, mas devido a atuação de juizes e tribunais estaduais." Manoel Gonçalves Ferreira Filho, "A Constituição de 1988 e a Judicialização da Política". *In: Revista da Faculdade de Direito da UFRGS*, v. 12, pp. 189-197, 1996, p. 190.

51 Ferreira Filho, "A Constituição de 1988 e a Judicialização da Política", p. 191.

Essas radicais mudanças transformam o papel do Judiciário, que de espectador passivo no paradigma legalista passa a ser chamado a opinar em questões de dimensão política e social antes jamais imaginadas, quer em razão dos novos direitos materiais surgidos no quadro da nova Carta Magna, quer em razão da própria dimensão alargada dos instrumentos processuais postos à disposição da cidadania para garantir a efetividade destes direitos (com aumento da legitimidade nas ações de controle de constitucionalidade das normas, criação de novos *writs* e recepção das ações coletivas para tutela dos direitos coletivos *lato sensu*).

Daí se poder afirmar a indissociabilidade entre Direito e Política (assim como a indissociabilidade entre Filosofia e Política,[52] e entre Direito e Moral,[53] todas as ciências em esferas intimamente relacionadas). Com isso se efetua a denúncia da falsa crença racionalista (paradigma legalista) de que os campos da Política e do Direito não se comunicam; crença tão arraigada que acabou plasmando o seu mais profundo dogma: "a lei é a lei", e deve ser obedecida.[54] Esse dogma legalista, seguido cegamente pelos juris-

---

52 Trata-se de resgatar Sócrates, ou seja, a dimensão política da razão (racionalidade) e a razão para a dimensão política. Reconciliar o filósofo com a cidade, o pensamento com a ação. Essa ruptura de origem platônica teve influência sobre as questões políticas ao longo da História. Como foi denunciado: "Platão desvaloriza a política a favor da filosofia...Aristóteles retomará: 'a vida contemplativa' é superior à 'vida activa', portanto, toda resistência a essa dicotomia é uma resistência socrática. O trabalho de Arendt se insere no movimento de recuperação dessa visão socrática: 'É pois em Sócrates que se deve procurar a reconciliação entre filosofia e política'". Cf. Catherine Vallée, *Hannah Arendt: Sócrates e a questão do totalitarismo*. Trad. Armando Pereira de Souza. Lisboa: Instituto Piaget, 2003, p. 43 Cf. Arendt. *A dignidade da política: ensaios e conferências. passim*. Também para Popper, a contribuição de Sócrates à sociedade aberta é imprescindível: "E havia o maior talvez de todos, Sócrates, que ensinou a lição de que devemos ter fé na razão humana, mas ao mesmo tempo devemos resguardar-nos do dogmatismo; de que nos devemos afastar tanto da misologia, a desconfiança na teoria e na razão, quanto da atitude mágica daqueles que fazem da sabedoria um ídolo; que ensinou, em outras palavras, ser a crítica o espírito da ciência". Karl Popper, *A sociedade democrática e seus inimigos*. Trad. Milton Amado. Belo Horizonte: Itatiaia, 1959, p. 203.
53 Habermas, *Direito e moral, passim*. Alexy; Bulygin, *La pretensión de corrección del derecho: la polémica sobre la relación entre derecho y moral, passim*.
54 Gustav Radbruch, *Arbitrariedad legal y derecho supralegal* Trad. Maria Isabel Azereto Vásquez. Buenos Aires: Abeledo-Perrot, 1961, p. 21. Trata-se da famosa tese de que o direito positivo está determinado a servir à Justiça, no erigir normas positivas.

tas alemães do século XIX e da primeira metade do século XX, permitiu uma configuração "jurídica" às teses do nacional-socialismo, porque o princípio de que "a lei é a lei" não reconhecia nenhuma limitação. Era a expressão mais fina e acabada do formalismo jurídico positivista. Nesse contexto: "Arbitrariedade legal" era uma contradição em si, o mesmo que 'direito supralegal".[55]

O direito legal jamais poderia ser arbitrário, jamais poderia haver direito fora da "lei". Trata-se de revelar aqui o papel fundamental de uma tensão legada pelo pós-positivismo em que nos encontramos: a tensão ocorrente entre os princípios da Segurança Jurídica e da Justiça. As máximas positivistas enxergam no Direito apenas as normas materiais estabelecidas pelo "legislador", e, no processo, tão-somente um instrumento técnico de aplicação estrita da legislação (nos termos do art. 126 do CPC, atuação inteligente da lei, sem o exercício da vontade, instrumento lógico formal).[56]

Como já se vem demonstrando até aqui, o processo no contexto pós-positivista representa uma abertura para a democracia, que também há de ser a finalidade do Direito como um todo, já que é só no marco democrático que se configura a possibilidade de um Estado de Direito Constitucional.[57] Os direitos fundamentais, inclusive o direito fundamental ao processo, são inseparáveis dessa noção.

O Estado que cometer injustiças manifestas não estará jamais alcançando a dignidade de "*derecho válido*" (*Idem*, p. 38). Consiste na reação teórica ao nacional-socialismo, elaborada por Radbruch, importante jusfilosofo da época.

---

55 Gustav Radbruch, *Arbitrariedad legal y derecho supralegal*, pp. 21-22.
56 Sobre o tema fundamental do formalismo-valorativo, em que se insere essa problemática, C. A. Alvaro de Oliveira, *Do Formalismo no Processo Civil*, 2ª ed. São Paulo, Saraiva, 1997, *passim*.
57 "*Debemos buscar la justicia y atender al mismo tiempo a la seguridad jurídica, porque es ella misma una parte de la justicia, y volver a construir de nuevo un estado de derecho que satisfaga en lo posible ambos pensamientos. La democracia es por cierto un valioso bien, el estado de derecho es empero, como el pan cotidiano, el agua que se toma, el aire que se respira y lo mejor de la democracia es que ella es la única apropriada para asegurar el estado de derecho*". Radbruch, *Arbitrariedad legal y derecho supralegal*, pp. 51-52.

Não há democracia sem direitos fundamentais, não há direitos fundamentais sem democracia. O problema da politização do judiciário (governo dos juízes,[58] judiciarismo,[59] judicialização da política,[60] judiciocracia,[61] ativismo judicial,[62] judicização do fato político)[63] constitui, portanto, um

---

58 Governo dos juízes tem relação com a Era Lochner (Lochner v. New York – 1905) que procurou impedir políticas públicas de cunho social para garantir os direitos econômicos de liberdade. Conferir, ainda, a crise das políticas sociais do *New Deal* de Roosevelt, ocasionando a célebre tentativa de Roosevelt de adquirir maioria através da nomeação de novos juízes, o denominado "*packing the Court*". Sobre o terceiro período da Corte Suprema norte-americana (1895-1937), o "governo dos juízes" e a tentativa de "empacotamento da Corte", consultar a obra fundamental de Leda Boechat Rodrigues, *A Corte Suprema e o direito constitucional americano*, 2ª ed. Rio de Janeiro: Civilização Brasileira, 1992, pp. 97-158.
Cf. Carlos Augusto Silva, *O processo civil como estratégia de poder: reflexo da judicialização da política no Brasil*. Rio de Janeiro: Renovar, 2004, p. 79.

59 Expressão cunhada pelo Min. Orosimbo Nonato no julgamento da "Representação no STF nº 94-RS". In: *Revista Forense*, Rio de Janeiro, p. 109, mar. de 1948, apud Silva, *O processo civil como estratégia de poder*, p. 79.

60 Uma das mais famosas expressões referentes ao tema do conflito entre os poderes e a possibilidade de revisão judicial. Cunhada por Loewenstein para dizer da impossibilidade de permitir que o Poder Judiciário tenha ingerências políticas e de resolver os conflitos constitucionais entre os poderes por uma Corte Constitucional. Cf. Loewenstein, *Teoría de la constitución*. Trad. Alfredo do Gallego Anabitarte, 2ª ed. Barcelona: Ariel, 1970, pp. 321 e seguintes. Trata-se também da tese de Carl Schmitt assim traduzida por Bonavides: "Diz ele que se assim procedêssemos, ao invés da 'judiciarização da política', teríamos a 'politização da Justiça'. Em Schmitt o existencial compõe a essência da Constituição, o reino da decisão fundamental, a esfera política que se sobrepõe ao normativo, às Leis Constitucionais, ao domínio jurídico propriamente dito". Bonavides, *Curso de direito constitucional*, p. 104.

61 Loewenstein, *Teoría de la constitución*, p. 325.

62 O tema é riquíssimo e de muita importância no direito norte-americano. Trata-se da contraposição entre o ativismo judicial em matéria de direito e a sua contrapartida: a restrição judicial (*judicial restraint*). A questão começou a tomar força na mídia americana com a candidatura de Nixon para presidente nos Estados Unidos. Nixon acusava a Corte de Warren de torcer a lei conforme as suas convicções e indicou com sucesso dois juízes conservadores durante seu mandato presidencial (Powell e Rehnquist, esse último hoje *Chief Justice* e condutor da atual posição ultra-conservadora da Corte Americana). Cf. Ronald Dworkin, *Taking Rights Seriously*. Cambridge: Harvard University Press, 1978 (Cap. 5 – Constitucional cases). Sobre *judicial activism* e *judicial restraint* cf. Hugo L. Black, *Crença na Constituição*. Rio de Janeiro: Forense, 1970.

63 Luis Roberto Barroso, *O direito constitucional e a efetivação de suas normas: limites e possibilidades da Constituição brasileira*, 5ª ed. Rio de Janeiro: Renovar, 2001, pp. 66-73.

falso problema, plantado pelo dogma positivista da legalidade[64] (a lei como fonte absoluta e irrefutável do Direito). A judicialização da política[65] é a conseqüência natural do pós-positivismo.

Não por outro motivo, a faceta perversa dessa politização utiliza a técnica legislativa para politizar a justiça em favor de seus interesses, como é o caso da expressiva prática das medidas provisórias em matéria processual (até o advento da EC nº 32, de 2001), tendente a criar um *micromodelo processual do Estado*.[66] A norma em comento tem origem justamente nesta faceta de "ampliação das prerrogativas do Poder Público em juízo".[67]

Esse fenômeno foi denominado politização do Judiciário, entendida como imposição de um padrão que não é o da lei objetivamente considerada ou o da Justiça como valor, mas "partidário" ou de "grupo de poder".[68] Faz-se necessária uma ruptura com o conformismo. Pensar diferente levaria à única conclusão de que o Poder Judiciário não é um poder político,[69]

---

64 Claro está que se refere à propalada impossibilidade de convivência e não intercomunicabilidade entre os planos político e jurídico. Nos demais aspectos do "problema", tais como a denúncia da utilização de técnicas jurídicas a serviço de ideologias políticas, o fenômeno de crescente participação do Judiciário na vida política dos cidadãos e do Estado etc., a denominação é útil e eficaz. O que importa, portanto, é afastar a mística da dicotomia, que ainda teima em resistir a uma crítica mais acurada.

65 Utilizando o conceito criado por Ferreira Filho: "Entende-se por judicialização da política a tendência *a atribuir, ou submeter, aos tribunais judiciários a decisão de mérito a respeito de ações administrativas ou normas obrigatórias*. Ou seja, decisões 'políticas', porque concernentes ao interesse da comunidade". Cf. Ferreira Filho, *A Constituição de 1988*, p.189.

66 Cf. Silva, *O processo civil como estratégia de poder: reflexo da judicialização da política no Brasil*, cit. A principal conclusão do excelente trabalho revela que o *micromodelo processual do Estado*, forjado para impedir a judicialização da política no Brasil ou arrefecer seus efeitos, veicula a estratégia de governo com *valores e objetivos distintos do restante do ordenamento processual* pátrio e não merece prosperar frente à nossa ordem constitucional fundada em um Estado Democrático de Direito.

67 Talamini, *Coisa julgada e sua revisão*, p. 425.

68 Consideram-se, em verdade, a politização da justiça e a judicialização da política duas faces da mesma moeda, "contrapartida inexorável". Ferreira Filho, *A Constituição de 1988 e a judicialização da política*, pp. 194-195.

69 Nesse sentido a literalidade de Ferreira Filho: "A democracia moderna – a democracia representativa – é uma forma de governo misto, de acordo com a longa tradição de que a melhor forma não é qualquer das puras, mas a que combine o lado positivo de cada uma das três formas clássicas, evitando o lado negativo de cada uma delas... se a orientação política geral é dada pelo Executivo, hoje Governo, e pelo Legislativo, ambos

porque determinados debates não podem ser travados em seu âmbito de conhecimento.[70]

Frise-se que, de fato, não está mais autorizada a edição de medidas provisórias em matéria processual pela nova redação da Carta Constitucional. Contudo, por força da regra de transição estabelecida pelo art. 2º da referida EC nº 32, continuam em vigor as medidas provisórias editadas em data anterior à publicação da Emenda, até que medida provisória ulterior, nova lei ou votação definitiva as revogue, modifique ou confirme (nova medida provisória ou votação definitiva tornaram-se inviáveis em matéria processual em face da expressa impossibilidade material de editar medidas provisórias nessas matérias; resta a questão da possibilidade ou não de "convalidação" por edição de lei posterior). Como não existe interesse político, essas MPs continuam vigendo. Há franca inconstitucionalidade na sua manutenção, até porque nunca foram passíveis de validade formal (ausência ou inadequação dos requisitos de relevância e urgência em matéria processual).

Trata-se de ato inserido no conjunto de uma tentativa de enfraquecimento da coisa julgada. A tentativa de enfraquecimento da coisa julgada material não constitui novidade na história do processo civil. Durante o período da Alemanha nazista, a Lei de Cooperação do Ministério Público em Matéria Civil (*Gesetz über die Mitwirkung des Staatssanwalts in bürgeli-*

---

eleitos pelo povo, ao Judiciário é dado o papel de freio em defesa da justiça. Por isso, é ele um poder técnico, estruturado de modo a atender às exigências de imparcialidade e independência. Os outros são poderes políticos, ele não deve ser". Ferreira Filho, *A Constituição de 1988 e a judicialização da política*, 1996, p. 195.

---

70 Esse é o entendimento que vem sendo esposado pelo STF nos casos de limitação de controle jurisdicional sobre atos regimentais: "A submissão das questões de índole regimental, ao poder de supervisão jurisdicional dos Tribunais, implicaria, em última análise, caso admitida, a inaceitável nulificação do próprio Poder Legislativo, especialmente em matérias – como a que trata este processo – em que não há, a meu juízo, qualquer evidência de que o ato impugnado tenha vulnerado o texto da Constituição da República. Tratando-se, em conseqüência, de matéria sujeita à exclusiva esfera da interpretação meramente regimental, não há como incidir a *judicial review*, eis que – tal como proclamado pelo Supremo Tribunal Federal – a exegese 'de normas de regimento legislativo é imune à crítica judiciária, circunscrevendo-se no domínio *interna corporis*' (*RTJ* 112/1023, Rel. Ministro Francisco Rezek)" (cf. MS – MC nº 23.920/DF, Rel. Ministro Celso de Mello).

chen Rechtssachen), de 15 de julho de 1941, conferia ao Procurador-Geral do Reich (*Oberreichsanwalt*) o poder de requerer, até um ano após o trânsito em julgado, a revisão de qualquer sentença civil, quando houvesse 'especial importância que a decisão apresente para a comunidade e para o povo'.[71] Esta tentativa decorre de uma sobrevalorização do "interesse público" identificado com o interesse do Estado (ou pior, do Governo). Apenas para exemplificar e contextualizar em nossa realidade nacional, a Constituição Federal de 10 de novembro de 1937, denominada pejorativamente "Polaca", carta outorgada pela ditadura do Estado Novo, diminuindo em muito o papel do Supremo Tribunal Federal, previu, no art. 96, parágrafo único, a possibilidade de a lei, após ser decretada inconstitucional pelo STF, ser reapreciada nessa inconstitucionalidade pelo exame do Parlamento, a pedido do Presidente da República e no interesse do povo. Tudo ocorreria somente quando a promoção ou defesa do interesse nacional de "alta monta" exigisse, ou seja, o Congresso, por dois terços dos votos de cada uma das Câmaras, poderia tornar sem efeito a decisão da Suprema Corte.[72]

O "pacote" para o "enfraquecimento da coisa julgada" inclui outras normas veiculadas por medidas provisórias, exemplificamos: a) o aumento do prazo da ação rescisória de dois para cinco anos (MP n° 1.577-6/97); b) a aplicação da tutela de urgência as ações rescisórias (estabilizada na MP n° 2.180-35/01); c) novas alterações de prazo e nova hipótese de cabi-

---

71   Alvaro de Oliveira, *Do Formalismo,* cit., pp. 189-190. Por outro lado, todas as questões referentes ao intrincado problema das relações entre o Estado e o juiz podem ser bem apreendidas do excelente ensaio: Carlos Alberto Alvaro de Oliveira, "Poderes do juiz e visão cooperativa do processo". *In: Revista Processo e Constituição – Faculdade de Direito da UFRGS,* n° 1, pp. 89-121, dezembro de 2004; cf., ainda, Nicolò Trocker, *Processo civile e costituzione: problemi di diritto tedesco e italiano.* Milano: Giuffrè, 1974. Para quem "*L'obiettivo di fondo è rappresentato quindi da uma radicale 'pubblicizzazione' o 'amministrativizzazione' del processo civile che soddisfi le esigenze dello Stato totalitário*" (*Idem,* p. 68); e Daniel Francisco Mitidiero, *Elementos para uma teoria contemporânea do processo civil brasileiro.* Porto Alegre: Livraria do Advogado, 2005, pp. 16 e 84.

72   Apesar do acinte, a doutrina noticia que esse dispositivo restou inaplicado na vigência da Constituição. Pontes de Miranda, *Comentários à Constituição de 1946,* p. 185. Nesse sentido tratou-se de "recepção recusada" da Constituição polonesa. Cf. HÄBERLE, *Elementos teóricos de um modelo general de recepción jurídica,*1996, *passim.*

mento nas ações rescisórias, arts. 188 e 485 (MP nº 1.703 e reedições), entre outras.[73]

Como ressaltou a melhor doutrina: "Nesse mesmo caminho perigoso de sobrevalorizar o 'interesse público', com conseqüente enfraquecimento da coisa julgada material, situa-se tendência de permitir a rescisão de sentença por mudança posterior do entendimento jurisprudencial, verificada em alguns julgados dos tribunais superiores brasileiros, principalmente da lavra do Supremo Tribunal Federal".[74]

A questão, portanto, não pode ser observada com olhares simplistas, mesmo que se diga estarem garantidas pela reforma da Lei nº 11.232/05 as mesmas condições de rescindibilidade, mediante os embargos, para o Poder Público (art. 741, § 1º, do CPC), e a impugnação, para os demais litigantes (art. 475-L, § 1º, do CPC). A norma surgiu e terá mais utilidade em face do litígio do Poder Público com o cidadão. Resulta dessa conformação de idéias que a norma restritiva da garantia da coisa julgada deverá ter interpretação restritiva, como todas as normas estatuídas contra direitos fundamentais.[75]

135.8. O problema da convalidação de ato normativo formalmente inconstitucional – A norma em comento, dentro de uma tipologia de normas, poderia ser identificada predominantemente como uma regra.

Com efeito, as regras dão mais estabilidade ao sistema, são precedidas de uma forte carga de legitimação e, portanto, exigem um maior respei-

---

73 Para o panorama geral com ampla citação das modificações legislativas cf. Silva, *O processo civil como estratégia de poder: reflexo da judicialização da política no Brasil*, pp. 214-221.

74 Cf. Carlos Alberto Alvaro de Oliveira, *Do formalismo no processo civil*, cit., p. 190. O intrincado problema é discutido ao longo de todo o capítulo IV, sobre as relações entre formalismo e Justiça.

75 Cf. J.J. Gomes Canotilho, *Direito Constitucional e Teoria da Constituição*, 7ª ed. Coimbra: Almedina, 2003, pp. 448-467, com especial destaque para a análise do requisitos das leis restritivas: a) exigência de autorização expressa; b) requisito de lei formal; c) requisito da generalidade e abstração; d) requisito da não-retroatividade da lei restritiva; e) princípio da proibição do excesso; f) princípio da salvaguarda do núcleo essencial. Enfocando uma interpretação necessariamente restritiva Ada Pellegrini Grinover, "Ação rescisória e divergência de interpretação em matéria constitucional". *In: Cadernos de Direito Constitucional e Ciência Política*, nº 17, p. 60, out./dez., 1996; TALAMINI, *Coisa julgada e sua revisão*, pp. 482-485; entre outros.

to por parte do intérprete, que certamente não pode querer criar sobre uma estrutura rígida de forma irresponsável. A sua maior estabilidade decorre do princípio democrático (criadas segundo o procedimento legislativo previsto na Constituição), por isso seu caráter *prima facie* é identificado com os "princípios formais" de seu estabelecimento.[76]

Quanto mais qualificada for a forma de constituição da regra, maior será o ônus argumentativo para seu afastamento. Por esta razão, Peter Häberle sugere um maior rigor no controle de constitucionalidade pelos Tribunais quando se tratar de normas submetidas a forte controvérsia social (matéria ambiental, políticas discriminatórias positivas, direitos trabalhistas etc.), ou estabelecidas sem a obediência aos processos formais de constituição mais rigorosos: "Um *minus* de efetiva participação deve levar a um *plus* de controle constitucional. A intensidade do controle de constitucionalidade há de variar segundo as possíveis formas de participação".[77] A norma em comento, originária de medida provisória, embora tenha passado por um processo de legitimação constitucional (a convalidação por projeto de lei que a substituiu, Lei nº 11.232/05), é justamente desse tipo de espécie normativa, a requerer assim mais atenção.

Segundo a doutrina constitucionalista, o controle de constitucionalidade pode se dar em razão da forma, por inadequação no processo legislativo ou do exercício das competências atribuídas pela Constituição, ou da matéria ou conteúdo da norma, por desconformidade com os preceitos constitucionais em sua interpretação dinâmica.[78] No caso específico das medidas provisórias, devem ser obedecidos pressupostos materiais e formais: "As *medidas provisórias*, com força de lei, podem ser adotadas pelo Presidente da República, as quais, no entanto, para serem legítimas, hão de atender a pressupostos formais, materiais e, ainda, a regras de procedimen-

---

76 Em particular, essa perspectiva de abordagem permite criticar a formação de restrições à direitos fundamentais por medidas provisórias, atos normativos da administração pública, leis ordinárias etc. Isso porque, como demonstrado por Alexy em crítica a Dworkin, nem todos os princípios tem o mesmo caráter *prima facie*, nem todas regras tem um caráter definitivo. Alexy, *Teoria de los derechos fundamentales*, pp. 99-100.
77 Peter Häberle, *Hermenêutica constitucional: a sociedade aberta dos intérpretes da constituição*. Trad. de Filmar Ferreira Mendes. Porto Alegre: Sérgio Antonio Fabris, 2002, p. 47.
78 Paulo Bonavides, *Curso de direito constitucional*, 13ª ed. São Paulo: Malheiros, 2003, pp. 297-299.

to que agora se exigem no art. 62 da CF com o enunciado oferecido pela EC nº 32/2001. Os *formais* são a *relevância* e a *urgência*; os *materiais* dizem respeito à matéria que pode ser por elas regulamentada (...). Os pressupostos da *relevância* e da *urgência* já existiam, sempre apreciados pelo Presidente da República; nunca foram rigorosamente respeitados. Por isso, foram editadas medidas provisórias sobre assuntos irrelevantes ou sem urgência. Jamais o Congresso Nacional e o Poder Judiciário se dispuseram a apreciá-los para julgar inconstitucionais MPs que a eles não atendessem, sob o falso fundamento de que isso era assunto de estrita competência do Presidente da República".[79]

As MPs em matéria processual nunca poderiam preencher os requisitos formais da relevância e da urgência, porquanto a matéria cogente de ordem pública veiculada no direito processual necessita de estabilidade para ser aplicada, a "urgência-urgentíssima", nos casos em que viesse ocorrer, poderia melhor ser superada pelo recurso aos princípios e à analogia. Esta a razão pela qual, na reforma da EC nº 32/01, o constituinte derivado expressamente vetou a possibilidade de edição em matéria processual (art. 62, § 1º, *b*). Esta vedação material consiste em uma externalização de que a matéria não possui, congenitamente, relevância e urgência, e de que a edição de medida provisória nesta seara é flagrantemente inconstitucional.

Por essas razões, parece-nos que o vício de inconstitucionalidade formal da norma originária não poderia ser sanado nem mesmo pela sua conversão em lei. Contudo, como se trata de diploma legislativo "totalmente novo", a constitucionalidade, ou não, não deve mais se ater somente aos aspectos formais, embora este fosse um caminho salutar. Outro elemento material deve ser posto na discussão porque grande parte da doutrina processual especializada ofereceu e oferece resistência à norma em apreço, e os juristas também são intérpretes da Constituição.[80]

Dessarte, resta saber qual será o destino da ADIn nº 2.418-3, que pode, inclusive, sofrer "perda de objeto", motivando a necessidade de nova ação de controle concentrado para fim parelho. Emergindo nova propositura, devem ser impugnados os aspectos formais (impossibilidade de convalidação da norma) e materiais (inconstitucionalidade frente ao texto constitucio-

---

79 José Afonso da Silva, *Curso de direito constitucional positivo*, cit., pp. 530-531.
80 Häberle, *Hermenêutica constitucional*, p. 23. Sobre a questão das convalidações legislativas, cf. Canotilho, *Direito constitucional e teoria da constituição*, p. 675.

nal), no mínimo para reduzir sua aplicação, pela técnica da interpretação conforme hipóteses de incidência: a) o reconhecimento de inconstitucionalidade pelo STF no exercício de controle abstrato (quer seja decretado em ADIn ou ADC, arts. 23 e 24 da Lei nº 9.868/99, ou ainda, em ADPF, art. 11 da Lei nº 9.882/99; b) o reconhecimento da inconstitucionalidade na via incidental, controle difuso, mediante recurso extraordinário para o STF (desde que preservada a extensão pelo Senado Federal como requisito de "estabilização", nos termos do art. 52, X, da CF/88); c) a declaração de inconstitucionalidade sem redução de texto e a interpretação conforme a Constituição (art. 28, parágrafo único, da Lei nº 9.868/99 e art. 10, *caput*, da Lei nº 9.882/99).

136. Breve exame dos incisos do art. 741 (confronto com o art. 475-L) – Exame acurado demonstra que as alterações efetuadas pela Lei nº 11.232/05 no âmbito dos incisos do art. 741 do Código de Processo Civil não foram de grande quilate, até porque mantido o esquema da redação original, com retificações nos incisos I, V e VI. Além disso, verifica-se grande similitude com o rol das hipóteses em se permitirá a impugnação por parte do executado, conforme o artigo 475-L do Código de Processo Civil, confira-se:

Art. 475-L. *A impugnação somente poderá versar sobre*:	Art. 741. Na execução contra a Fazenda Pública, os embargos só poderão versar sobre:
I – falta ou nulidade da citação, se o processo correu à revelia;	*I – falta ou nulidade da citação, se o processo correu à revelia;*
II – inexigibilidade do título;	II – inexigibilidade do título;
III – *penhora incorreta ou avaliação errônea;*	III – ilegitimidade das partes;
IV – ilegitimidade das partes;	**IV – cumulação indevida de execuções;**
V – excesso de execução;	V – excesso de execução;
VI – qualquer causa impeditiva, modificativa ou extintiva da obrigação, como pagamento, novação, compensação, transação ou prescrição, desde que superveniente à sentença.	VI – qualquer causa impeditiva, modificativa ou extintiva da obrigação, como pagamento, novação, compensação, transação ou prescrição, desde que superveniente à sentença;

§ 1º Para efeito do disposto no inciso II do *caput* deste artigo, considera-se também inexigível o título judicial fundado em lei ou ato normativo declarados inconstitucionais pelo Supremo Tribunal Federal, ou fundado em aplicação ou interpretação da lei ou ato normativo tidas pelo Supremo Tribunal Federal como incompatíveis com a Constituição Federal.	VII – **incompetência do juízo da execução, bem como suspeição ou impedimento do juiz.**
§ 2º Quando o executado alegar que o exeqüente, em excesso de execução, pleiteia quantia superior à resultante da sentença, cumprir-lhe-á declarar de imediato o valor que entende correto, sob pena de rejeição liminar dessa impugnação.	*Parágrafo único. Para efeito do disposto no inciso II do* caput *deste artigo, considera-se também inexigível o título judicial fundado em lei ou ato normativo declarados inconstitucionais pelo Supremo Tribunal Federal, ou fundado em aplicação ou interpretação da lei ou ato normativo tidas pelo Supremo Tribunal Federal como incompatíveis com a Constituição Federal.*

Do comparativo, ressaltam diferenças absolutamente justificáveis, a saber:

a) o *caput* estampa a linear diferenciação que o legislador pretendeu implementar entre a *impugnação* do executado (art. 475-L) com os *embargos à execução* (art. 741);

b) o inciso III do art. 475-L não é aplicável ao sistema processual do *micromodelo processual do Estado*, não se podendo cogitar, na execução contra a Fazenda Pública, em incorreta avaliação ou penhora, pela inexistência de constrição na modalidade de execução especial do *microssistema*.

As diferenças, entretanto, não se limitam às duas situações acima, haja vista que os incisos IV (cumulação indevida de execuções) e VII (incompetência do juízo da execução, bem como suspeição ou impedimento do juiz) do art. 741 não encontram correspondência no art. 475-L. De toda sorte, a cumulação indevida de execuções, apesar de não constar do art. 475-L, poderá ser perfeitamente argüível na impugnação do executado, bastando que a execução acabe por cabular a inteligência emprestada do art. 292 do Código de Processo Civil. Igualmente, cremos possível que o executado venha a excepcionar o juiz da execução, procedimento este que se fará por peça própria, a ser apresentada juntamente com a impugnação.

Todavia, a análise conjunta dos dispositivos em tela (que possuem estrutura de construção assemelhada) demonstra a clara intenção de proteção da Fazenda Pública na qualidade de executada. Isso porque não consta do art. 741 previsão assemelhada ao § 2º do art. 475-L, dispondo esta que, se o executado alegar excesso de execução, deverá desde logo indicar o valor que entende correto, sob pena de rejeição liminar da sua postulação.[81] Tal situação gerará, sem dúvida, uma menor aceleração processual nas execuções contra a Fazenda Pública que, por não ter o risco da rejeição liminar dos embargos, poderá, pretendendo interpretação restritiva do art. 475-L, postergar a apresentação dos cálculos do valor incontroverso. Essa interpretação, contudo, não nos parece a mais adequada, devendo sempre a Fazenda Pública, como embargante, ofertar o valor que entende correto, em homenagem aos princípios da cooperação e boa-fé processual, especialmente quando se tratar de conta de operação aritmética simples.[82]

---

[81] Tal regramento permite que a execução prossiga quanto à parte incontroversa de forma mais fluida, assim como pretendido anteriormente com o § 2º do art. 739 do Código de Processo Civil.

[82] Esta posição, mesmo antes da reforma legislativa, já vinha sendo adotada pelos Tribunais. Para que não fique dúvida, o Superior Tribunal de Justiça manifestou-se no sentido em recente julgamento de embargos de divergência: "PROCESSUAL CIVIL. EMBARGOS À EXECUÇÃO. IMPUGNAÇÃO GENÉRICA DOS CÁLCULOS. IMPOSSIBILIDADE. EMENDA DA INICIAL. DESATENDIMENTO. PETIÇÃO INICIAL INDEFERIDA. ILEGALIDADE INEXISTENTE. 1. A obrigação de apresentar a conta por parte do credor não exime o devedor de, ao opor os embargos por excesso de execução, detalhar os pontos controvertidos, apresentando então os valores que julgar corretos, inclusive com apresentação da memória de cálculos que entende correta, nos termos do art. 604 do CPC. 2. Petição inicial com a simples discordância dos cálculos apresentados pelo credor, sem indicar os pontos controvertidos em excesso e o cálculo do valor que entenda ser devido, não justifica a oposição de embargos à execução, o que só retarda a efetiva prestação jurisdicional. 3. Embargos de divergência rejeitados" (STJ, EREsp. nº 260.842/SP, Rel. Ministro Arnaldo Esteves Lima, Terceira Seção, julgado em 26.10.2005, *DJ* 28.11.2005, p. 186). Assim, a inexistência de regra próxima ao § 2º do art. 475-L nos embargos à execução, na nossa opinião, não concede "um alvará" para que a Fazenda Pública faça a impugnação genérica quanto aos cálculos apresentados pelo credor em sua execução.

136.1. Da cognição horizontal limitada – Nada obstante ter o legislador excluído os embargos à execução do sistema geral, propiciando apenas para a Fazenda Pública o manejo da ação de defesa de natureza incidental, manteve-se a orientação de que o embargante deverá observar um rol fechado de matérias nos embargos à execução. Há, pois, restrição na *cognição horizontal* dos embargos à execução, que deve ser vista como *limitada*.[83] O motivo para tal postura está na proteção da coisa julgada a envolver o título executivo[84] e na guarida ao nosso sistema de preclusão,[85] pois com os lindes da discussão mais fechados, o julgador estará voltado às questões da relação executiva, desapegando-se de matérias que já deveriam ter sido discutidas anteriormente, quando da formação do título judicial.

136.2. Inteligência do rol do art. 741 – O legislador perdeu uma boa oportunidade de depurar o rol do art. 741 do Código de Processo Civil (que

---

83 Nunca é demais relembrar a sistematização lançada por Kazuo Watanabe: "Numa sistematização mais ampla, a cognição pode ser vista em dois planos distintos: *horizontal* (extensão e amplitude) e *vertical* (profundidade). No *plano horizontal*, a cognição tem por limite os elementos objetivos do processo estudados no capítulo precedente (*trinômio*: questões processuais, condições da ação e mérito, inclusive questões de mérito: para alguns: *binômio*, com exclusão das condições da ação; Celso Neves; *quadrinômio*, distinguindo pressuposto dos supostos processuais). Nesse plano, a cognição pode ser *plena* ou *limitada* (*parcial*) segundo a extensão permitida. No *plano vertical*, a cognição pode ser classificada segundo o grau de sua profundidade, em *exauriente* (completa) e *sumária* (incompleta)" (*Da cognição no processo civil*, 2ª ed. Campinas: Bookseller, 2000, pp. 111-112).

84 No sentido: "No processo de execução de título judicial, a restrição da matéria dos embargos ao rol do art. 741, CPC, tem por escopo prestigiar a definitividade e a imutabilidade da coisa julgada no ordenamento jurídico. Neste passo é que a sua desconstituição encontra previsões limitadas e enumeradas na lei processual, como é o caso das ações rescisórias, e das ações anulatórias do art. 486, CPC, situando-se, em plano distinto, a nulidade pleno *iure*" (STJ, REsp. n° 316.285/RS, Rel. Ministro Sálvio de Figueiredo Teixeira, Quarta Turma, julgado em 20.03.2003, *DJ* 04.08.2003, p. 306).

85 No sentido: "A eficácia preclusiva do julgado impede que a parte renove, no processo de execução, matérias atinentes ao processo de cognição, salvo a falta de citação no caso de revelia (art. 741, I, do CPC), hipótese em que os embargos revelam nítido caráter recendente" (STJ, REsp. n° 482.079/RS, Rel. Ministro Luiz Fux, Primeira Turma, julgado em 16.12.2003, *DJ* 16.02.2004, p. 208).

poderia ter redação mais adequada), uma vez que optou por prestigiar a tradição da arquitetura anterior.

Na realidade, em sede de embargos à execução, poderá o julgador exercer o controle de admissibilidade da execução já iniciada, examinando todas as questões de ordem pública que envolvem a causa. Nessas condições, inúmeras matérias (de ordem pública) transbordam o rol do art. 741 e que podem ser alegadas via embargos à execução. Claro que se toda questão estrutural ao processo de execução deve ser aferida de ofício pelo juiz, com mais razão poderá ser apontada pelo interessado, isto é pelo executado, nos seus embargos.

Faz-se essa ressalva diante da possibilidade de leitura açodada levar à suposta limitação das matérias de ordem pública dispostas no art. 741 do Código de Processo Civil, em casos que não seria possível a restrição.

Com efeito, ainda que se diga – corretamente – que o manto da eficácia preclusiva da coisa julgada coloca uma pá de cal em questões não debatidas anteriormente à formação do título executivo, inclusive as de ordem pública, existem outras matérias de natureza estrutural afetas à execução não apontadas em quaisquer dos incisos do art. 741, sem que isso impeça a sua argüição. É possível, por exemplo, ocorra a *inépcia* da peça exordial executiva. Pode ser cogitada ainda de petição inicial subscrita por pessoa sem capacidade postulatória. Em tais situações, trazidas por amostragem, faltaria pressuposto processual vinculado à petição executiva, sem que tenha havido qualquer alusão a tais situações no artigo sob comentário.

Dessa forma, em medida de profilaxia ao dispositivo, aproveitando a oportunidade gerada pela Lei nº 11.232/05, o rol do art. 741 poderia ter sido melhor arrematado, constando em inciso único a simples menção da possibilidade de argüição — em sede dos embargos à execução — de qualquer das matérias estruturantes do processo de execução, necessárias no juízo de admissibilidade, tais como as constantes no incisos II (inexigibilidade do título), III (legitimidade das partes, *sob o ângulo credor e devedor do título executivo*) e IV (cumulação indevida de execuções), pois, como acima demonstrado, as mesmas não esgotam as questões de ordem pública passíveis de serem suscitas pelo interessado (executado-embargante).

Em resenha, o rol do art. 741 possui cognição horizontal limitada, contudo merece temperamento na sua interpretação, visto que existem outras questões de ordem pública, ligadas à admissibilidade da execução, a merecer apreciação em sede de embargos, diante da sua essência de indisponibilidade.

136.3. Do inciso I do art. 741 – A alteração efetuada pelo legislador no inciso I do art. 741 demonstra, a nosso sentir, a tendência cada vez maior de desapego à figura do processo de conhecimento, ainda que no particular seja ele necessário para a formação do título executivo que municiará a execução contra a Fazenda Pública.

A redação do inciso I do art. 741, ao que parece, sofre a influência direta do constante no inciso I do art. 475-L, consoante quadro comparativo já apresentado entre os dois dispositivos, pois neste foi suprimida a expressão "processo de conhecimento", pelos óbvios motivos do novo perfil executório implementado pela Lei nº 11.232/05.

136.4. Do inciso II do art. 741 – Não houve alteração de redação. Contudo, o inciso II exibe grande importância para a aplicação do parágrafo único do art. 741, porquanto indica corretamente o efeito gerado pelo acolhimento dos embargos à execução, com pedido lastreado no reconhecimento de que o título executivo foi fundado "em lei ou ato normativo declarados inconstitucionais pelo Supremo Tribunal Federal, ou fundado em aplicação ou interpretação da lei ou ato normativo tidas pelo Supremo Tribunal Federal como incompatíveis com a Constituição Federal", qual seja: a *ineficácia* do título executivo (e não sua *desconstituição*, muito menos *inexistência*).

136.5. Do inciso III do art. 741 – A argüição de falta de legitimidade deverá estar voltada para as partes da própria relação jurídica executória, não sendo possível aqui apresentar impugnação sobre a legitimidade se a parte tiver figurado como tal no processo de conhecimento, tendo sido incluída no título executivo como devedora. Aplicam-se, para fins de definição do arcabouço do inciso III do art. 741, os efeitos da preclusão e da coisa julgada quando da formação do título executivo, não sendo possível, assim, retomar discussões já superadas e absorvidas.

136.6. Do inciso IV do art. 741 – A cumulação indevida de execuções é matéria de controle oficial do julgador, decorrente da junção inadequada de dois procedimentos executivos com trilhas diferenciadas. Não ocorrerá a extinção completa da execução, mas apenas e tão-somente o afastamento do pedido do credor que não segue o procedimento de execução de quantia certa contra a Fazenda Pública.

Pela possibilidade de ajuizamento de execução contra a Fazenda Pública com base em título executivo extrajudicial, a norma é de utilidade para obstar a chamada "cumulação de títulos de natureza heterogênea", em que o credor apresenta, no corpo da mesma execução, títulos de natureza diversa (judicial e extrajudicial). Justifica-se o controle, na medida em que os regramentos procedimentais serão diversos, em função da maior amplitude da cognição a ser deflagrada nos embargos à execução de título extrajudicial (art. 745), ampliando-se, inadvertidamente, a cognição limitada (*no plano horizontal*) do art. 741 do Código de Processo Civil. Nessa linha, é sagaz a observação de Araken de Assis:

> "A cumulação de títulos de natureza heterogênea na execução contra o mesmo devedor é indiretamente proibida através da eliminação do item dedicado à 'cumulação indevida de execuções' na impugnação do art. 475-L. Subsiste tal possibilidade, no entanto, na execução contra a Fazenda Pública, pois se admite a execução baseada em título extrajudicial (Súmula nº 279, STJ), motivo porque o art. 741, IV, prevê a ilicitude da acumulação como motivo para embargos".[86]

136.7. Do inciso V do art. 741 – O excesso de execução deverá ser argüido pela Fazenda Pública nos embargos com fundamentação convincente para o mister. Como já frisamos anteriormente, a exclusão de norma semelhante ao § 2º do art. 475-L, que determina ao executado, sob pena de rejeição liminar da sua impugnação, a indicação do valor que entende correto quando argüir excesso de execução, não implica alforria para a Fazenda Pública em situação semelhante.

Inviável se dê agasalho a uma interpretação puramente restritiva do art. 475-L, uma vez que a conduta concernente à apresentação dos valores incontroversos pelo embargante, quando alega excesso à execução, decorre dos princípios da cooperação e boa-fé processual, mormente em hipóteses de singela operação aritmética.

Sendo parciais os embargos à execução, decorrente da argüição de excesso à execução, deve a execução prosseguir quanto à parte tida como incontroversa, isto é, em razão do valor que o próprio devedor entende como devido, a teor da correta orientação contida no § 2º do art. 739 do Có-

---

86 Assis, *Cumprimento da sentença*, p. 305.

digo de Processo Civil que é aplicável claramente nas execuções contra a Fazenda Pública.[87]

Dessa forma, ainda que interpretado estritamente o art. 741, por não repetir regra semelhante ao § 2° do art. 475-L, sem risco para a Fazenda Pública de rejeição liminar dos embargos, à luz dos princípios da cooperação e boa-fé processual, tal conduta merece ser reprimida pelo julgador que, frente ao caso concreto, deverá examinar a melhor opção a seguir, inclusive, como o indeferimento da inicial, caso se trate de cálculos de pequena simplicidade e ocorra o desatendimento do estabelecido no art. 284 do CPC.[88] Cumpre ressaltar, porém, que deverá ser sempre respeitado o contraditório prévio, com a intimação da Fazenda Pública para que se manifeste nos termos do art. 40, § 4°, da Lei de Execuções Fiscais (Lei nº 6.830/80).

136.8. Do inciso VI do art. 741 – Foi alterada a redação original da norma, com modificação pontual na exceção compensatória. Com efeito, o inciso VI do art. 741 revogado ditava que a compensação somente poderia ocorrer se o devedor, anteriormente à oposição dos embargos, já tivesse "aparelhado execução" contra o credor da execução embargada.

---

87 No sentido: "Administrativo. Execução contra a Fazenda Pública (embargos parciais). Precatório referente à parte incontroversa (possibilidade). Art. 739, § 2°, do Cód. de Pr. Civil. (..). Sendo parciais os embargos opostos pela Fazenda Pública, é possível, a teor do art. 739, § 2°, do Cód. de Pr. Civil, o prosseguimento da execução quanto à parte incontroversa, inclusive com a expedição de precatório. Precedentes" (STJ. AgRg. no REsp. nº 655.204/RS, Rel. Ministro Nilson Naves, Sexta Turma, julgado em 06.10.2005, *DJ* 06.02.2006, p. 378).

88 Próximo, confira-se: PROCESSUAL CIVIL. EMBARGOS À EXECUÇÃO. PETIÇÃO INICIAL. EXCESSO NÃO EXPLICITADO. EMENDA DA INICIAL. DESATENDIMENTO. INDEFERIMENTO. ILEGALIDADE INEXISTENTE. I – Nos embargos à execução, por serem ação de conhecimento, a petição inicial deve atender aos requisitos dos artigos 282 e 283 do CPC. Verificando o juiz a falta de algum requisito, ordenará que o Executante a emende. Inatendida a ordem, o juiz indeferirá a inicial (art. 284 c/c 295 e art. 739, inciso III, todos do CPC). II – No caso, verificando o juiz que a petição não definia em que consistia o excesso da execução, sendo, portanto, genérica, mandou fosse emendada, decisão esta não atendida, o que importou no seu indeferimento. Inexistência de ilegalidade. III – Embargos rejeitados (STJ, EREsp. nº 255.673/SP, Rel. Ministro Gilson Dipp, Terceira Seção, julgado em 10.04.2002, *DJ* 13.05.2002, p. 150).

A norma processual, superada pela Lei nº 11.232/05, encontrava-se em contramarcha ao disposto no art. 369 do Código Civil de 2002, visto que, de modo diverso, tal regra não exige o prévio "aparelhamento executivo", bastando, pois, seja o devedor titular de crédito líquido e exigível com o credor.

A mudança legislativa operou-se não apenas no inciso VI do art. 741, mas também no art. 475-L, aplicável às impugnações, preservando a unidade do sistema.

136.9. Do inciso VII do art. 741 – Não houve alteração na norma em comento. De toda sorte, poderia o legislador ter introduzido alteração para a melhor harmonia do dispositivo com a regulação do art. 742 do Código de Processo Civil, que determina que a exceção de incompetência, suspeição ou de impedimento deverá ser oferecida juntamente com os embargos à execução, sugerindo a apresentação de postulação em apartado, formando-se incidente em apenso.

Na realidade, em se tratando de execução embasada em título judicial, para efeito do inciso VII do art. 741, a competência será funcional, ou seja, versará sobre questão indisponível, devendo ser tratada fora do ambiente da exceção de incompetência que, como é trivial, destina-se à argüição de competência relativa.[89] Raciocínio próximo pode ser aplica-

---

[89] A exceção de incompetência somente é exigida nos casos de execução de título extrajudicial, em que prepondera o seguinte entendimento: "RECURSO ESPECIAL. EXCEÇÃO DE INCOMPETÊNCIA RELATIVA. EM EMBARGOS DO DEVEDOR DEVE ELA, EM PRINCÍPIO, SER OFERTADA JUNTAMENTE COM OS EMBARGOS DO DEVEDOR, EM PEÇA DISTINTA (CPC, ART. 742). Precedentes do STJ. Recurso conhecido e provido" (STJ, REsp. nº 510.890/SP, Rel. Ministro José Arnaldo da Fonseca, Quinta Turma, julgado em 28.09.2004, DJ 25.10.2004, p. 375)"; PROCESSO CIVIL. EMBARGOS A EXECUÇÃO. EXCEÇÃO DE INCOMPETÊNCIA. OFERECIMENTO. PRAZO. NÃO-SUSPENSÃO. INAPLICABILIDADE DA PARTE GERAL DO CODIGO DE PROCESSO CIVIL (ARTS. 306 E 598). DISCIPLINA ESPECÍFICA DO PROCESSO DE EXECUÇÃO (ART. 742, CPC). RECURSO PROVIDO. – A EXCEÇÃO DE INCOMPETÊNCIA, NO PROCESSO DE EXECUÇÃO, DEVE SER APRESENTADA SIMULTANEAMENTE COM O AJUIZAMENTO DOS EMBARGOS. APRESENTADA EM MOMENTO ANTERIOR, NÃO TEM O CONDÃO DE SUSPENDER O PRAZO PARA O OFERECIMENTO DAQUELES" (STJ, REsp. nº 112.977/MG, Rel. Ministro Sálvio de Figueiredo Teixeira, Quarta Turma, julgado em 22.10.1997, DJ 24.11.1997, p. 61.224).

do no caso de impedimento, dispensando-se, dessa forma, a apresentação de exceção, pois poderá a matéria ser conhecida de ofício, qualquer que seja a forma invocada pelo interessado, suscitada a questão inclusive por mera petição.

A exceção é imperiosa apenas em se tratando de suspeição, devendo a parte oferecer o reclame no momento em que tomou ciência do fato. Essa circunstância, para o executado, nem sempre coincide com o prazo para a oposição dos embargos à execução, o que permite uma interpretação mitigada quanto à imperatividade do inciso VII do art. 741, bem como do art. 742.

Art. 6º O art. 1.102-C da Lei nº 5.869, de 11 de janeiro de 1973 – Código de Processo Civil, passa a vigorar com a seguinte redação:

Art. 1.102-C. No prazo previsto no art. 1.102-B, poderá o réu oferecer embargos, que suspenderão a eficácia do mandado inicial. Se os embargos não forem opostos, constituir-se-á, de pleno direito, o título executivo judicial, convertendo-se o mandado inicial em mandado executivo e prosseguindo-se na forma do Livro I, Título VIII, Capítulo X, desta Lei.

§ 1º Cumprindo o réu o mandado, ficará isento de custas e honorários advocatícios.

§ 2º Os embargos independem de prévia segurança do juízo e serão processados nos próprios autos, pelo procedimento ordinário.

§ 3º Rejeitados os embargos, constituir-se-á, de pleno direito, o título executivo judicial, intimando-se o devedor e prosseguindo-se na forma prevista no Livro I, Título VIII, Capítulo X, desta Lei.

Direito Anterior. Art. 1.102-C. No prazo previsto no artigo anterior, poderá o réu oferecer embargos, que suspenderão a eficácia do mandado inicial. Se os embargos não forem opostos, constituir-se-á, de pleno direito, o título executivo judicial, convertendo-se o mandado inicial em mandado executivo e prosseguindo-se na forma prevista no Livro II, Título II, Capítulos II e IV. § 1º Cumprindo o réu o mandado, ficará isento de custas e honorários advocatícios. § 2º Os embargos independem de prévia segurança do juízo e serão processados nos próprios autos, pelo procedimento ordinário. § 3º Rejeitados os embargos, constituir-se-á, de pleno direito, o título executivo judicial, intimando-se o devedor e prosseguindo-se na forma prevista no Livro II, Título II, Capítulos II e IV.

COMENTÁRIO

137. A Ação monitória e a Lei nº 9.079/95 – Na configuração traçada pela Lei nº 9.079, de 14.07.1995, houve a (re)introdução da ação monitória em nosso ordenamento jurídico.[90] Por esse diploma legal, o credor munido de prova *escrita*, mas sem eficácia executiva, passou a ter a possibilidade de ajuizar *ação* de *natureza condenatória* de rito singular, com o escopo de alcançar satisfação positiva em tempo abreviado, servindo-se de estruturação procedimental com cognição limitada no plano *horizontal* e *vertical*, que visavam a abreviar o desfecho do litígio.[91] Sem delongas, após intenso debate, firmou-se a noção de que o procedimento monitório, na forma desenhada pela Lei nº 9.079/95, teria a natureza de processo de conhecimento, seguindo *procedimento próprio e especialíssimo*.[92]

---

90 Na verdade, trata-se de ação judicial existente desde a idade média em outros povos, com destaque para o Direito Medieval italiano. Apesar da noviça aparição em nosso ordenamento, a monitória já fez parte de nosso sistema, à época das Ordenações Filipinas (Livro 3, Título 25), quando existia a chamada *ação de assinação de dez dias* ou *decendiária*, sendo que sua utilização foi ratificada pelo Regulamento nº 737 (art. 246). O CPC de 1939, todavia, após a manutenção da *decendiária* em alguns Códigos Estaduais (p. exemplo: Bahia e São Paulo), extinguiu dita ação em nosso sistema processual, situação mantida no CPC de 1973, até a edição da Lei nº 9.079/95.

91 Candido Rangel Dinamarco, diante das peculiaridades da ação monitória, em especial de abreviar temporalmente a prestação jurisdicional, defende – junto com outros autores de peso – que não se trata de uma ação de conhecimento, mas sim de um *processo diferenciado* de cognição limitada no plano horizontal e vertical. Confira-se: "Com essas características, o processo monitório é um processo diferenciado (José Rogério Cruz e Tucci), porque a razão única pela qual a lei o instituiu é o empenho em abreviar a espera pela tutela jurisdicional. A cognição que contém é drasticamente reduzida, limitando-se o juiz a verificar se os fatos alegados pelo autor estão amparados em documento idôneo, se a matéria comporta essa espécie de processo, se a propositura da ação está regular etc. (ainda art. 1.102-a). A celeridade e as limitações impostas à cognição, tanto no plano vertical quanto no horizontal, são fatores que lhe conferem a qualificação de processo diferenciado" *(Instituições de Direito Processual Civil*. São Paulo: Malheiros, vol. III, p. 741). Confira-se, ainda, o clássico trabalho de José Rogério Cruz e Tucci, *Ação monitória: Lei nº 9.079, de 14.7.95.* São Paulo: Revista dos Tribunais, 1995.

92 Nesse sentido: Nelson Nery Jr. e Rosa Maria de Andrade Nery, *Código de Processo Civil Comentado*, 5ª ed. São Paulo: Editora Revista dos Tribunais, p. 1.383.

Entre as peculiaridades do procedimento monitório com o fim de alcançar a aceleração processual estabeleceu-se bonificação para o devedor, pois este, em reconhecendo o direito do credor, ficará isento do pagamento de custas e honorários em caso de pronto pagamento (parágrafo segundo do art. 1.102-C). Destacou-se, ainda, que a não apresentação de defesa por parte do devedor (*embargos*), ou mesmo a sua rejeição, implicaria a *constituição, de pleno direito, de título executivo*. Tal ocorre, através da *conversão do mandado injuntivo* em executivo, com o prosseguimento na forma prevista no Livro II, Título II, Capítulos II e IV, do Código de Processo Civil (*caput* e § 3º do art. 1.102-C).

Em resenha, depois de seguir rito ímpar, o procedimento monitório poderia propiciar ao credor a formação de título executivo judicial, cuja *satisfação* deveria trilhar, na formatação anterior ao texto da Lei nº 11.232/05, o previsto no Livro II, Título II, Capítulos II e IV, do Código de Processo Civil.

138. Alterações introduzidas pela Lei nº 11.232/05 – A reforma legislativa deflagrada pela Lei nº 11.232/05 não alterou o procedimento monitório na sua parte inicial, mantida a mesma regulação anterior para fins de obtenção do título executivo judicial. A mutação levada a cabo pelo legislador se volta para a parte *executória* decorrente da conversão do mandado monitório em executivo. Efetivamente, com a Lei nº 11.232/05, foi afastado o trânsito pelos regramentos do Livro II, Título II, Capítulos II e IV, do Código de Processo Civil, passando a se adotar o caminho traçado no Livro I, Título VIII, Capítulo X, da própria Lei nº 11.232/05.

Deve ser registrado, assim, que a alteração legislativa se operou apenas no art. 1.102-C, conferindo-se redação para recepção das alterações introduzidas pela Lei nº 11.232/05, consoante dispõe o *caput* do art. 6º da referida lei.[93]

Nessas condições, para facilitar os comentários que seguem, é de bom alvitre estampar comparativo analítico, realçando a mudança na redação do art. 1.202-c:

---

[93] Note-se, no sentido, que não ocorreu qualquer indicação de revogação expressa de dispositivos atrelados à ação monitória, estando seus artigos fora do rol do art. 9º da Lei nº 11.232/05.

Regramento anterior	Alteração inserida pela Lei nº 11.232/05
Art. 1.102-c. No prazo previsto *no artigo anterior*, poderá o réu oferecer embargos, que suspenderão a eficácia do mandado inicial. Se os embargos não forem opostos, constituir-se-á, de pleno direito, o título executivo judicial, convertendo-se o mandado inicial em mandado executivo e prosseguindo-se *na forma prevista no Livro II, Título II, Capítulos II e IV*.	Art. 1.102-C. No prazo previsto *no art. 1.102-B*, poderá o réu oferecer embargos, que suspenderão a eficácia do mandado inicial. Se os embargos não forem opostos, constituir-se-á, de pleno direito, o título executivo judicial, convertendo-se o mandado inicial em mandado executivo e prosseguindo-se na ***forma do Livro I, Título VIII, Capítulo X, desta Lei.***
§ 1º Cumprindo o réu o mandado, ficará isento de custas e honorários advocatícios.	*§ 1º sem alteração*
§ 2º Os embargos independem de prévia segurança do juízo e serão processados nos próprios autos, pelo procedimento ordinário.	*§ 2º sem alteração*
§ 3º Rejeitados os embargos, constituir-se-á, de pleno direito, o título executivo judicial, intimando-se o devedor e prosseguindo-se *na forma prevista no Livro II, Título II, Capítulos II e IV*.	§ 3º Rejeitados os embargos, constituir-se-á, de pleno direito, o título executivo judicial, intimando-se o devedor e prosseguindo-se *na forma prevista no Livro I, Título VIII, Capítulo X, desta Lei.*

139. Apego ao Livro I, Título VIII, Capítulo X, do (reformado) Código de Processo Civil – Após a conversão do mandado injuntivo em executório serão observadas, na execução proveniente do título obtido em ação monitória, as mesmas regras atinentes ao *"Cumprimento da sentença"*, nos termos do Livro I, Título VIII, Capítulo X, do Código de Processo Civil, alterado pela Lei nº 11.232/05.

Análise superficial pode levar à falsa idéia de que a alteração legal não implicará mudanças substanciais, diante da economia legislativa do reformador ao se dedicar ao procedimento monitório. Todavia, aferição mais cuidadosa mostra que a alteração ora comentada gera influência de certo calibre, compelindo o intérprete a revisitar certas questões atreladas ao procedimento monitório que, em parte, já se encontravam superadas.

140. A impugnação e os embargos na fase executiva – Ao se adotar os mandamentos do Livro I, Título VIII, Capítulo X, ditados pela Lei nº 11.232/05, ficou afastada a possibilidade de oposição de embargos à execução pelo devedor que deixou de impugnar a ação monitória ou, que o fazendo, teve seus embargos monitórios rejeitados. Aplica-se, doravante, a regra da impugnação prevista no art. 475-L.

A questão apresenta especial colorido, uma vez que resolve a discussão formada a respeito dos limites cognitivos dos embargos à execução de título executivo obtido em sede de procedimento monitório. O debate, cognição horizontal ilimitada (aplicando-se a concepção do art. 745 do Código de Processo Civil)[94] ou cognição horizontal limitada (adotando-se o rol fechado do art. 741 do Código de Processo Civil),[95] ficará, de agora em diante, esvaziado. Isso, com certeza, vale, no mínimo, quanto aos títulos obtidos após a Lei nº 11.232/05, já que, efetuada a conversão, o caminho a seguir não está vulnerável à oposição de embargos à execução, mas, apenas e tão-somente, à impugnação do art. 475-L, que, como é trivial, tem *cognição horizontal limitada*, somente sendo possível o devedor suscitar as matérias trazidas no rol legal.

141. Do art. 475- I e a ação monitória – O § 1º do art. 475-I dispõe que será *definitiva*, para fins do capítulo *Cumprimento da Sentença*, a execução com base em título judicial (sentença) transitada em julgado, sendo provisória se houver pendência de julgamento de recurso sem efeito sus-

---

[94] Nessa linha: "(...) Em execução decorrente de demanda monitória onde, na primeira fase, inerte o devedor, admitem-se embargos com discussão plenária (art. 745, CPC). 2. Inexistência de coisa julgada material. 3. Se, para a relação a monitoria, admite-se questionamento posterior acerca da CLDD e eficácia do título que a aparelha, com mais razão para com relação a esta, que é *minus*, diverso não se há de considerar. 4. Conciliação de certeza jurídica e até mesmo de celeridade e efetividade da jurisdição informam o cabimento de embargos plenários na execução da monitória contra a qual não ofertada oposição preliminar. Embargos infringentes acolhidos, por maioria" (TJRS, Embargos Infringentes nº 598.306.942, 9º Grupo de Câmaras Cíveis, Relator: Demétrio Xavier Lopes Neto, julgado em 20.11.1998).

[95] No sentido: "A decisão que converte em título executivo judicial o mandado monitório faz coisa julga material, sendo defeso ao embargante alegar questões além das previstas no artigo 741, e incisos, do Código de Processo Civil" (TJRS, Apelação Cível nº 70.013.733.696, Décima Sexta Câmara Cível, Tribunal de Justiça do RS, Relator: Claudir Fidelis Faccenda, julgado em 25.01.2006; igual sentido: TJRS, Apelação Cível nº 70.013.733.696, Décima Sexta Câmara Cível, Relator: Claudir Fidelis Faccenda, julgado em 25.01.2006).

pensivo. Pela aplicação desse dispositivo ao procedimento monitório, dois pontos merecem ser salientados.

141.1. O título executivo formado na ação monitória não é uma sentença – Realmente, o título obtido no ventre do procedimento monitório não pode ser equiparado, friamente, a uma sentença transitada em julgado, pois, no particular, a constituição do título executivo se inicia com a decisão positiva que recebe a demanda e determina a expedição do mandado monitório, aperfeiçoando-se com a conversão deste em mandado executivo, seja pela não-apresentação de defesa por parte do devedor (*embargos*), ou mesmo a sua rejeição. Daí que, com o devido respeito, afigura-se atécnico se afirmar que no procedimento monitório o título executivo será representado por *sentença*.

O mesmo pecado venial foi cometido no desenho do art. 475-N, visto que na referida norma o legislador, novamente, refere-se apenas às *sentenças* (que reconheçam a existência de obrigação de fazer, não fazer, entregar coisa ou pagar quantia), nada aduzindo acerca do excepcional título obtido no ambiente monitório.

Verificou-se, assim, deslize no legislador na arquitetura do § 1º do art. 475-I e do art 475-I e 475-L que, todavia, não pode servir de óbice para a aplicação das inserções do Livro I, Título VIII, Capítulo X, ditados pela Lei nº 11.232/05, devendo ser utilizada a técnica da interpretação corretiva dos aludidos dispositivos para incluir o título obtido no bojo da ação monitória. Assim, porquanto, em essência, ainda que com particularidades agudas, deve ser o procedimento monitório visto como resultando numa sentença *condenatória*.

141.2. Cabimento de execução provisória do mandado monitório – Como já mencionado, segundo o § 1º do art. 475-I, será *definitiva* a execução com supedâneo em sentença transitada em julgado, e *provisória*, no entanto, a execução na pendência de recurso sem efeito suspensivo, em impugnação à sentença.

Nada obstante a aceleração processual que poderá ocorrer, ao se adentrar no Livro I, Título VIII, Capítulo X, ditados pela Lei nº 11.232/05, o efetivo início da execução com base em título obtido em procedimento monitório ficará postergada para momento, possivelmente, bem posterior à conversão do mandado monitório em executivo. Isso porque, como não houve alteração no rol do art. 520 do Código de Processo Civil,[96] deverá prevalecer o entendimento (praticamente sedimentado) que a apelação interposta da sentença de rejeição dos embargos monitórios deve ser recebida no duplo efeito.[97]

Sem a retificação no art. 520, acima reclamada, e ainda diante do quadro atual e apenas com a sistemática introduzida pela Lei nº 11.232/05, não parece possível a execução provisória em título decorrente de *procedimento monitório*, caso a decisão que rejeitar os embargos seja impugnada via recurso de apelação.

Pelo óbice do art. 520, a discussão que merece ser avivada está na adequação da apelação para atacar decisão que, *a priori*, tem natureza incidental. Com efeito, leitura cuidadosa do art. 1.102-C (redação nova e antiga) demonstra ser perfeitamente possível identificar na decisão que afasta os embargos monitórios um *caráter incidental*, pois a defesa do executado impede apenas o transcurso para a formação do título executivo. Essa formação, lembre-se, inicia-se com a decisão positiva de recepção da ação e expedição do mandado injuntivo, com o aperfeiçoamento na conversão deste em mandado de execução. A letra da lei é bem clara nesse sentido, pois, afastados os embargos, "constituir-se-á, de pleno direito, o título exe-

---

96 A recente Lei nº 11.276/06, que altera os arts. 504, 506, 515 e 518 do CPC, mesmo versando diversos temas novos e esperados em matéria recursal, como aqueles relativos à forma de interposição de recursos, ao saneamento de nulidades processuais em grau recursal e ao recebimento de recurso de apelação (criando a possibilidade de não-recebimento dos recursos em razão de súmula do STJ e STF), entre outras questões, não alterou a regra geral (ainda). Confira-se, apenas com título informativo, a nova redação do art. 518 do CPC: "Art. 518. § 1º O juiz não receberá o recurso de apelação quando a sentença estiver em conformidade com súmula do Superior Tribunal de Justiça ou do Supremo Tribunal Federal". Sobre o andamento do projeto de modificação do prazo da apelação, ainda não aprovado em definitivo, de autoria da AMB – Associação dos Magistrados Brasileiros – e apresentado pelo Senador Pedro Simon do PMDB/RS (PLS nº 136/2004), conferir Calmon (org.), *Cadernos IBDP nº 4 – Reforma infraconstitucional do processo civil*, pp. 231-242.

97 No sentido: "AÇÃO MONITÓRIA. EMBARGOS JULGADOS IMPROCEDENTES. RECEBIMENTO DA APELAÇÃO NO DUPLO EFEITO. – Inaplicabilidade da regra inscrita no art. 520, inciso V, do CPC, uma vez que, tratando-se de norma de exceção, deve ser interpretada restritivamente. Recurso especial conhecido e provido" (STJ, REsp. nº 207.266/SP, Rel. Ministro Barros Monteiro, Quarta Turma, julgado em 22.08.2000, *DJ* 16.10.2000, p. 314).

cutivo judicial, intimando-se o devedor e *prosseguindo-se* na forma prevista no Livro I, Título VIII, Capítulo X, desta Lei".[98]

Assim, para se cogitar de execução provisória decorrente de decisão proferida em procedimento monitório, o ponto nuclear está, na nossa opinião, na compreensão na natureza jurídica do pronunciamento judicial que rejeita os embargos monitórios. Apesar de posição dominante quanto ao cabimento do recurso de apelação,[99] não se deve, sem análise mais acurada, aceitar tal entendimento, notadamente em razão da dicção legal do art. 1.102-C e da própria estrutura procedimental especialíssima do procedimento monitório. Tal comportamento de "reserva dogmática" nos parece mais adequado aos imperativos da segurança jurídica, um dos princípios regentes da tutela jurisdicional condenatória,[100] no caso, amplificado, já que resulta de procedimento sumário do ponto de vista horizontal e vertical.

142. Da execução contra a Fazenda Pública com base em título judicial obtido em ação monitória – Prevalece hoje o entendimento de que seria cabível o procedimento monitório em demandas movidas contra a Fazenda Pública. Como resumo dos fundamentos para tal admissão, é didática a ementa do acórdão proferido no julgamento do REsp. n° 603.859-RJ: "AÇÃO MONITÓRIA CONTRA A FAZENDA PÚBLICA. POSSIBILI-

---

98 Destaque nosso.
99 Pouco se discutiu sobre o tema, mas a posição que reina, a par de um pequeno mar de precedentes, é o do cabimento da apelação e não do agravo. No sentido: "PROCESSUAL CIVIL. AGRAVO. AÇÃO MONITÓRIA. EMBARGOS. RECURSO CABÍVEL. APELAÇÃO. I. Cabe apelação da decisão que rejeita os embargos opostos em ação monitória. II. Agravo improvido" (STJ, AgRg. no Ag. n° 539.424/DF, Rel. Ministro Aldir Passarinho Junior, Quarta Turma, julgado em 19.02.2004, *DJ* 29.03.2004, p. 248).
100 Sobre esta particular característica da tutela condenatória, escreveu Carlos Alberto Alvaro de Oliveira, ao identificar os cinco princípios formativos da tutela jurisdicional (dispositivo, demanda, adequação, segurança e efetividade): "O *princípio da segurança* diz respeito especialmente às garantias de defesa. Por exemplo: não se admite a declaração da existência ou inexistência de mero fato (salvo o incidente de falsidade de documento), mas apenas de relação jurídica, quando em tese já teria ocorrido a incidência da norma; a condenação é a tutela adequada quando se trate de agredir patrimônio alheio, que não pertença ao exeqüente, permitindo-se assim maiores possibilidades de defesa". Alvaro de Oliveira, *Efetividade e tutela jurisdicional*, p. 29.

DADE. 1. O procedimento monitório não colide com o rito executivo específico da execução contra Fazenda Pública previsto no art. 730 do CPC. O rito monitório, tanto quanto o ordinário, possibilita a cognição plena, desde que a parte ré ofereça embargos. No caso de inércia na impugnação via embargos, forma-se o título executivo judicial, convertendo-se o mandado inicial em mandado executivo, prosseguindo-se na forma do Livro II, Título II, Capítulo II e IV (execução *stricto sensu*), propiciando à Fazenda, mais uma vez, o direito de oferecer embargos à execução de forma ampla, sem malferir princípios do duplo grau de jurisdição; da imperiosidade do precatório; da impenhorabilidade dos bens públicos; da inexistência de confissão ficta; da indisponibilidade do direito e não-incidência dos efeitos da revelia. 2. O propósito da ação monitória é exclusivamente encurtar o caminho até a formação de um título executivo. A execução deste título contra Fazenda Pública deve seguir normalmente os trâmites do art. 730, que explicita o cânone do art. 100 da Carta Constitucional vigente. 3. Os procedimentos executivo e monitório têm natureza diversa. O monitório é processo de conhecimento. A decisão 'liminar' que nele se emite e determina a expedição do mandado de pagamento não assegura ao autor a prática de atos de constrição patrimonial, nem provimento satisfativo, uma vez que a defesa (embargos) tempestiva do réu instaura a fase cognitiva e impede a formação do título. 4. Precedentes jurisprudenciais desta Corte. 5. Recurso especial desprovido".[101]

Note-se, por deveras relevante, que para o cabimento do procedimento monitório uma das justificativas da orientação acima destacada é o fato de que este não causa embaraço executivo à Fazenda Pública, pois, tão logo convertido o mandado monitório em executivo, seu prosseguimento deverá dar-se "na forma do Livro II, Título II, Capítulo II e IV (execução *stricto sensu)*".

Ocorre que tal justificativa encontra-se abalada pela alteração introduzida pela nova lei. Realmente, a motivação do aresto estava assentada no art 1.102-C e seu respectivo § 3º que, justamente, foram modificados no particular, uma vez que a execução do título monitório seguirá o novo Capítulo (*Cumprimento da Sentença*), conforme Livro I, Título VIII, Capítulo X, do Código de Processo Civil.

---

101 Rel. Ministro Luiz Fux, Primeira Turma, julgado em 01.06.2004, *DJ* 28.06.2004, p. 205.

Assim, em decorrência da alteração do art. 1.102-C, pode-se pensar que o manejo da ação monitória contra a Fazenda Pública estaria absolutamente descartado. No entanto, não é correto, a nosso sentir, raciocínio desse corte. Apesar de o procedimento monitório não obedecer mais ao gabarito do Livro II, Título II, Capítulo II e IV, é perfeitamente possível serem interpretadas as nuances da Lei nº 11.232/05. Assim, com base na posição que defende a possibilidade de ajuizamento da demanda com procedimento monitório contra a Fazenda Pública, em uma interpretação concretizadora e unificadora do sistema, mostra-se possível fixar os regramentos que deverão ser observados frente às exigências constitucionais (*v.g.*, duração razoável do processo, art. 5º, LXXXVIII, da CF/88).

Com efeito, não deverá ser aplicado contra a Fazenda Pública o disposto no art. 475-L, mas sim o novel art. 741 do Código de Processo Civil, de modo que a defesa por parte da executada singular receberá idêntico tratamento à execução de título judicial. Conforme já ressaltamos ao comentar o art. 741, apesar deste estar topologicamente fincado no Código de Processo Civil, tal dispositivo está vinculado ao chamado *micromodelo processual do Estado*, em que ocorre amplificação dos meios de defesa (em detrimento ao encurtamento temporal), em razão da assertiva da necessidade de proteção do patrimônio e interesse público.

Nessas condições, afastando-se do regramento geral de defesa do executado (impugnação – art. 475-L), com o prestígio ao microssistema processual próprio do Poder Público, e com agasalho ao art. 741 do Código de Processo Civil, a alteração levada à tona não é suficiente, por si só, para impedir o emprego do procedimento monitório nas demandas contra a Fazenda Pública.

Art. 7º O Poder Executivo fará publicar no Diário Oficial da União, no prazo de 30 (trinta) dias, a íntegra da Seção III do Capítulo I do Título V; do Capítulo III do Título VI e dos Capítulos VIII, IX e X, todos do Livro I do Código de Processo Civil, com as alterações resultantes desta Lei.

Direito anterior. Sem correspondência.

C. A. ALVARO DE OLIVEIRA

COMENTÁRIO

143. Republicação de partes do Código de Processo Civil – Com vistas à melhor compreensão das amplas reformas introduzidas, o legislador determinou a publicação no *Diário Oficial da União*, no prazo de 30 dias, da integra da Seção III do Capítulo I do Título V (Dos atos do juiz), e do Capítulo IIII do Título VI (Da extinção do processo), ambos do Livro I.

Também há referência aos Capítulos VIII, IX e X do mesmo Livro I do CPC, porém sem indicação do título correspondente. Presumivelmente, o Capítulo VIII é pertinente ao Título VIII, único a apresentar capítulo com essa numeração, e que diz respeito à sentença e à coisa julgada, matéria parcialmente objeto da reforma, cuja Seção I passou a vigorar acrescida dos arts. 466-A, 466-B e 466-C (art. 2º da nova lei). O Capítulo IX foi adicionado ao Título VIII do Livro I, acrescido dos arts. 475-A, 475-B, 475-C, 475-D, 475-E, 475-F, 475-G e 475-H, pelo art. 3º da nova lei, denominado "Da liquidação de Sentença". O Capítulo X foi adicionado ao Título VIII do Livro I, acrescido dos arts. 475-I, 475-J, 475-L, 475-M, 475-N, 475-O, 475-P, 475-Q e 475-R, pelo art. 4º da nova lei, denominado "Do Cumprimento da Sentença".

Revelar-se-ia útil, também, a republicação do Livro II, no que tivesse sido alterado pela reforma, mas tal providência não foi determinada pelo novo diploma legal.

Art. 8º Esta Lei entra em vigor 6 (seis) meses após a data de sua publicação.

Direito anterior. Sem correspondência.

COMENTÁRIO

144. Vigência da lei – Em matéria de direito transitório, a regra é a vigência imediata das leis processuais, embora seja vedado à lei nova atingir situações processuais já constituídas ou extintas sob o império da lei antiga.[1]

Prudente, pois, o legislador em ter estabelecido o dilatado prazo de seis meses de *vacatio legis*, à vista das profundas reformas introduzidas no sistema.

Como a nova lei foi publicada no *Diário Oficial da União*, edição de 23 de dezembro de 2005, só começará a ter vigência no dia 23 de junho de 2006 (sexta-feira).

145. Eventuais problemas de direito intertemporal decorrentes da aplicação do novo diploma legal – Com a entrada em vigor da nova lei, os problemas de direito intertemporal podem decorrer de diversas situações.

Em regra, tanto o procedimento de liquidação quanto o de execução em que tenha ocorrido citação da parte passiva sob o regime da lei antiga devem seguir a regulação desta.

Todavia, se já vigente o novo diploma, sem que tenha ocorrido anterior citação, na liquidação ou na execução, deve ser atendida a nova regulação, mesmo que prolatada a decisão exeqüenda ou a carente de liquidação no regime da lei velha. Se a execução ou liquidação foi iniciada já na vigência da lei nova e alguma citação se operou, por descuido, na vigência da nova, o ato deverá ser substituído por intimação, com novo despacho judicial ordinatório, devidamente adequado ao sistema e ao rito inovados.[2]

A multa introduzida pelo art. 475-J só pode ser aplicada se o trânsito em julgado da sentença condenatória (ver item 93, *supra*) ocorreu depois da vigência da nova lei, dado o seu caráter penitencial. E isso porque, no tocante às normas revestidas desse caráter, vigora o princípio da irretroativi-

---

1   Galeno Lacerda, *O novo direito processual civil e os feitos pendentes*, Rio de Janeiro: Forense, 1974, pp. 11-13.
2   Sugestão adequada de Galeno Lacerda, *O novo direito processual civil e os feitos pendentes*, cit., p. 44, em caso semelhante na transição do CPC de 1939 para o de 1973.

dade das sanções agravadas ou inovadas, as quais não incidem, assim, sobre atos praticados antes da vigência da nova lei.[3] O mesmo raciocínio se aplica à espécie, que concerne ao termo em que passa a ser devida a multa.

O art. 475-P, parágrafo único, introduz importante alteração na competência para o cumprimento da "sentença" quando a causa tenha sido processada em primeiro grau de jurisdição. Agora, poderá o exeqüente optar pelo juízo do local onde se encontram bens sujeitos à expropriação ou pelo do atual domicílio do executado. Em ambos os casos, estatui a nova regra, a remessa dos autos do processo será solicitada ao juízo de origem. A solução desse problema de direito transitório depende da natureza da competência. No caso, a inovação é de interesse preponderantemente do exeqüente, e por isso se lhe faculta optar pelo juízo mais conveniente ao seu interesse. Trata-se, portanto, de competência relativa, e por tal razão se aplica a regra geral contida no art. 87 do CPC, determinando-se a competência no momento em que a ação é proposta, sendo irrelevantes as modificações do estado de fato ou de direito ocorridas posteriormente, salvo modificação que diga respeito a competência absoluta[4]. Desse modo, se já aforada a execução pelo sistema anterior, a futura entrada em vigor da Lei nº 11.232 não produz qualquer alteração, devendo ser mantida a competência estabelecida pela regra antiga.

O art. 475-L, § 2º, impôs a necessidade de declarar o valor correto, quando alegado excesso de execução. A regra deve ser obedecida nos processos em curso, desde que não tenha sido ultrapassado o momento adequado.

No tocante aos recursos, o art. 475-H substituiu o recurso de apelação pelo de agravo de instrumento, quanto à inconformidade com a decisão que julgar a liquidação. O mesmo sucedeu quando a decisão que resolver a impugnação, a desafiar agora agravo de instrumento, salvo se importar extinção da execução, caso em que caberá apelação (art. 475-M, § 3º). Quanto a esta última possibilidade, não se verificarão problemas de direito transitório, pois pressupõe solução da impugnação, e não da ação incidental dos embargos, e, assim, que o processo já tenha transcorrido sob a égide da nova lei.

---

3 Galeno Lacerda, *O novo direito processual civil e os feitos pendentes*, cit., p. 59.
4 No sentido do texto, com distinção entre competência absoluta e relativa, Galeno Lacerda, *O novo direito processual civil e os feitos pendentes*, cit., pp. 17-18.

Segundo a tradicional doutrina de Roubier, Merlin e Gabba, a lei do recurso é a lei do dia do julgamento.[5] A dificuldade é estabelecer o que seja dia do julgamento, relativamente à decisão de primeiro grau, única a interessar aqui, pois aos recursos dela interpostos se circunscrevem as inovações introduzidas pela Lei nº 11.232. Por dia do julgamento se entende (a) a data em que se deu a publicidade da decisão, com sua juntada aos autos, ou (b) a publicação do ato decisório na publicação oficial, com o que se perfaz a intimação das partes? A doutrina não é muito explícita a respeito. Galeno Lacerda sustenta que as de primeiro grau têm-se como proferidas em audiência, para as sentenças de mérito e interlocutórias aí lançadas, e, nos demais casos, no dia em que parte foi intimada.[6] Humberto Theodoro Jr. também adota como marco inicial o dia do julgamento, mas não esclarece o seu conceito.[7] José Carlos Barbosa Moreira, ao que tudo indica, inclina-se pelo dia da publicação, entendido como o dia da juntada aos autos da decisão, pois afasta o dia da intimação.[8]

A meu juízo, o momento em que a decisão adquire existência jurídica é que fixa a lei do recurso. O suporte fático nuclear para que a decisão ganhe existência jurídica consiste em se tratar de julgamento, em forma escrita, emanado de órgão judicial específico, contendo comando determinado. Mas, além disso, certamente inexistirá decisão se, embora escrita e assinada pelo juiz ou pelo árbitro, não vem aos autos, neles não é inserta, não venha a ganhar, enfim, existência, pela "publicidade" daí decorrente (público é tudo que é pertencente ou destinado ao povo, à coletividade), mesmo que ainda não cientificada às partes.[9] Portanto, a data da juntada, dentro dos

---

5   *Apud* Galeno Lacerda, *O novo direito processual civil e os feitos pendentes*, cit., p. 68.
6   Galeno Lacerda, *O novo direito processual civil e os feitos pendentes*, cit., p. 68.
7   Humberto Theodoro Jr., *Curso de Direito Processual Civil*, 39ª ed. Rio de Janeiro: Forense, 2003, vol. I, nº 578, p. 580.
8   José Carlos Barbosa Moreira, *Comentários ao CPC*, 12ª ed. Rio de Janeiro: Forense, 2005, vol. V, nº 150, p. 269. No entanto, o precedente do STJ indicado pelo jurista não se aplica ao caso, porque diz respeito a decisão de segundo grau, em que se considerou como dia da publicação não o do julgamento, mas o da publicação das conclusões do acórdão no órgão oficial, caso em que a publicação coincide com o dia da intimação.
9   A respeito, Carlos Alberto Alvaro de Oliveira, "Execução de título judicial e defeito ou ineficácia da sentença", *In: O Processo de execução – Estudos em homenagem ao Professor Alcides de Mendonça Lima*, org. Carlos Alberto Alvaro de Oliveira e Araken de Assis. Porto Alegre: Fabris, 1995, pp. 82-84. Bem doutrina Wellington Moreira Pimen-

contornos expostos, é que determina o recurso cabível. De tal sorte, publicada a decisão da liquidação antes da vigência da lei, continua cabível a apelação (art. 530, III); publicada depois, o recurso apropriado será o agravo de instrumento (art. 475-H).

Mostra-se irrelevante, outrossim, a dilatação do prazo para a defesa do executado, que passou a ser de quinze dias (art. 475-J, § 1º), enquanto para o aforamento da ação incidental de embargos era de 10 dias (art. 738 do CPC). Em se tratando de modificação de instituto jurídico, ou a nova regulação é aplicável por inteiro, ou não. Cabível a impugnação, o prazo é o da nova lei, cabível a ação incidental de embargos, o da lei antiga.

Despiciendas, por derradeiro, para fins de direito intertemporal, as regras contidas nos arts. 162, § 1º, 267, 269, 463, 466-A, 466-B, 466-C, 475-I, §§ 1º e 2º, 475-C, 475-D, *caput*, 475-D, parágrafo único, 475-E, 475-F, 475-G, 475-I, 1ª parte, 475-0, 475-Q e 475-R, pois não modificaram substancialmente a regulação anterior, cuidando apenas de nova definição legal de institutos jurídicos, reprodução de disposições anteriores ou adaptação à nova sistemática.

Art. 9º Ficam revogados o inciso III do artigo 520, os artigos 570, 584, 588, 589, 590, 602, 603, 604, 605, 606, 607, 608, 609, 610, 611, 639, 640 e 641, e o Capítulo VI do Título I do Livro II da Lei nº 5.869, de 11 de janeiro de 1973 – Código de Processo Civil.

Direito anterior. Sem correspondência.

COMENTÁRIO

146. Revogação de dispositivos e de capítulo do CPC – Passando a liquidação a ser julgada por decisão interlocutória, sujeitou-se esta a ser impugnada mediante recurso de agravo. Daí a inutilidade e, por conseqüência, a revogação do art. 520, III, que atribuía efeito devolutivo à apelação da sentença que a julgava.

---

tel, *Comentários ao CPC*, São Paulo: RT, 1975, vol. III, p. 526, que: "Publicar, no art. 463, tem o sentido de exteriorizar, de tornar acessível a todos o conhecimento, embora ainda não se haja feito a divulgação pelas vias e formas previstas pelo Código. Admitir o contrário seria propiciar insegurança para as partes e submeter o juiz a incomoda posição".

O art. 570 estabelecia a chamada execução inversa, isto é, a possibilidade de o devedor pretender compelir o credor a receber em juízo o que lhe caberia, conforme o título executivo judicial. Agora, basta o devedor – condenado ao pagamento de quantia certa ou já fixada em liquidação – requerer ao juiz a expedição de guias para depósito do valor devido, mesmo depois do trânsito em julgado da decisão condenatória, pois o processo não se extingue sem a satisfação do credor (havendo apenas possibilidade de arquivamento administrativo, ver comentário ao art. 475-J, § 5º), nem o ofício jurisdicional acaba com a prolação da sentença (ver comentário ao art. 463). Além disso, constitui essa forma de operar a maneira mais adequada para se livrar da multa estabelecida no art. 475- J. Daí a revogação do art. 570, que, ademais, raramente era empregado na prática judiciária brasileira.

A revogação do art. 584 (enumeração dos títulos executivos judiciais) decorre da sua substituição pelo atual art. 475-N. A do art. 588 (regulação da execução provisória), da sua substituição pelos atuais arts. 475-I, § 1º, e 475-O. A do art. 590 (requisitos da carta de sentença), da sua substituição pelo art. 475-O, § 3º. A do art. 602, *caput* (constituição de capital em condenação compreendendo prestação de alimentos), da sua substituição pelo art. 475-Q. A do art. 602, 1º (indicações sobre o capital), da substituição pelo atual art. 475-Q, § 1º. A do art. 602, § 2º (substituição da constituição do capital por caução fidejussória), da substituição pelo atual art. 475-Q, § 2º. A do art. 602, § 3º (redução ou aumento da pensão), da substituição pelo atual art. 475-Q, § 3º. A do art. 603 (objeto da liquidação da sentença), da substituição pelo atual art. 475-A. A do art. 604 (liquidação de sentença por cálculo aritmético), da substituição pelo atual art. 475-B. A do art. 605 (instrumentalização do art. 570), porque incompatível com a revogação do art. 570. A do art. 606 (casos de liquidação de sentença por arbitramento), da substituição pelo atual art. 475-C. A do art. 607 (instrumentalização da liquidação de sentença por arbitramento), da substituição pelo atual art. 475-D. A do art. 608 (casos de liquidação de sentença por artigos), da substituição pelo atual art. 475-E. A do art. 609 (procedimento da liquidação de sentença por artigos), da substituição pelo atual art. 475-F. A do art. 610 (proibição de discutir de nova lide ou a modificar a sentença que a julgou no objeto da liquidação de sentença), da substituição pelo atual art. 475-G. A do art. 639 (sentença substitutiva de declaração de vontade), da substituição pelo atual art. 466-B. A do art. 640 (regulando a sentença substitutiva de declaração de vontade), da substituição pelo atual art. 466-C. E, finalmente, a do art. 641 (efeitos da sentença substitutiva de declaração de vontade), da substituição pelo atual art. 466-A.

A revogação do art. 589 (regulação do local onde se exercerá a execução definitiva e provisória) decorre da circunstância de que a execução definitiva se realizará sempre no mesmo processo, e a provisória na forma do atual art. 475-O, § 3º.

A revogação do art. 611 (promoção da execução pelo devedor, depois de julgada a liquidação) impunha-se pela sua incompatibilidade com o novo sistema.

Com o novo sistema introduzido pela Lei nº 11.232, de 2005, a execução da sentença condenatória passa a ser fase do processo de conhecimento. Por outro lado, inseriu-se, também no processo de conhecimento, o procedimento de liquidação da sentença, como aliás há muito tempo vinha recomendando, com acerto, a doutrina dominante. Por tais motivos, foi revogado o Capítulo VI do Título I do Livro II da Lei nº 5.869, de 11.01.1973; o CPC, pois, tratava da execução em geral, assim como da liquidação, e classificava esses dois procedimentos no Livro do Processo de Execução.

Note-se que tanto a liquidação de sentença quanto o cumprimento da sentença passaram a integrar o Livro I do Código, concernente ao processo de conhecimento.

Cumpre ressaltar, ainda, que deixa de existir, no sistema jurídico brasileiro, a partir da vigência da nova lei, processo de conhecimento estritamente puro, pois a realização prática do julgado sempre será neste efetivada, trate-se de sentença declaratória, constitutiva, mandamental (*v.g.*, art. 461), executiva (*v.g.*, art. 461-A) ou condenatória (art. 475-I). De tal sorte, parece mais correto falar hoje em processos mistos ou sincréticos.

BIBLIOGRAFIA

ALEXY, Robert. *La Pretensión de Corrección del Derecho: la Polémica sobre la Relación entre Derecho y Moral*, tradução de Paula Gaido. Bogotá: Universidad Externado de Colombia, 2001.
_____. "Legal Argumentation as Rational Discourse". *In: Rivista Internazionale di Filosofia del Diritto*. Milano, v. 2, 1993.
_____. *Teoría de los Derechos Fundamentales*, tradução de Ernesto Garzón Valdés. Madrid: Centro de Estudios Políticos y Constitucionales, 2001.
ALVARO DE OLIVEIRA, Carlos Alberto. *Comentários ao Código de Processo Civil*, 7ª ed. Rio de Janeiro: Forense, 2005, vol. VIII, tomo II.
_____. *Do Formalismo no Processo Civil*, 2ª ed. São Paulo: Saraiva, 2003.
_____. "Efetividade e Tutela Jurisdicional". *In: Revista Processo e Constituição*. Porto Alegre: Faculdade de Direito da UFRGS, vol. II, 2005.
_____. "Execução de Título Judicial e Defeito ou Ineficácia da Sentença". *In:* ALVARO DE OLIVEIRA, Carlos Alberto; ASSIS, Araken de (orgs.). *Processo de Execução – Estudos em Homenagem ao Professor Alcides de Mendonça Lima*. Porto Alegre: Sergio Antonio Fabris Editor, 1995.
_____. "Formas de Tutela Jurisdicional no Chamado Processo de Conhecimento". *In: Revista da Ajuris*. Porto Alegre: s/ed., nº 100, 2006.
_____. "O Problema da Eficácia da Sentença". *In: Gênesis – Revista de Direito Processual Civil*. Curitiba: Gênesis, nº 29, 2003.
_____. "O Problema da Eficácia da Sentença". *In:* ALVARO DE OLIVEIRA, Carlos Alberto (org.). *Eficácia e Coisa Julgada*. Rio de Janeiro: Forense, 2006.
_____. "Poderes do juiz e visão cooperativa do processo". *In: Revista Processo e Constituição*. Porto Alegre: Faculdade de Direito da UFRGS, nº 1, 2004.
_____. "Procedimento e Ideologia no Direito Brasileiro Atual". *In: Revista da Ajuris*. Porto Alegre: s/ed., nº 33, 1985.
AMARAL, Guilherme Rizzo. *As Astreintes e o Processo Civil Brasileiro – Multa do Artigo 461 do CPC e Outras*. Porto Alegre: Livraria do Advogado, 2004.
_____. "A Polêmica em torno da Ação de Direito Material". *In: Gênesis – Revista de Direito Processual Civil*, nº 33, 2004.
_____. "Ensaio acerca do impacto do Novo Código Civil sobre os processos pendentes". *In: Revista da Ajuris*, nº 90, 2003.
_____. "Técnicas de Tutela e o Cumprimento da Sentença no Projeto de Lei nº 3.253/04: uma Análise Crítica da Reforma do Processo Civil Brasileiro". *In:* AMARAL, Guilherme Rizzo; CARPENA, Márcio Louzada (coord.). *Visões Críticas do Processo Ci-*

vil Brasileiro: uma Homenagem ao Prof. Dr. José Maria Rosa Tesheiner. Porto Alegre: Livraria do Advogado, 2005.

AMARAL, Guilherme Rizzo e MACHADO, Fábio Cardoso (organizadores). *Polêmica sobre a Ação – A Tutela Jurisdicional na Perspectiva das Relações entre Direito e Processo*. Porto Alegre: Livraria do Advogado, 2006.

AMORIM FILHO, Agnelo. "Critério Científico para Distinguir a Prescrição da Decadência e para Identificar as Ações Imprescritíveis". *In: Revista de Direito Processual Civil*. São Paulo, 1961, vol. 3.

ANDOLINA, Italo. *"Cognizione" ed "Esecuzione Forzata" nel Sistema della Tutela Giurisdizionale*. Milano: Giuffrè, 1983.

ARENDT, Hannah. "Filosofia e Política". *In:* ABRACHES, Antônio (org.). *A dignidade da política: ensaios e conferências*. Tradução de Helena Martins. Rio de Janeiro: Relume-Dumará, 1993.

ARENHART, Sérgio Cruz. *A tutela inibitória da vida privada*. São Paulo: Revista dos Tribunais, 2000.

ARRUDA ALVIM. "Da prescrição intercorrente". *In:* CIANCI, Mirna. *Prescrição no Novo Código Civil – uma análise interdisciplinar*. São Paulo: Saraiva, 2005.

ASSIS, Araken de. *Comentários ao Código de Processo Civil*, 2ª ed. Rio de Janeiro: Forense, 2004, vol. VI.

_____. *Cumprimento da Sentença*. Rio de Janeiro: Forense, 2006.

_____. "Da Natureza Jurídica da Sentença Sujeita a Recurso". *In: Revista Jurídica*. Porto Alegre: Notadez Editora, nº 101, 1983.

_____. "Eficácia da coisa julgada inconstitucional". *In:* DIDIER JR, Fredie (org.). *Relativização da coisa julgada: enfoque crítico*. Salvador: Juspodivm, 2004.

_____. *Manual do Processo de Execução*, 4ª ed. São Paulo: Revista dos Tribunais, 1997.

_____. *Manual do Processo de Execução*, 7ª ed. São Paulo: Revista dos Tribunais, 2001.

_____. *Manual do Processo de Execução*. 8ª ed. São Paulo: Revista dos Tribunais, 2002.

_____. "Sobre a Execução Civil (Réplica a Tesheiner)". *In: Revista de Processo*, São Paulo: Revista dos Tribunais, nº 102, 2001.

BAPTISTA DA SILVA, Ovídio Araújo. "A ação condenatória como categoria processual". *In: Da Sentença Liminar à Nulidade da Sentença*. Rio de Janeiro: Forense, 2001.

_____. "Conteúdo da Sentença e Mérito da Causa". *In: Sentença e Coisa Julgada*, 4ª ed. Rio de Janeiro: Forense, 2003.

_____. *Curso de Processo Civil*. Porto Alegre: Sérgio Antônio Fabris Editor, 1990, vol. II.

_____. *Curso de Processo Civil*, 5ª ed. São Paulo: Revista dos Tribunais, 2002, vol. II.

_____. *Da Sentença Liminar à Nulidade da Sentença*. Rio de Janeiro: Forense, 2001.

_____. "Decisões Interlocutórias e Sentenças Liminares". *In: Da Sentença Liminar à Nulidade da Sentença*. Rio de Janeiro: Forense, 2001.

_____. "Direito Material e Processo". *In: Revista Magister de Direito Civil e Processual Civil*, nº 1, 2004.

_____. "Eficácias da Sentença e Coisa Julgada". *In: Sentença e Coisa Julgada*, 4ª ed. Rio de Janeiro: Forense, 2003.

_____. *Jurisdição e Execução na Tradição Romano-Canônica*, 2ª ed. São Paulo: Revista dos Tribunais, 1997.

_____. *Processo e Ideologia – O Paradigma Racionalista*. Rio de Janeiro: Forense, 2004.

BARBOSA MOREIRA, José Carlos. "Aspectos da 'Execução' em Matéria de Obrigação de Emitir Declaração de Vontade". In: *Temas de Direito Processual*. São Paulo: Saraiva, 1997, Sexta Série.

_____. *Comentários ao Código de Processo Civil*, 11ª ed. Rio de Janeiro: Forense, 2003, vol. V.

_____. *Comentários ao Código de Processo Civil*, 12ª ed. Rio de Janeiro: Forense, 2005, vol. V.

_____. "Conteúdo e efeitos da sentença – variações sobre o tema". In: *Revista da Ajuris*. Porto Alegre: s/ed., n° 35, 1985.

_____. "Eficácia da Sentença e Autoridade da Coisa Julgada". In: *Revista da Ajuris*. Porto Alegre: s/ed., n° 28, 1983.

_____. *O Novo Processo Civil Brasileiro*, 21ª ed. Rio de Janeiro: Forense, 2000.

_____. "Questões velhas e novas em matéria de classificação das sentenças". In: *Revista Dialética de Direito Processual*. São Paulo: Dialética, n° 7.

_____. "Sentença Executiva?". In: *Revista de Processo*. São Paulo: Revista dos Tribunais, n° 114, 2004.

BARROSO, Luis Roberto. *O direito constitucional e a efetivação de suas normas: limites e possibilidades da Constituição brasileira*, 5ª ed. Rio de Janeiro: Renovar, 2001.

BAUTISTA, Jose Becerra. *El Proceso Civil en Mexico*, 2ª ed. México: Porruá, 1965.

BERMUDES, Sérgio. *A Reforma do Código de Processo Civil: Observações às Leis n°s 8.950, 8.951, 8.952, 8.953 de 13.12.1994*. São Paulo: Saraiva, 1996.

BLACK, Hugo L. *Crença na Constituição*. Rio de Janeiro: Forense, 1970.

BONAVIDES, Paulo. *Curso de direito constitucional*, 13ª ed. São Paulo: Malheiros, 2003.

BUCOLO, Francesco. *La Sospensione nell'Esecuzione*. Milano: Giuffrè, 1963.

BUENO, Cassio Scarpinella. "Ensaio sobre o Cumprimento das Sentenças condenatórias". In: *Revista de Processo*. São Paulo: Revista dos Tribunais, n° 113.

_____. *O Poder Público em juízo*, 3ª ed. São Paulo: Saraiva, 2005.

BUZAID, Alfredo. *Do Agravo de Petição no Sistema do Código de Processo Civil*, 2ª ed. São Paulo: Saraiva, 1956.

_____. *Exposição de Motivos*. Brasília, 1972.

CALAMANDREI, Piero. "La Sentenza Soggettivamente Complessa". In: *Opere Giuridiche*. Napoli: Morano Editore, 1965, vol. I.

CALMON DE PASSOS, José Joaquim. *Comentários ao Código de Processo Civil*, 6ª ed. Rio de Janeiro: Forense, 1989, vol. III.

_____. *Direito, poder, justiça e processo*. Rio de Janeiro: Forense, 1999.

CALMON FILHO, Petrônio (org.). *Cadernos IBDP n° 4 - Reforma Infraconstitucional do Processo Civil*. São Paulo: Instituto Brasileiro de Direito Processual, 2005.

CANARIS, Claus-Wilhelm. *Pensamento Sistemático e Conceito de Sistema na Ciência do Direito*, tradução de Antônio Menezes Cordeiro, 3ª ed. Lisboa: Fundação Calouste Gulbenkian, 2002.

CANOTILHO, J. J. Gomes. *Direito Constitucional e Teoria da Constituição*, 7ª ed. Coimbra: Almedina, 2003.

_____. *Estudos sobre Direitos Fundamentais*. Coimbra: Coimbra, 2004.
CAPPELLETTI, Mauro. "Libertà Individuale e Giustizia Sociale nel Processo Civile Italiano". *In: Giustizia e Società*. Milano: Edizioni di Comunità, 1977.
CARNEIRO, Athos Gusmão. *Da antecipação de tutela*, 5ª ed. Rio de Janeiro: Forense, 2004.
_____. *Jurisdição e Competência*, 12ª ed. São Paulo: Saraiva, 2002.
_____. "Sugestões para uma nova sistemática da execução". *In: Revista de Processo*. São Paulo: Revista dos Tribunais, nº 102.
CARPI, Federico. *La Provvisoria Esecutorietà della Sentenza*. Milano: Giuffrè, 1979.
CARREIRA ALVIM, José Eduardo; CABRAL, Luciana Gontijo Carreira Alvim. *Cumprimento da Sentença*. Curitiba: Juruá, 2006.
CASTRO, Amílcar de. *Comentários ao Código de Processo Civil*, 3ª ed. São Paulo: Revista dos Tribunais, 1983, vol. VIII.
CHAIM JORGE, Flávio; DIDIER JR., Fredie; RODRIGUES, Marcelo Abelha. *A Nova Reforma Processual*,. 2ª ed. São Paulo: Saraiva, 2003.
CHIOVENDA, Giuseppe. "Cosa Giudicata e Preclusione". *In: Saggi di Diritto Processuale Civile* (1894-1937). Milano: Giuffrè, 1993, vol. III.
_____. "Dell'Azione Nascente dal Contratto Preliminare". *In: Saggi di Diritto Processuale Civile* (1894-1937). Milano: Giuffrè, 1993, vol. I.
CINTRA, Antônio Carlos de Araújo. *Comentários ao Código de Processo Civil*. Rio de Janeiro: Forense, 2003.
CINTRA, Antonio Carlos de Araújo e outros. *Teoria Geral do Processo*, 11ª ed. São Paulo: Malheiros, 1995.
COUTO E SILVA, Clóvis do. *A Obrigação como Processo*. São Paulo: José Bushatsky Editor, 1976.
DALL'ALBA, Felipe Camilo. "Julgamento Antecipado ou Antecipação dos Efeitos da Tutela do Pedido Incontroverso?". *In: Revista de Processo*. São Paulo: Revista dos Tribunais, nº 128, 2005.
DAMASKA, Mirjan R. *The Faces of Justice and State Authority: a Comparative Approach to the Legal Process*. New Haven/London: Yale University Press, 1986.
DENTI, Vittorio. "Il Processo di Cognizione nella Storia delle Riforme". *In: Rivista Trimestrale di Diritto e Procedure Civile*. Milano: Giuffrè, 1993.
DIDIER JÚNIOR, Fredie. "Inovações na Antecipação dos Efeitos da Tutela e Resolução Parcial do Mérito". *In: Gênesis – Revista de Direito Processual Civil*. Curitiba: Gênesis, nº 26, 2002.
_____. *Pressupostos Processuais e Condições da Ação – O Juízo de Admissibilidade do Processo*. São Paulo: Saraiva, 2005.
DIDIER JR., Fredie; BRAGA, Paula Sarno; OLIVEIRA, Rafael. "Aspectos processuais da ADIn e da ADC". *In:* DIDIER JR., Fredie (org.). *Ações constitucionais*. Salvador: Juspodivum, 2006.
DINAMARCO, Cândido Rangel. *A Reforma da Reforma*. São Paulo: Malheiros, 2002.
_____. *A Reforma do Código de Processo Civil*, 3ª ed. São Paulo: Malheiros, 1996.
_____. *Execução Civil*, 4ª ed. São Paulo: Malheiros, 1994.
_____. *Instituições de Direito Processual Civil*. São Paulo: Malheiros, 2001, vol. I.
_____. *Instituições de Direito Processual Civil*. São Paulo: Malheiros, 2001, vol. II.
_____. *Instituições de Direito Processual Civil*. São Paulo: Malheiros, 2004, vol. IV.

_____. *Instituições de Direito Processual Civil*, 2ª ed. São Paulo: Malheiros, 2002, vol. III.
_____. *Instituições de Direito Processual Civil*, 3ª ed. São Paulo: Malheiros, 2003, vol. II.
_____. "Momento de Eficácia da Sentença Constitutiva". *In: Fundamentos do Processo Civil Moderno*, 4ª ed. São Paulo: Malheiros, 2001, tomo II.
DWORKIN, Ronald. *Taking Rights Seriously*. Cambridge: Harvard University Press, 1978.
FABRÍCIO, Adroaldo Furtado. *Comentários ao Código de Processo Civil*, 8ª ed. Rio de Janeiro: Forense, 2001, vol. VIII, tomo III.
_____. "'Extinção do Processo' e Mérito da Causa". *In: Ensaios de Direito Processual*. Rio de Janeiro: Forense, 2003.
FAZZALARI, Elio. *Istituzioni di Diritto Processuale*. Padova: Cedam, 1975.
FEREIRA FILHO, Manoel Gonçalves. "A Constituição de 1988 e a Judicialização da Política". *In: Revista da Faculdade de Direito da UFRGS*, vol. XII, 1996.
FREIRE, Rodrigo da Cunha Lima. *Condições da Ação – Enfoque sobre o Interesse de Agir no Processo Civil Brasileiro*, 1ª ed., 2ª tiragem. São Paulo: Revista dos Tribunais, 2000.
FURNO, Carlo. *La Sospenzione del Processo Esecutivo*. Milano: Giuffrè, 1956.
FUX, Luiz. *Curso de Direito Processual Civil*. Rio de Janeiro: Forense, 2001.
GÔUVEIA, José Roberto F.; NEGRÃO, Theotonio. *Código de Processo Civil e Legislação em Vigor*, 37ª ed. São Paulo: Saraiva, 2005.
GRECO FILHO, Vicente. *Direito Processual Civil Brasileiro*, 17ª ed. São Paulo: Saraiva, 2003, vol. I.
GRINOVER, Ada Pellegrini. "Ação Rescisória e Divergência de Interpretação em Matéria Constitucional". *In: Cadernos de Direito Constitucional e Ciência Política*, nº 17, 1996.
_____. "Tutela Jurisdicional nas Obrigações de Fazer e Não Fazer". *In: Revista de Processo*. São Paulo: Revista dos Tribunais, nº 79, 1995.
GUERRA, Marcelo Lima. *Direitos Fundamentais e a Proteção do Credor na Execução Civil*. São Paulo: Revista dos Tribunais, 2003.
_____. *Execução Indireta*, Ed. Revista dos Tribunais, 1998.
HÄBERLE, Peter. "Elementos Teóricos de un Modelo General de Recepción Jurídica", tradução Dr. Emilio M. Franco. *In:* PÉREZ LUÑO, Antonio-Enrique (coord.) *Derechos Humanos y Constitucionalismo ante el Tercer Milenio*. Madrid: Marcial Pons, 1996.
_____. *Hermenêutica Constitucional: a Sociedade Aberta dos Intérpretes da Constituição*, tradução de Gilmar Ferreira Mendes. Porto Alegre: Sérgio Antonio Fabris, 2002.
HABERMAS, Jürgen. *Direito e Moral*, tradução de Sandra Lippert. Lisboa: Instituto Piaget, 1999.
HEINITZ, Ernesto. *I Limiti Oggettivi della Cosa Giudicata*. Padova: Cedam, 1937.
HOUAISS, Antônio; VILLAR, Mauro de Salles. *Dicionário Houaiss da Língua Portuguesa*. Rio de Janeiro: Objetiva, 2001.
IRTI, Natalino. *Introduzione allo Studio del Diritto Privato*, 3ª ed. Torino: G. Giappichelli, 1976.
JAUERNIG, Othmar. *Direito Processual Civil*, tradução de F. Silveira Ramos. Coimbra: Almedina, 2002.
JORGE, Flávio Cheim e Outro. "Tutela Específica do Art. 461 do CPC e o Processo de Execução". *In:* SHIMURA, Sérgio; WAMBIER, Teresa Arruda Alvim (coords.), *Processo de Execução*. São Paulo: Revista dos Tribunais, 2001.

KNIJNIK, Danilo. *A Exceção de Pré-Executividade*. Rio de Janeiro: Forense, 2001.

KRAVCHYCHYN, Gisele Lemos. "Da prescrição intercorrente no processo de execução suspenso pela falta de bens penhoráveis do devedor". *In: Jus Navigandi*, Teresina, Ano 7, n° 63, mar. 2003. Disponível em: <http://jus2.uol.com.br/doutrina/texto.asp?id=3887>. Acesso em 05.02.2006.

LACERDA, Galeno. *Comentários ao Código de Processo Civil*, 6ª ed. Rio de Janeiro: Forense, 1994, vol. VIII, tomo I.

_____. *O Novo Direito Processual Civil e os Feitos Pendentes*. Rio de Janeiro: Forense, 1974.

LACERDA, Galeno; ALVARO DE OLIVEIRA, Carlos Alberto. *Comentários ao Código de Processo Civil*, 7ª ed. Rio de Janeiro: Forense, 2005, vol. VIII, tomo II.

LEAL, Antônio Luís da Câmara. *Da prescrição e da decadência: teoria geral do direito civil*, 4ª ed., atualizada por José de Aguiar Dias. Rio de Janeiro: Forense, 1982.

LIEBMAN, Enrico Tullio. *Efficacia ed Autorità della Sentenza* (ed Altri Scritti sulla Cosa Giudicata), ristampa. Milano: Giuffrè, 1962.

_____. "Il Titolo Esecutivo Riguardo ai Terzi". *In: Problemi del Processo Civile*. Napoli: Morano Editore, 1962.

_____. "L'Azione nella Teoria del Processo Civile". *In: Problemi del Processo Civile*. Napoli: Morano Editore, 1962.

_____. *Manual de Direito Processual Civil*, tradução e notas de Cândido Rangel Dinamarco. Rio de Janeiro: Forense, 1984, vol. I.

_____. *Manual de Direito Processual Civil*, tradução e notas de Cândido Rangel Dinamarco, 3ª ed. São Paulo: Malheiros, 2005, vol. I.

_____. *Processo de Execução*, 2ª ed. São Paulo: Saraiva, 1963.

LIMA, Alcides de Mendonça. *Comentários ao Código de Processo Civil*, 7ª ed. Rio de Janeiro: Forense, 1991, vol. VI.

LOEWENSTEIN. *Teoría de la Constitución*, traducción de Alfredo do Gallego Anabitarte, 2ª ed. Barcelona: Ariel, 1970.

LUCON, Paulo Henrique dos Santos. *Eficácia das Decisões e Execução Provisória*. São Paulo: Revista dos Tribunais, 2000.

_____. *Embargos à Execução*. São Paulo: Saraiva, 1996.

LUISO, Francesco Paolo. *Diritto Processuale Civile*, 2ª ed. Milano: Giuffrè, 1999, vol. II.

MACHADO, Fábio Cardoso. *Jurisdição, Condenação e Tutela Jurisdicional*. Rio de Janeiro: Lumen Juris, 2004.

MAJO, Adolfo di. *La Tutela Civile dei Diritti*, 2ª ed. Milano: Giuffrè, 1993.

MANTELLO, Marco. "L'Inadempimento del Contratto Preliminare di Vendita". *In: Rivista del Diritto Commerciale e del Diritto Generale delle Obbligazioni*. Padova: Casa Editrice Francesco Vallardi, 2002.

MARANHÃO, Clayton. "Tutela Específica das obrigações de fazer e não fazer". *In:* MARINONI, Luiz Guilherme (coord.). *A segunda etapa da reforma processual civil*. São Paulo: Malheiros, 2001.

MARENGO, Roberto. *La Discrezionalità del Giudice Civile*. Torino: Giappichelli, 1996.

MARINONI, Luiz Guilherme. *Novas Linhas do Processo Civil*, 4ª ed. São Paulo: Malheiros, 2000.

_____. "O Princípio da Segurança dos Atos Jurisdicionais (a Questão da Relativização da Coisa Julgada Material)". *In:* DIDIER JR., Fredie (org.). *Relativização da Coisa Julgada: Enfoque Crítico*. Salvador: Juspodivm, 2004.

_____. *Técnica Processual e Tutela dos Direitos*. São Paulo: Revista dos Tribunais, 2004.

_____. *Tutela Específica: arts. 461, CPC e 84, CDC*, 2ª ed. São Paulo: Revista dos Tribunais, 2001.

_____. *Tutela Inibitória*. São Paulo: Revista dos Tribunais, 1998.

MARINONI, Luiz Guilherme e ARENHART, Sérgio Cruz. *Manual do Processo de Conhecimento*, 2ª ed. revista, atualizada e ampliada. São Paulo: Revista dos Tribunais, 2003.

MARMITT, Arnaldo. *A penhora; doutrina e jurisprudência*. Rio de Janeiro: Aide, 1992.

MARQUES, Cláudia Lima. *Contratos no Código de Defesa do Consumidor – O Novo Regime das Relações Contratuais*, 4ª ed. São Paulo: Revista dos Tribunais, 2002.

MARTINETTO, Giuseppe. *Gli Accertamenti degli Organi Esecutivi*. Milano: Giuffrè, 1963.

MARTINS-COSTA, Judith. *Comentários ao Novo Código Civil*. Rio de Janeiro: Forense, 2003, vol. V, tomo II.

_____. *Comentários ao Novo Código Civil*, 2ª ed. Rio de Janeiro: Forense, 2005, vol. V, tomo I.

MAZZEI, Rodrigo Reis. "Notas Iniciais à Leitura do Novo Código Civil". *In*: ALVIM, Arruda; ALVIM, Thereza (coords.). *Comentários ao Código Civil*. Rio de Janeiro: Forense, 2005, vol. I.

MELLO, Celso Antônio Bandeira de. *Curso de direito administrativo*, 18ª ed. São Paulo: Malheiros, 2005.

MENDES DE ALMEIDA, Fernando H. (introdução e notas). *Ordenações Filipinas*. São Paulo: Saraiva, 1966, vol. III.

MENDES, Gilmar Ferreira. *Jurisdição constitucional*, 4ª ed. São Paulo: Saraiva, 2004.

MILLAR, Robert Wyness. *Los Principios Formativos del Procedimiento Civil*, tradução de Catalina Grossmann e prólogo de Eduardo Juan Couture. Buenos Aires: Ediar, 1945.

MITIDIERO, Daniel Francisco. *Comentários ao Código de Processo Civil*. São Paulo: Memória Jurídica Editora, 2004, tomo I (arts. 1º a 153).

_____. *Comentários ao Código de Processo Civil*. São Paulo: Memória Jurídica Editora, 2005, tomo II (arts. 154 a 269).

_____. *Elementos para uma Teoria Contemporânea do Processo Civil Brasileiro*. Porto Alegre: Livraria do Advogado, 2005.

_____. "Polêmica sobre a Teoria Dualista da Ação (Ação de Direito Material – 'Ação' Processual): uma Resposta a Guilherme Rizzo Amaral". *In*: *Gênesis – Revista de Direito Processual Civil*. Curitiba: Gênesis, nº 34, 2004.

_____. "Sentenças Parciais de Mérito e Resolução Definitiva-Fracionada da Causa (Lendo um Ensaio de Fredie Didier Júnior)". *In*: *Introdução ao Estudo do Processo Civil – Primeiras Linhas de um Paradigma Emergente*. Porto Alegre: Sérgio Antônio Fabris Editor, 2004, em co-autoria com, Hermes Zaneti Júnior.

MONTESANO, Luigi. *Condanna Civile e Tutela Esecutiva*, 2ª ed. Napoli: Jovene, 1965.

_____. "Obbligo a Contrarre". *In*: *Enciclopedia del Diritto*. Milano: Giuffrè, 1979, vol. XXIX.

NAZARETH, Francisco José Duarte. *Elementos de Processo Civil*. Coimbra: Imprensa da Universidade, 1857, vol. II.
NEGRÃO, Theotonio; GÔUVEIA, José Roberto F. *Código de Processo Civil e Legislação em Vigor*, 37ª ed. São Paulo: Saraiva, 2005.
NERY JÚNIOR, Nelson. *Princípios Fundamentais – Teoria Geral dos Recursos*, 5ª ed. São Paulo: Revista dos Tribunais, 2000.
NERY JÚNIOR, Nelson; ANDRADE NERY, Rosa Maria de. *Código de Processo Civil Comentado*, 5ª ed. São Paulo: Revista dos Tribunais, 2001.
NEVES, Celso. *Comentários ao Código de Processo Civil*. Rio de Janeiro: Forense, 1977, vol. VII.
PAULSEN, Leandro; ÁVILA, René Bergmann. *Direito Processual Tributário: Processo Administrativo Fiscal e Execução Fiscal à Luz da Jurisprudência*. Porto Alegre: Livraria do Advogado, 2003.
PIMENTEL, Wellington Moreira. *Comentários ao Código de Processo Civil*. São Paulo: Revista dos Tribunais, 1975, vol. III.
PONTES DE MIRANDA, Francisco Cavalcanti. *Comentários à Constituição de 1946*, 3ª ed. Rio de Janeiro: Borsoi, 1960, tomo IV.
_____. *Comentários à Constituição de 1967, com a Emenda nº 1, de 1969*, 2ª ed. São Paulo: Revista dos Tribunais, 1970, tomo IV.
_____. *Comentários ao Código de Processo Civil*. Rio de Janeiro: Forense, 1976, tomo IX.
_____. *Comentários ao Código de Processo Civil*. Rio de Janeiro: Forense, 1976, tomo XII.
_____. *Comentários ao Código de Processo Civil*, 2ª ed. Rio de Janeiro: Forense, 2001, tomo IX.
_____. *Comentários ao Código de Processo Civil*, 2ª ed. Rio de Janeiro: Forense, 2002, tomo X.
_____. *Comentários ao Código de Processo Civil*, 2ª ed. Rio de Janeiro: Revista Forense, 1961, tomo XIII.
_____. *Comentários ao Código de Processo Civil*, 2ª ed. Rio de Janeiro: Revista Forense, 1961, tomo XIV.
_____. *Comentários ao Código de Processo Civil*, 4ª ed. Rio de Janeiro: Forense, 1997, tomo III.
_____. *Comentários ao Código de Processo Civil*, 5ª ed. Rio de Janeiro: Forense, 1997, tomo I.
_____. *Tratado das Ações*. São Paulo: Revista dos Tribunais, 1970, tomo I.
_____. *Tratado de Direito Privado*, 3ª ed. Rio de Janeiro: Borsoi, 1970, tomo VI.
_____. *Tratado de Direito Privado*, 3ª ed. Rio de Janeiro: Borsoi, 1971, tomo XXII.
_____. *Tratado de Direito Privado*, 2ª ed. Rio de Janeiro: Borsoi, 1967, tomo LIV.
POPPER, Karl. *A Sociedade Democrática e seus Inimigos*, tradução de Milton Amado. Belo Horizonte: Itatiaia, 1959.
POZZA, Pedro Luiz. *As Novas Regras dos Recursos no Processo Civil e outras Alterações, Leis n°s 10.352, 10.358/01 e 10.444/02*. Rio de Janeiro: Forense, 2003.
PROTO PISANI, Andrea. *Lezioni di Diritto Processuale Civile*, 4ª ed. Napoli: Jovene Editore, 2002.

RADBRUCH, Gustav. *Arbitrariedad Legal y Derecho Supralegal*, traducción de Maria Isabel Azereto Vásquez. Buenos Aires: Abeledo-Perrot, 1961.
RASSELI, Alessandro. *Studi sul Potere Discrezionale del Giudice Civile*. Milano: Giuffrè, 1975.
ROCCO, Alfredo. *La Sentenza Civile – Studi*. Milano: Giuffrè, 1962.
SANCHES, Sydney. *Execução Específica (das Obrigações de Contratar e de Prestar Declaração de Vontade)*. São Paulo: Revista dos Tribunais, 1978.
SATTA, Salvatore. *Diritto Processuale Civile*, 9ª ed. Padova: Cedam, 1981.
SILVA, Carlos Augusto. *O Processo Civil como Estratégia de Poder: Reflexo da Judicialização da Política no Brasil*. Rio de Janeiro: Renovar, 2004.
SILVA, João Calvão da. *Cumprimento e Sanção Pecuniária Compulsória*, 2ª ed. Coimbra: Almedina, 1997.
SILVA, José Afonso da. *Curso de direito constitucional positivo*, 22ª ed. São Paulo: Malheiros, 2003.
SILVA, Luis Cláudio de Jesus. *O oficial de justiça na prática: guia de atuação*. Rio de Janeiro: Forense, 2004.
SPADONI, Joaquim Felipe. "A multa na atuação das ordens judiciais". *In:* SHIMURA, Sérgio; WAMBIER, Teresa Arruda Alvim (coords.). *Processo de Execução*. São Paulo: Revista dos Tribunais, 2001.
TALAMINI, Eduardo. *Coisa Julgada e sua Revisão*. São Paulo: Revista dos Tribunais, 2005.
_____. *Tutela Relativa aos Deveres de Fazer e de Não Fazer*. São Paulo: Revista dos Tribunais, 2001.
TARELLO, Giovanni. "Il Problema della Riforma Processuale in Italia nel Primo Quarto del Secolo. Per uno Studio della Genesi Dottrinale e Ideologica del Vigente Codice Italiano di Procedura Civile". *In: Dottrine del Processo Civile – Studi Storici sulla Formazione del Diritto Processuale Civile*. Bologna: Il Mulino, 1989.
TESHEINER, José Maria Rosa. "Execução de Sentença – Regime Introduzido pela Lei nº 11.232/2005", inédito.
_____. "O ocaso da condenação". Disponível em <http://www.tex.pro.br>. Acesso em 12.07.2004.
_____. "O problema da classificação da sentença por seus efeitos". *In: Revista da Consultoria Geral do Estado*, Porto Alegre, nº 14, 1976.
THEODORO JÚNIOR, Humberto. *Comentários ao Código de Processo Civil*, 2ª ed. Rio de Janeiro: Forense, 2003, vol. IV.
_____. *Curso de Direito Processual Civil*, 39ª ed. Rio de Janeiro: Forense, 2003, vol. I.
_____. *Curso de Direito Processual Civil*, 41ª ed. Rio de Janeiro: Forense, 2004.
_____. *Processo de Execução*. São Paulo: Leud, 1989.
_____. "Tutela Específica das Obrigações de Fazer e Não Fazer". *In: Revista de Processo*. São Paulo: Revista dos Tribunais, nº 105, 2002.
THEODORO JÚNIOR, Humberto; FARIA, Juliana Cordeiro de. "A Coisa Julgada Inconstitucional e os Instrumentos Processuais para seu Controle". *In:* NASCIMENTO, Carlos Valder do (coord.). *Coisa Julgada Inconstitucional*, Rio de Janeiro: Editora América Jurídica, 2002.
TORNAGHI, Hélio. *A Relação Processual Penal*. São Paulo: Saraiva, 1945.
TUCCI, José Rogério Cruz e. *Ação Monitória: Lei nº 9.079, de 14.7.95*. São Paulo: Revista dos Tribunais, 1995.

VALLÉE, Catherine. *Hannah Arendt: Sócrates e a Questão do Totalitarismo*, tradução de Armando Pereira de Souza. Lisboa: Instituto Piaget, 2003.

VIDIGAL, Luís Eulálio de Bueno. "Da Execução Direta das Obrigações de Prestar Declaração de Vontade". *In: Direito Processual Civil*. São Paulo: Saraiva, 1965.

WAMBIER, Luiz Rodrigues. *Liquidação de Sentença*, 2ª ed. São Paulo: Revista dos Tribunais, 2000.

WAMBIER, Luiz Rodrigues; TALAMINI, Eduardo; ALMEIDA, Flávio Renato Correia de. *Curso Avançado de Processo Civil*, 5ª ed. São Paulo: Revista dos Tribunais, 2002, vol. II.

_____. *Curso Avançado de Processo Civil*, 6ª ed. São Paulo: Revista dos Tribunais, 2003, vol. I.

WAMBIER, Teresa Arruda Alvim. *Atualidades sobre Liquidação de Sentença*. São Paulo: Revista dos Tribunais, 1997.

_____. *Nulidades do Processo e da Sentença*, 5ª ed. São Paulo: Revista dos Tribunais, 2004.

WAMBIER, Luiz Rodrigues e WAMBIER, Teresa Arruda Alvim. *Breves Comentários à 2ª Fase da Reforma do Código de Processo Civil*. São Paulo: Revista dos Tribunais, 2002.

WATANABE, Kazuo. *Da Cognição no Processo Civil*, 2ª ed. Campinas: Bookseller, 2000.

YARSHELL, Flávio Luiz. "Antecipação de Tutela Específica nas Obrigações de Declaração de Vontade no Sistema do CPC". *In:* WAMBIER, Teresa Arruda Alvim (coord.). *Aspectos Polêmicos da Antecipação de Tutela*. São Paulo: Revista dos Tribunais, 1997.

_____. *Tutela Jurisdicional Específica nas Obrigações de Declaração de Vontade*. São Paulo: Malheiros, 1993.

ZANETI JÚNIOR, Hermes. "Eficácia Constitutiva da Sentença, as Sentenças de Eficácia preponderantemente Constitutiva e a Força Normativa do Comando Judicial". *In:* ALVARO DE OLIVERIA, Carlos Alberto (org.). *Eficácia e coisa julgada*. Rio de Janeiro: Forense, 2006.

_____. "Processo Constitucional: Relações entre Processo e Constituição". *In: Introdução ao Estudo do Processo Civil – Primeiras Linhas de um Paradigma Emergente*. Porto Alegre: Sérgio Antônio Fabris Editor, 2004, em co-autoria com Daniel Francisco Mitidiero.

ZAVASCKI, Teori Albino. *Antecipação da tutela*, 3ª ed. São Paulo: Saraiva, 2000.

_____. *Comentários ao Código de Processo Civil*. São Paulo: Revista dos Tribunais, 2000, vol. VIII.

_____. *Comentários ao Código de Processo Civil*, 2ª ed. São Paulo: Revista dos Tribunais, 2003, vol. VIII.

_____. *Processo de Execução*, 3ª ed. São Paulo: Revista dos Tribunais, 2004.

EDITORA FORENSE

RIO DE JANEIRO: Av. Erasmo Braga, 299 – Tel.: (0XX21) 3380-6650 – Fax: (0XX21) 3380-6667
Centro-RJ – CEP 20020-000 – Caixa Postal nº 269 – e-mail: forense@forense.com.br
SÃO PAULO: Praça João Mendes, 42 – 12º andar – salas 121 e 122 – Tels.: (0XX11) 3105-0111
3105-0112 – 3105-7346 – 3104-6456 – 3104-7233 – 3104-8180 – Fax: (0XX11) 3104-6485
Centro-SP – CEP 01501-907 – e-mail: forensesp@forense.com.br
RECIFE: Av. Manoel Borba, 339 – Tel.: (0XX81) 3221-3495 – Fax: (0XX81) 3223-4780
Boa Vista – Recife-PE – CEP 50070-000 – e-mail: forenserecife@forense.com.br
CURITIBA: Telefax: (0XX41) 3018-6928 – e-mail: forensecuritiba@forense.com.br
PORTO ALEGRE: Telefax: (0XX51) 3348-6115 – e-mail: forenseportoalegre@forense.com.br
BAURU: Telefax: (0XX14) 3281-1282 – e-mail: forensesp@forense.com.br
BELO HORIZONTE: Telefax (0XX31) 3213-7474

Endereço na Internet: http://www.forense.com.br